科学出版社“十三五”普通高等教育本科规划教材

# 动物生理生化

耿立英　张香斋　李佩国　主编

科学出版社

北京

## 内 容 简 介

本书是动物医学专业职教师资培养配套教材，以哺乳动物为研究对象，共分16章，包括血液循环、呼吸、消化与吸收、蛋白质、酶、糖代谢、生物氧化、脂类代谢、泌尿、神经、内分泌、能量代谢与体温、生殖与泌乳、核酸化学、核酸及蛋白质的生物合成。每章都附有学习目标、常用术语和概述，有些章节还附有实训内容，以便教师教学使用和学生自学。本书内容力求文字简练、重点突出，并采用大量图、表，以求直观地展示动物生理生化的相关原理。

本书可供兽医技术员、兽医护士、动物医学本科专业职教师资的教学使用，也可供其他专业的教师和学生自学参考。

**图书在版编目（CIP）数据**

动物生理生化 / 耿立英，张香斋，李佩国主编. —北京：科学出版社，2016
科学出版社“十三五”普通高等教育本科规划教材
ISBN 978-7-03-048948-7

Ⅰ. ①动…　Ⅱ. ①耿…　②张…　③李…　Ⅲ. ①动物学－生理生化特性－高等学校－教材　Ⅳ. ① Q95

中国版本图书馆CIP数据核字（2016）第139024号

责任编辑：丛　楠 / 责任校对：张怡君
责任印制：赵　博 / 封面设计：黄华斌

科学出版社 出版
北京东黄城根北街16号
邮政编码：100717
http://www.sciencep.com
北京天宇星印刷厂印刷
科学出版社发行　各地新华书店经销
*
2016年11月第　一　版　开本：787×1092　1/16
2025年9月第九次印刷　印张：14 1/2
字数：335 000

**定价：59.80 元**
（如有印装质量问题，我社负责调换）

# 教育部动物医学本科专业职教师资培养核心课程系列教材编写委员会

# 《动物生理生化》编委会


**主　编**：耿立英（河北科技师范学院）

　　　　张香斋（河北科技师范学院）

　　　　李佩国（河北科技师范学院）

**副主编**：李蕴玉（河北科技师范学院）

　　　　张文香（河北科技师范学院）

　　　　邹亚学（河北科技师范学院）

　　　　关学敏（河北科技师范学院）

**编　委**：（以姓氏笔画为序）

　　　　刘春英（青岛农业大学）

　　　　李玉荣（河北农业大学）

　　　　杨　晴（河北科技师范学院）

　　　　宋凤香（山东德州市畜牧兽医局）

　　　　张富梅（河北北方学院）

　　　　范春艳（河北工程大学）

　　　　栾新红（沈阳农业大学）

　　　　郭洪梅（山东畜牧兽医职业学院）

# 丛　书　序

为贯彻落实全国教育工作会议精神和《国家中长期教育改革和发展规划纲要（2010—2020年）》提出的完成培训一大批“双师型”教师、聘任（聘用）一大批有实践经验和技能的专兼职教师的工作要求，进一步推动和加强职业院校教师队伍建设，促进职业教育科学发展，教育部、财政部决定于2011～2015年实施职业院校教师素质提高计划，以提升教师专业素质、优化教师队伍结构、完善教师培养培训体系。同时制定了《教育部、财政部关于实施职业院校教师素质提高计划的意见》，把开发100个职教师资本科专业的培养标准、培养方案、核心课程和特色教材等培养资源作为该计划的主要建设目标。作为传统而现代的动物医学专业被遴选为培养资源建设开发项目。经申报、遴选和组织专家论证，河北科技师范学院承担了动物医学本科专业职教师资培养资源开发项目（项目编号VTNE062）。

河北科技师范学院（原河北农业技术师范学院）于1985年在全国率先开展农业职教师资培养工作，并把兽医（动物医学）专业作为首批开展职业师范教育的专业进行建设，连续举办了30年兽医专业师范类教育，探索出了新型的教学模式，编写了兽医师范教育核心教材，在全国同类教育中起到了引领作用，得到了社会的广泛认可和教育主管部门的肯定。但是职业师范教育在我国起步较晚，一直在摸索中前行。受时代的限制和经验的缺乏等影响，专业教育和师范教育的融合深度还远远不够，专业职教师资培养的效果还不够理想，培养标准、培养方案、核心课程和特色教材等培养资源的开发还不够系统和完善。开发一套具有国际理念、适合我国国情的动物医学专业职教师资培养资源实乃职教师资培养之当务之急。

在我国，由于历史的原因和社会经济发展的客观因素限制，兽医行业的准入门槛较低，职业分工不够明确，导致了兽医教育的结构单一。随着动物在人类文明中扮演的角色日益重要、兽医职能的不断增加和兽医在人类生存发展过程中的制衡作用的体现，原有的兽医教育体系和管理制度都已不适合现代社会。2008年，我国开始实行新的兽医管理制度，明确提出了执业兽医的准入条件，意味着中等职业学校的兽医毕业生的职业定位应为兽医技术员或兽医护士，而我国尚无这一层次的学历教育。要开办这一层次的学历教育，急需能胜任这一岗位的既有相应专业背景，又有职业教育能力的师资队伍。要培养这样一支队伍，必须要为其专门设计包括教师标准、培养标准、核心教材、配套数字资源和培养质量评价体系在内的完整的教学资源。

我们在开发本套教学资源时，首先进行了充分的政策调研、行业现状调研、中等职业教育兽医专业师资现状调研和职教师资培养现状调研。然后通过出国考察和网络调研学习，借鉴了国际上发达国家兽医分类教育和职教师资培养的先进经验，在我校30年开展兽医师范教育的基础上，在教育部《中等职业学校教师专业标准（试行）》的框架内，设计出了《中等职业学校动物医学类专业教师标准》，然后在专业教师标准的基础上又开发出了《动物医学本科专业职教师资培养标准》，明确了培养目标、培养条件、培养过程和质量评价标准。根据培养标准中设计的课程，制定了每门课程的教学目标、实现方法和考核标准。在课程体系的框架内设计了一套覆盖兽医技术员和兽医护士层级职业教育的主干教材，并有相应的配套数字资源支撑。

教材开发是整个培养资源开发的重要成果体现，因此本套教材开发时始终贯彻专业教育与职业师范教育深度融合的理念，编写人员的组成既有动物医学职教师资培养单位的人员，又有行业专家，还有中高职学校的教师，有效保证了教材的系统性、实用性、针对性。本套教材的特点有：①系统性。本套教材是一套覆盖了动物医学本科职教师资培养的系列教材，自成完整体系，不是在动物医学本科专业教材的基础上的简单修补，而是为培养兽医技术员和兽医护士层级职教师资而设计的成套教材。②实用性。本套教材的编写内容经过行业问卷调查和专家研讨，逐一进行认真筛选，参照世界动物卫生组织制定的《兽医毕业生首日技能》的要求，根据四年制的学制安排和职教师资培养的基本要求而确定，保证了内容选取的实用性。③针对性。本套教材融入了现代职业教育理念和方法，把职业师范教育和动物医学专业教育有机融合为一体，把职业师范教育贯穿到动物医学专业教育的全过程，把教材教法融入到各门课程的教材编写过程，使学生在学习任何一门主干课程时都时刻再现动物医学职业教育情境。对于兽医临床操作技术、护理技术、医嘱知识等兽医技术员和兽医护士需要掌握的技术及知识进行了重点安排。④前瞻性。为保证教材在今后一个时期内的领先地位，除了对现阶段常用的技术和知识进行重点介绍外，还对今后随着科技进步可能会普及的技术和知识也进行了必要的遴选。⑤配套性。除了注重课程间内容的衔接与互补以外，还考虑到了中职、高职和本科课程的衔接。此外，数字教学资源库的内容与教材相互配套，弥补了纸质版教材在音频、视频和动画等素材处理上的缺憾。⑥国际性。注重引进国际上先进的兽医技术和理念，将“同一个世界同一个健康”、动物福利、终生学习等理念引入教材编写中来，缩小了与发达国家兽医教育的差距，加快了追赶世界兽医教育先进国家的步伐。

本套教材的编写，始终是在教育部教师工作司和职业教育与成人教育司的宏观指导下和项目管理办公室，以及专家指导委员会的直接指导下进行的。农林项目专家组的汤生玲教授既有动物医学专业背景，又是职业教育专家，对本套教材的整体设计给予了宏观而具体的指导。张建荣教授、徐流教授、曹晔教授和卢双盈教授分别从教材与课程、课程与培养标准、培养标准与专业教师标准的统一，职教理论和方法，教材教法等方面给予了具体指导，使本套教材得以顺利完成。河北科技师范学院王同坤校长、主管教学的房海副校长、继续教育学院赵宝柱院长、教务处武士勋处长、动物科技学院吴建华院长在人力调配、教材整体策划、项目成果应用方面给予大力支持和技术指导。在此项目组全体成员向关心指导本项目的专家、领导一并致以衷心的感谢！

本套教材的编写虽然考虑到了编写人员组成的区域性、行业性、层次性，共有近200人参加了教材的编写，但在内容的选取、编写的风格、专业内容与职教理论和方法的结合等方面，很难完全做到南北适用、东西贯通。编写本科专业职教师资培养核心课程系列教材，既是创举，更是尝试。尽管我们在编写内容和体例设计等方面做了很多努力，但很难完全适合我国不同地域的教学需要。各个职教师资培养单位在使用本教材时，要结合当地、当时的实际需要灵活进行取舍。在使用过程中发现有不当和错误的地方，请提出批评意见，我们将在教材再版时予以更正和改进，共同推进我国动物医学职业教育向前发展。

动物医学本科专业职教师资培养资源开发项目组

2015 年 12 月

# 前　　言

“动物生理生化”是农业及师范院校中动物医学、动物科学、动物药学、生物学及动物生物技术等专业重要的专业基础理论课程。近年来，国内相继出版了多本动物生理学和动物生物化学优秀教材，每本教材都各有特色，体现了主编和作者的风格，为动物医学、动物科学及生物科学人才的培养做出了贡献。本书是动物医学专业职教师资培养配套教材，在借鉴已出版教材的同时，针对我国动物医学本科专业职教师资这一特定培养类型而编写，体现职业教育理念，将动物生理学和动物生物化学进行有机地结合与凝练，内容围绕兽医技术员、兽医护士这一特定层面需要掌握的动物生理生化的基本理论和基础知识而编写，文字力求简练、重点突出，同时配有实训内容，使之成为理实一体教材，更适合职教师资的培养需要。

参加本书编写的成员为来自全国七所高等院校的教师，他们均是在教学、科研第一线工作的骨干，有着丰富的教学经验，且了解本领域的前沿。但动物生理生化领域的知识日新月异，编者们深感知识浅薄，加之经验不足，在编写过程中，虽经过多次讨论与修改和审校，仍难免存在疏漏和不足之处。恳切希望广大读者给予批评指正，敬请各位同仁斧正。

编　者

2016 年 2 月

# 目 录

# 第一章　血液循环

## 第一节　血液的理化特性和功能

**【学习目标】**

了解血细胞的形态、数量、生成与破坏；理解和掌握血细胞的特性与功能。

**【常用术语】**

血浆（plasma）与血清（serum），血细胞比容（hematocrit，Hct），红细胞压积（packed cell volume，PCV），血红蛋白（hemoglobin，Hb），红细胞沉降率（erythrocyte sedimentation rate，ESR），渗透脆性（osmotic fragility）与溶血（hemolysis）。

**【概述】**

血液是动物机体的重要组成部分，循环流动于心血管系统中，主要实现营养物质运输、信息传递、免疫保护、酸碱平衡调节等机能。血量与血液成分的相对恒定是生命活动正常进行的基本条件，体内各器官组织的变化，也往往反映到血液中，因此，了解血液生理具有重要意义。

血量是指动物循环系统内所含血液的总量。在较高等动物，由于血液处于闭锁的心血管系统中，血量的变化及其调节对全身各部分的功能影响极大。动物静息时，全身大部分血量在心血管系统中不停流动，这部分血量称为循环血量。另有小部分血量滞留在肝、脾、肺、腹腔静脉、皮下静脉丛等处，流动缓慢，称为储备血量。

各种脊椎动物的血量因体型大小而异，但就其血量与自身体重之比来看，差别并不明显。成年畜禽的血量是体重的5%～9%，即每千克体重有50～90ml血液，幼年时血量常可达到体重的10%以上。各种原因引起的血管破裂都可导致出血，如果失血量较少，不超过总血量的10%，则通过身体的自我调节，可以很快恢复；如果失血量较大，达总血量的20%时，则出现脉搏加快、血压下降等症状；如果在短时间内丧失的血液达全身血液的30%或更多，就可能危及生命。

### 一、血液的组成和理化特性

#### （一）血液的组成

正常血液是红色黏稠的液体，由液体部分的血浆和悬浮于血浆里的有形成分即血细胞组成（图1-1）。

把加有抗凝剂的血液置于离心管中离心沉淀后，血液明显分为三层，上层淡黄色或无色的液体为血浆，底层暗红色沉淀物为红细胞，红细胞层表面的灰白色薄层为白细胞和血小板。将100ml抗凝血置于比容管中，经3000r/min的转速离心30min，压紧的血细胞在全血中所占的容积百分比称为血细胞比容。在血细胞中，由于白细胞和血小板所占容积微小，可忽略不计，通常把血细胞比容称为红细胞比容，或称为红细胞压积。当血浆量或红细胞数量发生改变时，都可使红细胞压积发生改变。临床上通过测定红细胞比

- 血液（全血）
  - 血浆（50%～60%）
    - 水（90%～92%）
    - 晶体物质（2%～3%）
    - 血浆蛋白（5%～8%）
      - 白蛋白（清蛋白）
      - 球蛋白
      - 纤维蛋白原
  - 血细胞（40%～50%）
    - 红细胞
    - 白细胞
    - 血小板

图 1-1　血液的组成（柳巨雄和杨焕民，2010）

容有助于诊断疾病，如机体脱水、贫血和红细胞增多症等。健康动物的血细胞比容值见表 1-1。离体血液如不予以抗凝处理，很快就会凝成血块，随血块逐渐紧缩所析出的淡黄色清亮液体，即为血清。

**表 1-1　畜禽血细胞比容（%）**

| 动物种类 | 血细胞比容 | 动物种类 | 血细胞比容 |
|---|---|---|---|
| 马 | 35（24～44） | 猫 | 37（24～45） |
| 牛 | 35（24～46） | 兔 | 41.5（33～50） |
| 绵羊 | 38（24～50） | 鼠 | 46（39～53） |
| 山羊 | 28（19～38） | 鸡 | 30.6（24～43.3） |
| 猪 | 42（32～50） | 鸭 | 14.8（9～21） |
| 犬 | 45（37～55） | | |

### （二）血液的理化特性

**1. 血液的颜色、气味**　血液为不透明的红色液体，其颜色与红细胞内血红蛋白的含氧量有关。在体循环中，动脉血含氧量高，血液呈鲜红色，而静脉血中含氧量较低，血液呈暗红色。当机体缺氧时，常可使血液的颜色变暗，使皮肤和黏膜呈现“发绀”的表现。

血液中因含有氯化钠和挥发性脂肪酸等物质而稍带咸味和血腥味。

**2. 密度**　动物全血的相对密度一般为 1.050～1.060，其中红细胞的相对密度最大，白细胞次之，血浆最小。全血密度的大小取决于所含血细胞的数量和血浆蛋白的浓度。

**3. 黏滞性**　液体流动时，由于内部分子之间相互摩擦而产生阻力，导致流动缓慢和黏着的特性，称为黏滞性。全血的黏滞性主要取决于所含红细胞数目的多少和血浆蛋白的浓度。红细胞数目越多，血浆蛋白浓度越高，血液黏滞性就越大。通常是在体外测定血液或血浆与水相比的相对黏滞性，血液的相对黏滞性为 4～5，血浆为 1.5～2.5。

**4. 血浆渗透压**　哺乳动物血浆渗透压约为 771.0kPa，由血浆晶体渗透压和胶体渗透压两部分构成。其中血浆晶体渗透压约占血浆总渗透压的 99.5%，即约为 767.5kPa，主要是由溶解于其中的晶体物质（主要是电解质）形成。因为晶体物质中绝大部分不易透过细胞膜，所以晶体渗透压对于保持细胞内外的水平衡极为重要。例如，当血浆晶体渗透压升高或降低时，则引起红细胞中水分渗出增多或渗入红细胞内水分增多，导致红细胞皱缩或膨胀破裂，正常的形态和功能不能保持；血浆胶体渗透压约占血浆总渗透压的0.5%，主要由血浆中的胶体物质（主要是白蛋白）所形成。由于血浆蛋白一般不能透过毛细血管壁，因此血浆胶体渗透压虽小，但对于维持血管内外的水平衡有重要作用。如因某种原因造成血浆蛋白减少，导致胶体渗透压降低时，水分从血管渗透到组织间隙便增多，使组织液生成增多，导致水肿。

**5. 酸碱性**　动物血浆的pH为7.35～7.45，呈弱碱性。血浆pH的相对稳定对于维持机体正常的生命活动具有十分重要的作用。血浆pH之所以能保持相对恒定，主要是由于血液中缓冲物质在起作用。血浆中主要的缓冲对为$NaHCO_3/H_2CO_3$，其次在血浆中还有蛋白质钠盐/蛋白质、$Na_2HPO_4/NaH_2PO_4$，在红细胞内尚有血红蛋白钾盐/血红蛋白、氧合血红蛋白钾盐/氧合血红蛋白、$K_2HPO_4/KH_2PO_4$、$KHCO_3/H_2CO_3$等缓冲对。一般酸性或碱性物质进入血液时，由于有这些缓冲系统的作用，对血浆pH的影响已减至很小，特别是在肺和肾不断排出体内过多的酸或碱的情况下，通常血浆pH的波动范围极小。由于机体在代谢过程中主要产生大量的酸性物质，起缓冲作用的主要是缓冲对中的弱碱盐，特别是$NaHCO_3$，因此，将血液中$NaHCO_3$的含量称为碱储。

## 二、血细胞及其功能

### （一）红细胞

**1. 红细胞的形态、数量**　大多数哺乳动物的红细胞是无核、两面凹陷的圆盘形，骆驼和鹿的红细胞呈椭圆形，禽类的红细胞则为有核的椭圆形细胞。哺乳动物红细胞所具有的形态特点，使红细胞表面积与体积之比较球形时大，因而气体可通过的面积也较大，由细胞中心到大部分表面的距离较短，因此气体进出红细胞的扩散距离也较短，有利于进行气体交换。

红细胞是血液中数量最多的一种血细胞，约占血细胞总数的99%，其数量以$10^{12}$个/L为单位表示。几种成年畜禽红细胞数目见表1-2。同种动物的红细胞数目常随品种、年龄、性别、生活条件等的不同而有差异。幼年动物比成年动物多，雄性动物比雌性动物多，营养状况好的动物红细胞数量较多，高原地区的动物比低海拔地区动物多。

**表1-2　畜禽红细胞数量及血红蛋白含量**

| 动物种类 | | 红细胞数量/（$10^{12}$个/L） | 血红蛋白含量/（g/L） |
|---|---|---|---|
| 马 | | 7.5（5.0～10.0） | 115（80～140） |
| 牛 | | 7.0（5.0～10.0） | 110（80～150） |
| 猪 | | 6.5（5.0～8.0） | 130（100～160） |
| 绵羊 | | 12.0（8.0～16.0） | 120（80～160） |
| 山羊 | | 13.0（8.0～18.0） | 110（80～140） |
| 犬 | | 6.8（5.0～8.0） | 150（120～180） |
| 猫 | | 7.5（5.0～10.0） | 120（80～150） |
| 兔 | | 6.9 | 117（80～150） |
| 鸡 | 公 | 3.8 | 117.6 |
| | 母 | 3.0 | 91.1 |

**2. 红细胞的特性**

（1）可塑变形性　红细胞在全身血管中循环运行，常要挤过口径比它小的毛细血管和血窦间隙，这时红细胞将发生卷曲变形，在通过后又恢复原状，这种变形称为塑性变形。表面积与体积的比值越大，变形能力越大，故双凹圆盘形红细胞的变形能力远大于异常情况下可能出现的球形红细胞。此外，当红细胞内容物黏度增大、红细胞膜弹性降低、血红蛋白发生变性或血红蛋白浓度过高时，均能使红细胞变形能力降低。

（2）悬浮稳定性　在循环血液中，红细胞在血浆中保持悬浮状态而不易下沉的特性，称为悬浮稳定性。将盛有抗凝血的血沉管垂直静置，可见红细胞因相对密度较大而逐渐下沉，在单位时间内红细胞下沉的距离称为红细胞沉降率，简称血沉。血沉越快，表示红细胞的悬浮稳定性越小。红细胞沉降率随动物种类的不同而不同。马的血沉最快，猪次之，牛、羊最慢。妊娠期血沉会加快，除此之外多为病理性增快，可见于全身性炎症、肿瘤、结核病进行期等，故测定血沉有一定的临床诊断价值。几种健康动物的血沉值见表 1-3。

**表 1-3　健康动物的血沉值**

| 动物种类 | 血沉平均值 /mm | | | |
|---|---|---|---|---|
| | 15min | 30min | 45min | 60min |
| 马 | 31.0 | 49.0 | 53.0 | 55.0 |
| 牛 | 0.10 | 0.25 | 0.40 | 0.58 |
| 猪 | 3.0 | 8.0 | 20.0 | 30.0 |
| 绵羊 | 0.2 | 0.4 | 0.6 | 0.8 |
| 山羊 | 0 | 0.1 | 0.3 | 0.5 |
| 犬 | 0.2 | 0.9 | 1.7 | 2.5 |
| 兔 | 0 | 0.3 | 0.9 | 1.5 |

（3）渗透脆性　若将红细胞置于低渗溶液中，水分会渗入胞内，细胞膨胀成球形，最终胞膜破裂并释放出血红蛋白，这一现象称为溶血。红细胞在低渗溶液中发生膨胀、破裂和溶血的特性称为红细胞渗透脆性，简称脆性。渗透脆性反映了红细胞对低渗盐溶液的抵抗力，渗透脆性越大，表明红细胞对低渗盐溶液的抵抗力越小，越容易发生溶血；反之，对低渗盐溶液的抵抗能力就越强。衰老的红细胞脆性大，初成熟的红细胞脆性小。临床上通过测定红细胞脆性来了解红细胞的生理状态，作为诊断某些疾病的辅助方法。

**3. 红细胞的功能**　成熟的红细胞无细胞核，也无细胞器，胞质内充满血红蛋白。血红蛋白由珠蛋白和亚铁血红素构成，是一种含铁的特殊蛋白质，占红细胞重量的30%～35%。红细胞的主要功能是运输 $O_2$ 和 $CO_2$，其次是对酸碱物质具有缓冲作用。所有这些机能均与红细胞所含的血红蛋白有关。

血红蛋白与 CO 的亲和力比 $O_2$ 大 200 余倍，结合成一氧化碳血红蛋白后，以致血红蛋白携带 $O_2$ 的能力大大降低，严重时危及生命。亚硝酸盐可使血红蛋白中的亚铁离子氧化成三价而变成高铁血红蛋白，血红蛋白失去和 $O_2$ 结合的能力而表现中毒。

## （二）白细胞

**1. 白细胞的形态和数量**　白细胞为无色、有核的球形细胞，体积大而数量少，通

常以 $10^9$ 个 /L 为单位表示，可分为粒细胞、单核细胞和淋巴细胞。粒细胞按细胞质颗粒的嗜色性不同，又可分为嗜中性粒细胞、嗜酸性粒细胞、嗜碱性粒细胞。同种动物的白细胞数常随生理状态和个体特点而变动，如运动、寒冷、消化期、妊娠及分娩期等，白细胞数目均增多。几种成年哺乳动物的白细胞数及各类白细胞所占百分比见表 1-4。

**表 1-4 成年哺乳动物的白细胞数及各类白细胞的百分比**

| 动物种类 | 白细胞总数 /（$10^9$ 个 /L） | 各类白细胞所占百分比 /% | | | | | |
|---|---|---|---|---|---|---|---|
| | | 嗜碱性粒细胞 | 嗜酸性粒细胞 | 嗜中性粒细胞 | | 淋巴细胞 | 单核细胞 |
| | | | | 杆形核 | 分叶核 | | |
| 马 | 8.77 | 0.5 | 4.5 | 4.5 | 53.0 | 34.5 | 3.5 |
| 牛 | 7.62 | 0.5 | 4.0 | 3.5 | 33.0 | 57.0 | 2.0 |
| 猪 | 14.66 | 0.5 | 0.5 | 6.0 | 31.5 | 55.5 | 3.5 |
| 绵羊 | 8.25 | 0.5 | 5.0 | 2.0 | 32.5 | 59.0 | 2.0 |
| 山羊 | 9.70 | 0.1 | 6.0 | 1.0 | 34.0 | 57.5 | 1.5 |
| 犬 | 11.50 | 1.0 | 6.0 | 3.0 | 60.0 | 25.0 | 5.0 |
| 猫 | 12.50 | 0.5 | 5.0 | 0.5 | 59.0 | 32.0 | 3.0 |

**2. 白细胞的特性** 所有的白细胞都能伸出伪足做变形运动，凭借这种运动，白细胞得以穿过血管壁，这一过程称作白细胞渗出。白细胞具有穿过血管壁，趋向某些化学物质游走的特性，称为趋化性。能吸引白细胞发生定向运动的化学物质称为趋化因子。细菌毒素、细菌或机体细胞的降解产物，以及抗原-抗体复合物等都具有趋化活性。白细胞按照这些物质的浓度梯度游走到这些物质的周围，把异物包围起来并吞入胞质内，称为吞噬作用。

**3. 白细胞的功能** 嗜中性粒细胞具有活跃的变形能力、敏锐的趋化性和很强的吞噬能力，是吞噬外来微生物和异物的主要细胞。当组织发生炎症时，嗜中性粒细胞被趋化到炎症部位吞噬细菌。由于其含有大量的溶酶体酶，能将吞入细胞内的细菌和组织碎片分解。嗜中性粒细胞吞噬细胞后，自身也常坏死，成为脓细胞。当机体被细菌感染时，尤其是化脓性炎症时嗜中性粒细胞增多。

嗜酸性粒细胞内虽含有溶酶体，但因不含溶菌酶，所以能进行吞噬，却没有杀菌能力。嗜酸性粒细胞在体内的作用是缓解过敏反应和限制炎性过程，以及参与对蠕虫的免疫反应。所以，在过敏性疾病或寄生虫病时，嗜酸性粒细胞会增多。

嗜碱性粒细胞的颗粒内含有肝素和组胺，可被快速释放。肝素具有抗凝血作用，组胺与某些异物（如花粉）引起过敏反应的症状有关。此外，嗜碱性粒细胞被激活时还释放一种称为嗜酸性粒细胞趋化因子 A 的小肽，这种因子能把嗜酸性粒细胞吸引过来，聚集于局部以限制嗜碱性粒细胞在过敏反应中的作用。

单核细胞在血流中停留 2～4d 后，随即渗出血管进入肝、脾、肺、淋巴结和浆膜腔等部位，转变为巨噬细胞。巨噬细胞内溶酶体和溶菌酶增多，吞噬能力强。单核-巨噬细胞系统是机体内庞大的防御系统。

淋巴细胞在免疫应答过程中起着核心作用。根据细胞成长发育过程和功能的不同，淋巴细胞分成 T 细胞和 B 细胞两类。在功能上 T 细胞主要与细胞免疫有关，B 细胞受抗原刺激后增殖分化为浆细胞，产生抗体，参与体液免疫。

（三）血小板

**1. 血小板的形态和数量**　血小板是从骨髓成熟的巨核细胞细胞质裂解脱落下来的小块胞质，无细胞核，呈圆盘形、卵圆形或杵形。禽类的凝血细胞相当于哺乳动物的血小板，有纺锤形核。几种成年畜禽血小板的数量见表 1-5。

**表 1-5　成年畜禽血小板的数量**

| 动物种类 | 血小板数 /（$10^9$ 个 /L） | 动物种类 | 血小板数 /（$10^9$ 个 /L） |
| --- | --- | --- | --- |
| 马 | 200～900 | 犬 | 199～577 |
| 牛 | 260～710 | 猫 | 100～760 |
| 猪 | 130～450 | 兔 | 125～250 |
| 绵羊 | 170～980 | 鸡 | 26 |
| 山羊 | 310～1020 | | |

**2. 血小板的生理特性与功能**　当血管内皮损伤而暴露出胶原组织时，立即会引起血小板的黏着，此现象称为血小板黏附。通过血小板黏附，可识别损伤部位，使止血栓能正确定位于内皮下的胶原上，同时血小板黏附并融合到血管内皮中，从而维持血管内皮的完整。

血小板之间互相黏附，聚集成团的现象，称为血小板聚集。血小板黏附可促使血小板聚集和血管收缩，有利于止血。

血小板受到刺激后，可将颗粒中的二磷酸腺苷（ADP）、5-羟色胺（5-HT）、儿茶酚胺、$Ca^{2+}$、血小板第三因子（$PF_3$）等活性物质向外释放。血小板还可释放血小板源生长因子（PDGF）等生长因子，促进血管内皮细胞、平滑肌细胞及成纤维细胞增殖，有利于受损血管的修复。

血小板内收缩蛋白发生的收缩，可使血凝块回缩，血栓硬化，有利于止血过程。

血小板可将血浆中的多种凝血因子吸附于其表面。一旦血管发生破裂，大量的血小板黏附、聚集于破裂部位，并吸附血液中的凝血因子，从而使破损局部的凝血因子浓度升高，促进并加速血液的凝固。

## 第二节　血液凝固与纤维蛋白溶解

**【学习目标】**

掌握血液凝固与纤维蛋白溶解的基本过程及意义；熟悉加速或延缓血液凝固的措施。

**【常用术语】**

血液凝固（blood coagulation），凝血因子（blood clotting factor），纤维蛋白溶解（fibrinolysis）。

**【概述】**

血液凝固是指在某些条件下（如血液流出血管或血管内皮损伤），血液由液体的溶胶状态转变为半固体的凝胶状态的过程，简称为血凝。血液凝固是一个由多因子参与的一系列酶促反应过程，最终将血浆中的可溶性纤维蛋白原转变为不溶性纤维蛋白。血凝参与止血，因此是机体的一种保护功能。血液中含有血液凝固所需要的各种物质，但正常情况下，循环流动的血液不会在血管内凝固，其原因为：①血管内皮完整光滑，血小板不易发生黏附聚集，凝血因子也不易激活；②凝血因子浓度不够，即使产生少量的活化因子，也会很快被稀释，不足以引起凝血反应；③重要的原因是血液中存在着抗凝血物质和纤维蛋白溶解系统。

## 一、血液凝固

### （一）凝血因子

血浆与组织中直接参与凝血的物质，通称为凝血因子。目前已知的凝血因子，除血小板以外，共有 14 种，其中 12 种依发现的先后顺序按国际命名法用罗马数字进行编号，即凝血因子Ⅰ～XIII（表 1-6）。

**表 1-6 按国际命名法编号的凝血因子**

| 编号 | 同义名 | 编号 | 同义名 |
|---|---|---|---|
| 因子Ⅰ | 纤维蛋白原 | 因子Ⅸ | 血浆凝血激酶 |
| 因子Ⅱ | 凝血酶原 | 因子Ⅹ | Stuart Prower 因子 |
| 因子Ⅲ | 组织因子 | 因子Ⅺ | 血浆凝血激酶前质 |
| 因子Ⅳ | $Ca^{2+}$ | 因子Ⅻ | 接触因子 |
| 因子Ⅴ | 前加速素 | 因子XIII | 纤维蛋白稳定因子 |
| 因子Ⅶ | 前转变素 | | 前激肽释放酶 |
| 因子Ⅷ | 抗血友病因子 | | 高相对分子质量激肽原 |

### （二）凝血过程

凝血过程是一系列凝血因子相继酶解而激活的过程。大体可分为三个阶段：第一阶段是凝血因子Ⅹ激活成Ⅹa（活化型），并形成凝血酶原激活物；第二阶段是凝血酶原被凝血酶原激活物激活成凝血酶；第三阶段是纤维蛋白原被凝血酶激活转变成纤维蛋白单体。同时，凝血酶也激活因子XIII活化为XIIIa，在XIIIa 的作用下，纤维蛋白单体形成牢固的纤维蛋白多聚体。纤维蛋白交织成网状，将血细胞网络于其中，即形成血凝块。凝血过程可概括为如图 1-2 所示。

### （三）促进和延缓血液凝固的措施

在实际工作中，根据血凝原理，经常会采取一些措施加速或延缓血液凝固，以满足临床需要。

**1. 促凝措施**

（1）接触粗糙面　机体受创伤出血时，使血液与粗糙面接触，既可促进凝血因子Ⅻ的激活，又可促进血小板聚集、解体并释放凝血因子，加速凝血反应的进程。临床上用纱布或棉花按压创口，可起到止血作用。

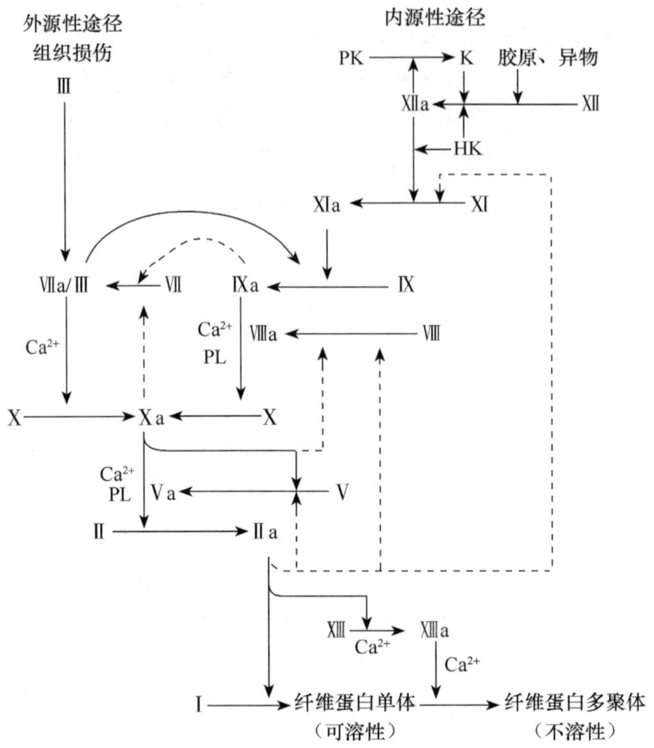


图 1-2　血液凝固过程示意图（柳巨雄和杨焕民，2010）

PL. 磷脂；PK. 前激肽释放酶；K. 激肽释放酶；HK. 高分子激肽原

（2）升温　适当升高温度可以提高酶的活性，有利于血液凝固。

（3）维生素K　维生素K在肝脏内参与凝血酶原和凝血因子Ⅶ、Ⅸ、Ⅹ等的合成过程，有加速凝血和止血的间接作用。

**2. 抗凝措施**

（1）移除血浆中的$Ca^{2+}$　由于血液凝固需要$Ca^{2+}$的参与，因此若去除$Ca^{2+}$，可达到抗凝的目的。例如，在血液中加入柠檬酸钠、草酸盐及乙二胺四乙酸（EDTA）都可去除$Ca^{2+}$，实际工作中经常用作抗凝剂。

（2）去除纤维蛋白　如使用带有开叉橡皮管的玻璃棒搅动流入容器的血液或在容器内放置玻璃球加以摇晃，以除去血凝后形成的纤维蛋白，如此形成的脱纤维血不凝固。

（3）低温　降低温度可使酶促反应减慢，使血凝延缓。

（4）接触光滑面　光滑面不利于凝血因子Ⅻ的激活和血小板的聚集，因而可延缓血凝。

（5）肝素　无论是在体内还是体外，肝素都是很强的抗凝剂，并具有用量少、对血液影响小等优点，实际工作中经常应用。

## 二、抗凝系统和纤维蛋白溶解

### （一）抗凝系统的作用

体内主要的抗凝物质包括抗凝血酶Ⅲ、肝素和蛋白质C。抗凝血酶Ⅲ通过与凝血因子Ⅱa、Ⅶa、Ⅸa、Ⅹa、Ⅺa、Ⅻa活性中心中的丝氨酸残基结合，使之失活，从而起到抗凝作用；肝素主要是由肥大细胞和嗜碱性粒细胞产生的，在体内外均有抗凝作用，其抗凝的主要机制是能结合血浆中的一些抗凝蛋白，增强其活性，如与抗凝血酶Ⅲ结合后，可使其作用增加2000倍；蛋白质C以酶原形式存在于血浆中，在凝血酶的作用下激活的蛋白质C具有多方面的抗凝血、抗血栓功能，可灭活凝血因子Ⅴa和Ⅷ，限制因子Ⅹa与血小板结合，增强纤维蛋白的溶解。

### （二）纤维蛋白溶解

凝血过程中形成的纤维蛋白被分解、液化发生溶解的过程，称为纤维蛋白溶解，简称纤溶。参与纤溶的物质有纤维蛋白溶解酶原（纤溶酶原）、纤维蛋白溶解酶（纤溶酶）、纤溶酶原激活物和纤溶酶原抑制物，总称为纤维蛋白溶解系统，简称纤溶系统。纤溶分纤溶酶原的激活与纤维蛋白和纤维蛋白原的降解两个阶段（图1-3）。

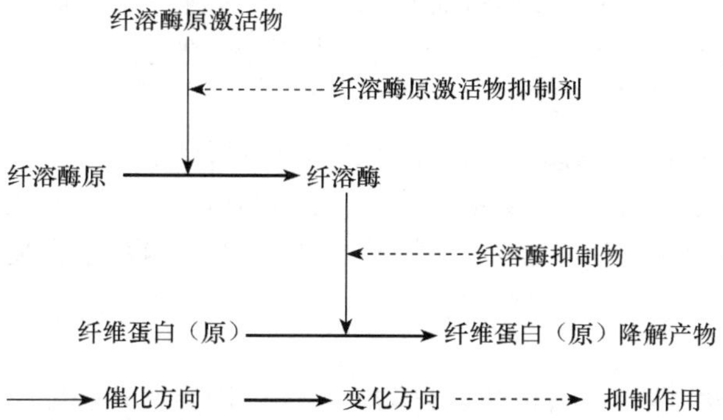


图1-3　纤维蛋白溶解示意图（姚泰，2010）

在正常情况下，由于凝血系统的不断活动，总会不断出现一些纤维蛋白和小的血栓，由于纤溶系统的活动，可使之及时溶解；另外，组织损伤后形成的止血栓在完成止血使命后，依靠纤溶系统的作用逐步溶解，从而保证了血管内血流畅通，并有利于受损组织的再生和修复。抗纤溶酶的作用，还可防止纤溶活动过剩和对其他蛋白质水解。由此可见，凝血、纤溶、抗纤溶活动相互联系、相互制约并保持平衡，在保证血液循环畅通等方面具有重要生理意义。

## 第三节　心脏的生理活动

**【学习目标】**

了解心肌细胞的生物电现象；掌握心肌细胞的生理特性及心脏的泵血功能；了解心脏心音的形成。

**【常用术语】**

期前收缩（premature excitation）与代偿间歇（compensatory pause），心动周期（cardiac cycle）与心率（cardiac rate），心音（heart sound），心输出量（cardiac out-put），心力储备（cardiac reserve）。

**【概述】**

血液在循环系统中按一定方向进行周而复始的流动称为血液循环。血液循环的主要功能是完成体内物质的运输，将 $O_2$ 和营养物质运至全身各组织器官，又将其代谢产物运走，以保证新陈代谢不断进行。体内各内分泌腺分泌的激素依靠血液循环运送到相应的靶细胞实现体液调节。另外，机体内环境的相对稳定和血液防御机能的实现，也有赖于血液的不断循环。因此，血液循环是高等动物机体生存的最主要条件之一。心脏是推动血液循环的动力器官，泵血是心脏最重要的生理功能，心脏泵血功能是在心肌细胞机械收缩和瓣膜启闭活动的密切配合下实现的。

## 一、心肌细胞的基本特性

### （一）心肌细胞的分类

心肌细胞根据其结构和功能不同，可分为普通心肌细胞和组成心脏特殊传导系统的细胞两种。

**1. 普通心肌细胞** 普通心肌细胞包括心房肌细胞和心室肌细胞，主要功能是收缩做功，又称为工作细胞。它们具有接受刺激产生兴奋，发生收缩反应和传导兴奋的能力，但不能自动地产生兴奋，因此属于非自律性细胞。

**2. 组成心脏特殊传导系统的细胞** 组成心脏特殊传导系统的细胞主要是 P 细胞和浦肯野细胞，分布在窦房结、心房传导组织、房室交界、房室束和浦肯野纤维中。其特点是具有产生自动节律性兴奋的能力，属于自律性细胞，但基本丧失了收缩性。

### （二）心肌细胞的生理特性

心肌细胞的生理特性包括兴奋性、自动节律性、传导性和收缩性。

**1. 兴奋性** 可兴奋细胞受到刺激发生反应的能力，称为兴奋性。所有心肌细胞都具有兴奋性，其中自律细胞能自发地产生节律性兴奋，非自律细胞在接受外来刺激后发生兴奋。与其他可兴奋组织一样，心肌细胞在一次兴奋过程中，随着膜电位的变化，心肌兴奋性发生周期性的改变，包括兴奋性降低为零，不能接受任何刺激的有效不应期，接下来是心肌的兴奋性已逐渐恢复，但仍低于正常水平的相对不应期和兴奋性比正常水平高的超常期。心肌兴奋性变化的有效不应期特别长，相当于机械性收缩的整个收缩期和舒张早期。因此，在心脏收缩期内，任何强度的刺激都不能使心脏产生新的兴奋，也不能产生新的收缩活动。这就使心肌不会像骨骼肌那样产生强直性收缩，只能作收缩和舒张交替进行的节律性活动，从而使心脏有血液充盈的时期，这对心脏完成泵血功能十分重要。

**2. 自动节律性** 心肌细胞在没有外来刺激的条件下，有自动发生节律性兴奋的特性，称为自动节律性，简称自律性。心肌中只有自律细胞才有自律性。高等动物心脏的自律细胞存在于心脏特殊传导组织中，包括窦房结（蛙类为静脉窦）、房室交界（结区除外）、房室束及浦肯野纤维等。这些组织的自律性高低不一，正常情况下，窦房结自动节律性最高，是主导心脏兴奋和跳动的正常部位，故称为正常起搏点。由窦房结控制的心搏节律称为窦性心律。窦房结以外的自律细胞，由于受窦房结的控制，在正常情况下并不表现自律性，只起传导兴奋的作用，只有在某种特殊情况下（如它们的自律性增高或窦房结兴奋传导阻滞时），才能自动发出兴奋，以较低的频率引发心脏活动，因此称为潜在起搏点。由潜在起搏点引发的心跳节律称为异位心律。

**3. 传导性**　心肌细胞兴奋产生的动作电位能够沿着细胞膜传播的特性称为传导性。正常心脏的兴奋由窦房结产生，其冲动一方面通过心房传导组织传至左右心房；另一方面兴奋通过结间束传至房室交界，然后再由房室束传至左右束支，最后经浦肯野纤维到达左右心室肌。

从窦房结到心室的传导具有快-慢-快的特点，即兴奋在左右心房或左右心室之间传导速度很快，这可保证左右心房或左右心室产生同步性兴奋和收缩，收缩力量大，保证心室射血功能的完成。而兴奋在房室交界处的传导速度最慢，传播所需时间较长，形成一个时间延搁，称为房室延搁。房室延搁具有重要的生理意义，它使心房和心室不会同时兴奋，心房兴奋收缩时，心室仍处于舒张状态，从而保证心室有足够的时间充盈血液。

**4. 收缩性**　收缩性指心房和心室工作细胞在接受刺激后，具有产生收缩反应的能力。心肌细胞的收缩性有以下特点。

（1）对细胞外液 $Ca^{2+}$ 浓度的依赖性大　$Ca^{2+}$ 是肌细胞兴奋-收缩耦联的因子。由于心肌细胞肌质网终末池不发达，$Ca^{2+}$ 储量少，心肌收缩所需的 $Ca^{2+}$ 除一部分从终末池释放外，在很大程度上依赖于细胞外液的提供。因此，在一定范围内，增加细胞外液中的 $Ca^{2+}$ 浓度，可增强心肌收缩力；反之，若细胞外液中的 $Ca^{2+}$ 浓度降低，则心肌收缩力减弱。

（2）"全或无"式收缩　在其他条件不变的情况下，心房肌或心室肌纤维要么完全不收缩，要么全部同步收缩，称为"全或无"式收缩。其原因一方面是心肌细胞存在着闰盘结构，心房或心室为功能合胞体；另一方面是兴奋在左右心房间、左右心室间传导速度快，同步收缩力量大，有利于提高心脏射血的效率。

（3）不产生强直收缩　心肌兴奋性变化的特点是有效不应期特别长，相当于整个收缩期和舒张早期，在此期间，无论多强的刺激均不能引起心肌收缩。即心肌兴奋后，只有进入舒张期才能接受新的刺激，所以心肌细胞不发生强直收缩，始终保持着收缩与舒张交替的节律活动。

（4）期前收缩与代偿间歇　正常的心脏按照窦房结的节律进行活动时，窦房结发出的兴奋总是在心肌前一次兴奋的不应期终止之后，才传导到心房和心室，因此，心房和心室都能按照窦房结的节律，交替进行收缩和舒张的活动。在实验或病理情况下，如果在心室肌有效不应期之后、正常的窦性节律到来之前受到一次额外的刺激，则心室可产生一次窦性节律以外的收缩活动，由于其发生在正常节律收缩之前，故称为期前收缩。紧接着来自窦房结的兴奋正好落在期前收缩的有效不应期内，这次兴奋不能引起心室收缩，必须等到下一次窦房结的兴奋传来时，心室才发生收缩。这样，在一次期前收缩之后，常有一段较长的心脏舒张期，称为代偿间歇（图 1-4）。

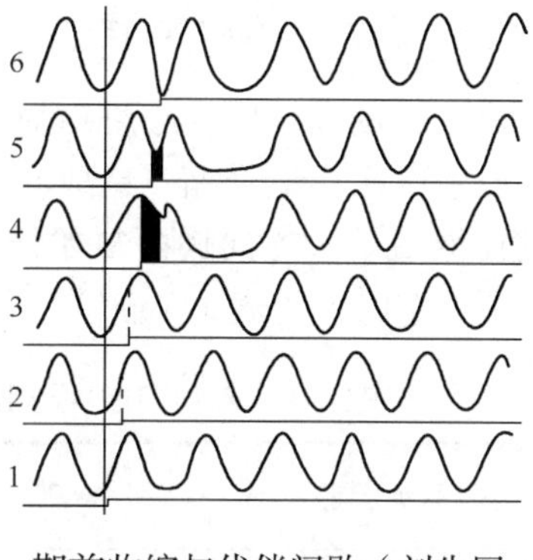

图 1-4　期前收缩与代偿间歇（刘先国，2003）
曲线 1～3：刺激落在有效不应期内，不引起动作电位；曲线 4～6：刺激落在相对不应期内，引起期前收缩和代偿间歇

## 二、心脏的泵血功能

### （一）心动周期和心率

**1．心动周期**　心脏每收缩和舒张一次，称为一个心动周期。心动周期包括心房的收缩和舒张，以及心室的收缩和舒张四个过程。由于心室收缩时间长、力量大，是推动血液循环的主要力量，因此所谓心缩期和心舒期就是指心室的收缩期和舒张期。

**2．心率**　心脏每分钟搏动的次数称为心率。动物的心率因种类、年龄、性别及生理情况不同而异（表 1-7）。一般小型动物心率比大型动物快，幼龄动物的心率比成年动物快，雄性动物的心率比雌性动物稍快。经过充分训练的动物心率较慢，剧烈运动时心率加快程度也较小。

**表 1-7　动物心率的正常变异范围**

| 动物 | 心率 /（次 /min） | 动物 | 心率 /（次 /min） |
|---|---|---|---|
| 马 | 30～45 | 犬 | 70～120 |
| 驴 | 60～80 | 猫 | 110～240 |
| 黄牛 | 40～70 | 家兔 | 120～150 |
| 乳牛 | 60～80 | 鸡 | 250～300 |
| 牦牛 | 35～70 | 鸭 | 240 |
| 猪 | 60～80 | 鸽 | 141～244 |
| 绵羊 | 70～110 | 骆驼 | 30～50 |
| 山羊 | 60～80 | 猴 | 227 |

心动周期时程的长短与心率有关。以猪为例，成年猪在安静状态下平均心率为每分钟 75 次，则每个心动周期为 0.8s。其中心房收缩期约为 0.1s，心房舒张期为 0.7s，心室收缩期约为 0.3s，心室舒张期约为 0.5s。可见，在每一个心动周期中，心房和心室的舒张时间都大于收缩时间。如果心率加快，心动周期缩短，收缩期、舒张期均相应缩短，但舒张期缩短更明显，心肌的工作时间相对延长，这对心脏的持久活动是不利的。

### （二）心脏的泵血过程

每一个心动周期中，心脏射血一次，左右心室的射血量基本是相等的。在此过程中，心房和心室有次序地舒缩，造成心脏内压力和容积的变化，同时瓣膜发生规律性的启闭，以推动血液沿单一方向周而复始循环流动。根据这些变化，通常将一个心动周期过程划分为以下几个时期（表 1-8）。

**表 1-8　心动周期中心腔内压力、容积、瓣膜活动及血流方向的变化**

| 心动周期分期 | | 压力比较 | 瓣膜开关 | | 心室容积 | 血流方向 |
|---|---|---|---|---|---|---|
| | | | 房室瓣 | 半月瓣 | | |
| 心房收缩期 | | 房内压＞室内压＜动脉压 | 开 | 关 | 增大 | 心房→心室 |
| 心室收缩期 | 等容收缩期 | 房内压＜室内压＜动脉压 | 关 | 关 | 不变 | — |
| | 快速射血期 | 房内压＜室内压＞动脉压 | 关 | 开 | 减小 | 心室→动脉 |
| | 减慢射血期 | 房内压＜室内压＜动脉压 | | | | |

续表

| 心动周期分期 | | 压力比较 | 瓣膜开关 | | 心室容积 | 血流方向 |
|---|---|---|---|---|---|---|
| | | | 房室瓣 | 半月瓣 | | |
| 心室舒张期 | 等容舒张期 | 房内压＜室内压＜动脉压 | 关 | 关 | 不变 | — |
| | 快速充盈期<br>减慢充盈期 | 房内压＞室内压＜动脉压 | 开 | 关 | 增大 | 静脉→心房→心室 |

**1. 心房收缩期** 心房收缩前，心脏处于全心舒张状态，此时，房内压低于静脉压，心房压略高于心室压，房室瓣处于开放状态，血液不断从静脉流入心房，再经心房流入心室，使心室不断充盈。至心室舒张末期，心房开始收缩，心房容积缩小，房内压升高，血液顺压力差进一步挤入心室，使心室进一步充盈。由于心房壁较薄，收缩期较短，仅持续约 0.1s，故心房收缩增加的心室充盈量仅占心室总充盈量的 10%～30%。

**2. 心室收缩期** 心房收缩结束转为舒张时，心室开始收缩。此期又包括等容收缩期、快速射血期和减慢射血期三个时期。

（1）等容收缩期 心室开始收缩，室内压迅速升高，当超过房内压时，房室瓣关闭，但因室内压尚低于动脉内压，故半月瓣处于关闭状态，心室成为一个密闭的腔体。此时，心室肌虽然收缩，但并不射血，心室容积不变，故称为等容收缩期。

（2）快速射血期 随着心室肌进一步收缩，当室内压高于动脉压时，半月瓣打开，血液快速流入动脉，称为快速射血期。快速射血期内，心室肌仍在收缩，室内压继续上升，心室容积则急剧减小。此期历时较短，约占心缩期的 1/3，但射血量约占整个心缩期全部射血量的 2/3。

（3）减慢射血期 快速射血期后，因大量血液进入动脉，动脉内压升高，同时由于心室内血液减少，心室收缩力减弱，室内压下降，射血速度逐渐减慢，称为减慢射血期。减慢射血期末，心室的容积缩小至最小值。在这一期内，室内压已略低于动脉压，血液依其惯性作用继续射入动脉。减慢射血期历时较长，约占心缩期的 2/3，但射血量只占 1/3 左右。

**3. 心室舒张期** 减慢射血期后，心室开始舒张，心室舒张期可分为等容舒张期、快速充盈期和减慢充盈期。

（1）等容舒张期 心室舒张，室内压下降，当低于动脉压时，半月瓣关闭，但此时室内压仍高于房内压，房室瓣依然关闭，心室又成为封闭腔，心室容积不变，但室内压急剧下降，称为等容舒张期。

（2）快速充盈期 心室进一步舒张，室内压继续下降。当室内压低于房内压时，房室瓣开放，心室开始充盈血液。而后心室继续舒张，室内压进一步降低，甚至降至负压，此时心房和大静脉内的血液因心室抽吸而快速流入心室，心室容积迅速增大，称为快速充盈期。其时程较短，约占心舒期的 1/3，但充盈量约占总充盈量的 2/3。

（3）减慢充盈期 随着心室的充盈，室内压上升，与心房及大静脉之间的压力差减小，致使血液充盈速度减慢，称为减慢充盈期。其后与下一个心动周期的心房收缩期相接。

### （三）心音

在每个心动周期中，由于心肌收缩、瓣膜启闭，以及血液撞击心血管壁引起振动产生的声音，称为心音。

心音可通过周围组织传递到胸壁，如将听诊器放在胸壁某些部位，可听到心音。一般在一个心动周期中可听到两个类似“通-嗒”的声音，分别称为第一心音和第二心音。另外，在有些动物还有第三和第四心音。其中第一心音发生于心收缩期的开始，故又称心缩音，主要是由于心室肌的收缩、房室瓣的关闭，以及射血开始引起的主动脉管壁的振动而引起，特点为音调较低、持续时间较长。第一心音的强弱可反映心肌收缩力量的强弱和房室瓣的功能状态。第二心音发生于心舒张期的开始，故又称心舒音，主要是由于心室舒张时，半月瓣突然关闭，血液冲击瓣膜，以及主动脉中血流减速引起的振动而引起。特点为音调较高、持续时间较短。第二心音的大小可反映动脉血压的高低和半月瓣的功能状态。

听取心音对于诊断心脏疾病具有重要的临床意义。例如，心室肌肉肥厚时，心室收缩力量增强，第一心音增强；心肌炎时，心室收缩无力，第一心音减弱；房室瓣闭锁不全和动脉口狭窄，有收缩期杂音，如呼呼的高啸声；房室瓣口狭窄和动脉瓣闭锁不全，有舒张期杂音。

### （四）心脏泵血功能的评价

心脏泵血功能正常与否直接关系到机体健康，评定心脏泵血机能在临床上具有重要意义。

**1. 心输出量**　一侧心室每次搏动射入动脉的血量称为每搏输出量。通常情况下，从左右心室分别射入主动脉、肺动脉中的血量是相等的，这是体循环与肺循环保持协调的必要条件。

一侧心室每分钟射入动脉的血量称为每分输出量，即每分输出量＝每搏输出量 × 心率。生理学上所说的心输出量一般指每分输出量。心输出量在很大程度上是与机体代谢水平相适应的，静息时代谢率低，心输出量少，在肌肉运动、情绪激动、妊娠等情况下，心输出量增多。

**2. 射血分数**　心室舒张末期，心室内的血液充盈量称为舒张末期容量。在收缩末期，心室内仍剩余的一部分血液，称为收缩末期容量。生理学上将每搏输出量与舒张末期容积之比，称为射血分数。一般静息状态下，动物的射血分数为55%～65%，经过锻炼和调教的动物，射血分数相应较大，反映心肌射血能力强。反之，则反映心脏射血能力弱。

**3. 心指数**　心输出量是以个体为单位计量的，但个体大小对心输出量影响很大，所以用心输出量的绝对值，在个体大小不同的动物之间比较心脏的功能是不全面的。研究发现，在安静状态下心输出量与动物体表面积呈正比关系。在安静状态下，每平方米体表面积的每分心输出量称为心指数。因此，心指数是分析和比较不同个体心脏功能时常用的指标。

**4. 心力储备**　心输出量随机体代谢的需要而相应增加的能力称为心力储备，其大小可反映心脏泵血功能对代谢需要的适应能力。通过提高心率而实现的心力储备称为心率储备；通过增加每搏输出量而实现的心力储备称为每搏输出量储备。

生理情况下，动物心率最快可增加到安静状态时的两倍多，因此，动用心率储备可使心输出量增加2～2.5倍。但是心率过快，反而使心舒期缩短而影响心室的充盈时间，从而使搏出量减少，心输出量下降。如果心力储备发挥到最大限度后仍不能适应机体需要，就会发生心力衰竭。动物通过调教和训练可以提高心力储备。

## 第四节　血管的生理活动

**【学习目标】**

掌握血压的形成和影响因素；理解组织液的生成原理及淋巴回流的意义；了解静脉血压和静脉回流。

**【常用术语】**

血压（blood pressure），收缩压（systolic pressure）、舒张压（diastolic pressure）与脉搏压（pulse pressure），微循环（microcirculation），有效滤过压（effective filtration pressure）。

**【概述】**

血压指血管内的血液对单位面积血管壁的侧压力。通常所说的血压即指体循环的动脉血压。血液在血管中向前流动的过程中，其动能不断被用来克服外周阻力而逐渐消耗，血压也随之下降，因此，机体内各部位的压力是不均等的。主动脉处血压最高，随着动脉分支变细，血流为克服血管阻力消耗的能量相应变大，血压逐渐降低，到接近右心房大静脉处已降至为零，甚至是负压。血管系统产生的这种压力梯度对于维持血液正常循环具有极为重要的生理意义。

组织液存在于组织细胞的间隙中，是血液与组织细胞之间进行物质交换的媒介。组织液中各种离子成分与血浆相同，组织液中也存在血浆蛋白质，但其浓度明显低于血浆。淋巴液来自组织液，淋巴循环有很重要的意义，可视为体循环的一个旁支。

### 一、血压

#### （一）动脉血压的形成及其影响因素

**1. 形成血压的基本条件**　血液充盈血管是形成血压的前提；心室射血是产生血压的动力。心室肌收缩时所释放的能量可分为两部分，一部分是动能，用于推动血液流动；另一部分形成对血管壁的侧压力，并使血管壁扩张，这部分是势能。在心脏舒张时，大动脉发生弹性回缩，将势能转化为推动血液循环的动能，使血液得以继续向前流动（图 1-5）。同时，外周阻力是形成血压的必要条件。如果不存在外周阻力，则心室收缩所释放的能量将全部用于推动血液流向外周，而不对血管侧壁产生侧压力，也即不能形成血压。

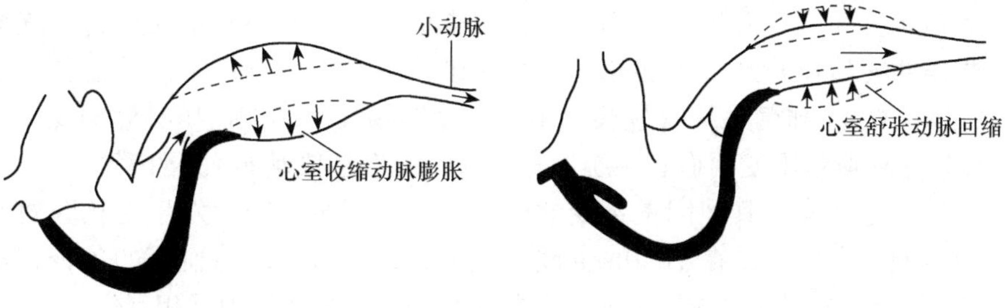


图 1-5　主动脉管壁弹性作用示意图（柳巨雄和杨焕民，2010）

**2. 动脉血压及正常值** 在每次心动周期中，动脉血压随着心室的舒缩活动而发生明显的周期性变化。心脏收缩时，主动脉压急剧升高，约在收缩中期达到最高值，此时的动脉血压称为收缩压；心室舒张时，主动脉压下降，在心舒末期降至最低，称为舒张压；收缩压与舒张压之差称为脉搏压，简称脉压。收缩压主要反映心室肌收缩力量的大小，二者呈正相关；舒张压主要反映外周阻力的大小，二者呈正相关；脉搏压主要反映大动脉管壁弹性的大小，二者呈负相关。不同种属动物的血压值不同，即使同一种动物其血压也随着年龄、性别及生理状况的不同而不同。各种动物的血压正常值见表 1-9。

**表 1-9 各种成年动物颈动脉或股动脉的血压** （单位：kPa）

| 动物 | 收缩压 | 舒张压 | 脉搏压 | 平均动脉压 |
|---|---|---|---|---|
| 马 | 17.3 | 12.6 | 4.7 | 14.3 |
| 牛 | 18.7 | 12.6 | 6.0 | 14.7 |
| 猪 | 18.7 | 10.6 | 8.0 | 13.3 |
| 绵羊 | 18.7 | 12.0 | 6.7 | 14.3 |
| 鸡 | 23.3 | 19.3 | 4.0 | 20.7 |
| 兔 | 16.0 | 10.6 | 5.3 | 12.4 |
| 猫 | 18.7 | 12.0 | 6.7 | 14.3 |
| 犬 | 16.0 | 9.3 | 5.3 | 11.6 |

**3. 影响动脉血压的因素** 心脏收缩力和外周阻力是形成血压的主要条件，凡影响以上两者的各种因素，都能影响动脉血压。

（1）每搏输出量 在外周阻力和心率相对稳定的条件下，如果每搏输出量增大，则收缩压升高，而舒张压变化不大，脉压增大；反之，当每搏输出量减小时，收缩压降低，脉压减小。

（2）心率 如果心率加快，而每搏输出量和外周阻力都不变时，舒张压升高，收缩压变化不明显，脉压减小；反之，若心率减慢，则舒张压降低，脉压增大。

（3）外周阻力 在每搏输出量和心率不变的情况下，外周阻力增大，收缩压和舒张压均增高，但舒张压升高得更明显，脉压减小；反之，若外周阻力减小，舒张压降低的幅度比收缩压大，故脉压增大。

（4）主动脉的弹性 大动脉弹性贮器功能对动脉血压有缓冲作用，如主动脉管壁弹性好，则收缩压不至于过高，舒张压不至于过低，脉压小；反之，当动脉管壁硬化时，主动脉管壁弹性差，使收缩压升高，舒张压降低，脉压增大。

（5）循环血量和血管系统容量比 在正常情况下，循环血量和血管系统容量是相适应的，这样才能使血管系统足够充盈，才能维持一定的体循环平均充盈压。当循环血量减少时（如失血），血管系统容量改变不大，则体循环平均充盈压必然降低，使动脉血压降低；如果循环血量不变而血管系统容量增大，也会造成动脉血压下降。

以上所述都是在假设其他因素不变的前提下，分析某一因素发生变化时对动脉血压可能产生的影响。实际上，在不同的生理情况下，上述影响动脉血压的各种因素可能同时发生改变，因此，在某种情况下动脉血压的变化，往往是各种因素相互作用的综合结果。

### （二）动脉脉搏

随着心脏周期性地收缩和舒张，主动脉壁相应地发生扩张和回缩的弹性搏动，且这种搏动以弹性压力波的形式沿着动脉管壁传播，这种搏动称为动脉脉搏。用手指可在身体的浅表部位摸到脉搏，脉搏的频率和节律是心率及心律的反映。如心率快，脉搏也快；心律失常，脉搏也不规则。脉搏的强弱和紧张度能反映每搏输出量的多少，故脉搏可在一定程度上反映心血管的功能状态，检查动脉脉搏有很重要的临床意义。

### （三）静脉血压和静脉血流

**1. 静脉血压与中心静脉压** 静脉是血液回流心脏的通道，同时起着血液贮存库的作用。静脉的收缩和舒张可有效地调节回心血量及心输出量，使循环机能能够适应机体在各种生理状态下的需要。血液在血管中流动的过程中，由于大部分能量用于克服阻力而被消耗，血压逐渐下降，到右心房时血压接近于零。将右心房和胸腔内大静脉的血压称为中心静脉压，将各器官静脉的血压称为外周静脉压。

中心静脉压的高低取决于心脏的射血能力和静脉回心血量之间的相互关系。如果心脏的射血能力强，能将回心血液及时射入动脉，中心静脉压就较低；反之，心脏的射血能力弱，回流的血液淤积于腔静脉中，致使中心静脉压升高；如果静脉回流速度减慢，中心静脉压会降低；反之，若静脉回流速度加快，中心静脉压会升高。

中心静脉压是反映心血管功能的又一重要指标。在临床上，测定中心静脉压可作为控制补液量和补液速度的参考指标。在治疗休克时，若中心静脉压高于正常或有上升趋势，提示输液过快、过量或心功能减弱，应减慢输液速度甚至停止输液；若中心静脉压低于正常或有下降趋势，表明循环血量不足，应加快输液速度。

**2. 静脉回心血量及其影响因素** 静脉回心血量的多少取决于外周静脉压和中心静脉压之差，以及静脉对血流的阻力。凡是影响上述因素者，均能影响静脉回心血量。

（1）体循环平均充盈压 体循环平均充盈压升高，静脉回心血量也增加。所以，当全身血量增加或容量血管收缩时，体循环平均充盈压升高，静脉回心血量也就增多；反之，当循环血量减少时，如失血、脱水或静脉血管扩张，静脉回心血量则减少。

（2）心脏收缩力量 如果心肌收缩力量强，收缩末期容积小，心舒期室内压降低，对心房和大静脉内血液的抽吸力量也就较大，回心血量就多。当右心衰竭时，射血力量显著减弱，在收缩末期右心房和大静脉内血液淤积增多，回心血量大大减少。病畜可出现颈外静脉怒张、肝充血肿大、下肢水肿等体征；如果左心衰竭，则左心房压和肺静脉压升高，引起肺淤血和肺水肿。

（3）体位改变 动物从卧位转变为立位时，四肢部分静脉扩张，容量增大，故回心血量减少。

（4）骨骼肌的挤压作用 骨骼肌收缩时，位于肌肉内或肌间的静脉受到挤压，使静脉回流加快。由于静脉中的瓣膜只能朝着心脏的方向开放，骨骼肌舒张时，静脉内的血液不会倒流。因此，骨骼肌和静脉内的瓣膜一起成为推动静脉回流的“泵”。但如果肌肉持续维持收缩状态，静脉持续受压，回流反而减少。

（5）呼吸运动 吸气时，胸腔内负压增大，使胸腔内的大静脉和右心房被牵引而更

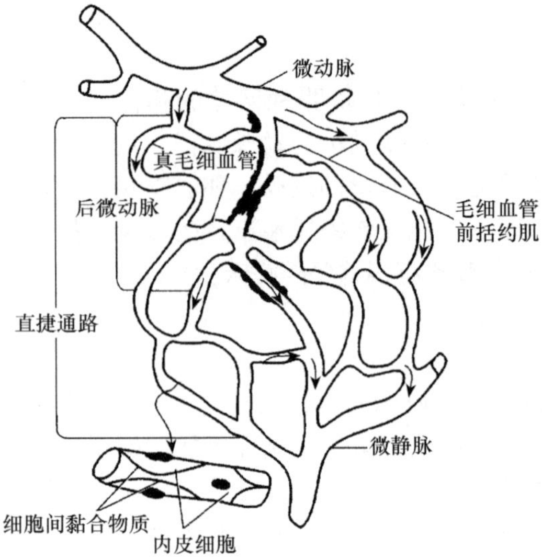


图 1-6　微循环模式图（柳巨雄和杨焕民，2010）

加扩张，压力进一步降低，有利于外周静脉血的回流；呼气时，静脉回心血量减少。

（四）微循环

微循环是指微动脉和微静脉之间的血液循环。血液循环最根本的功能是进行血液和组织液之间的物质交换，这一机能就是在微循环部分实现的。微循环一般由微动脉、后微动脉、毛细血管前括约肌、真毛细血管、通血毛细血管、动-静脉吻合支和微静脉等 7 部分组成（图 1-6）。微循环包括直捷通路、迂回通路和动-静脉短路三条血流通路。

直捷通路是指血液从微动脉经后微动脉和通血毛细血管进入微静脉的通路。这条通路比较短直，血流速度快，经常处于开放状态，很少进行物质交换。其作用是使一部分血液迅速通过微循环进入静脉，维持足够的回心血量。直捷通路在骨骼肌中较常见。

迂回通路是指血液从微动脉经后微动脉、毛细血管前括约肌和真毛细血管，汇集到微静脉的通路。该条通路迂回曲折，血流缓慢，真毛细血管交织成网状，且管壁薄，内皮细胞之间存在着细微的裂隙，通透性大，是血液和组织细胞之间进行物质交换的主要场所，因此，又称为营养通路。

动-静脉短路指血液从微动脉经动-静脉吻合支直接回流到微静脉的通路。动-静脉吻合支管壁较厚，血流迅速，几乎不进行物质交换，在体温调节中发挥重要作用。该条通路多见于皮肤、皮下组织和肢端等处的微循环中，在一般情况下多处于关闭状态。当环境温度升高时，动-静脉吻合支开放增多，血流量增加，使皮肤温度升高，有利于散热；当环境温度降低时，吻合支关闭，皮肤血流量减少，有利于保存热量。

## 二、组织液和淋巴液的生成

### （一）组织液

**1. 组织液的生成**　毛细血管壁的通透性很大，血液流经时，除大分子血浆蛋白和血细胞不能滤过外，其余血浆成分可以通过血管壁进入组织间隙，形成组织液。组织液生成的动力为有效滤过压，有效滤过压取决于毛细血管血压、组织液胶体渗透压、组织液静水压和血浆胶体渗透压四个因素。其中前两个是促使液体从毛细血管内向血管外滤过的力量，后两者是促使液体从血管外重吸收入毛细血管内的力量。有效滤过压即是两种力量之差，即有效滤过压＝（毛细血管血压＋组织液胶体渗透压）－（组织液静水压＋血浆胶体渗透压）。当有效滤过压大于 0 时，则组织液生成；有效滤过压小于 0 时，则组织液回流。

如图 1-7 所示，在毛细血管动脉端，由于毛细血管血压较高，故有效滤过压为正值，组织液生成；在毛细血管静脉端，由于毛细血管血压较低，有效滤过压为负值，组织液回流入血液。一般情况下，生成的组织液约有 90% 在静脉端被重吸收回血液，其余约 10% 进入毛细淋巴管，成为淋巴液，再经淋巴液回流入血液。

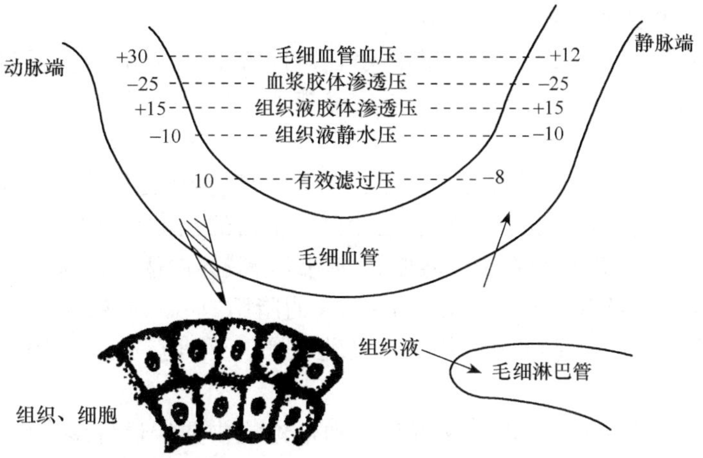


图 1-7　组织液生成和回流示意图（柳巨雄和杨焕民，2010）

**2. 影响组织液生成的因素**　在正常情况下，组织液不断生成，又不断被重吸收，保持动态平衡，从而维持血量和组织液量的相对稳定。凡影响有效滤过压和毛细血管通透性的因素，均可影响组织液的生成。

（1）毛细血管血压　毛细血管血压升高，组织液生成增多。右心衰竭时，静脉回流受阻，毛细血管内压升高，组织液生成增多，引起全身水肿；炎症时，局部微动脉扩张，毛细血管血流量增多，组织液生成增多，导致局部水肿。

（2）血浆胶体渗透压　凡能引起血浆蛋白含量增减而使血浆胶体渗透压发生改变的因素都可影响组织液的生成。当蛋白质摄入不足（低蛋白水平日粮、消化道疾病等）、蛋白质消耗过多（慢性消耗性疾病、肝病等）或蛋白质排出过多（肾病等）时，均可使血液中血浆蛋白含量减少，血浆胶体渗透压降低，有效滤过压增大，导致组织液生成增多，甚至引起组织水肿。

（3）毛细血管通透性　在病理情况下，如烧伤、过敏反应中，由于局部组织释放大量组织胺，使毛细血管壁的通透性加大，部分血浆蛋白渗出，致使血浆胶体渗透压降低，而组织液胶体渗透压升高，有效滤过压升高，组织液生成增多，出现局部水肿。

（4）淋巴回流　毛细血管动脉端滤出的液体，有一部分是通过淋巴回流入血液的。若淋巴回流受阻（如丝虫病、肿瘤等），则组织液积聚起来可导致水肿。

### （二）淋巴液

**1. 淋巴液的生成和回流**　血浆滤出生成的组织液有约 10% 进入淋巴管，即成淋巴液。毛细淋巴管比毛细血管的通透性大，故组织液中的蛋白质分子、病原微生物等容易进入毛细淋巴管中。组织液和毛细淋巴管之间的压力差是促使淋巴液生成的动力。任何增加组织液压力的因素都能增加淋巴液的生成，如毛细血管血压升高、血浆胶体渗透压降低、组织液中蛋白质浓度升高、毛细血管通透性增加等。

毛细淋巴管逐级汇集成小淋巴管和大淋巴管，流入集合淋巴管和淋巴结，最后经淋巴导管（胸导管和右淋巴管）进入前腔静脉，加入血液循环。所以淋巴回流系统是组织液向血液循环回流的一个重要辅助系统。

**2. 淋巴回流的生理意义**

（1）平衡血浆与组织液　通过淋巴途径可回收多余的组织液，以调节血浆和组织液之间的液体平衡。如果淋巴管受阻，淋巴液滞留于局部，可导致组织液增多，循环血量减少。

（2）回收组织液中的蛋白质　淋巴回流是组织液中蛋白质回收入血的唯一途径，这是淋巴回流最为重要的意义，有利于维持血浆蛋白的正常浓度和血浆胶体渗透压。如果这一途径受阻，蛋白质积聚在组织液中，使组织液胶体渗透压升高，引起水肿。

（3）运送肠道吸收的脂肪　由小肠吸收的脂肪有 80%～90% 不能进入毛细血管，而是通过进入小肠绒毛的毛细淋巴管（中央乳糜管）再回流入血，所以，小肠的淋巴液呈乳糜状。

（4）防御和免疫功能　淋巴液在流入血液途径中要经过许多淋巴结，淋巴结内有大量巨噬细胞，能清除淋巴液中的细菌或其他异物，减少感染扩散的危险。淋巴结还产生淋巴细胞和浆细胞，可参与机体的免疫反应，因此，淋巴循环对机体具有防御屏障作用。

心血管系统的功能活动能随机体内外环境的变化而发生相应的变化，以适应各器官组织在不同情况下对血流量的需要，并维持动脉血压的相对稳定，这种适应性变化是通过神经和体液调节来实现的。

# 实训一　红细胞特性的测定

**[目的]** 掌握不同动物的采血方法；熟悉红细胞脆性、血沉、Hb 含量和红细胞比容的测定方法。

**[原理]** 血红蛋白的颜色与氧的含量有关，但在用一定的氧化剂将其氧化时，可使其转变为稳定的棕色的高铁血红蛋白，而且颜色与血红蛋白的浓度成正比，可以与标准色进行对比，确定血红蛋白的浓度。用稀盐酸与血红蛋白作用形成不易变色的棕色高铁血红蛋白，可与比色板比色，从而测得血红蛋白含量。通常以每 100ml 血红蛋白克数来表示。

将定量的抗凝血灌注于特制的有刻度的玻璃管，离心沉淀后，有形成分和血浆分离，上层为淡黄色的血浆，中间一层为灰白色的血小板和白细胞，下层为暗红色的红细胞，红细胞之间彼此压紧而又不改变每个血细胞的正常形态。根据血细胞柱及全血高度，计算出红细胞在全血中所占的容积百分比——红细胞比容（红细胞压积）。

正常的红细胞混悬于等渗的血浆中，若置于高渗溶液内，则红细胞失去内部液体而皱缩；反之，置于低渗溶液内，则水分进入红细胞，使红细胞两面凹陷的圆盘形变为球形，如继续膨大，即发生破裂溶解，形成溶血。红细胞膜对低渗溶液的抵抗能力，称为红细胞渗透脆性。红细胞脆性试验就是测定红细胞对低于 0.9% NaCl 溶液的耐受能力。耐受力高者，红细胞不易破裂，即脆性低；反之，耐受力低者，红细胞易于破裂，即脆性高。将血液滴在不同浓度的低渗溶液中，可检查红细胞对低渗溶液抵抗能力的大小，凡上层液开始呈淡红色，而极大部分红细胞下沉，称开始溶血或最小抗力（红细胞的最小抗力）；凡液体呈均匀红色，管底无红细胞下沉，则称完全溶血或最大抗力（红细胞的最大抵抗力）。

将抗凝血置于一特制的具有刻度的玻管内，置于血沉架上，红细胞因重力作用而逐渐下沉，上层留下一层黄色透明的血浆。经一定时间，沉降的红细胞上面的血浆柱的高度，即表示红细胞的沉降率。家畜有的疾病可以引起红细胞沉降率的显著加速，故测定红细胞沉降率具有临床诊断价值。

**[实验对象]** 猪，牛，羊，驴，马，犬，鱼等。

**[实验药品]** 0.1mol/L 盐酸，1% NaCl，10g/L 肝素，75% 乙醇。

**[仪器与器械]** 血红蛋白计，温式分血管，离心机，天平，干棉球，刻度尺（精确到毫米），移液管，试管，试管架，吸管，血沉管，血沉管架，注射器等。

**[实验方法与步骤]**

**1. 采血**　将实验动物进行保定，如给牛、马、羊采血，先剪去颈静脉附近的毛，用碘伏消毒，然后用消毒的采血针刺破颈静脉。当血液流出时，用试管接住，试管中应预先加有肝素溶液作为抗凝剂，抗凝剂与血液之间的容积比例为 1∶4。如采兔血，可直接采其心血；如采鱼类血液，可采尾静脉血。

**2. 红细胞脆性测定**

1）按表 1-10 把 1% NaCl 稀释成不同浓度的低渗溶液，每管溶液均为 2ml。

**表 1-10　各种浓度的低渗盐溶液的配制表**

| 试剂 | 试管号 | | | | | | | | | |
|---|---|---|---|---|---|---|---|---|---|---|
| | 1 | 2 | 3 | 4 | 5 | 6 | 7 | 8 | 9 | 10 |
| 1% NaCl/ml | 1.40 | 1.30 | 1.20 | 1.10 | 1.00 | 0.90 | 0.80 | 0.70 | 0.60 | 0.50 |
| 蒸馏水 /ml | 0.60 | 0.70 | 0.80 | 0.90 | 1.00 | 1.10 | 1.20 | 1.30 | 1.40 | 1.50 |
| NaCl 浓度 /% | 0.70 | 0.65 | 0.60 | 0.55 | 0.50 | 0.45 | 0.40 | 0.35 | 0.30 | 0.25 |

2）在上列各管中加入大小相等的血液 1 滴，然后，用拇指堵住试管口，将试管慢慢倒置 1～2 次，使血液与管内盐水混合均匀。

3）放入离心机内离心 10min 或静置 1～2h。

4）观察结果。根据试管中液体的浑浊度和上清液颜色的不同，判断红细胞脆性。根据原理判定出开始溶血及开始完全溶血的氯化钠浓度百分率，前者为红细胞的最小抵抗力，后者为红细胞的最大抵抗力。

**3. 血沉的测定**　用清洁、干燥的血沉管，小心地吸取血液至最高刻度“0”处，在此之前须将血液充分摇均匀（但不可过分振荡，以免红细胞破裂）。吸取血液时，要绝对避免产生气泡，否则须重做。将吸有血液的血沉管垂直置于血沉管架上，分别在 15min、30min、45min、1h、2h 时，检查血沉管上部血浆的高度，以毫米为单位来表示，并记录所得结果。

**4. 血红蛋白的测定**

1）将 0.1mol/L 的盐酸加入测定管至刻度“2”或“10%”处。

2）用血红蛋白吸管吸取抗凝血 $20mm^3$，用干棉球擦净吸血管周围血液，将血液立即吹入测定管的0.1mol/L盐酸中。然后再反复吸吹几次，使吸血管壁上的血液全部混入测定管中。在进行吸吹时，要注意避免起泡。用玻璃棒将测定管中的盐酸与血液混合，静置10min。

3）把蒸馏水逐滴加入测定管中，每次加蒸馏水后，都要摇匀；再插入比色箱中进行比色，直至与比色箱中的标准比色板相同时为止。

4）从比色箱中取出测定管，读出其中液体表面的刻度。该管一般两边皆有刻度，其一边的刻度表示克数，如液体表面在刻度15处，即表示100ml血液中含有15g血红蛋白；其另一边的刻度表示百分率，它与克数之间的关系通常是100%，相当于14.5g，如液体表面在刻度70%处，要计算其绝对克数，可用下列比例式求得：

$$x : 14.5 = 70 : 100 \qquad x = 10.15\ (\text{g})$$

**5. 红细胞比容的测定**

1）吸取抗凝血，滴入温式分血管的底部（不得产生气泡），使血液到10cm刻度处。

2）将温式分血管放入离心机中，3000r/min离心30min。取出分血管，读取红细胞柱的高度，再以同样的转速离心5min，读取红细胞柱的高度，如果记录相同，该读数的1/10即为红细胞比容。如果读数为4.0cm，表示100ml血液中，红细胞的容积为40ml。

**[注意事项]**

1）配制的各种NaCl溶液必须准确。

2）各管中加入的血滴大小应尽量相等并充分摇均，但切勿用力振荡。

3）抗凝剂最好用肝素，因其他抗凝剂可改变溶液渗透压。

4）沉降管应垂直，不能倾斜。沉降率随温度升高而加快，故以室温（22～27℃）测定为宜。

5）血液和盐酸作用时间不少于10min，否则血红蛋白不能充分转变成高铁血红蛋白，使结果偏低。

6）加蒸馏水时，开始可以多加几滴，随后则应放慢滴加速度，以防过量。

7）最好在自然光下比色，而不能在黄色光下进行，以免影响结果。

## 实训二　心 肌 特 性

**[目的]** 掌握心肌的基本特性，用结扎的方法来观察蛙的心博起点，以及心脏不同部位传导系统的自动节律性高低，并掌握其记录方法。

**[原理]** 心肌细胞具有较长的不应期，绝对不应期占据了整个收缩期和舒张早期，所以在收缩期和舒张早期内给予任何刺激都不能接受而引发收缩反应，因此心肌不能发生强直收缩。而在心肌舒张早期以后（即有效不应期之后），在相对不应期内，正常节律性兴奋到达之前，给予心肌一个阈上刺激，就能引起一次提前出现的心肌收缩，称为“期前收缩”或“额外收缩”，期前收缩也有有效不应期，如果接下来窦性节律兴奋落在有效不应期内，就不能引起心肌收缩，因此，期前收缩之后往往出现一个较长的舒张期，称为“代偿间歇”。

心脏的特殊传导系统具有自动节律性，但各部分的自动节律性高低不同，正常情况下，两栖类的静脉窦（哺乳动物的窦房结）自动节律性为最高，正常心脏的每次搏动都由静脉窦（窦房结）发出，沿心房传至房室结，再由房室结经房室束传至心室肌肉，因此蛙的心博起点是静脉窦（哺乳动物的是窦房结），被称为正常起搏点，其他部位的自动节律组织仅起到兴奋传导作用，若阻断心脏的正常传导，则出现不同的收缩障碍。另外，心肌还具有“全或无”的特征，在其他条件都恒定的情况下，心肌对任何强度的阈上刺激均发生同样大小的反应。

**［实验对象］**蛙或蟾蜍。

**［实验药品］**林格液。

**［仪器与器械］**计算机，生物信号采集与处理系统，张力换能器，蛙板，蛙心夹，蛙针，解剖用具，刺激电极，铁柱，双凹夹，玻璃分针，线。

**［实验方法与步骤］**

**1. 暴露心脏** 取蛙（或蟾蜍）1只，破坏其脑与脊髓，背位固定于蛙板上，暴露心脏。

**2. 连接仪器装置**

1）用带有丝线的蛙心夹夹住心尖，将系于蛙心夹上的线连在张力换能器上，张力换能器固定在支架上，导线与生物信号采集与处理系统的第一通道相连。

2）将刺激电极固定于支架上，并使心脏处于两电极之间。

3）启动计算机和生物信号采集与处理系统，调整参数后，描记曲线。

**3. 项目观测**

1）认识蛙心各部分的构造和名称：自心脏腹面认识心室、心房、动脉圆锥（动脉球）和主动脉。然后用玻璃解剖针向前翻转蛙心从心脏背面区别静脉窦和心房。

2）观察蛙心各部分收缩的顺序并记录每分钟的收缩次数。

3）在心脏收缩期间，以中等强度单个电震进行刺激，观察心脏活动变化。

4）在心脏舒张期间，以中等强度的单个电震进行刺激，此时心脏即发生一次期前收缩，其后并伴有代偿间歇出现。

5）用小镊子在静脉窦与心房之间穿一丝线，进行结扎，此时心房、心室均停止于舒张状态，而静脉窦依然搏动，记数其频率。

6）心脏的“全或无”反应：在心脏停止跳动期间内，给以阈下刺激及不同程度的阈上刺激，观察蛙心收缩强度的变化（每次刺激的间隔不应少于15s）。

7）待心房和心室又开始收缩时，记录单位时间内静脉窦、心房和心室收缩频率，观察两者是否一致。

8）另取一线，在心房与心室之间结扎，观察心脏跳动的变化。

**［注意事项］**

1）结扎前要认真识别心脏各部分的界限，结扎部位要准确地落在相邻的交界处。

2）结扎时用力逐渐增加，直至心房和心室搏动停止。

## 实训三 脉搏检查、心音听诊及心电图的描记

**［目的］**掌握各种家畜的脉搏检查及心音听诊的方法，了解各种动物（人、马、牛、羊、猪等）正常心音的特点，识别第一心音及第二心音。学习描记哺乳动物、禽类与鱼

类心电图的方法，并熟悉其正常心电图的波形及其生理意义。

[实验原理] 随着心脏的跳动和血液的间断性地被射入动脉，动脉管壁表现出周期性的起伏，即为脉搏。手指在较大的浅层动脉处能触摸到，也可用各种仪器记录脉搏曲线。

在每一心动周期中，由于心房和心室规律性地舒缩，心瓣膜的启动和心脏射血及血液充盈等因素引起的振动经组织传至胸壁。将听诊器置于胸壁，可在每一心动周期中听到两个心音，即第一心音和第二心音。第一心音是由房室瓣关闭和心室肌收缩振动所产生，音调较低，历时较长，声音较响，是心肌收缩的标志，其响度和性质变化常可反映心室肌收缩强弱和房室瓣的机能状态。第二心音是由半月瓣关闭产生的振动所致，音调较高，声音较脆，是心室舒张的标志。

心肌在兴奋时首先出现电位变化，并且已兴奋部位和未兴奋部位的细胞膜表面存在着电位差，当兴奋在心脏传导时，这种电位变化可通过心肌周围的组织和体液等导体传到体表。将测量电极放在体表规定的两点，即可记录到由心脏电活动所致的综合性电位变化，该电位变化曲线称为心电图。当心脏的兴奋自窦房结（或静脉窦）产生后，沿心房扩布时在心电图上表现为“P”波；兴奋继续沿房室束浦肯野纤维向整个心室扩布，则在心电图上出现“QRS”波群，此后整个心室处于去极化状态，没有电位差，然后当心脏开始复极化时，产生“T”波。

[实验对象] 家禽（鸽），家兔，鲤鱼（或鲫鱼），人，马，牛，羊，猪，犬等。

[实验药品] 10% NaCl，乙醚，鱼用生理盐水。

[仪器与器械] 听诊器，心电图机（或生物信号采集与处理系统），手术台或保定架，蛙板，注射针头（记录针形电极），棉花，纱布，水族箱，毛巾，充气泵。

[实验方法与步骤]

**1. 不同动物的脉搏检查**

（1）马的脉搏检查　检查部位以颌外动脉为最好。检查时，人站在马的左侧，以左手紧握马笼头，右手以食指、中指和拇指沿下颌骨的下缘，前后触摸。在血管切迹附近，可摸到颌外动脉似一条橡皮管在手指下滑动，并可感到它的跳动，此即为脉搏。记数每分钟脉搏的次数。

（2）牛的脉搏检查　检查部位以尾动脉为最好，检查者站在牛的正后方，左手将牛尾略微提起，在尾的上半部，用右手的食指和中指伸入尾的腹面，拇指放在尾的背面，轻压腹面正中的尾动脉，记数每分钟脉搏的次数。

（3）羊、猪和犬的脉搏检查　一般的检查部位以股动脉为最好，检查者半蹲在动物的侧后方，一手握住后肢，另一只手伸入股内侧，可摸到股动脉，记数每分钟脉搏的次数。

**2. 心音听诊**

（1）人体心音的听诊　受试者解开上衣，坐在检查者对面，检查者戴好听诊器，以右手拇指，食指轻持听诊器胸件，按左房室瓣听诊区→主动脉瓣听诊区→肺动脉瓣听诊区→右房室瓣听诊区的顺序仔细听取心音，根据两个心音的音调、响度、持续的时间和时间间隔方面的差异，注意区分第一心音和第二心音。比较不同部位的两个心音的强弱。

（2）不同动物的心音听诊　各种家畜的心脏的位置通常在第 3～6 肋间，略偏左侧。在听诊心音时应站在动物的左侧。

1）牛、马心音的听诊。让动物处于自然站立姿态，适当保定。检查者右手固定动物的鬐甲部或肩部，左手持听诊器，将听诊器胸件放在动物左侧的第3～6肋间，胸腔下1/3水平线上，选择心音最强点进行听诊。根据心音特征，注意仔细区分第一心音和第二心音，并记数心率。

2）羊、猪、犬的心音听诊。方法与牛、马相似，可使动物站立，也可取右侧卧位姿势。

**3. 心电图的描记**

（1）动物的保定与电极安放

1）鸽子。将鸽子仰卧固定于解剖台上，用单夹型鸟头固定器固定其头部，用缚带将两肢固定于解剖台的侧柱上，对两翼和后肢进行剪毛、消毒。取两针电极分别插入左右两翼，相当于肩部的皮下，两肢的电极则需插入股部外侧皮下。胸前导联电极按下列顺序连接：自胸前龙骨突正中线最顶端的上缘向下1.5cm处为起点，由起点向左外侧1.5cm处为$V_1$；$V_1$再向外侧1.5cm为$V_3$。由于鸟类的心脏胸骨前面解剖特点几乎全部为右心室外壁，$V_5$应在左翼的腋后线外下部1.5cm处，以针形电极分别插入以上各点的皮下，即可得到$V_1$、$V_3$、$V_5$的心电图。

2）兔。将清醒的家兔仰卧固定于解剖台上，底下垫以橡皮毯以排除干扰。对四肢进行剪毛、消毒。前肢的两针形电极分别插入肘关节上部的前臂皮下，后肢两针形电极分别插入膝关节上部的大腿皮下。动物在开始固定时会出现较大的挣扎，通常需安静20min左右方可进行心电图描记。

3）羊。预先训练羊，使其在实验期间能保持安静站立，4个电极分别装于四肢的掌部和跗部。在安装电极前，先将该部分的毛剃去，用乙醚棉球擦拭后，涂上导电糊（或覆盖已浸透10% NaCl溶液的棉花），然后将电极扎紧并连接导线。待动物安静20min后，即可测定心电图。

4）鱼类。在水族箱中用毛巾将鱼轻轻包住，将有效电极从两胸鳍后缘斜向插入肌肉，用手指按住电极的导线，再通过头部套入一个橡皮圈，压紧电极导线，避免鱼在游动时牵拉导线使电极发生移位，另一无关电极插入鱼尾背部肌肉。去掉毛巾，让鱼在水中自由游动。将导线另一端连到心电图机上。水族箱的水体必须接地。电极接好后，让鱼在水中适应约10min后就可以进行记录。

（2）仪器连接及心电图描记

1）心电图描记。用5种不同颜色的导联线插头分别与动物体的相应部位的针形电极连接。前肢：左黄，右红（鸡两翼的两电极相当于上肢部位，亦为左黄，右红）。后肢：左绿，右黑（鸡胸前为白）。

2）将心电Ⅰ、Ⅱ、Ⅲ导联线插头插入RM6240生物信号采集与处理系统的输入、刺激输出的插口处，打开心电导联窗口进行心电图描记。

3）确定走纸速度。走纸速度一般为25mm/s，但某些动物心率比较快（如兔、鸡等），可将走纸变速开关调至50mm/s。

4）定标。重复按动1mV定标电压按钮，使描记笔向下移动10mm，记录标准电压曲线。

5）记录心电图。旋动导联选择开关，依次记录Ⅰ、Ⅱ、Ⅲ、aVR、aVL和aVF 6个导联的心电图。

6）测量Ⅱ导联，测量 P 波、QRS 波、T 波振幅，以及 P-R、R-R 和 Q-T 间期，心脏活动每一个心动周期的记录正好是心电图的 5 个波形。

**[注意事项]**

1）听诊时周围环境要保持安静，以利于听诊。

2）听诊器耳端应与外耳道方向一致，橡胶管不可交叉扭结，不可与其他物体摩擦，以免发生摩擦音，影响听诊。

3）在清醒动物上进行心电图描记必须保证动物处于安静状态，否则动物挣扎，肌电干扰极大。

4）针形电极与导线应紧密连接，防止因出现松动产生干扰波。

5）在每次变化导联时必须先切断输入开关，然后再开启。每换一次导联，必须观察基线是否平稳及有无干扰，如果有干扰，需调整或排除后再作记录。

（张富梅）

# 第二章　呼　吸

机体与外界环境之间的气体交换过程称为呼吸。通过呼吸，机体实现对氧的需求，并排出代谢产生的 $CO_2$ 和其他易挥发的代谢废物。一旦呼吸停止，生命也将结束。在高等动物，呼吸由相互衔接并同时进行的三个环节来完成：①外呼吸或称肺呼吸，包括肺通气和肺换气；②气体在血液中的运输，是指机体通过血液循环把肺摄取的氧运送到组织细胞，并把组织细胞产生的 $CO_2$ 运送到肺的过程；③内呼吸或称组织呼吸，指血液与组织细胞之间的气体交换过程（图 2-1）。

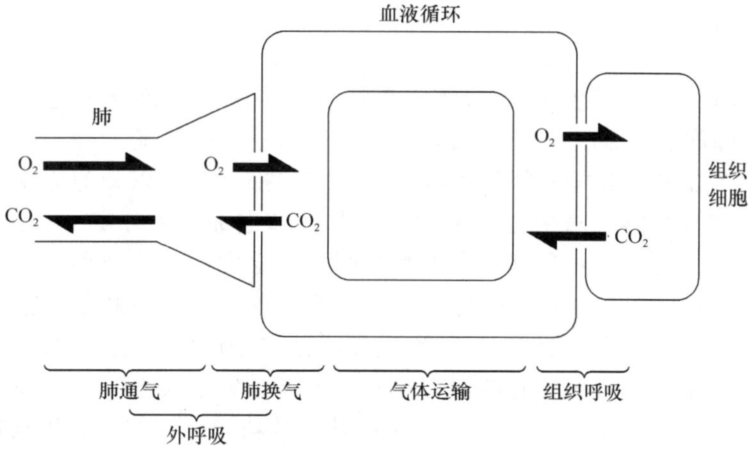


图 2-1　呼吸全过程示意图（柳巨雄和杨焕民，2010）

## 第一节　肺　通　气

**【学习目标】**

掌握肺通气的动力；理解胸内负压的形成及其生理意义；熟悉肺容量与肺容积等相关的概念；理解肺通气量与肺泡通气量的关系。

**【常用术语】**

肺泡表面活性物质（alveolar surfactant），气胸（pneumothorax），肺活量（pulmonary capacity），肺泡通气量（alveolar ventilation）。

**【概述】**

肺通气指外界空气与肺内气体之间的气体交换过程；肺换气是指肺泡气与肺泡壁毛细血管内血液之间的气体交换过程。实现肺通气的呼吸器官包括呼吸道、肺泡及胸廓等。呼吸肌舒缩引起胸廓的节律性运动，是产生肺通气的原动力。胸内负压的存在是肺随胸廓运动的前提条件。

## 一、呼吸道和肺泡

### （一）呼吸道

呼吸道为气体进出肺的通道，简称气道。包括鼻、咽、气管、支气管及其肺内的分支（呼吸性细支气管之前的部分），其中位于胸腔外的称为上呼吸道，位于胸腔内的称为下呼吸道。上呼吸道黏膜有丰富的血管网和黏液腺，对吸入的空气有调节温度和湿润作用；下呼吸道黏膜因纤毛上皮丰富，可借其摆动将吸入并黏着在纤毛上的尘埃、微生物等移至咽部，进而排出体外。可见，呼吸道不但是气体进出的通道，而且具有清洁和滤过空气的作用。因呼吸道与外界直接相通，是机体的"门户"，所以易受病原微生物的侵袭而发炎。

### （二）肺泡

**1. 呼吸单位** 气管经多次分支，最后分支为呼吸性细支气管，再分支为肺泡管，肺泡管与肺泡囊相连。呼吸性细支气管、肺泡管、肺泡囊和肺泡四个部分构成一个呼吸单位。呼吸单位的每一部分均可进行气体交换，其中以肺泡为主。肺泡壁上皮细胞分为Ⅰ型肺泡细胞（扁平上皮细胞）和Ⅱ型肺泡细胞（分泌上皮细胞），其中多为Ⅰ型肺泡细胞，呈鳞状；Ⅱ型肺泡细胞呈圆形或立方形，分散存在于Ⅰ型肺泡细胞之间，能合成和分泌肺泡表面活性物质，其主要成分为二棕榈酰卵磷脂（占60%）和表面活性物质结合蛋白（占10%）。肺泡表面活性物质形成单侧分子，分布于气-液界面上，具有降低肺泡表面张力的作用。正常情况下，肺泡表面活性物质不断更新，以保持其正常功能。例如，成年动物患肺炎、肺血栓等疾病时，可因肺泡表面活性物质减少而发生肺不张；初生动物可因缺乏肺泡表面活性物质，发生肺不张和肺泡内表面透明质膜形成，造成呼吸窘迫综合征，而导致死亡。

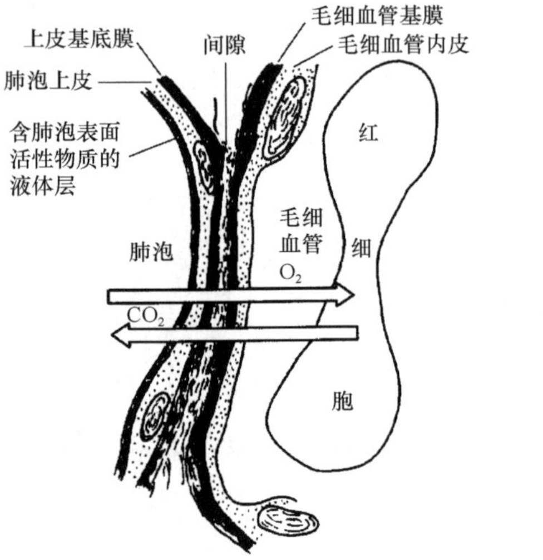

图 2-2 呼吸膜结构示意图（刘先国，2003）

**2. 呼吸膜** 肺泡内的气体通过呼吸膜与血液气体之间进行交换。呼吸膜由含肺泡表面活性物质的液体层、肺泡上皮细胞层、上皮基底膜、肺泡上皮和毛细血管膜之间的间隙（基质层）、毛细血管的基膜层和毛细血管内皮层6层结构组成（图2-2）。虽然呼吸膜有6层结构，但总厚度不到1μm，有的部位只有0.2μm，气体易于扩散通过。气体的扩散速度与呼吸膜的厚度呈反比关系，膜越厚，气体扩散的速度越慢。

## 二、呼吸运动

### （一）呼吸过程

当肺扩张，肺泡内压低于大气压，外界气体经呼吸道进入肺，称为吸气。当肺缩小，肺泡内压高于大气压，肺内气体经呼吸道排出，称为呼气。但肺本身没有主动扩张和缩小的能力，肺的扩张和缩小是由胸廓的扩大和缩小引起的，而胸廓的扩大和缩小又是由呼吸肌的收缩和舒张所引起。因此，呼吸肌的舒缩活动引起的节律性呼吸运动是肺通气的动力。

#### （二）呼吸频率及呼吸类型

**1．呼吸频率**　每分钟呼或吸的次数为呼吸频率。呼吸频率随物种、个体、年龄、机能状态而有所差异。代谢强度增加则呼吸频率增加。

**2．呼吸类型**　因呼气肌参与程度的不同，而造成胸腹部起伏的变化程度不同，据此将呼吸类型（呼吸式）分为3种：胸式呼吸、腹式呼吸和胸腹式呼吸（混合式呼吸）。如果吸气时以肋间外肌收缩为主，则胸壁起伏明显，为胸式呼吸；如果吸气时以膈肌收缩为主，则腹部起伏明显，为腹式呼吸；若吸气时肋间外肌和腹壁肌同等程度的参与，则胸壁和腹壁的运动都比较明显，为胸腹式呼吸。正常情况下，健康家畜（犬除外，犬为腹式呼吸）均为胸腹式呼吸，只有胸部或腹部活动受限时才能出现单一的呼吸式。如患胸膜炎，胸部运动受限，常呈腹式呼吸；如腹腔有巨大肿块或腹水时，以及妊娠晚期的母畜因膈肌运动受限，则呈现以胸式呼吸为主。

#### （三）胸膜腔与胸内压

**1．胸膜腔**　胸膜腔有两层，同肺紧贴的脏层和同胸腔内壁紧贴的壁层，两层之间有空隙，称为胸膜腔。胸膜腔左右各一。腔内只有少量的液体，没有气体，故在正常体内，胸膜腔只是一个潜在的腔。胸膜腔内液体起润滑作用，减少呼吸运动中两层胸膜之间的摩擦阻力。同时，通过腔内液体分子间的内聚力，使两侧胸膜腔紧贴在一起，这样在它的牵引下，肺随着胸廓的扩张而扩张，缩小而缩小。

**2．胸内压**　胸膜腔内压也叫胸内压，其数值总低于大气压，以大气压作为生理零值，则称其为负值。在平静呼吸时，胸内压随着呼气和吸气而变化，但总是小于大气压。

胸内负压的意义：胸内负压对肺具有牵拉作用，是肺扩张的条件；胸内负压也对胸腔内的其他器官有抽吸作用，引起腔静脉和胸导管扩张，促进静脉血和淋巴回流；胸内负压可使胸部食管扩张，食管内压下降，利于呕吐反射和反刍。一旦因外力或其他原因造成胸膜破裂，则胸膜腔与大气相通，空气则进入胸膜腔，形成气胸。气胸后，胸膜腔对同侧肺的牵拉作用将消失，肺将因自身的回缩力而塌陷，失去肺通气的功能。

### 三、肺通气功能的评价

#### （一）肺总容量（肺容积）

肺总容量是指肺所能容纳的最大气体量。肺总容量为以下4个互不重叠的基本肺容积之和（图2-3）。

（1）潮气量　平静呼吸时，每次吸入或呼出的气体量。其进出肺的形式如同海潮的涨落，故称为潮气量。潮气量因个体年龄、性别、体表面积和运动状态不同而不同。

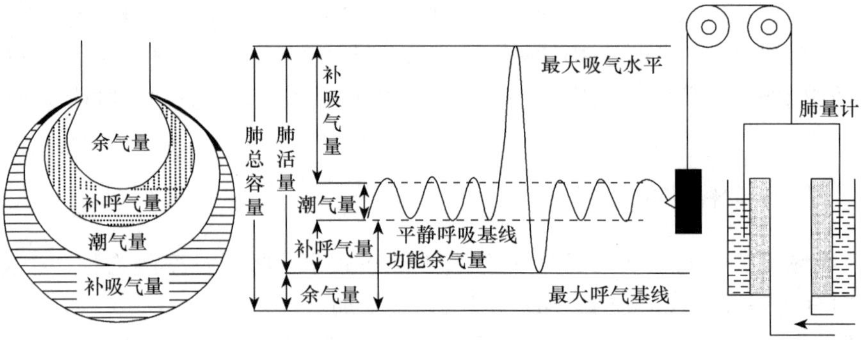


图 2-3 肺静态容量示意图（柳巨雄和杨焕民，2010）

马约为 6L；山羊 310ml；猪 300～500ml。

（2）补吸气量　为平静吸气末，再尽力吸气所能吸入的气体量。马约为 12L。

（3）补呼气量　为平静呼气末，再尽力呼气所能呼出的气体量。马约为 12L。

（4）余气量或残气量　指补呼气后肺内残余的气体量。

### （二）肺活量与功能余气量

**1. 肺活量**　用力吸气后再用力呼气，所能呼出的最大气体量称为肺活量。肺活量大小反映肺每次通气的最大能力，在一定程度上可作为衡量肺通气功能的指标。

**2. 功能余气量**　平静呼气末，肺内存留的气体为功能余气量或机能余气量。功能余气量等于残气量与补呼气量之和。功能余气量的生理意义是缓冲呼吸过程中肺泡气中氧和二氧化碳分压的变化幅度，不至于使分压变化太快。正常情况下，家畜每千克体重的机能余气量为 8～10ml。功能余气量可在一些病理条件下发生变化。例如，患肺气肿时，由于呼出气量减少，功能余气量增多；患肺纤维化时，由于吸入气体量减少，则功能余气量也减少；患支气管肺炎，由于呼气尚未完成，而吸气却已开始，功能余气量也就增多。

### （三）肺通气量

**1. 每分通气量**　每分通气量是指每分钟吸入肺内或从肺内呼出的气体总量。它等于潮气量与呼吸频率的乘积。由此可见，每分通气量受两个因素的影响：一为呼吸频率，即呼吸的速度；二为呼吸的深度，深度越大潮气量越大。当尽力做深而快呼吸时，每分钟能吸入或呼出的最大气体量称为肺最大通气量。它既反映肺活量的大小，也反映胸廓和肺组织是否健全，以及呼吸道是否畅通。健康动物的肺最大通气量可比平静呼吸时的每分通气量大 10 倍。例如，安静时马每分通气量为 35～45L，负重时为 150～200L。

**2. 肺泡通气量**　在呼吸过程中，每次吸入的新鲜空气并不全部进入肺泡，其中一部分停留在从鼻腔到终末支气管这一段呼吸道内，不能与血液进行气体交换，是无效的，故把这一段呼吸道称为解剖无效腔或死腔。由于血液在肺内分布不均，或肺纤维化影响呼吸膜的通透性，造成一部分肺泡内的气体未能进行气体交换，这一部分肺泡容积称为肺泡无效腔。肺泡无效腔和解剖无效腔合称生理无效腔。所以肺泡通气量应该是每分钟进入肺并与周围毛细血管进行了气体交换的新鲜空气量，也称有效通气量。

肺泡通气量＝（潮气量－生理无效腔气量）× 呼吸频率

由于健康动物的肺泡无效腔为 0，即生理无效腔几乎与解剖无效腔相等，因此可按下式计算。

肺泡通气量＝（潮气量－解剖无效腔气量）× 呼吸频率

以马为例：

平静呼吸时：肺泡通气量＝（6L－1.5L）×12 次 /min＝54L/min

适当深而慢的呼吸时：肺泡通气量＝（12L－1.5L）×6 次 /min＝63L/min

快而浅的呼吸时：肺泡通气量＝（3L－1.5L）×24 次 /min＝36L/min

由以上可知，因对同一动物个体，解剖无效腔不变。所以从气体交换的角度讲，浅而快的呼吸是不利的，适当深而慢的呼吸更有利于气体交换。

## 第二节 气体的交换

**【学习目标】**

理解肺换气和组织换气的过程；掌握影响肺通气量与组织换气的因素。

**【常用术语】**

气体分压（partial pressure），肺通气量 / 血流量比值（ventilation/perfusion ratio）。

**【概述】**

气体交换以扩散的方式进行，其动力源于两处的气压差，气体总是从压力高处向压力低处净移动，直至各处压力相等，这一过程称为扩散。气体扩散速率与气体的分压差、气体的分子质量、气体的溶解度、呼吸膜的厚度及面积和扩散距离等有关。

### 一、肺换气

#### （一）肺换气的过程

呼吸膜很薄，表面积很大，为气体交换提供了非常大的交换场所。气体交换以扩散的方式进行，其动力源于两处的气压差，气体总是从压力高处向压力低处净移动。肺泡气中的氧分压（$P_{O_2}$）为 13.59kPa（102mmHg[①]），肺泡周围混合静脉血 $P_{O_2}$ 为 5.33kPa（40mmHg），二者存在分压差，$O_2$ 便由肺泡经过呼吸膜扩散进入血液，血液中 $P_{O_2}$ 分压逐渐上升，最后接近肺泡气的 $P_{O_2}$。混合静脉中二氧化碳分压（$P_{CO_2}$）为 6.13kPa（46mmHg），而肺泡气的 $P_{CO_2}$ 为 5.33kPa（40mmHg），分压差促使 $CO_2$ 由静脉血扩散至肺泡（图 2-4）。通过肺换气，血液由静脉血转化为动脉血，即血液中 $O_2$ 得到补充，$CO_2$ 得以排出。

#### （二）影响肺换气的因素

**1. 气体的分子质量和溶解度** 在同样的条件下，气体分子的扩散速率与气体相对

① 1mmHg≈1.33×$10^2$Pa

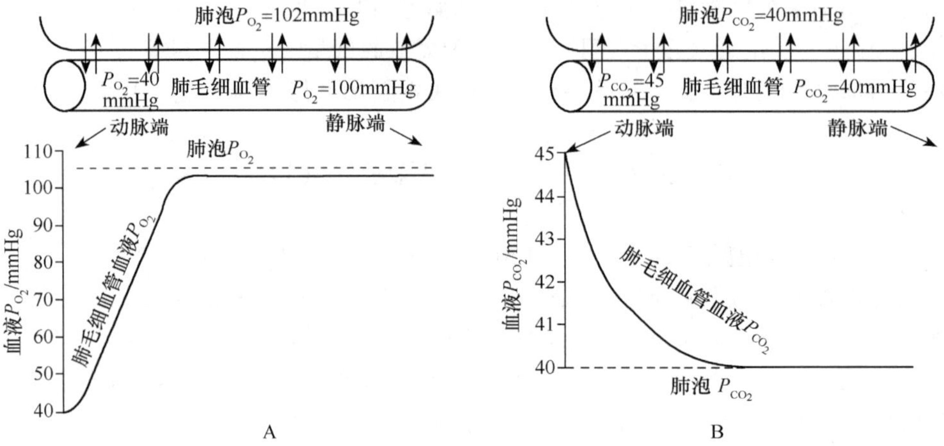


图 2-4　肺毛细血管血液从肺泡摄取 $O_2$（A）及肺泡排出 $CO_2$（B）的过程（柳巨雄和杨焕民，2010）

分子质量的平方根成反比。同时，由于在肺部气体交换发生于气液之间，则扩散速率还与气体在溶液中的溶解度成正比。$CO_2$ 与 $O_2$ 在血浆中的溶解度之比为 24：1，而 $CO_2$ 与 $O_2$ 的相对分子质量的平方根之比为 1.17：1，所以在同样分压条件下，$CO_2$ 的扩散速率为 $O_2$ 的 20 倍。但实际情况为肺泡与血液间的 $P_{O_2}$ 为 $P_{CO_2}$ 的 10 倍，综合考虑气体分压差、溶解度和相对分子质量三方面因素，$CO_2$ 的扩散速率为 $O_2$ 的 2 倍。所以在气体交换不足时，通常缺氧显著，而 $CO_2$ 的潴留不明显。

**2. 呼吸膜的面积和通透性**　气体的扩散速率与呼吸膜面积及通透性成正比，与厚度成反比。健康动物呼吸膜的有效交换面积与动物的代谢状况有关，安静时部分肺部毛细血管关闭，有效交换面积减少；运动或使役时，肺毛细血管全部开放，有效交换面积增加。肺部患疾病时，如肺不张、肺气肿、肺毛细血管闭塞等，则呼吸膜有效面积减少，气体扩散速率也随之降低，肺换气减少。在病理条件下，如肺纤维化或患间质性肺炎时，呼吸膜增厚，通透性降低。

**3. 通气 / 血流比值**　肺换气需要肺泡通气量和其血流量的配合。通气 / 血流比值是指每分钟肺泡通气量（$V_A$）和每分肺通气量（$Q$）之间的比值（$V_A/Q$）。健康动物 $V_A/Q$ 值相对恒定，约为 0.84。如果 $V_A/Q$ 值增大，这就意味着通气过剩，血流不足，部分肺泡气未能与血液气充分交换。如心力衰竭时，肺循环血流量减少，虽然肺通气正常，但肺换气的总量减少。反之 $V_A/Q$ 值下降，则意味着通气不足，血流过剩，部分血液虽流经肺部，但通气不良，混合静脉血中的气体未得到充分更新。由此可见，$V_A/Q$ 增大或减少，都影响有效的气体交换，导致血液缺 $O_2$ 或 $CO_2$ 潴留，主要表现为缺 $O_2$。

## 二、组织换气

在组织细胞进行呼吸作用时，不断地消耗 $O_2$ 并产生 $CO_2$，组织中 $P_{O_2}$ 可低至 30mmHg 以下，$P_{CO_2}$ 可高达 50mmHg 以上。动脉血中 $P_{O_2}$ 为 100mmHg，$O_2$ 便顺着分压差由血液向细胞扩散；动脉血中 $P_{CO_2}$ 为 40mmHg，$CO_2$ 便由组织扩散进入血液。组织细胞与血液间的气体交换，使组织不断地从血液中获得 $O_2$，供代谢需要，同时把代谢产生的 $CO_2$ 由血液运送到肺而呼出，动脉血因失去 $O_2$ 和得到 $CO_2$ 而变成静脉血。

组织换气的影响因素基本上与肺换气的影响因素类似，但由于组织换气发生于液相（血液、组织液和细胞内液之间），所以其主要受气体分压差的影响，而分压差与机体的代谢强度和血流量有关。若血流量不变时，机体的代谢强度增加，则气体的分压差增加，换气加快；若代谢强度不变，血流量增加，则分压差变小，换气变慢。

## 第三节　气体在血液中的运输

**【学习目标】**

了解氧气和二氧化碳的运输形式；理解氧离曲线的生理意义及影响因素。

**【常用术语】**

血氧容量（oxygen capacity），血氧含量（oxygen content），血氧饱和度（oxygen saturation），氧离曲线（oxygen dissociation curve）。

**【概述】**

从肺泡扩散入血液的 $O_2$ 必须通过血液循环运送到各组织，从组织扩散入血液的 $CO_2$ 也必须通过血液循环运送到肺泡，因此，气体在血液中运输是实现气体交换的一个重要环节。$O_2$ 和 $CO_2$ 以物理溶解和化学结合的两种状态存在于血液中，随血液的流动进行运输。其中 $O_2$ 以物理溶解形式运输的量仅占 1.5%，化学结合形式（氧合血红蛋白）占 98.5% 左右。$CO_2$ 物理溶解占 5%，化学结合占 95%，其主要形式为碳酸氢盐（占 87%）和氨基甲酸血红蛋白（占 7%）。物理溶解和化学结合两者互相联系，不可分开，气体的两种存在形式处于动态平衡状态，因为物理溶解是化学结合必须借助的中间环节。

### 一、氧气的运输

#### （一）氧气在血液中的运输形式

$O_2$ 以物理溶解形式运输的量仅占 1.5%，化学结合形式（氧合血红蛋白）占 98.5% 左右。血液中氧的化学结合主要是氧与红细胞内血红蛋白（Hb）的结合，生成氧合血红蛋白（$HbO_2$）。Hb 与 $O_2$ 结合有下列重要特征。

（1）反应快、可逆、不需要酶催化，受 $P_{O_2}$ 的影响。$P_{O_2}$ 高时（肺部），血红蛋白与 $O_2$ 结合形成 $HbO_2$；$P_{O_2}$ 低时（组织部），$HbO_2$ 迅速解离，释放 $O_2$。

（2）血红蛋白与 $O_2$ 结合，其中的铁仍为二价，所以该反应不是氧化而是氧合。如果血红蛋白中的血红素的 $Fe^{2+}$ 转变为 $Fe^{3+}$，血红蛋白将失去运输 $O_2$ 的能力。

（3）血红素的 $Fe^{2+}$ 只有和珠蛋白的链结合的情况下，才具有运输 $O_2$ 的机能，单独的血红素不是有效的氧载体。

（4）1 分子的血红蛋白可与 4 分子 $O_2$ 结合。100ml 血液中，Hb 所能结合的最大氧量称为 Hb 氧容量，其与血液中 Hb 的量和质相关；100ml 血液中，Hb 实际结合的氧量称为 Hb 氧含量；Hb 氧容量与氧含量的比值称为 Hb 氧饱和度（血氧饱和度）。用血氧饱和度表示血液中含氧程度更为确切。

$HbO_2$ 呈鲜红色，去氧 Hb（HHb）呈紫蓝色。当血液中 HHb 含量升高到较高水平时，皮肤和黏膜会出现青紫色，这种现象称为发绀，又称紫绀，是缺氧的表现。但也有例外，如红细胞增多时，血液中 HHb 含量升高到较高水平而出现紫绀，但机体并不一定缺氧。再如，CO 中毒时，因为 CO 与 Hb 的结合力比 $O_2$ 大 210 倍，CO 与 Hb 结合形成 HbCO 而使 Hb 失去运输 $O_2$ 的能力，造成机体缺氧，但由于 HbCO 呈樱桃红色，所以动物虽缺氧却不出现紫绀。

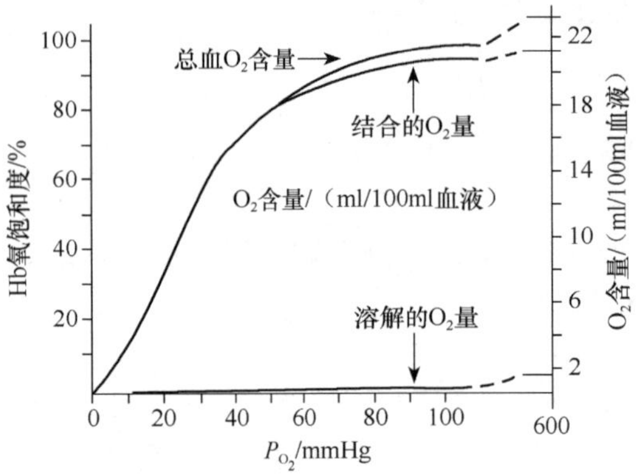


图 2-5　氧离曲线（姚泰，2010）

### （二）氧离曲线

氧离曲线表示血液中 Hb 氧饱和度与 $P_{O_2}$ 关系的曲线。该曲线表示不同 $P_{O_2}$ 时，$O_2$ 与 Hb 的结合情况。氧离曲线呈“S”形（图 2-5）。

氧离曲线上段，相当于 $P_{O_2}$ 值在 8～13.33kPa（60～100mmHg）范围段曲线较平坦，表明 $P_{O_2}$ 的变化对 Hb 氧饱和度影响不大，Hb 氧饱和度在 90% 以上。这段范围内，即使 $P_{O_2}$ 有所下降，只要氧分压不低于 8kPa（60mmHg），Hb 氧饱和度仍能保持在 90% 以上，血液仍可携带足够的氧，不至于发生缺氧。此段体现了机体对适度低氧环境的适应能力。

氧离曲线中段，相当于 $P_{O_2}$ 值在 5.33～8kPa（40～60mmHg），这段曲线较陡，是 $HbO_2$ 释放 $O_2$ 的部分。在安静时，混合静脉血 $P_{O_2}$ 为 5.33kPa（40mmHg），Hb 氧饱和度约为 75%，血含氧量约为 14.4ml/100ml 血液，亦即每 100ml 血液流经组织时可释放 5ml $O_2$，能满足安静状态下组织的氧需要。

氧离曲线下段，相当于 $P_{O_2}$<5.33kPa（<40mmHg），这段曲线陡直，是氧离曲线最陡的一段，即 $P_{O_2}$ 稍有下降，Hb 氧饱和度就会有较大幅度下降，有较多的 $O_2$ 释放出来，供组织活动需要。此段体现在机体剧烈运动、组织代谢进一步增强时，$HbO_2$ 可进一步释放 $O_2$ 来满足机体的需要。此段代表的是 $O_2$ 储备。

### （三）氧离曲线位移

pH、$CO_2$ 浓度、温度、2, 3-二磷酸甘油酸（2, 3-DPG）及 Hb 自身性质等影响 Hb 与氧的结合和解离，从而使氧离曲线的位置发生左偏移或右偏移（图 2-6）。

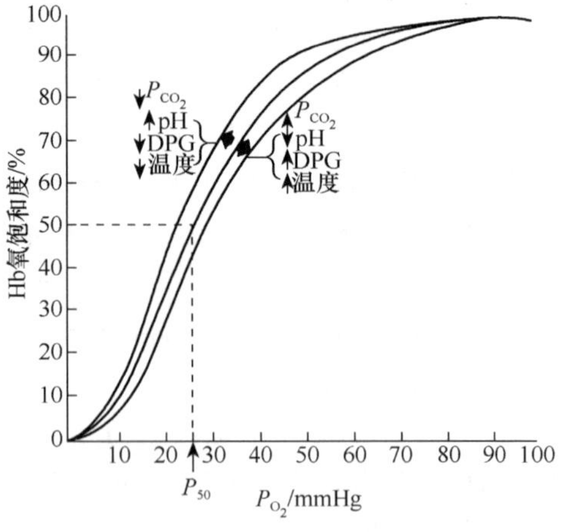


图 2-6　影响氧离曲线位置的主要因素（柳巨雄和杨焕民，2010）

$P_{50}$ 是使 Hb 氧饱和度达 50% 时的 $P_{O_2}$

## 二、二氧化碳的运输

### （一）二氧化碳的运输形式

在组织毛细血管内，组织中的 $CO_2$ 扩散进入血液后透过红细胞膜进入红细胞内，一部分与还原型血红蛋白 HHb 的氨基（$NH_2$）结合，形成氨基甲酸血红蛋白（HbNHCOOH）；另一部分在碳酸苷酶（CA）的作用下转化成碳酸氢盐。

**1. 氨基甲酸血红蛋白** 在此氨基甲酸血红蛋白的合成是氧合作用，无需酶参与。血液流经肺部时，Hb 与 $O_2$ 结合，促使结合的 $CO_2$ 释放进入肺泡而排出体外。

**2. 碳酸氢盐** 组织中的 $CO_2$ 扩散进入血液后透过红细胞膜进入红细胞内，由于红细胞内有较高浓度的碳酸苷酶（CA），在其作用下，一部分 $CO_2$ 迅速和 $H_2O$ 生成 $H_2CO_3$，并迅速分解成为 $H^+$和 $HCO_3^-$。当 $CO_2$ 不断进入红细胞，使 $HCO_3^-$含量逐渐增多，当超过血浆中 $HCO_3^-$的含量时，$HCO_3^-$透过红细胞膜扩散进入血浆，并与血浆中的 $Na^+$结合生成 $NaHCO_3$。在 $HCO_3^-$扩散进入血浆的过程中，又有等量的 $Cl^-$从血浆扩散入红细胞，以维持红细胞内外正负离子的静电平衡。这种 $Cl^-$和 $HCO_3^-$的交换现象，称为氯转移。这样 $HCO_3^-$不至于在红细胞内蓄积，以利于组织中的 $CO_2$ 不断进入血液。生成的 $KHCO_3$(红细胞内）和 $NaHCO_3$（血浆中）经血液循环运至肺部。

当静脉血流经肺泡时，由于肺泡中的 $P_{CO_2}$ 比静脉血低，同时红细胞中的还原血红蛋白大部分与氧结合成氧合血红蛋白（$HbO_2$），氧合血红蛋白又与 $KHCO_3$ 作用生成 $H_2CO_3$。红细胞内的 $H_2CO_3$ 在碳酸酐酶催化下，分解为 $CO_2$ 和 $H_2O$，$CO_2$ 扩散进入血液，进而扩散到肺泡气中，经肺呼出体外。随着红细胞内 $H_2CO_3$ 逐步降低，$NaHCO_3$ 分解，$HCO_3^-$进入红细胞，与此同时红细胞内的 $Cl^-$又返回血浆，进行反向的氯转移。

### （二）$CO_2$ 的解离曲线

$CO_2$ 的解离曲线是表示血液中 $CO_2$ 含量与 $P_{CO_2}$ 关系的曲线。血液中 $CO_2$ 含量随 $CO_2$ 分压上升而增加，几乎呈线性关系，而不似氧解离曲线“S”形，也没有饱和点，$CO_2$ 分压不断上升，$CO_2$ 含量也增加，所以其纵坐标不用饱和度而用浓度来表示。

$O_2$ 与 Hb 结合可促进 $CO_2$ 释放，这一现象称为何尔登效应。在相同的 $CO_2$ 分压下，动脉血（$HbO_2$ 多）携带的 $CO_2$ 比静脉血少。即在氧合血红蛋白影响下，$CO_2$ 容易从 $HCO_3^-$释放出来。可见，$O_2$ 和 $CO_2$ 的运输不是孤立进行的，而是相互影响的，这与 Hb 的理化特性有关。

## 第四节 呼吸运动的调节

**【学习目标】**

了解呼吸节律形成的初级中枢和基本中枢；掌握肺牵张反射和本体感受性反射；理解化学因素对呼吸运动的影响。

**【常用术语】**

肺牵张反射（pulmonary stretch reflex）。

**【概述】**

呼吸运动是一种节律性的活动，其深度和频率随体内外环境条件的改变而改变。例如，劳动或运动时，代谢增强，呼吸加深加快，肺通气量增大，摄取更多的 $O_2$，排出更多的 $CO_2$，以与代谢水平相适应。呼吸运动受神经和体液因素的调节。

## 一、反射性调节

### （一）呼吸中枢

呼吸中枢是指中枢神经系统内产生和调节呼吸运动的神经细胞群，分布在大脑皮层、间脑、脑桥、延髓和脊髓等部位，各中枢在呼吸节律产生和调节中所起的作用不同。基本的呼吸节律产生于延髓，正常呼吸运动是在各级呼吸中枢的相互配合下进行的。

### （二）呼吸的反射性调节

**1. 肺牵张反射** 由肺扩张或肺缩小引起的吸气抑制或兴奋的反射为黑-伯二氏反射或肺牵张反射。它有两种成分：肺扩张反射和肺缩小反射。动物肺充气或肺扩张，则抑制吸气；肺放气或肺缩小，则引起吸气。切断迷走神经，上述反应消失，所以是反射性反应，且肺牵张反射的传入纤维在迷走神经干内。

**2. 呼吸肌本体感受性反射** 肌梭和腱器官是骨骼肌的本体感受器，它们所引起的反射为本体感受性反射。如肌梭受到牵张刺激时可反射性地引起受刺激肌梭所在肌肉的收缩，属本体感受性反射。当呼吸肌收缩时，其内的本体感受器受到牵张刺激，反射性地引起呼吸肌增强收缩，使呼吸运动达到一定的深度。此外，当呼吸道通气阻力增大时，通过本体感受器反射来增强呼吸肌的收缩力，克服通气阻力，保持足够的肺通气量。

**3. 防御性呼吸反射** 在整个呼吸道都存在着感受器，它们是分布在黏膜上皮的迷走传入神经末梢，受到机械或化学刺激时，引起防御性呼吸反射，以清除刺激物，避免其进入肺泡。常见的防御反射为咳嗽反射和喷嚏反射。

## 二、化学因素对呼吸的反射性调节

化学因素是指血液或脑脊液中的 $O_2$、$CO_2$ 和 $H^+$。化学因素通过刺激化学感受器，反射性地引起呼吸运动的改变，以维持血液与脑脊液中 $CO_2$、$O_2$ 及 $H^+$浓度的相对稳定。调节呼吸的化学感受器包括中枢化学感受器和外周化学感受器。中枢化学感受器存在于延髓腹外侧浅表部位，其适宜刺激为脑脊液和局部细胞外液的 $H^+$，因 $CO_2$ 在碳酸酐酶的作用下，经反应可解离出 $H^+$，所以中枢化学感受器可间接感受 $CO_2$ 浓度的变化。外周化学感受器为颈动脉体和主动脉体，可感受动脉血 $P_{O_2}$ 降低及 $P_{CO_2}$ 或 $H^+$浓度升高的刺激。

### （一）$CO_2$ 的影响

一定水平的 $P_{CO_2}$ 对维持呼吸和呼吸中枢的兴奋性是必要的，$CO_2$ 是调节呼吸的最重要的生理性体液因子。$CO_2$ 在呼吸调节中是最重要的化学刺激，在一定范围内动脉血 $P_{CO_2}$ 的升高，可以加强对呼吸的刺激作用，但超过一定限度则有压抑和麻醉呼吸中枢的效应，造成呼吸抑制。$CO_2$ 刺激呼吸是通过两条途径实现的：一是刺激外周化学感受器（颈动脉体和主动脉体），冲动分别沿窦神经和主动脉神经传入延髓呼吸中枢，反射性地使呼吸加深、加快，增加肺通气；另一个是刺激中枢化学感受器，首先血中的 $CO_2$ 透过血-脑屏障进入脑脊液，$CO_2$ 和脑脊液中的水生成 $H_2CO_3$，继而解离出 $H^+$，$H^+$刺激延髓的中枢化学感受器，引起呼吸中枢兴奋，两个途径的后一途径是主要的。只有中枢化学感受器受到抑制，即对 $H^+$ 的反应降低时，外周化学感受器才起作用。

（二）$H^+$ 的影响

动脉血 $H^+$ 增加，呼吸加深加快，肺通气增加；$H^+$ 降低，呼吸受到抑制。$H^+$ 对呼吸的调节也是通过外周化学感受器和中枢化学感受器实现的。中枢化学感受器对 $H^+$ 的敏感性较外周的高，约为外周的 25 倍。但是，$H^+$ 通过血-脑屏障的速度慢，限制了它对中枢化学感受器的作用。脑脊液中的 $H^+$ 才是中枢化学感受器的最有效的刺激。

（三）$O_2$ 的影响

吸入气 $P_{O_2}$ 降低时，肺泡气 $P_{O_2}$ 随之降低，呼吸加深、加快，肺通气增加。低 $O_2$ 对呼吸的刺激作用完全是通过外周化学感受器实现的。低 $O_2$ 对呼吸中枢的直接作用是抑制作用。但是低 $O_2$ 可以通过对外周化学感受器的刺激而兴奋呼吸中枢，这样在一定程度上可以对抗低 $O_2$ 对呼吸中枢的直接压抑作用。不过在严重低 $O_2$ 时，外周化学感受性反射已不足以克服低 $O_2$ 对呼吸中枢的抑制作用，终将导致呼吸障碍。

但实际情况不可能是单因素的改变，而其他因素不变。往往是一种因素的改变会引起其余 1～2 种因素相继改变或存在几种因素的同时改变，三者间相互影响、相互作用，既可因相互总和而加大，也可因相互抵消而减弱。

## 实训一 呼吸运动的调节

**[目的]** 掌握颈部迷走神经的分离方法及气管插管术，理解各种因素对呼吸运动的影响。

**[原理]** 呼吸运动是一种节律性运动，其深度和频率受神经系统和体液因素的调节，随机体活动水平而改变。体内外各种刺激，有的作用于呼吸中枢，有的则由不同的感受器反射性地影响呼吸运动。肺牵张反射是保证呼吸运动节律的机制之一。血液中 $CO_2$ 分压的改变，是通过中枢性和外周性化学感受器的刺激及反射性调节，来保证血液中气体分压稳定的重要机制。

**[实验对象]** 家兔。

**[实验药品]** 20% 氨基甲酸乙酯。

**[仪器与器械]** 生物信号采集与处理系统，计算机，兔手术台，手术器械，张力感受器，气管套管，橡皮管，保护电极，丝线等。

**[方法与步骤]**

**1. 实验准备操作** 家兔以 20% 氨基甲酸乙酯耳静脉注射（5ml/kg）麻醉，仰卧固定于手术台上，剪去颈部与剑突腹面的被毛，于颈部正中切开皮肤，切口长 5～7cm，用止血钳钝性分离皮下软组织，暴露气管，分离出两侧迷走神经。在喉下将气管和食道分开，然后在气管上做一倒“T”形剪口，插入“Y”形气管套管，用丝线结扎固定，并在两侧迷走神经下各穿一条丝线，扎一松结备用。

**2. 呼吸运动描记** 切开胸骨下端剑突部位的皮肤，沿腹白线剪开约 2cm 小口，打开腹腔，暴露剑突内侧面附着的两块膈小肌，分离剑突与膈小肌之间的组织，并剪断剑突软骨柄，使剑突完全游离，此时可观察到剑突软骨完全跟随膈肌收缩而上下自由运动，用一弯钩钩住剑突软骨，弯钩另一端与张力换能器相连，张力换能器与生物信号采集与处理系统第一通道相连。

**3. 参数调试** 启动计算机和生物信号采集与处理系统，进入软件主界面。点击菜单“实验项目”，选择“呼吸实验”，即可开始实验，必要时可调整预设参数以达到实验最佳效果。

**4. 项目观测**

1）记录一段正常呼吸曲线，并观察呼吸运动与曲线的关系。

2）用止血钳闭塞气管套管上的橡皮管约 20s，观察呼吸运动的变化。

3）将气管套管的一个侧管连一长约 50cm 的橡皮管，堵塞另一侧管，使无效腔增大，观察并记录呼吸运动的变化。

4）将事先装有空气（约 20ml）的注射器经橡皮管与气管套管的一侧相连，在吸气之末堵塞另一侧管，同时立即向肺内打气，可见呼吸运动暂时停止在呼气状态。当呼吸运动出现后，开放堵塞口，待呼吸运动平稳后再于呼气相之末，堵塞另一侧管，同时立即抽取肺内气体，可见呼吸暂时停止于吸气状态，分析变化产生的原理。

5）切断一侧迷走神经，呼吸运动有何变化？再将另一侧迷走神经结扎后自离中端剪断，呼吸运动又有何变化？

6）重复第 4 项实验，比较呼吸运动变化过程有什么区别。

7）以中等强度的断续感应电震或者重复脉冲刺激迷走神经向中端，观察在刺激期间，呼吸运动的变化。

**[注意事项]**

1）气管插入前注意止血并清理气管内容物。

2）气管插管侧管的夹子在实验过程中不得更动，以作振幅前后比较。

（李玉荣）

# 第三章　消化与吸收

消化器官由消化道及与其相连的许多消化腺组成。消化器官的主要生理功能是对食物进行消化和吸收，从而为动物机体新陈代谢提供必需的物质和能量。消化和吸收是两个相辅相成、紧密联系的过程。消化道内不能被消化和吸收的食物残渣，最后以粪的形式排出体外。

## 第一节　消　　化

**【学习目标】**

熟悉消化道各部分的运动形式；掌握胃液、胰液、胆汁和小肠液的主要成分和功能；理解瘤胃内的消化过程。

**【常用术语】**

盐酸（hydrochloric acid），黏液-碳酸氢盐屏障（mucus bicarbonate barrier），胆盐（bile salt），反刍（rumination）。

**【概述】**

消化是食物在消化道内被分解为小分子的过程。消化的方式有三种：第一种是通过消化道肌肉的舒缩活动，将食物磨碎，并使之与消化液充分混合，以及将食物不断地向消化道的远端推送，这种方式称机械消化。第二种消化方式是通过消化腺分泌的消化液完成的。消化液中含在各种消化酶，能分别分解蛋白质、脂肪和糖类等物质，使之成为小分子物质，这种消化方式称化学性消化。第三种是通过消化道内微生物参与的消化过程，称为微生物消化。动物消化道内存在着大量的微生物，它们所产生的酶可分解饲料，尤其是对于纤维素类的消化。正常情况下，这三种方式的消化作用是同时进行、互相配合的。

### 一、机械性消化

#### （一）咀嚼与吞咽

**1. 咀嚼**　口腔通过咀嚼运动对食物进行机械性加工。咀嚼是由各咀嚼肌有顺序地收缩所组成的复杂的反射性动作。通过咀嚼运动，可以磨碎食物，使食物与唾液充分混合，形成食团，便于吞咽。同时，咀嚼还能反射性地引起胃、胰、肝、胆囊的活动，以及引起胰岛素的分泌等变化，为以后的消化过程及紧随消化过程的代谢过程，准备有利条件。

**2. 吞咽**　吞咽是一种复杂的反射性动作，它使食团从口腔进入胃。根据食团在吞咽时所经过的部位不同，可将吞咽动作分为由口腔到咽、由咽到食管上端和沿食管下行至胃三个期。其中食团沿食管下行至胃是由食管肌肉的顺序收缩而实现的。食管肌肉的顺序收缩又称蠕动，它是一种向前推进的波形运动。在食团的下端为一舒张波，上端为一收缩波，这样，食团就很自然地被推送前进。

### （二）胃的运动

胃既有贮存食物的功能，又具有泵的功能。胃底和胃体的前部（也称头区）运动较弱，其主要功能是贮存食物；胃体的远端和胃窦（也称尾区）则有较明显的运动，其主要功能是磨碎食物、使食物与胃液充分混合，以形成食糜，以及逐步地将食糜排至十二指肠。食物由胃排入十二指肠的过程称为胃的排空。食物的排空速度与食物的物理性状和化学组成都有关系。稀的、流体食物比稠的或固体食物排空快；切碎的、颗粒小的食物比大块的食物排空快；等渗液体比非等渗液体快。在三种主要食物中，糖类的排空时间较蛋白质为短，脂肪类食物排空最慢。

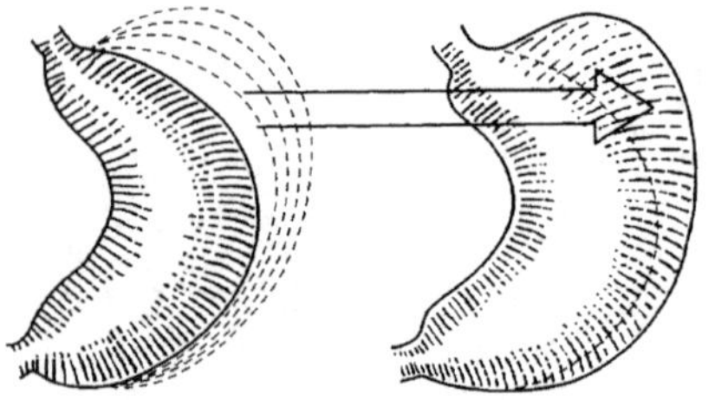

图 3-1　胃的容受性舒张
（柳巨雄和杨焕民，2010）

**1. 容受性舒张**　当咀嚼和吞咽食物时，食物对口腔、食管等外感受器的刺激，可通过迷走神经反射性地引起胃底和胃体部肌肉舒张，使胃容积增大，胃壁肌肉的这种活动，被称为胃的容受性舒张（图 3-1）。容受性舒张适应于大量食物的涌入，而胃内压力变化并不大，从而使胃更好地完成容纳和贮存食物的功能。

**2. 蠕动**　食物进入胃后，蠕动即开始。蠕动是从胃的中部开始，有节律地向幽门方向进行，可将一部分食糜排入十二指肠，因此有幽站泵之称。并不是每一个蠕动波都到达幽门。一旦收缩波超越胃内容物，并到达胃窦终末时，由于胃窦终末部的有力收缩，胃内容物部分将被反向地推回到近侧胃窦和胃体部（图 3-2）。食糜的这种后退，有利于食物和消化液的混合，还可机械地将食物磨碎。总之，蠕动主要的生理意义是使食物与胃液充分混合，以利于胃液发挥消化作用，可搅拌和磨碎食物，并推进胃内容物通过幽门向十二指肠排空。

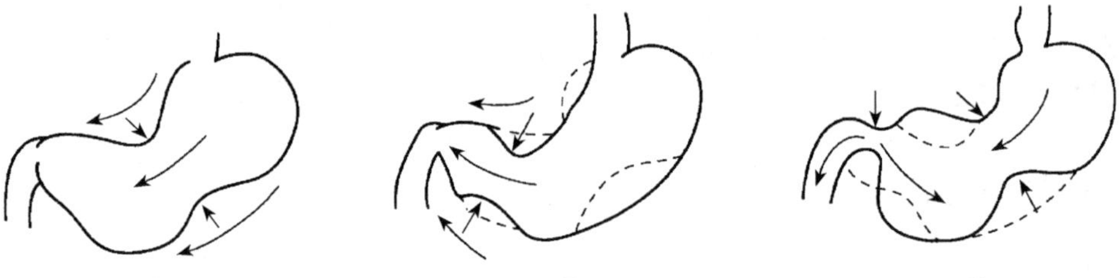


图 3-2　胃的蠕动示意图（滑静，2009）
胃的蠕动起始于胃的中部，向幽门方向推进（A）；并将食糜推入十二指肠（B）；
强有力的收缩波还可将部分食糜反方向推回近侧胃窦和胃体，使食糜在胃内进一步被磨碎（C）

**3. 紧张性收缩**　紧张性收缩是以平滑肌长时间收缩为特征的运动。这种收缩缓慢而持久，可使胃内压升高，使食糜紧贴胃壁，促进胃液渗入食糜，有助于化学性消化。另外，紧张性收缩有维持胃腔内压、保持胃的正常形态和位置的作用。

### （三）小肠的运动

小肠的运动功能是靠肠壁外层的纵行肌和内层的环行肌完成的。在消化期间小肠的运动形式包括紧张性收缩、分节运动和蠕动三种。

**1．紧张性收缩**　小肠平滑肌紧张性收缩是其他运动形式有效进行的基础。当小肠紧张性降低时，肠腔易于扩张，肠内容物的混合和转运减慢；相反，当小肠紧张性升高时，食糜在小肠内的混合和运转过程就加快。

**2．分节运动**　分节运动是一种以环行肌为主的节律性收缩和舒张运动。在食糜所在的一段肠管上，环行肌在许多点同时收缩，把食糜分割成许多节段，随后，原来收缩处舒张，而原来舒张处收缩，使原来的节段分为两半，而相邻的两半则合拢形成一个节段，如此反复进行，食糜得以不断地分开，又不断地混合（图 3-3）。分节运动的推进作用很小，其主要作用在于使食糜与消化液充分混合，便于进行化学性消化，它还使食糜与肠壁紧密接触，为吸收创造了良好的条件。分节运动还能挤压肠壁，有助于血液和淋巴的回流。

**3．蠕动**　小肠的蠕动可发生在小肠的任何部位，蠕动波很弱，通常只进行一段短距离（约数厘米）后即消失。蠕动的意义在于使经过分节运动作用的食糜向前推进一步，到达一个肠段，再开始分节运动（图 3-4）。在小肠还常可见到一种进行速度很快、传播较远的蠕动，称为蠕动冲。蠕动冲可把食糜从小肠始端一直推送到大肠。

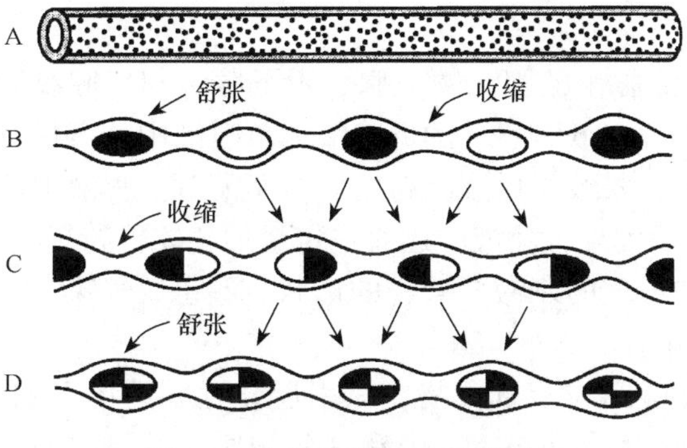


图 3-3　小肠分节运动示意图
（柳巨雄和杨焕民，2010）
A．肠管表面观；B～D．肠管切面观，示不同阶段的食糜节段分割和合拢情况

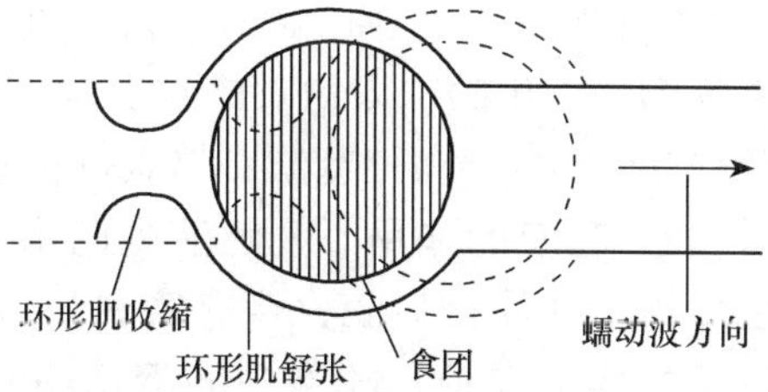


图 3-4　小肠的蠕动示意图
（柳巨雄和杨焕民，2010）

## （四）大肠的运动

**1．袋状往返运动**　袋状往返运动在空腹时最多见，由环行肌无规律地收缩引起，它使结肠袋中的内容物向两个方向作短距离的位移，但并不向前推进。动物进食后或副交感神经兴奋时，运动增强。

**2．分节或多袋推进运动**　分节或多袋推进运动是一个结肠袋或一段结肠收缩，其内容物被推移到下一段的运动。一般在进食后或胃中充满食物时，运动增强。

**3．蠕动、逆蠕动、集团蠕动**　大肠的蠕动是由一些稳定向前的收缩波所组成。收缩波前方的肌肉舒张，往往充有气体，收缩波的后面则保持在收缩状态，使这段肠管闭合并排空。马、牛、羊、犬、猫等的结肠前段可发生逆蠕动，而猪的结肠不发生，逆蠕动能阻止内容物后移。大肠还有一种进行很快，且前进很远的蠕动，称为集团蠕动，它通常开始于横结肠，可将一部分大肠内容物推送至降结肠或乙状结肠。

### （五）排便

食物残渣在大肠内停留的时间较长，在这一过程中，食物残渣中的一部分水分被大肠黏膜吸收，逐渐浓缩，同时，经过大肠内细菌的发酵和腐败作用，形成了粪便。粪便中除食物残渣外，还包括脱落的肠上皮细胞和大量的细菌。此外，机体代谢后的废物，包括由肝排出的胆色素衍生物，以及由血液通过肠壁排至肠腔中的某些金属，如钙、镁、汞等的盐类，也随粪便排至体外。

当大肠的蠕动将粪便推入直肠时，刺激了直肠壁内的感受器，冲动经盆神经和腹下神经传至脊髓腰骶段的初级排便中枢，同时上传到大脑皮层，引起便意和排便反射。这时，通过盆神经的传出冲动，使降结肠、乙状结肠、直肠收缩，肛门内括约肌舒张。与此同时，阴部神经的冲动减少，肛门外括约肌舒张，使粪便排出体外。此外，由于支配腹肌和膈肌的神经兴奋，腹肌和膈肌也发生收缩，腹内压增加，促进粪便的排出。

## 二、化学性消化

### （一）唾液

**1. 唾液的性质和成分** 唾液是由唾液腺（腮腺、颌下腺、舌下腺）和口腔黏膜中的小腺体分泌，为无色无味近于中性（pH 为 6.6～7.1）的低渗液体。唾液中的有机物主要为黏蛋白，还有球蛋白、氨基酸、尿素、尿酸、唾液淀粉酶和溶菌酶等。唾液中的无机物有钠、钾、钙、硫氰酸盐、氯、氨等。此外，唾液中还有一定量的气体，如氧气、氮气和二氧化碳。食物对口腔机械、化学和温度的刺激，食物的形状、颜色、气味，以及进食的环境等条件刺激，都能引起唾液分泌。

**2. 唾液的作用** 唾液中的水分可以湿润与溶解食物，以引起味觉并易于吞咽，还可清洁和保护口腔，当有害物质进入口腔时，可冲淡、中和这些物质，并将它们从口腔黏膜上洗掉，唾液中的溶菌酶具有杀菌作用。另外，在人和少数哺乳动物如兔、鼠等的唾液中，含唾液淀粉酶（狗、猫、马等的唾液中无此酶），可将淀粉分解为麦芽糖。

### （二）胃液

**1. 胃液的性质、成分** 胃黏膜是一个复杂的分泌器官。外分泌腺包括贲门腺区、胃底腺区和幽门腺区。贲门腺分布在胃与食管连接处的宽 1～4cm 的环状区内，为黏液腺，分泌黏液。胃底腺分布在占全胃黏膜约 2/3 的胃底和胃体部，由壁细胞、主细胞和黏液颈细胞组成，它们分别分泌盐酸、胃蛋白酶原和黏液。幽门腺分布在幽门部，分泌碱性黏液。胃液是由这三种腺体和胃黏膜上皮细胞的分泌物构成。纯净的胃液是一种无色、呈酸性的液体，pH 为 0.9～1.5。

**2. 胃液的作用**

（1）盐酸　也称胃酸，由壁细胞分泌。胃内的盐酸可杀死随食物进入胃内的细菌；激活胃蛋白酶原，使之转变为有活性的胃蛋白酶，并为胃蛋白酶作用提供了必要的酸性环境；盐酸进入小肠后，可促进胰液、胆汁和小肠液的分泌；盐酸所造成的酸性环境，还有助于小肠对铁和钙的吸收。

（2）胃蛋白酶原　由主细胞分泌。胃蛋白酶原在胃酸的作用下，转变为具有活性的胃蛋白酶，已激活的胃蛋白酶对胃蛋白酶原也有激活作用。胃蛋白酶只有在酸性较强的环境中才能发挥作用，其最适宜 pH 为 2。随着 pH 的升高，胃蛋白酶的活性即降低，当 pH 升至 6 以上时，此酶即发生不可逆的变性。胃蛋白酶能水解食物中的蛋白质，主要分解产物是胨，产生多肽或氨基酸较少。

（3）黏液　由表面上皮细胞、胃底腺的黏液颈细胞、贲门腺和幽门腺共同分泌，主要成分为糖蛋白。胃黏液的黏稠度为水的 30～260 倍，$H^+$和 $HCO_3^-$等离子在黏液层内的扩散速度明显减慢。在正常情况下，黏液覆盖在胃黏膜的表面，形成一个厚约 500μm 的凝胶层，它具有润滑作用，可减少粗糙的食物对胃黏膜的机械性损伤。在胃腔内的 $H^+$向黏液凝胶深层弥散过程中，不断地与从黏液层下面的上皮细胞分泌并向表面扩散的 $HCO_3^-$相遇，两种离子在黏液层内发生中和。因此，由黏液和碳酸氢盐共同构筑的黏液-碳酸氢盐屏障，能有效地阻挡 $H^+$的逆向弥散，保护了胃黏膜免受 $H^+$的侵蚀，黏液深层的中性 pH 环境可使胃蛋白酶丧失了分解蛋白质的作用，对胃黏膜起到保护作用。

（4）内因子　是壁细胞分泌的糖蛋白。内因子可与进入胃内的维生素 $B_{12}$ 结合而促进其在回肠吸收。

### （三）胰液

**1. 胰液的成分和性质**　胰液是无色无嗅的碱性液体，pH 为 7.8～8.4，渗透压约与血浆相等。胰液中的无机成分中，除 $Cl^-$、$Na^+$ 、$K^+$、$Ca^{2+}$等外，碳酸氢盐的含量很高，胰液中的有机物主要是由腺泡细胞分泌的多种消化酶。

**2. 胰液的作用**

（1）碳酸氢盐　碳酸氢盐是由胰腺内小导管细胞分泌。主要作用是中和进入十二指肠的胃酸，使肠黏膜免受强酸的侵蚀，同时也提供了小肠内多种消化酶活动的最适宜的 pH 环境（pH7～8）。

（2）胰淀粉酶　胰淀粉酶是一种 α-淀粉酶，最适 pH 为 6.7～7.0。它对生或熟的淀粉水解效率都很高，消化产物为糊精、麦芽糖。

（3）胰脂肪酶　胰脂肪酶是消化脂肪的主要水解酶，最适 pH 为 7.5～8.5。同时，胰脂肪酶只有在胰腺分泌的辅脂酶存在的条件下才能发挥作用。辅脂酶对胆盐微胶粒具有较高的亲和力，这一特性使胰脂肪酶、辅脂酶和胆盐形成复合物，有助于胰脂肪酶附着于脂滴表面，发挥其分解脂肪的作用，防止胆盐把脂肪酶从脂肪表面清除出去。胰脂肪酶可将中性脂肪分解为甘油、单酰甘油和脂肪酸。

（4）胰蛋白酶和糜蛋白酶　这两种酶都以不具有活性的酶原形式存在于胰液中。肠液中的肠致活酶可以激活胰蛋白酶原，使之变为具有活性的胰蛋白酶。此外，胰蛋白酶本身也能使胰蛋白酶原活化。糜蛋白酶原是在胰蛋白酶作用下转化为有活性的糜蛋白酶。胰蛋白酶和糜蛋白酶单独作用，能将蛋白质分解为胨，但当两者共同作用于蛋白质时，则可消化蛋白质为小分子的多肽和氨基酸。

### （四）胆汁的成分与功能

**1. 胆汁的成分和性质**　胆汁是由肝细胞不断生成的，经肝管、胆总管而至十二指肠，或由肝管转入胆囊而存贮于胆囊，当消化时再由胆囊排出至十二指肠。胆汁是一种较浓的具有苦味的有色液汁，呈弱碱性（pH7.4）。胆汁的成分很复杂，除水分和钠、钾、钙、碳酸氢盐等无机成分外，其有机成分有胆盐、胆色素、脂肪酸、胆固醇、卵磷脂和黏蛋白等。胆盐是肝细胞分泌的胆汁酸与甘氨酸或牛磺酸结合形成的钠盐或钾盐，它是胆汁参与消化和吸收的主要成分。

**2. 胆汁的作用**　胆汁中的胆盐、胆固醇和卵磷脂等都可作为乳化剂，减低脂肪的表面张力，使脂肪乳化成微滴，分散在肠腔内，从而增加胰脂肪酶的作用面积，促进脂肪分解。胆盐因其分子结构的特点，当达到一定浓度后，可聚合而形成微胶粒。肠腔中脂肪的分解产物，如脂肪酸、单酰甘油等均可掺入到微胶粒中，形成水溶性复合物（混合微胶粒）。因此，胆盐便成了不溶于水的脂肪水解产物到达肠黏膜表面所必需的运载工具，对于脂肪消化产物的吸收具有重要意义。胆汁对脂溶性维生素（维生素 A、维生素 D、维生素 E、维生素 K）的吸收也有促进作用。此外，胆汁在十二指肠中还可以中和一部分胃酸；胆汁中的胆盐或胆汁酸当排至小肠后，绝大部分（90% 以上）在回肠末端吸收入血，通过门静脉回到肝脏，再组成胆汁而又分泌入肠，这一过程称为胆盐的肠-肝循环（图 3-5）。胆盐通过肠-肝循环，在小肠内吸收进入肝脏后可促进胆汁自身分泌。

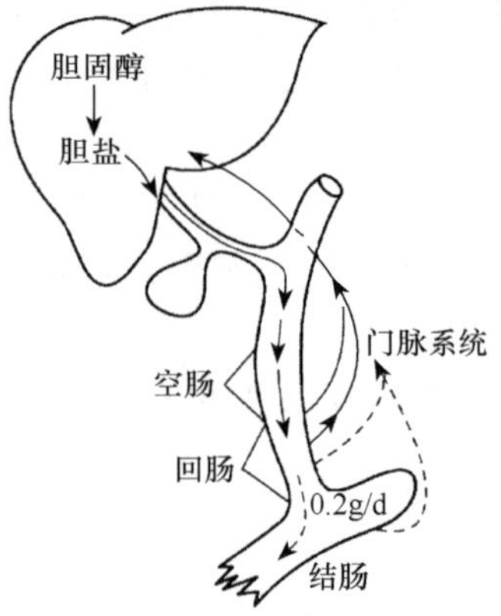


图 3-5　胆盐的肠-肝循环示意图（滑静，2009）

进入门脉系统的实线表示来自肝的胆盐；虚线表示由细菌作用产生的胆盐

### （五）小肠液的成分与功能

小肠内有十二指肠腺和肠腺两种腺体。十二指肠腺又称勃氏腺，分布在十二指肠的黏膜下层，分泌碱性液体，内含黏蛋白，因而黏稠度很高，主要机能是保持十二指肠的上皮细胞不被胃酸侵蚀。肠腺又称李氏腺，分布于全部小肠的黏膜层内，其分泌液构成了小肠液的主要部分。小肠液是一种弱碱性液体，pH 约为 7.6，渗透压与血浆相等。小肠腺分泌的肠致活酶，能激活胰液中的胰蛋白酶原，使之变为有活性的胰蛋白酶，从而有利于蛋白质的消化。

### （六）大肠液的成分与作用

大肠液是由在肠黏膜表面的柱状上皮细胞及杯状细胞分泌的。大肠液富含黏液和碳酸氢盐，其 pH 为 8.3～8.4。其中黏液的主要作用是保护肠黏膜和润滑粪便，碳酸氢盐的作用是中和大肠内微生物发酵产生的酸，为生物消化提供适宜的酸性环境，这对草食和杂食动物尤为重要。

## 三、微生物的消化

### （一）瘤胃和网胃的消化

**1. 瘤胃内微生物及其生存条件**　瘤胃内温度一般为 39～41℃，内容物高度厌氧，含水量相对稳定，渗透压接近血液水平，pH 相对稳定在 5.5～7.5，同时瘤胃的节律性运动将内容物搅和，并使未消化的食物残渣和微生物均匀地排入后段消化道。瘤胃可看作是厌氧微生物繁殖的高效活体发酵罐，具有适合微生物繁殖的良好条件。瘤胃微生物主要是厌氧性纤毛虫、细菌及真菌。1g 瘤胃内容物中，含细菌 150 亿～250 亿个，含纤毛虫 60～180 个，其总体积约占瘤胃液的 3.6%，其中细菌和纤毛虫约各占一半。瘤胃微生物之间存在彼此制约、互相共生的关系。

**2. 瘤胃内的消化代谢过程**

（1）糖类的发酵　饲料中的纤维素、果聚糖、戊聚糖、半纤维素、淀粉、果胶物质、蔗糖、葡萄糖以及其他糖醛酸苷等糖类物质，均能被瘤胃内微生物群发酵。纤维素在瘤胃内发酵后，经细菌和纤毛虫的协同或相继作用，逐步分解，最终产物为挥发性脂肪酸（VFA）、二氧化碳和甲烷等。

$$纤维素\rightarrow纤维二糖\rightarrow葡萄糖\rightarrow VFA+CH_4+CO_2$$

瘤胃内产生的 VFA 主要包括乙酸、丙酸和丁酸，比例大体为 70∶20∶10，但随饲料的种类而有所变化。VFA 约有 88% 以盐类形式吸收。乙酸和丁酸通过三羧酸循环而代谢，不断增加糖原的储藏，在泌乳期它们是反刍动物生成乳脂的主要原料；丙酸是反刍动物血液葡萄糖的主要来源，占血糖的 50%～60%。乙酸能提供动物的代谢能，丁酸在瘤胃上皮内代谢为 β-羟基丁酸或乙酸盐，β-羟基丁酸是瘤胃上皮的一个主要的能源。

（2）蛋白质的消化　反刍动物能利用饲料中的蛋白氮和非蛋白氮，构成微生物蛋白质，供机体利用（图 3-6）。

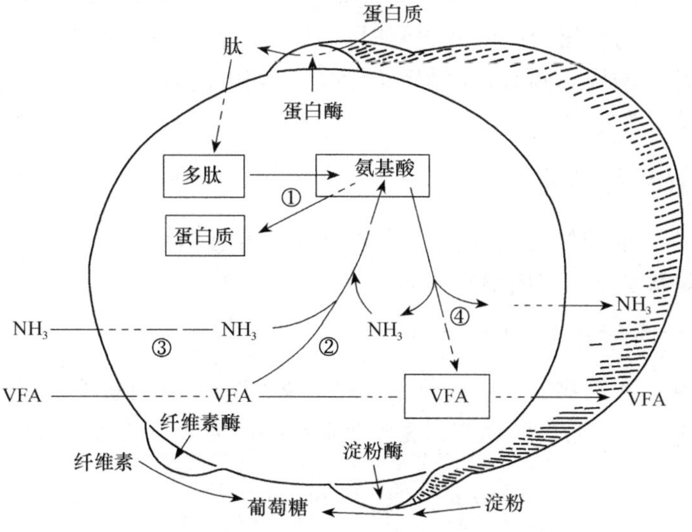


图 3-6　瘤胃内蛋白质代谢示意图（柳巨雄和杨焕民，2010）

①合成微生物蛋白质；②利用 VFA 和氨合成氨基酸；③不能利用肽作为氨基酸来源的细菌依靠细胞外氨合成氨基酸；④不用于合成蛋白质的氨基酸生成氨和 VFA

进入瘤胃的饲料蛋白质50%～70%被微生物分解为肽和氨基酸，大部分氨基酸在瘤胃微生物脱氨基酶作用下脱氨基而生成氨、二氧化碳和有机酸。尿素、铵盐、酰胺等饲料中的非蛋白质含氮物被微生物分解后也产生氨。在瘤胃内所产生的氨一部分被微生物利用合成自身蛋白，其余部分被瘤胃壁迅速吸收入血液，经血液运送到肝脏，在肝脏内通过鸟氨酸循环生成尿素。尿素经血液循环一部分随唾液重新进入瘤胃，一部分通过瘤胃壁弥散到瘤胃内，剩下的就随尿液排出体外。通常将这一循环过程称为尿素再循环（图3-7）。这对于提高饲料中含氮化合物的利用率具有重要的意义，尤其是低蛋白日粮条件下，反刍动物依靠尿素再循环可以节约氮的消耗，保证瘤胃内氮的浓度，有利于瘤胃微生物菌体蛋白的合成，同时，使尿中的尿素排出量降到最低水平。

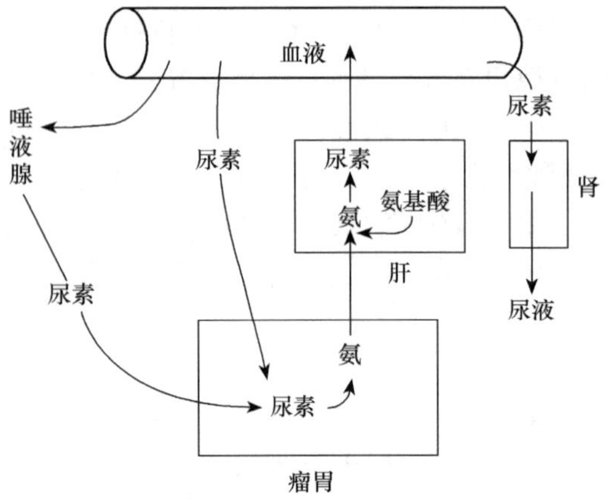


图3-7　瘤胃尿素再循环
（柳巨雄和杨焕民，2010）

（3）脂类的消化　饲料中的三酰甘油和磷脂能被瘤胃微生物水解，生成甘油和脂肪酸等物质，其中甘油多半转变成丙酸，而脂肪酸的最大变化是不饱和脂肪酸加水氢化变成饱和脂肪酸。饲料中脂肪是体脂和乳脂的主要来源。

（4）维生素的合成　瘤胃微生物能合成维生素$B_1$、维生素$B_2$、生物素、吡哆醇、泛酸、维生素$B_{12}$等B族维生素以及维生素K和维生素C。

### （二）瓣胃的消化

瓣胃主要起滤器作用。来自网胃的流体食糜含有许多微生物和细碎的饲料以及微生物发酵的产物，当通过瓣胃的叶片之间时，其中一部分水分被瓣胃上皮吸收，一部分被叶片挤压出来流入皱胃。同时，截留于叶片之间较大的食糜颗粒被叶片的粗糙表面柔和研磨，使之变得更为细碎。

### （三）皱胃内的消化

皱胃的胃黏膜能连续分泌胃液，胃液中含有胃蛋白酶、凝乳酶（幼畜）、盐酸和黏液，其功能与单胃动物的胃内消化相似。

### （四）大肠内微生物的作用

杂食动物和草食动物的大肠内具备微生物繁殖和发酵的条件，因此具有与反刍动物瘤胃相似的作用。尤其是马属动物和兔等单胃动物的大肠内的微生物消化作用特别重要。

## 第二节　吸　　收

**【学习目标】**

了解小肠的结构特点；掌握营养物质的吸收机制。

**【常用术语】**

被动转运（passive transport）与主动转运（active transport），乳糜微粒（chylomicron）。

**【概述】**

吸收是指食物的成分或其消化后的产物，通过小肠黏膜上皮细胞进入血液和淋巴的过程。消化过程是吸收的重要前提。通过吸收过程，为机体提供代谢所需的各种营养。

## 一、营养物质的吸收机制

### （一）消化道不同部位的吸收能力

由于消化道的各部分组织结构不同，以及食物在各部位被消化的程度和停留的时间不同，所以消化道不同部位的吸收能力是不同的。在口腔和食管内，食物是不被吸收的。在胃内，食物的吸收也很少，只可吸收乙醇和少量水分。小肠是吸收的主要部位，小肠除了具有巨大的吸收面积外，食物在小肠内停留的时间较长（3～8h），以及食物在小肠内已被消化为适于吸收的小分子物质，这些都是小肠在吸收中发挥作用的有利条件。一般认为，糖类、蛋白质和脂肪的消化产物大部分是在十二指肠和空肠吸收的，回肠有其独特的功能，即主动吸收胆盐和维生素 $B_{12}$，大肠主要吸收水分和盐类。

### （二）营养物质的吸收途径与方式

**1. 营养物质的吸收途径** 营养物质和水可以两条途径进入血液或淋巴，一条为跨细胞途径，即通过绒毛柱状上皮细胞的腔面膜进入细胞，再通过细胞基底-侧面膜进入血液或淋巴；另一条为旁细胞途径，即物质或水通过细胞间的紧密连接，进入细胞间隙，然后再转入血液或淋巴（图 3-8）。

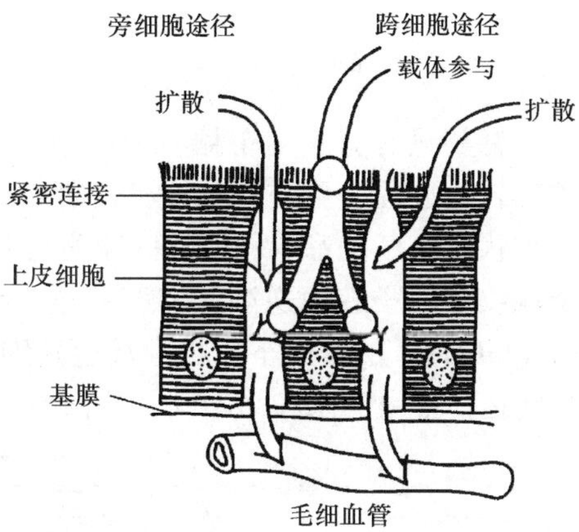


图 3-8 小肠黏膜吸收水和小分子溶质的两条途径（柳巨雄和杨焕民，2010）

**2. 营养物质的吸收方式** 由于细胞膜主要由液态的脂质分子构成，理论上讲只有脂溶性的物质才能通过，因此营养物质中只有极少数能通过脂质分子层进入细胞，其他大多数物质要通过细胞膜上的蛋白质帮助来完成。吸收形式主要包括简单扩散、易化扩散、主动转运及胞饮等。

## 二、小肠内主要营养物质的吸收

### （一）水分的吸收

水分的吸收主要在小肠进行被动吸收，细胞膜和细胞间的紧密连接对水的通透性都很大。各种营养物质被吸收时，特别是 NaCl 的主动吸收所产生的渗透压梯度是水分吸收的主要动力。

## （二）无机盐的吸收

一般来说，单价碱性盐类如钠、钾、铵盐的吸收很快，多价碱性盐类则吸收很慢。凡能与钙结合而形成沉淀的盐，如硫酸盐、磷酸盐、草酸盐等，则不能被吸收。

**1. 钠的吸收** 钠可顺电-化学梯度通过扩散作用进入细胞内。细胞内的钠依靠细胞基底膜或侧膜上的钠泵逆电-化学梯度主动地转入血液。

**2. 铁的吸收** 铁主要在小肠上部被吸收。亚铁吸收的速度比相同量的高铁要快2～5倍。食物中的铁绝大部分是三价的高铁形式，但有机铁和高铁都不易被吸收，故须还原为亚铁后才能被吸收，维生素C能将高铁还原为亚铁而促进铁的吸收。铁在酸性环境中易溶解而便于被吸收，故胃液中的盐酸有促进铁吸收的作用。

**3. 钙的吸收** 食物中的钙仅有一小部分被吸收，大部分随粪便排出。钙的吸收主要是通过主动转运完成的。肠黏膜细胞的微绒毛上有一种与钙有高度亲和性的钙结合蛋白，它参与钙的转运而促进钙的吸收。钙盐只有在水溶液状态（如氯化钙、葡萄糖酸钙溶液）才能被吸收。肠内容的酸度对钙的吸收有重要影响，在pH约为3时，钙呈离子化状态，吸收最好。肠内容中磷酸过多，会形成不溶解的磷酸钙，使钙不能被吸收。此外，脂肪食物对钙的吸收有促进作用，脂肪分解释放的脂肪酸，可与钙结合形成钙皂，后者可和胆汁酸结合，形成水溶性复合物而被吸收。维生素D、维生素C有促进小肠对钙吸收的作用。

**4. 负离子的吸收** 在小肠内吸收的负离子主要是$Cl^-$、$HCO_3^-$，由钠泵产生的电位差可促进肠腔负离子向细胞内移动。但也有证据认为，负离子也可以独立地移动。

## （三）糖的吸收

糖类只有分解为单糖时才能被小肠上皮细胞所吸收。单糖的吸收是一个消耗能量的主动转运过程，可逆着浓度梯度进行，能量来自钠泵对ATP的分解。在肠黏膜上皮细胞的纹状缘上存在着一种钠依赖性葡萄糖转运载体（SGLT），它能选择性地把葡萄糖或半乳糖从纹状的肠腔面逆浓度梯度转运入细胞内，然后再经基底膜或侧膜，在葡萄糖转运载体（GLUT）的帮助下，扩散转运到细胞外，再进入临近的毛细血管（图3-9）。各种单糖与转运体蛋白的亲和力不同，从而导致吸收的速率也不同。

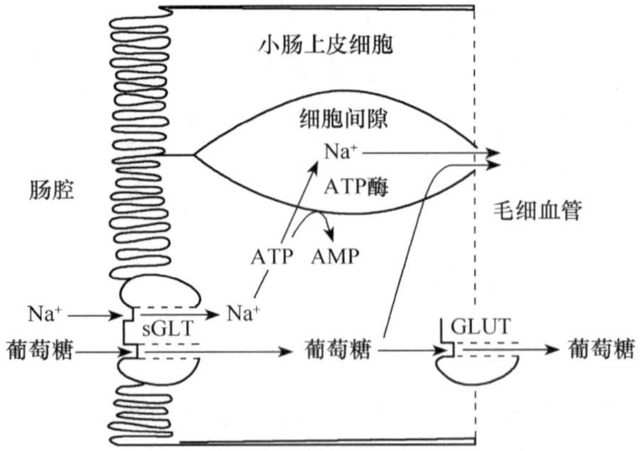


图3-9 小肠上皮细胞吸收葡萄糖的机制
（柳巨雄和杨焕民，2010）

## （四）挥发性脂肪酸的吸收

反刍动物饲料中的糖类物质依靠微生物发酵产生挥发性脂肪酸（VFA），主要是乙酸、丙酸和丁酸。VFA在瘤胃被吸收入血。瘤胃内的挥发性脂肪酸呈离子状态或分子状态才被吸收，其中分子状态的比离子状态透过瘤胃上皮要快。同时，挥发性脂肪酸在瘤胃上皮还发生代谢作用，被吸收的丁酸有85%、乙酸有45%被代谢产生大量酮体，65%的丙酸在瘤胃上皮内转化为乳酸和葡萄糖，乳酸进而转化为酮体（图3-10）。

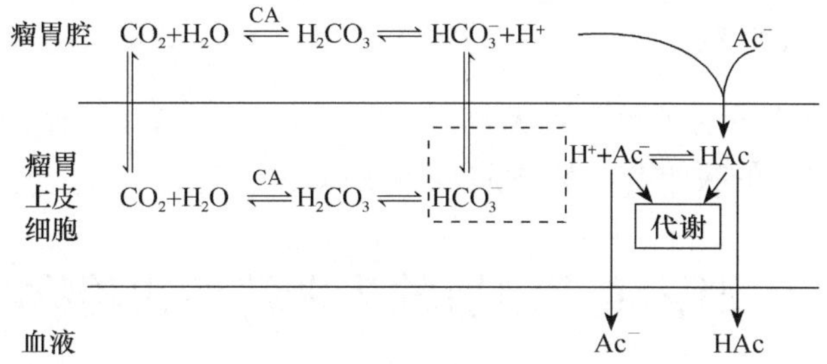


图3-10　VFA的吸收途径示意图（柳巨雄和杨焕民，2010）
CA代表碳酸酐酶；HAc和Ac分别是VFA的分子形式和离子形式（以乙酸为例）

## （五）蛋白质的吸收

蛋白质经消化分解为氨基酸后，几乎全部被小肠吸收入血液。氨基酸的吸收是主动转运过程，需要消耗能量。

## （六）脂肪的吸收

在小肠内，脂类的消化产物脂肪酸、单酰甘油、胆固醇等很快与胆汁中的胆盐形成混合微胶粒。由于胆盐有亲水性，它能携带脂肪消化产物通过覆盖在小肠绒毛表面的非流动水层到达微绒毛上，在这里，单酰甘油、脂肪酸和胆固醇等又逐渐地从混合胶粒中释放出，它们透过微绒毛的脂蛋白膜而进入黏膜细胞（胆盐被遗留于肠腔内）。长链脂肪酸及单酰甘油被吸收后，在肠上皮细胞的内质网中大部分重新合成为三酰甘油，并与细胞中生成的载脂蛋白合成乳糜微粒。乳糜微粒一旦形成即进入高尔基复合体中，乳糜微粒被包裹在一个囊泡内。囊泡移行到细胞基底-侧膜时，便与细胞膜融合，释放出乳糜微粒进入细胞间隙，再扩散入淋巴。中、短链三酰甘油水解产生的脂肪酸和单酰甘油，在小肠上皮细胞中不再变化，它们是水溶性的，可以直接进入门脉而不入淋巴（图3-11）。

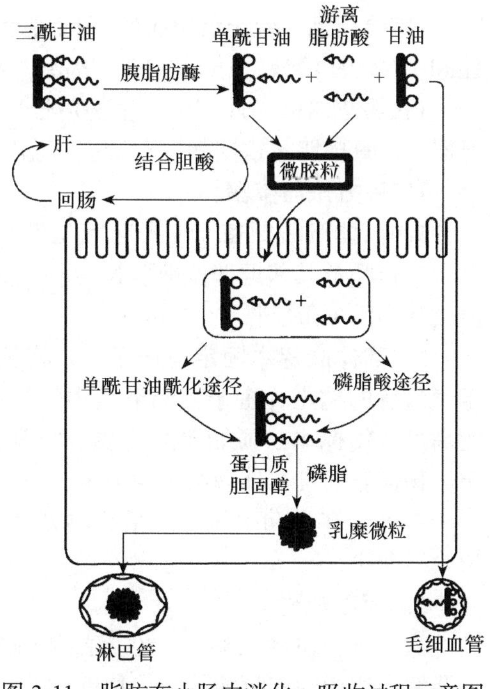


图3-11　脂肪在小肠内消化、吸收过程示意图（柳巨雄和杨焕民，2010）

### （七）胆固醇的吸收

进入肠道的胆固醇主要有两个来源：一是从食物中来的，二是从肝分泌的胆汁中来的。由胆汁来的胆固醇是游离的，而食物中的胆固醇部分是酯化的。酯化的胆固醇必须在肠腔中经消化液中的胆固醇酯酶的作用，水解为游离胆固醇后才能被吸收。游离的胆固醇通过形成混合微胶粒，在小肠上部被吸收。被吸收的胆固醇大部分在小肠黏膜中又重新酯化，生成胆固醇酯，最后与载脂蛋白一起组成乳糜微粒经由淋巴系统进入血液循环。

### （八）维生素的吸收

水溶性维生素以简单的扩散方式吸收，其中维生素 $B_{12}$ 必须与内因子结合才能在回肠吸收。脂溶性的维生素的吸收与类脂物质吸收相似。

## 实训一　消化道平滑肌的生理特性和药物的影响

**［目的］** 理解消化道平滑肌的一般生理特性和某些药物对离体肠平滑肌的作用。

**［原理］** 消化道平滑肌除具有兴奋性、收缩性等肌组织的一般特性外，同时还具有自身的特点。主要表现为自动节律性缓慢而不规则，兴奋性较低，伸展性大，对某些化学物质、牵拉刺激、温度的改变较为敏感的特性。离体小肠平滑肌在适宜环境中仍可保持其生理功能，因此可以将小肠肠段置于模拟的内环境中，观察各种理化因子的变化对小肠平滑肌收缩活动的影响。

**［实验对象］** 家兔。

**［实验药品］** 台氏液，0.01% 肾上腺素，0.01% 乙酰胆碱，0.01% 阿托品，1% 酚妥拉明，1mol/L NaOH 溶液，1mol/L HCl 溶液，1% 氯化钙溶液。

**［仪器与器械］** 计算机，生物信号采集与处理系统，张力换能器，麦氏浴槽，电热恒温器，加氧球胆，铁支架，双凹夹，温度计，烧杯，培养皿，酒精灯等。

**［实验方法与步骤］**

**1. 离体肠段制备**　提起家兔后肢将其倒悬，用木槌猛击头部致昏迷，立即开腹，在十二指肠及其邻近部位剪取长 20～30cm 的肠段，用台氏液冲洗肠段中的内容物，然后剪成数小段（每段长 2～3cm）。

**2. 离体肠标本固定与记录**　将长 2～3cm 的肠段两端分别用细线结扎，一端固定于通气管的钩上，置于麦氏浴槽中，另一端垂直固定在张力换能器上，适当调节换能器的高度，使标本与换能器的连线松紧度合适，正好悬挂在浴槽中央。张力换能器输入端至生物信号采集与处理系统的通道。

打开计算机和生物信号采集与处理系统，进入“平滑肌特性”实验，调节参数，描记收缩曲线。

**3. 项目观测**

（1）自动节律收缩　在不施加刺激的情况下，描记离体肠段在 38℃台氏液中的收缩曲线，注意观察收缩波形、幅度和节律等。

（2）温度的影响　将浴槽中台氏液温度降低至 25～30℃，观察小肠平滑肌的收缩活动有何变化，观察到明显变化后再逐步加温至 38℃，再观察有何反应。

（3）乙酰胆碱的影响　在麦氏浴槽中加入 1～2 滴 0.001% 乙酰胆碱，观察收缩活动的改变，待作用明显后，从麦氏浴槽侧管放出台氏液，加入预先准备好的 38℃台氏液，重复冲洗 2～3 次，待肠管恢复正常收缩后，再进行下一步实验。

（4）肾上腺素的影响　在浴槽中加入 1～2 滴 0.01% 肾上腺素，观察收缩活动的改变，待现象明显后，按上述方法冲洗。

（5）阿托品的影响　在浴槽中加入 0.01% 阿托品 2～4 滴，2min 后再加入 0.001% 乙酰胆碱 1～2 滴，观察肠平滑肌活动有何变化，并与实验项目 3 进行比较。

（6）酚妥拉明的影响　在浴槽中加入 1% 酚妥拉明 3～4 滴，2min 后再加入 0.01% 肾上腺素 1～2 滴，观察肠平滑肌的活动有何变化，并与观测项目 4 进行比较。

（7）$CaCl_2$ 的影响　在浴槽中加入 1% $CaCl_2$ 1～2 滴，观察肠平滑肌收缩活动的改变。

（8）HCl 的影响　在浴槽中加入 1mol/L HCl 1～2 滴，观察肠平滑肌收缩活动的改变。

（9）NaOH 的影响　在滴加 HCl 使肠平滑肌活动出现明显变化的基础上，再加 1mol/L NaOH 溶液 2 滴于麦氏浴槽内，观察肠平滑肌的反应。

**[注意事项]**

1）除观测项目 8 外，每次加药出现效果后，立即先放出含药物的台氏液，并用 38℃台氏液反复冲洗 2～3 次，待肠平滑肌活动恢复正常后再进行下一项实验。

2）注意保持水浴装置的温度为 38℃，以免影响肠平滑肌的收缩功能以及对药物的反应。

3）按上述剂量滴加药物，若效果不明显，可适当补加药物。

（张香斋　李佩国）

# 第四章　蛋　白　质

## 第一节　蛋白质的功能、组成和分类

**【学习目标】**

了解蛋白质的生理功能；理解和掌握蛋白质的组成和分类。

**【常用术语】**

蛋白质（protein）。

**【概述】**

蛋白质是生物体内最重要的物质之一，在哺乳动物机体内发挥着许多重要的功能。它是细胞的主要成分，与核酸一起共同构成了生命的物质基础。蛋白质是含氮的有机化合物，基本组成单位是氨基酸，蛋白质可以按不同的方法进行分类。

### 一、蛋白质的生物学功能

催化功能：蛋白质的一个最重要的生物学功能是作为有机体新陈代谢的催化剂——酶。生物体内的各种化学反应几乎都是在相应的酶参与下进行的，几乎所有的酶都是蛋白质。

结构蛋白：蛋白质另一个主要的生物学功能是作为有机体的结构成分。在高等动物里，胶原纤维是主要的细胞外结构蛋白，参与结缔组织和骨骼的组成，构成了身体的支架。细胞里的片层结构，如细胞膜、线粒体和内质网等都是由不溶性蛋白质与脂质组成的。

运输功能：脊椎动物的血红蛋白，某些色素蛋白如细胞色素 c 等起传递电子的作用。

收缩功能：某些蛋白质与生物的运动有关，如肌球蛋白和肌动蛋白是肌肉收缩系统的必要成分。

有些蛋白质具有贮藏氨基酸的功能，作为有机体及其胚胎或幼体生长发育的原料，如蛋类中的卵清蛋白、乳类中的酪蛋白等。

有些蛋白质具有激素的功能，对生物体内的新陈代谢起调节作用，如胰岛素参与血糖的调节。

免疫保护功能：生物体防御体系中的抗体也是蛋白质。它能识别病毒、细菌以及其他机体的细胞，并与之相结合而排除外来物质对有机体的干扰，起到保护机体的作用。

近代分子生物学的研究还表明，蛋白质在遗传信息的控制、细胞膜的通透性，以及高等动物的记忆、识别机构等方面都起到重要作用。所以，没有蛋白质就没有生命。

### 二、蛋白质的组成和分类

#### （一）蛋白质的元素组成

氮元素是蛋白质区别于糖和脂肪的特征性元素，根据对大多数蛋白质的氮元素分析，其氮元素的含量都相当接近，平均为 16%，即 100g 蛋白质中含有 16g 氮。这是凯氏定氮法测定蛋白质含量的计算基础。

$$蛋白质含量=蛋白氮 \times 6.25$$

式中，6.25 为 16% 的倒数，为 1g 氮所代表的蛋白质量（克数）。

蛋白质除含有氮元素外，还含有下述几种主要元素：C，50%；H，7%；O，23%；S，0～3%。有些蛋白质含有少量的磷，还有些蛋白质含有微量的金属元素，如铁、铜、锰、锌等。

### （二）蛋白质的分类

蛋白质可以按不同的方法进行分类。

**1. 按蛋白质分子组成分类** 单纯蛋白质：单纯蛋白质不含有非蛋白质部分。这类蛋白质水解后的最终产物只有氨基酸。结合蛋白质：结合蛋白质是指由单纯蛋白质和非蛋白质成分结合而成的蛋白质。

**2. 按蛋白质分子形状分类** 纤维状蛋白分子很不对称，形状类似纤维。有的纤维状蛋白能溶于水，如肌肉的结构蛋白和血纤维蛋白原；有的纤维状蛋白不溶于水，如角蛋白、丝心蛋白及胶原蛋白等。

球状蛋白质分子的形状接近球形，空间构象比纤维状蛋白复杂。球状蛋白质的溶解性较好，能结晶，生物体内的蛋白质大多数属于这一类。

**3. 按蛋白质功能分类** 可划分为酶蛋白、结合蛋白、运输蛋白、受体蛋白、调节蛋白、防御蛋白、贮存蛋白、毒蛋白等。

上述蛋白质的分类并不是绝对的，彼此间是有联系的。例如，组蛋白属于单纯蛋白，若它和 DNA 结合在一起时，则把它们合称为核蛋白，就属于结合蛋白类。

# 第二节 氨 基 酸

**【学习目标】**

了解氨基酸的结构特征；掌握氨基酸的分类及性质。

**【常用术语】**

氨基酸（amino acid），蛋白质氨基酸（protein amino acid），稀有氨基酸（rare amino acid），非蛋白质氨基酸（nonprotein amino acid），等电点（isoelectric point，pI）。

**【概述】**

氨基酸是蛋白质的基本组成单位，组成蛋白质的氨基酸共有 20 种，按照不同的分类标准可将氨基酸进行分类。在溶液中，氨基酸可被解离为两性离子状态；特定的氨基酸还具有紫外吸收的特性。

## 一、氨基酸的结构及分类

### （一）氨基酸的结构

氨基酸是含有氨基及羧基的有机化合物。从蛋白质水解产物中分离出来的常见的 20 种氨基酸除脯氨酸外，其余 19 种氨基酸在结构上的共同特点是与羧基相邻的 α-碳原子上都有一个氨基，因而称为α-氨基酸。结构通式如图 4-1 所示。

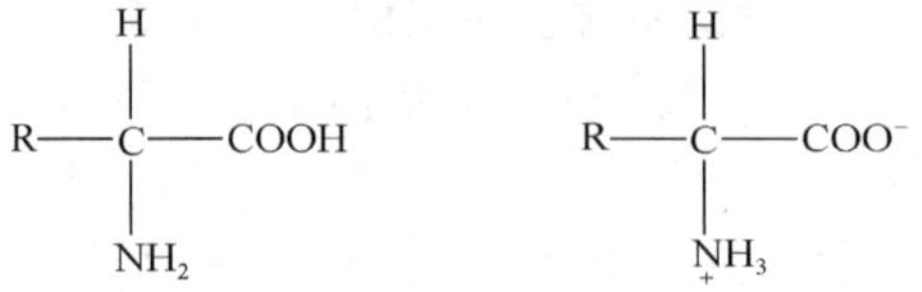


图 4-1　氨基酸的结构通式（杜金友和杨晓玲，2010）

从结构上看，除甘氨酸外，所有氨基酸的α-碳原子都是不对称碳原子，因此都具有旋光性。每种氨基酸都有 D-型和 L-型两种立体异构体，从蛋白质水解得到的α-氨基酸都属于 L-型的。

## （二）氨基酸的分类

从α-氨基酸的结构通式可以知道，各种α-氨基酸的区别就在于侧链 R 基团的不同。组成蛋白质的 20 种常见氨基酸按照其侧链 R 基团的极性差别进行分类，可分为四大类。

**1．非极性或疏水性的侧链 R 基氨基酸（8 种）**　包括丙氨酸、缬氨酸、亮氨酸、异亮氨酸、苯丙氨酸、色氨酸、甲硫氨酸和脯氨酸（表 4-1）。

**表 4-1　具有非极性或疏水的 R 基团的氨基酸**

| 氨基酸名称 | 氨基酸结构 | 三字母符号 | 单字母符号 |
|---|---|---|---|
| 丙氨酸（alanine） | 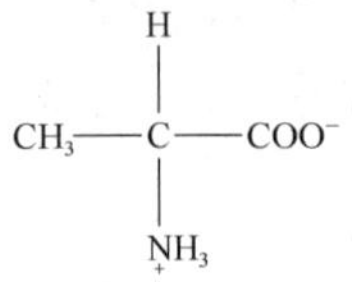 | Ala<br>α-氨基丙酸 | A |
| 缬氨酸（valine） | 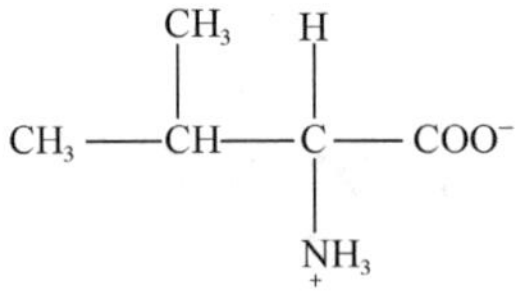 | Val<br>α-氨基异戊酸 | V |
| 亮氨酸（leucine） | 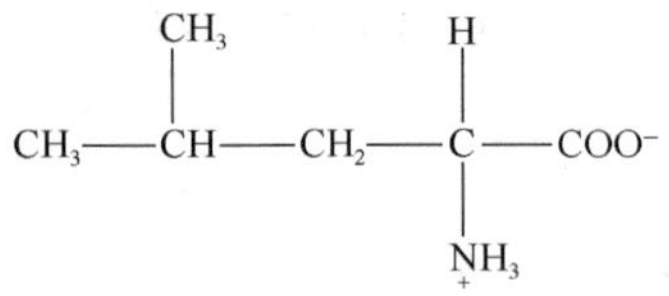 | Leu<br>α-氨基异己酸 | L |
| 异亮氨酸（isoleucine） | 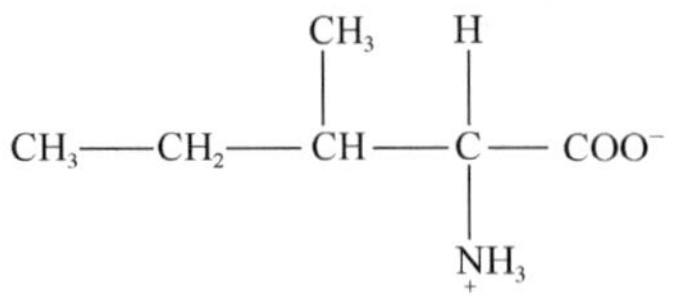 | Ile<br>α-氨基-β-甲基戊酸 | I |
| 脯氨酸（proline） | 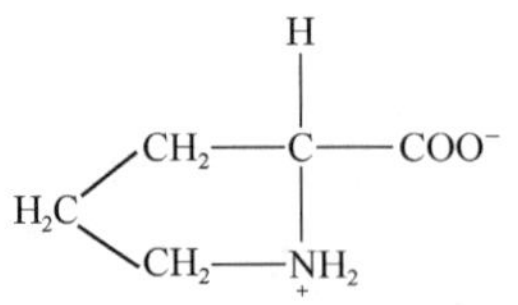 | Pro<br>β-吡咯烷基-α-羧酸 | P |

续表

| 氨基酸名称 | 氨基酸结构 | 三字母符号 | 单字母符号 |
|---|---|---|---|
| 苯丙氨酸（phenylalanine） | 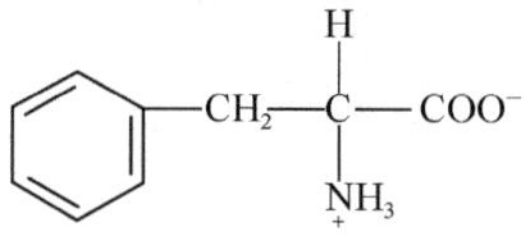 | Phe<br>α-氨基-β-苯基丙酸 | F |
| 色氨酸（tryptophan） | 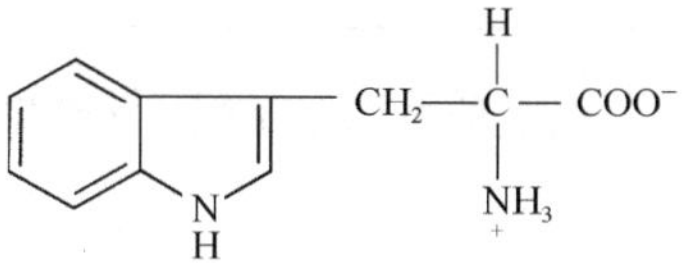 | Trp<br>α-氨基-β-吲哚基丙酸 | W |
| 甲硫氨酸（methionine） | 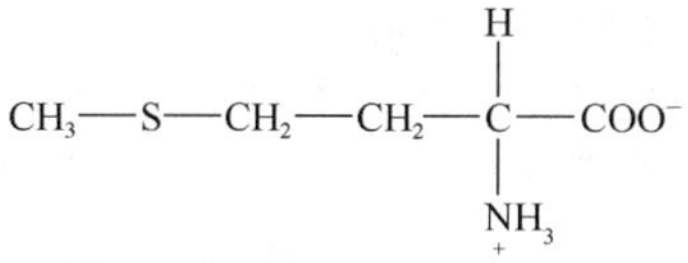 | Met<br>α-氨基-γ-甲硫基丁酸 | M |

**2. 极性但不带电荷的 R 基氨基酸（7 种）** 包括丝氨酸、苏氨酸、酪氨酸、天冬酰胺、谷氨酰胺、半胱氨酸和甘氨酸（表 4-2）。

**表 4-2 具有极性不带电荷的 R 基团的氨基酸**

| 氨基酸名称 | 氨基酸结构 | 三字母符号 | 单字母符号 |
|---|---|---|---|
| 甘氨酸（glycine） | 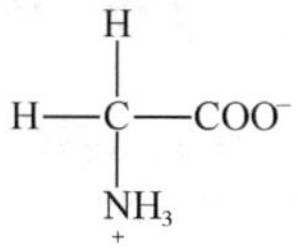 | Gly<br>氨基乙酸 | G |
| 丝氨酸（serine） | 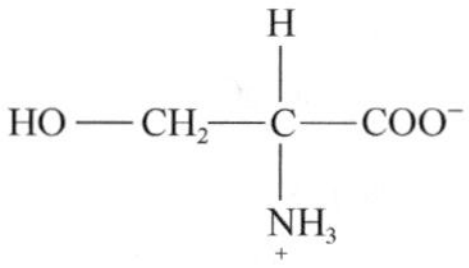 | Ser<br>α-氨基-β-羟基丙酸 | S |
| 苏氨酸（threonine） | 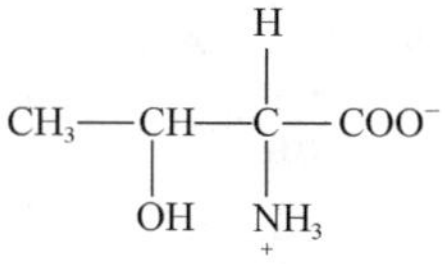 | Thr<br>α-氨基-β-羟基丁酸 | T |
| 半胱氨酸（cysteine） | 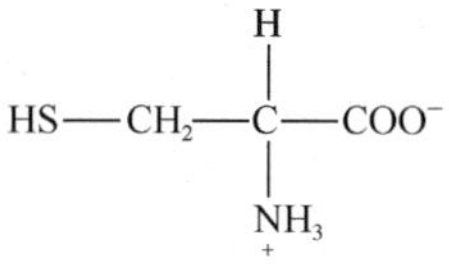 | Cys<br>α-氨基-β-巯基丙酸 | C |
| 酪氨酸（tyrosine） | 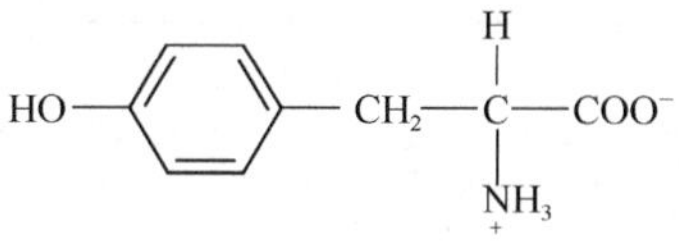 | Tyr<br>α-氨基-β-对羟苯基丙酸 | Y |
| 天冬酰胺（asparagine） | 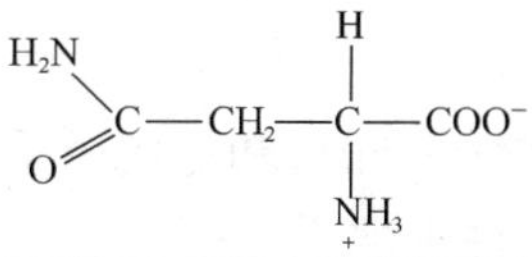 | Asn | N |

续表

| 氨基酸名称 | 氨基酸结构 | 三字母符号 | 单字母符号 |
|---|---|---|---|
| 谷氨酰胺（glutamine） | 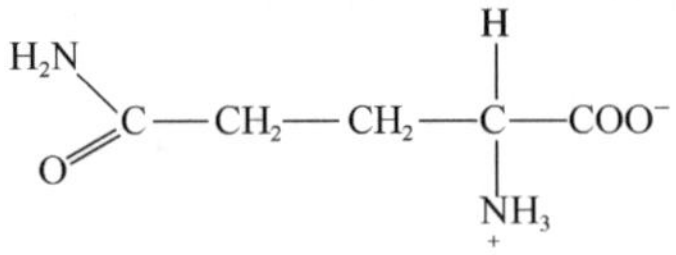 | Gln | Q |

**3. 带负电荷的 R 基氨基酸（2 种）**　包括天冬氨酸和谷氨酸，它们都含有两个羧基，因此分子带负电荷（表 4-3）。

**表 4-3　R 基团带负电荷的氨基酸**

| 氨基酸名称 | 氨基酸结构 | 三字母符号 | 单字母符号 |
|---|---|---|---|
| 天冬氨酸（aspartic acid） | 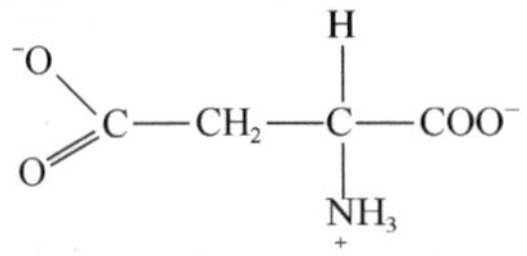 | Asp<br>α-氨基丁二酸 | D |
| 谷氨酸（glutamic acid） | 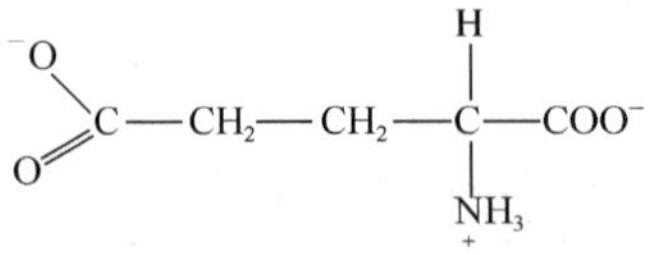 | Glu<br>α-氨基戊二酸 | E |

**4. 带正电荷的 R 基氨基酸（3 种）**　包括赖氨酸、精氨酸和组氨酸（表 4-4）。

**表 4-4　R 基团带正电荷的氨基酸**

| 氨基酸名称 | 氨基酸结构 | 三字母符号 | 单字母符号 |
|---|---|---|---|
| 赖氨酸（lysine） | 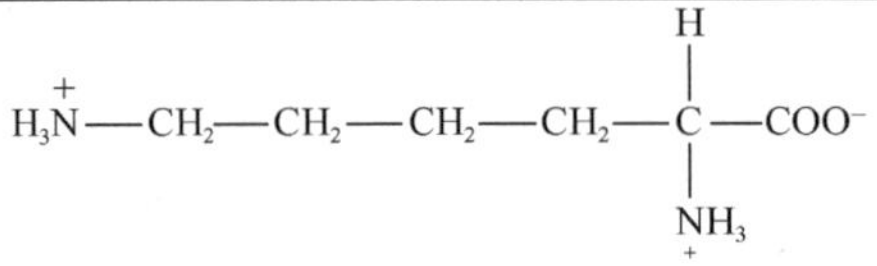 | Lys<br>α，ε-二氨基己酸 | K |
| 精氨酸（arginine） | 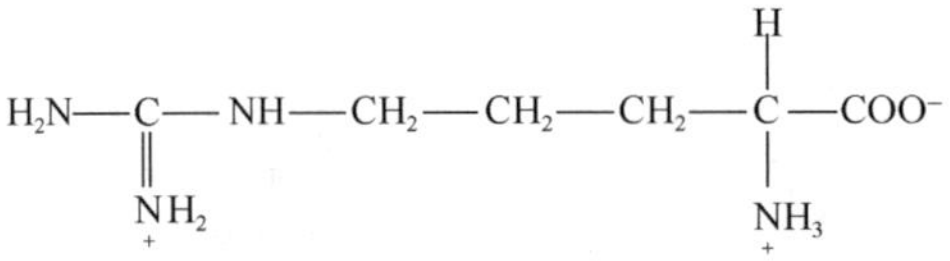 | Arg<br>α-氨基-δ-胍基戊酸 | R |
| 组氨酸（histidine） | 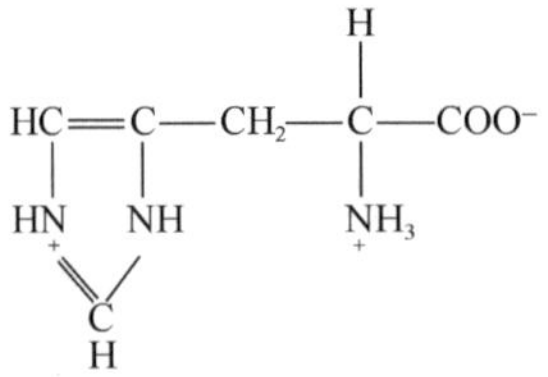 | His<br>α-氨基-β-咪唑基丙酸 | H |

## 二、氨基酸的主要理化性质

### （一）两性解离与等电点

同一个氨基酸分子上带有能释放出质子的—$NH_3^+$和能接受质子的—$COO^-$，是两性离子。氨基酸具有两性解离的特点，因此是两性电解质。

氨基酸处于净电荷为零时的pH，称为等电点（isoelectric point，pI），即在某一pH时，氨基酸所带的静电荷为零，在电场中既不向阴极移动，也不向阳极移动，此时氨基酸所处溶液的pH称为该氨基酸的等电点。

在等电点以上的任何pH，氨基酸带有净负电荷，并因此在电场中向正极移动。在低于等电点的任一pH，氨基酸带有净正电荷，在电场中向负极移动。在一定pH范围内，氨基酸溶液的pH离等电点越远，氨基酸所携带的净电荷越大。

### （二）吸收光谱

参与蛋白质组成的20种氨基酸在可见光区域都没有光吸收，但在远紫外区域（＜220nm）均有光吸收。在近紫外区域（220～300nm）只有酪氨酸、苯丙氨酸和色氨酸有吸收光的能力。因为它们的R基含有苯环共轭双键系统。酪氨酸的最大光吸收波长在275nm，苯丙氨酸的在257nm，色氨酸的在280nm。

蛋白质由于含有这些氨基酸，因此也有紫外吸收能力。一般最大光吸收在波长280nm处，因此利用分光光度法能很方便地测定蛋白质的含量。但是在不同的蛋白质中这些氨基酸的含量不同，所以它们的吸收系数是不完全一样的。

# 第三节 蛋白质的结构

**【学习目标】**

了解肽、肽键及氨基酸残基；掌握蛋白质的一级结构、二级结构、三级结构和四级结构。

**【常用术语】**

蛋白质的一级结构（protein primary structure），蛋白质的二级结构（protein secondary structure），蛋白质的三级结构（protein tertiary structure），蛋白质的四级结构（protein quaternary structure）。

**【概述】**

蛋白质的基本结构是由氨基酸残基构成的多肽链，再由一条或一条以上的多肽链按一定的方式组合成具有特定结构的生物活性分子。随着肽链数目、氨基酸的组成及其排列顺序不同就形成了不同的蛋白质。通常将蛋白质分为一级结构、二级结构、超二级结构、结构域、三级结构及四级结构。不同的蛋白质有不同的氨基酸组成和不同的氨基酸排列顺序，每种蛋白质都能在它特定的一级结构基础上选择它特定的空间构象去完成它特定的生物功能。

## 一、蛋白质的一级结构

### （一）肽、肽键、氨基酸残基

**1. 肽** 一个氨基酸的α-羧基和另一个氨基酸的α-氨基脱水缩合而成的化合物叫肽。

**2. 肽键** 氨基酸之间脱水后形成的键叫肽键，又称为酰胺键，写作—CO—NH—。最简单的肽由两个氨基酸组成，称为二肽，其中包含一个肽键。含有三个、四个氨基酸的肽分别称为三肽、四肽。10 个以上氨基酸所生成的肽称为多肽，多肽为链状结构，所以多肽也称多肽链（图 4-2）。

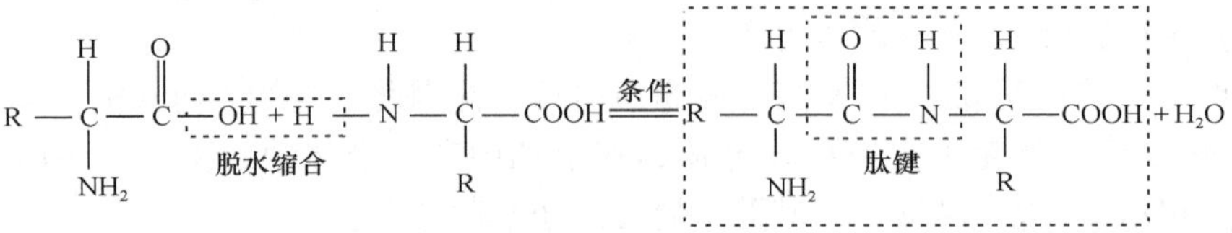


图 4-2　氨基酸脱水缩合（邹思湘，2012）

**3．氨基酸残基**　肽链中氨基酸因参加肽键的形成已经不是原来完整的分子，因此称为氨基酸残基。

多肽链中形成一个肽键丢失 1 分子水，因此丢失的水分子数比氨基酸残基数少 1 个。一条多肽链通常在一端含有一个游离的末端氨基，在另一端含有一个游离的末端羧基。肽的命名是根据参与其组成的氨基酸残基来确定的。规定从肽链的 $NH_2$ 端氨基酸残基开始，称为某氨基酰某氨基酰……某氨基酸。例如，具有下列化学结构的五肽命名为丝氨酰甘氨酰酪氨酰丙氨酰亮氨酸，简写为 Ser—Gly—Tyr—Ala—Leu（图 4-3）。

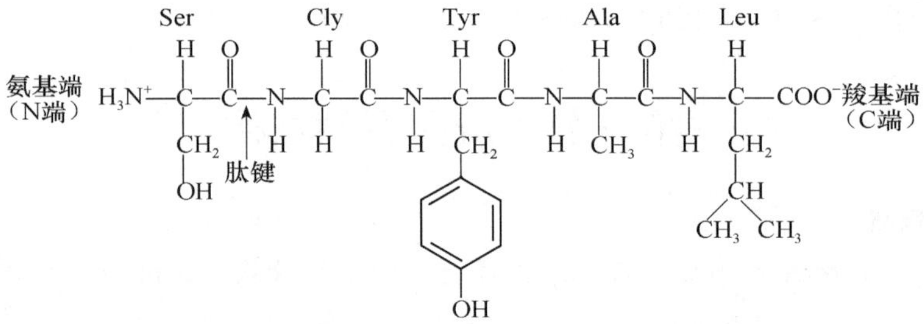


图 4-3　5 个氨基酸残基构成的五肽（杜金友和杨晓玲，2010）

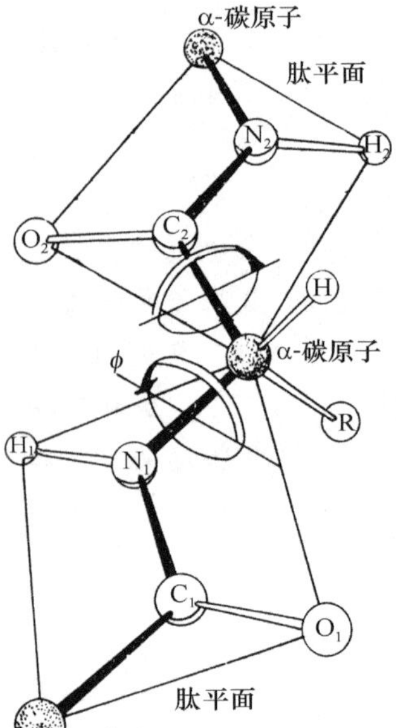


图 4-4　完全伸展的肽链构象（并示肽平面）（杜金友和杨晓玲，2010）

肽链也像氨基酸一样具有极性，通常把 $NH_2$ 端氨基酸残基放在左边，COOH 端氨基酸残基放在右边。除特别指明外，上面举例的五肽丝氨酸残基一侧为 $NH_2$ 端，亮氨酸残基一侧为 COOH 端。注意，反过来书写的 Leu—Ala—Tyr—Gly—Ser 是与前者不同的另一种五肽。

**4．肽单位**　肽单位为肽键的四个原子和与之相连的两个 α-碳原子所组成的基团。

肽单位的特点：①主链肽键 C—N 具有双键性质而不能自由旋转。②肽键的所有 4 个原子和与之相连的两个 α-碳原子（习惯上称为 $C_\alpha$）都处于一个平面内，此刚性结构的平面称为肽平面或酰胺平面（图 4-4），每一个肽单位实际上就是一个肽平面。③肽平面内的 C═O 与 N—H 呈反式排列，各原子间的键长和键角都是固定的。

## （二）一级结构

1953 年，Sanger 等经过将近 10 年的努力，首次完成了牛胰岛素的氨基酸顺序的测定（图 4-5）。我国生化工作者根据胰岛素的氨基酸顺序于1965年用人工方法合成了具有生物活性的牛胰岛素，第一次成功地完成了蛋白质的全合成，为生物化学的发展做出了重大贡献。1969年，国际纯化学和应用化学协会经过讨论，规定一级结构只指肽链中的氨基酸的排列顺序。此外，人们可以分析比较功能相同而种属来源不同的蛋白质的一级结构差异，为生物进化提供生物化学依据；也可以分析比较同种蛋白质的个体差异，为遗传疾病的诊治提供可靠依据。

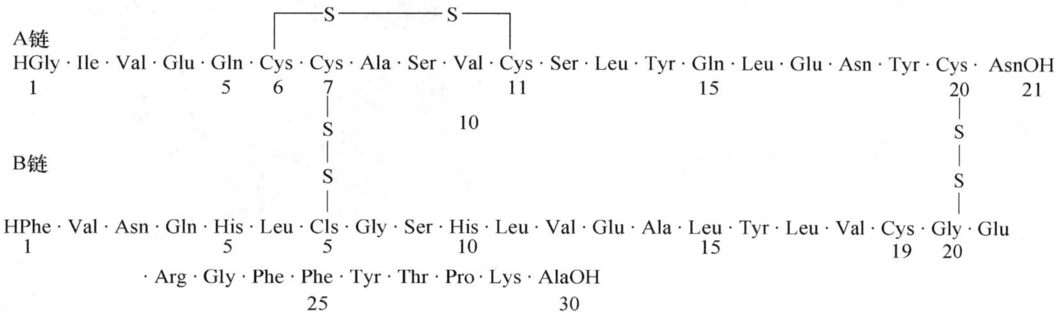


图4-5　牛胰岛素的化学结构（杜金友和杨晓玲，2010）

## 二、蛋白质的空间结构

### （一）蛋白质的二级结构

蛋白质的二级结构通常是指蛋白质多肽链主链在空间中的走向，不涉及氨基酸残基的侧链基团在空间的排列。二级结构的基本类型有α螺旋、β折叠、β转角和无规则卷曲，它们广泛存在于天然蛋白质内。

**1. α螺旋**　α螺旋是蛋白质中最常见、含量最丰富的二级结构。每隔3.6个氨基酸残基螺旋上升一圈，沿螺旋轴方向上升0.54nm，每个残基绕轴旋转100°，沿轴上升0.15nm。α螺旋中氨基酸残基的侧链伸向外侧。相邻的螺圈之间形成链内氢键，氢键的取向几乎与中心轴平行。氢键是由肽键上的N—H中的氢和它后面（N端）第四个残基上的C═O中的氧形成的（图4-6）。

氢原子参与肽键的形成后，再没有多余的氢原子形成氢键，所以多肽链顺序上有脯氨酸残基时，肽链就拐弯，不再形成α螺旋。

**2. β折叠**　蛋白质中另一类常见的二级结构是β折叠。两条或多条几乎完全伸展的肽链并排在一起便形成β折叠，这时相邻肽链主链上的—NH和C═O之间形成有规则的氢键。

**3. β转角**　β转角也称为回折、β弯曲。在所有的β转角中，弯曲处的第一个残基的C═O和第四个残基的NH之间形成一个4→1氢键，产生一种不很稳定的环形结构。

**4. 无规则卷曲**　多肽链主链骨架上的若干肽段在空间的排布有些是没有规则的，这些肽段在空间的不规则排布称为无规则卷曲。

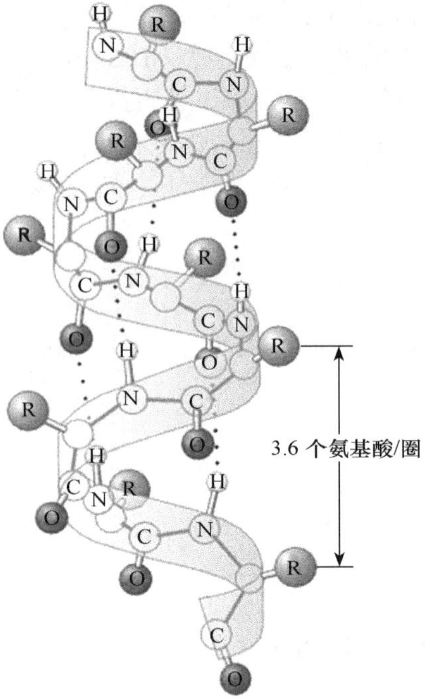


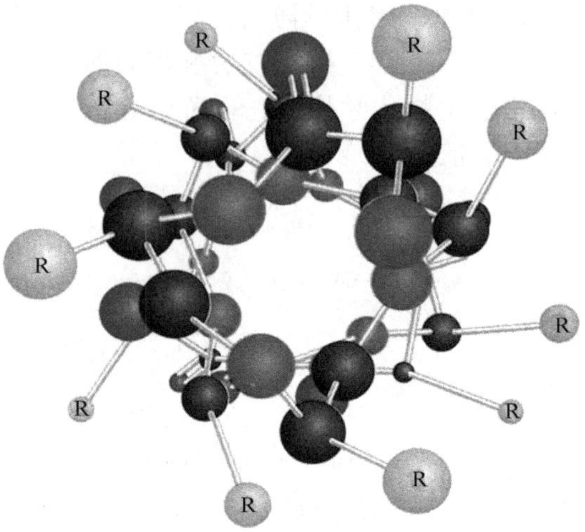


图 4-6 α 螺旋的结构（Hary，2001）

### （二）超二级结构和结构域

在二级结构和三级结构之间还可以进一步细分为超二级结构和结构域。

**1. 超二级结构** 在蛋白质中，特别是球蛋白中，经常可以看到由若干相邻的二级结构单元（即 α 螺旋、β 折叠片和 β 转角等）组合在一起，彼此相互作用，形成有规则、在空间上能辨认的二级结构组合体，充当三级结构的构件，称为超二级结构。

**2. 结构域** 结构域是多肽链在超二级结构的基础上组装而成的。多肽链首先是在某些区域相邻的氨基酸残基形成有规则的二级结构，然后相邻的二级结构片段集装在一起形成超二级结构。超二级结构以特定的组合方式连接，在一个较大的蛋白质分子中形成两个或多个在空间上可以明显区分的折叠实体，这种实体称为结构域。

### （三）蛋白质的三级结构

蛋白质分子的三级结构是指在一条多肽链（包括超二级结构和结构域）的基础上进一步盘曲或折叠，形成包括主、侧链在内的专一性空间排布。维持蛋白质三级结构的力有疏水键、离子键、范德华力、共价键。三级结构的典型代表是肌红蛋白，它是哺乳动物肌肉中储氧的蛋白质。在潜水哺乳类如鲸、海豹和海豚的肌肉中肌红蛋白含量特别丰富，由于肌红蛋白储氧使这些动物能长时间潜在水下，以致它们的肌肉呈棕色。肌红蛋白在功能和结构上和血红蛋白极为相近。

### （四）蛋白质的四级结构

许多生物活性蛋白质是由两条或多条肽链构成的，肽链与肽链之间并不是通过共价键相连，而是由非共价键缔合在一起。每条多肽链都有自己的一级、二级和三级结构。在这种蛋白质中，每条肽链就被称为亚基或亚单位。在四级结构中，亚基可以是相同的或不同的。

亚基：具有四级结构的蛋白质中每个球状蛋白质称为亚基。

寡聚蛋白：由两个或多个亚基组成的蛋白质统称寡聚蛋白质或多体蛋白质。

四级结构：所谓蛋白质的四级结构就是指各个亚基在寡聚蛋白质的天然构象中的几何位置和它们之间的相互关系。

血红蛋白是一种寡聚蛋白质，由四个亚基组成。血红蛋白分子接近于一个球体，它由两条 α-链和两条 β-链组成，是一个含有两种不同亚基的四聚体。每一个亚基含有一个血红素辅基。

## 第四节　蛋白质结构与功能的关系

**【学习目标】**

掌握蛋白质结构和功能之间的关系。

**【常用术语】**

同源蛋白（homologous protein）。

**【概述】**

蛋白质的结构与功能之间具有高度的统一性，蛋白质分子具有的多种多样的生物功能是以其化学组成和极其复杂的结构为基础的。这不仅在于其一定的化学结构，还在于一定的空间构象。

### 一、同源蛋白质一级结构的种属差异与生物进化

同源蛋白质是指在不同的有机体中实现同一功能的蛋白质。例如，细胞色素 c 广泛存在于需氧生物细胞的线粒体中，在生物氧化过程中起传递电子的作用。不同种属来源的同源蛋白质一般具有相同长度或接近长度的多肽链。同源蛋白质的氨基酸顺序中有许多位置的氨基酸对所有的种属来说都是相同的，因此称为不变残基。但是其他位置的氨基酸因种属不同有相当大的变化，因此称为可变残基。同源蛋白质的氨基酸顺序中这样的相似性被称为顺序同源现象。

顺序同源的生物学意义从细胞色素 c 分子上看得最清楚。细胞色素 c 是一种传递电子的载体，分子中含有血红素，是一种古老的蛋白质，从低等生物到高等生物，包括人类在内都有细胞色素 c。

现在已经对将近 100 个生物种属（包括动物、植物、真菌、细菌等）的细胞色素 c 的一级结构进行了测定和比较，发现亲缘关系越近，其结构越相似。细胞色素 c 的氨基酸顺序分析资料已被用来核对各个物种之间的分类学关系，以及绘制进化树，即系统发生树（图 4-7）。根据进化树不但可以研究从单细胞有机体到多细胞有机体的生物进化过程，而且可以粗略估计现存的各类种属生物的分歧时间。

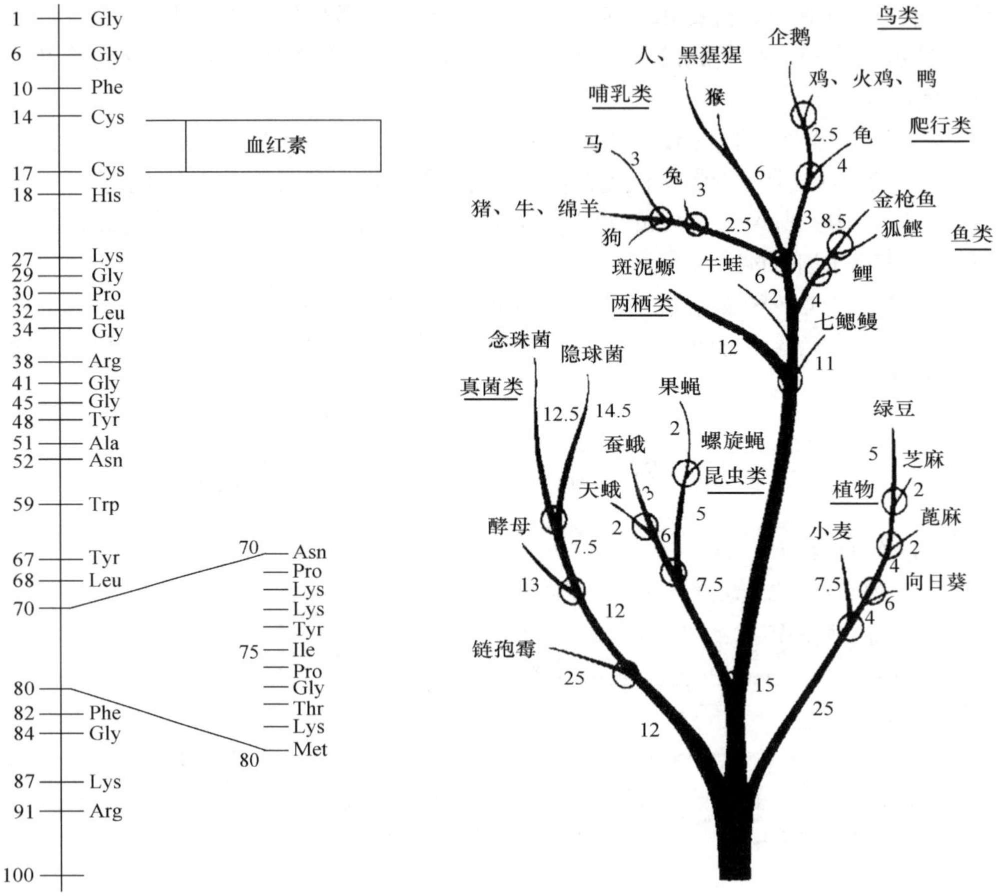


图 4-7　25 种不同生物来源的细胞色素 c 中不变的氨基酸残基（35 个）及据此构建的进化树（邹思湘，2012）

随着被测的细胞色素 c 数目的增多，不变的残基数可能减少。25 种有机体是：人、黑猩猩、猕猴、兔、袋鼠、马、驴、猪、牛、绵羊、狗、鸭、鸽、火鸡、鸡、企鹅、啮龟、响尾蛇、鲔、鲨鱼、蛾、蛆、粗糙链孢菌、酵母和小麦。脊椎动物的细胞色素 c 含 104 个残基，无脊椎动物、植物和真菌的细胞色素 c 在 N 端另含有 4 个残基

## 二、一级结构的变异与分子病

蛋白质分子化学结构中的细微差异，在某些情况下可能引起生物功能的显著变化，甚至使有机体出现病态现象，突出的例子如镰状细胞贫血病。该病在非洲人中比较常见，其显著的特点是有相当一部分红细胞的形状是镰刀状或新月状。这是由于患者的血红蛋白分子（用 HbS 表示）与正常人的血红蛋白分子（HbA）相比，在 574 个氨基酸中有两个氨基酸的差异引起的，正常人 HbA 的 β-链 N 端第 6 位氨基酸为谷氨酸，而患者 HbS 的 β-链 N 端第 6 位氨基酸为缬氨酸。

β-链 N 端氨基酸排列顺序如下。

HbA：$H_2N$—Val—His—Leu—Thr—Pro—Glu—Glu—Lys……$COO^-$

HbS：$H_2N$—Val—His—Leu—Thr—Pro—Val—Glu—Lys……$COO^-$

由于这两个氨基酸性质上的差别（谷氨酸在生理 pH 下为带负电荷 R 基氨基酸，而缬氨酸却是一种非极性 R 基氨基酸），就使得 HbS 分子表面的负电荷数减少，影响分子

的正常聚集，致使体积下降，溶解度降低，细胞随之收缩成镰刀形，以致输氧功能下降，细胞变得脆弱发生溶血。血红蛋白是由两条α-链和两条β-链共574个氨基酸构成的蛋白质，仅仅只有两条β-链的两个氨基酸残基发生改变，竟导致功能上如此重大的变化，足见结构与功能关系的高度统一。

血红蛋白一级结构的改变是由于编码它的基因发生了点突变。这种因基因突变产生异常蛋白从而导致的先天性疾病叫做分子病或遗传病。血红蛋白一级结构发生改变而导致的分子病的例子很多，镰状细胞贫血病只是其中的一种。了解到分子病发生的原因后，可以设计出一些新药给予治疗。例如，异氰酸盐（H—N═C═O），可以与HbS的N端缬氨酸残基上的游离氨基结合，使其氨甲酰化，可以恢复其分子表面的电荷数，从而改善病情。

## 第五节　蛋白质的理化性质及分子质量测定

**【学习目标】**

了解蛋白质的两性解离及等电点；掌握蛋白质的胶体性质、变性机制及应用；了解蛋白质分子质量测定的方法。

**【常用术语】**

盐溶（salting in）及盐析（salting out），蛋白质的变性（denaturation）与复性（renaturation）。

**【概述】**

由于蛋白质是由氨基酸组成的，因此它具有某些与氨基酸有关的性质，如等电点，但它与氨基酸有着质的区别，可表现出单个氨基酸所没有的性质。蛋白质分子的大小属于胶体质点的范围，具备胶体溶液的稳定性，如果破坏了稳定的条件，蛋白质就会发生沉淀。天然蛋白质分子在某些理化因素的影响下，会发生变性，变性后的蛋白质在特定条件下也有可能恢复其性质。蛋白质和一些试剂反应会显示不同的颜色。蛋白质相对分子质量很大，常见的测定蛋白质分子质量的方法有沉降法（超速离心法）、凝胶过滤（分子筛）法、SDS聚丙烯酰胺凝胶电泳法等。

### 一、蛋白质的两性解离及等电点

蛋白质是两性电解质，在一定的pH条件下能解离为带电基团，从而使蛋白质带电。当溶液在某一特定pH的条件下，使蛋白质所带正电荷与负电荷恰好相等，即净电荷为零时，在电场中，蛋白质分子既不向阳极移动，也不向阴极移动，这时溶液的pH称为该蛋白质的等电点（pI）。

蛋白质在等电点时，以两性离子的形式存在，其净电荷为零，这样的蛋白质颗粒在溶液中因为没有相同电荷而互相排斥的影响，所以最不稳定，溶解度最小，能够沉淀析出。当溶液的pH高于或低于等电点时蛋白质的带电状况如下：

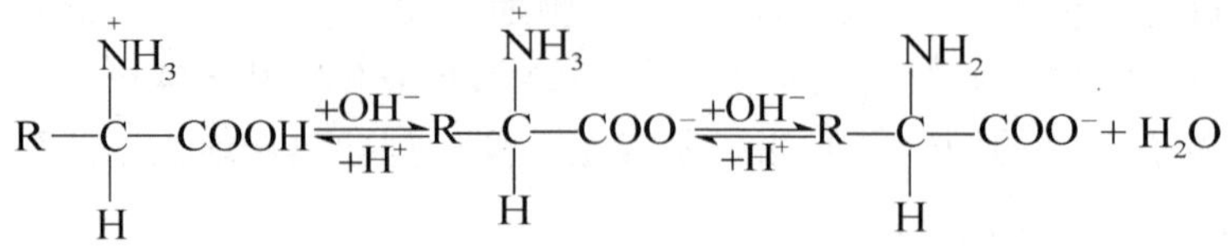

$\mathrm{pH}<\mathrm{pI}$ $\mathrm{pH}=\mathrm{pI}$ $\mathrm{pH}>\mathrm{pI}$

带正电荷 正负电荷相等 带负电荷

根据蛋白质净电荷的差异来分离蛋白质的一种方法是电泳法（electrophoresis）。这种方法的依据是，在外电场的作用下，带电颗粒（如不处在等电状态的蛋白质分子）将向着与其电性相反的电极移动，这种现象称为电泳。

目前对蛋白质分离有着高分辨率的电泳首推聚丙烯酰胺凝胶电泳。这种电泳方法因为聚丙烯酰胺凝胶是微孔介质，样品不易扩散，并且同时兼有分子筛的作用，分离效果相当好。如果将凝胶装入玻璃管中，蛋白质的不同组分形成环状圆盘，称为圆盘电泳。在铺有凝胶的玻璃板上进行的电泳称为平板电泳。还有等电聚焦电泳，这是因为蛋白质分子有一定的等电点，当它处在一个由阳极到阴极 pH 梯度逐渐增加的介质中，并通过直流电时，它便"聚焦"在与其等电点相同的 pH 位置上，等电点不同的蛋白质泳动后形成位置不同的区带而得到分离，这种电泳方法便称为等电聚焦电泳。此外还有双向电泳、免疫电泳等。而纸电泳、乙酸纤维薄膜电泳也仍然在一定范围内应用。由于以上这些电泳方法可以将被分离物形成带状区域，因此称为区带电泳。

## 二、蛋白质的胶体性质与沉淀

蛋白质溶液是一种亲水胶体，在水溶液中能与水分子起水化作用，使蛋白质分子表面形成一个水化层。蛋白质分子表面上的可解离基团在适当的 pH 条件下带有相同的净电荷，与周围的反离子构成稳定的双电层。蛋白质溶液由于具有水化层与双电层两方面的稳定因素，所以作为胶体系统是相对稳定的。

蛋白质在溶液中的稳定性是有条件的、相对的。如果条件改变，破坏了蛋白质溶液的稳定性，蛋白质就会从溶液中沉淀出来。若向蛋白质溶液中加入适当的试剂，破坏它的水膜或中和它的电荷，就很容易使其失去稳定而发生沉淀。

沉淀蛋白质的方法有以下几种。

**1. 盐析法** 向蛋白质溶液中加入大量的中性盐（硫酸铵、硫酸钠或氯化钠等），使蛋白质脱去水化层而聚集沉淀，盐析沉淀一般不引起蛋白质变性。

**2. 有机溶剂沉淀法** 向蛋白质溶液中加入一定量的极性有机溶剂（甲醇、乙醇或丙酮等），因引起蛋白质脱去水化层，以及降低介电常数而增加带电质点间的相互作用，致使蛋白质颗粒容易凝集而沉淀。

**3. 重金属盐沉淀法** 当溶液 pH 大于等电点时，蛋白质颗粒带负电荷，这样就容易与重金属离子（$Mg^{2+}$、$Pb^{2+}$、$Cu^{2+}$、$Ag^{+}$等）结成不溶性盐而沉淀。

**4. 某些酸类** 如苦味酸、单宁酸、三氯乙酸等能和蛋白质化合成不溶解的蛋白质盐而沉淀。这类沉淀反应经常被临床检验部门用来除去体液中干扰测定的蛋白质。

**5. 加热变性沉淀法** 几乎所有的蛋白质都因加热变性而凝固，少量盐促进蛋白质加热凝固。当蛋白质处于等电点时，加热凝固最完全和最迅速。我国很早便创造了将大豆蛋白质的浓溶液加热并点入少量盐卤（含 MgCl）的制豆腐方法，这是成功地应用加热变性沉淀蛋白的一个例子。

上述蛋白质的沉淀包括两种情况，一种是不影响蛋白质的空间结构，所得到的蛋白质具有生物活性；另一种是变性后的沉淀，涉及空间结构的解体和生物活性的丧失。用盐析法或在低温时加入有机溶剂（将蛋白质用酸碱调节到等电点状态）等方法制取的蛋白质，仍然保持天然蛋白质的一切特性。但如在温度稍高的情况下加入有机溶剂来沉淀分离蛋白质，以及用有机溶剂沉淀分离得到的蛋白质没有及时与有机溶剂分开，都会引起蛋白质的性质改变。

## 三、蛋白质的变性与复性

天然蛋白质分子在某些理化因素的影响下，其分子内部原有的高度规律性结构发生变化，致使蛋白质的理化性质和生物学性质都有改变，但并不导致蛋白质一级结构的破坏，这种现象叫变性作用。蛋白质变性作用的实质是维持蛋白质分子特定结构的次级键和二硫键被破坏，引起天然构象解体，但主链共价键并未打断，即一级结构保持完好。

能使蛋白质变性的因素很多，化学因素有强酸、强碱、尿素、胍、去污剂、重金属盐、三氯乙酸、磷钨酸、苦味酸、浓乙醇等；物理因素有加热（70～100℃）、剧烈振荡或搅拌、紫外线及 X 线照射、超声波等。但不同的蛋白质对各种因素的敏感程度是不同的。

蛋白质变性过程往往出现下列现象：①生物活性丧失；②一些侧链基团暴露；③一些理化性质改变。

目前认为蛋白质的变性作用主要是由蛋白质分子内部的结构发生改变所引起的。天然蛋白质分子内部通过氢键等次级键使整个分子具有紧密结构。变性后，氢键等次级键被破坏，蛋白质分子就从原来有秩序的卷曲紧密结构变为无秩序的松散伸展状结构，但一级结构没有被破坏。所以变性后的蛋白质在结构上虽有改变，但组成成分和相对分子质量不变。

当变性因素除去后，变性蛋白质又可重新回复到天然构象，这一现象称为蛋白质的复性。

蛋白质的变性与凝固已有许多实际应用，如豆腐就是大豆蛋白质的浓溶液加热加盐而成的变性蛋白凝固体。临床分析化验血清中非蛋白质成分，常常加三氯乙酸或钨酸使血液中的蛋白质变性沉淀而去除。为鉴定尿中是否有蛋白质，常用加热法来检验。在急救重金属盐（如氯化高汞）中毒时，可给患者食大量乳品或蛋清，其目的就是使乳品或蛋清中的蛋白质在消化道中与重金属离子结合成不溶解的变性蛋白质，从而阻止重金属离子被吸收进入体内，最后设法将沉淀物从肠胃中洗出。

此外，在制备蛋白质和酶制剂过程中，为了保持天然性质，就必须防止发生变性作用，因此在操作过程中必须注意保持低温，避开强酸、强碱、重金属盐类，防止振荡等。相反，那些不必需的杂蛋白质则可通过变性作用而沉淀出去。

## 四、蛋白质的颜色反应

在蛋白质的分析工作中，常利用蛋白质分子中某些氨基酸或某些特殊结构与某些试剂产生颜色反应，作为测定的根据。重要的颜色反应如下。

**1. 双缩脲反应** 双缩脲是由两分子尿素缩合而成的化合物。将尿素加热到 180℃，2 分子尿素缩合成 1 分子双缩脲，并放出 1 分子氨，双缩脲在碱性溶液中能与硫酸铜反应产生红紫色络合物，此反应称为双缩脲反应。蛋白质分子中含有许多和双缩脲结构相似的肽键，因此也能起双缩脲反应，形成紫色络合物。通常可用此反应来定性鉴定蛋白质，也可根据反应产生的颜色在 540nm 处比色，定量测定蛋白质。

**2. 蛋白黄色反应** 此反应是含有芳香族氨基酸的蛋白质，特别是含有酪氨酸和色氨酸的蛋白质所特有的反应。蛋白质溶液遇硝酸后，先产生白色沉淀，加热则白色沉淀变成黄色，再加碱颜色加深呈橙黄色。这是由于硝酸将蛋白质分子中的苯环硝化，产生了黄色硝基苯衍生物。

**3. 米伦氏反应** 蛋白质溶液中加入米伦试剂后产生白色沉淀，加热后沉淀变成红色。含有酚基的化合物都有这个反应，故酪氨酸及含有酪氨酸的蛋白质都能与米伦试剂反应。

**4. 乙醛酸反应** 在蛋白质溶液中加入乙醛酸，并沿试管壁慢慢注入浓硫酸，在两液层之间就会出现紫色环，凡含有吲哚基的化合物都有这一反应。色氨酸及含色氨酸的蛋白质有此反应，不含色氨酸的白明胶就无此反应。

**5. 坂口反应** 精氨酸分子中含有胍基，能与次氯酸钠（或次溴酸钠）及 α- 萘酚在 NaOH 溶液中产生红色产物。此反应可以用来鉴定含有精氨酸的蛋白质，也可以用来测定精氨酸的含量。

**6. 酚试剂（福林试剂）反应** 蛋白质分子一般都含有酪氨酸，而酪氨酸中的酚基能将福林试剂中的磷钼酸及磷钨酸还原成蓝色化合物。这一反应常用来测定蛋白质含量。

**7. 水合茚三酮反应** 凡含有 α-氨基酸的蛋白质都能与水合茚三酮生成蓝紫色化合物。

## 五、蛋白质的分子质量测定

**1. 沉降法** 把蛋白质溶液放在离心机中离心，蛋白质分子就发生沉降作用，沉降的速度与颗粒大小成正比。当溶液中所含的分子形状和大小相同时，则这些分子以相同速度移向离心管底，在溶质与溶剂之间产生清晰的界面。当溶液含有数种分子大小不同的蛋白质时则产生数个界面，每个界面存在一种蛋白质。从光学系统观察沉降界面可以得出蛋白质的沉降速度。当沉降面以恒速移动时，每单位离心场的沉降速度称为沉降系数，以 S 表示，一个 S 单位为 $1\times10^{-13}$/s，由 S 可以按照公式求出相对分子质量。

**2. 凝胶过滤法** 凝胶过滤是在层析柱中装入葡聚糖凝胶，这种凝胶中具有大量微孔，这些微孔只允许较小的分子进入胶粒，而大于胶粒微孔的分子则不能进入胶粒而被排阻。当用洗脱液洗脱时，被排阻的分子，分子质量大的先被洗脱下来，分子质量小的后下来。当凝胶柱用已知相对分子质量的蛋白质校准后，从被测样品在洗脱时出现的先后位置即可求出近似的相对分子质量。

**3. SDS 聚丙烯酰胺凝胶电泳法** 十二烷基硫酸钠（SDS）为一种去污剂，可使蛋白质变性并解离蛋白质。将用 SDS 处理过的蛋白质放在含有 SDS 的聚丙烯酰胺凝胶中进行电泳，这些蛋白质的迁移率与其相对分子质量成反比，用已知相对分子质量的标准蛋白质进行校准，即可得出所测蛋白质的相对分子质量。

## 实训一　蛋白质含量的测定——考马斯亮蓝染料结合法

**［目的］** 掌握蛋白质含量测定的原理和方法；学习标准曲线的绘制；掌握分光光度计的使用方法。

**［原理］** 考马斯亮蓝 G-250 在酸性溶液中为棕红色，当它与蛋白质通过疏水作用后，变成蓝色，最大吸收波长从 465nm 转移到 595nm 处，在一定的范围内，蛋白质含量与 595nm 的吸光度成正比。蛋白质与考马斯亮蓝 G-250 结合在 2min 左右的时间内达到平衡，完成反应十分迅速，其结合物在室温下 1h 内保持稳定。以牛血清白蛋白（BSA）为标准品配制浓度梯度标准液，用考马斯亮蓝 G-250 法进行蛋白质含量的测定，作标准曲线。然后依据标准曲线推算样品中蛋白质含量。

**［实验对象］** 猪，牛，羊，驴，马，犬，鱼等。

**［实验药品］** 标准蛋白质溶液 1.00mg/ml，考马斯亮蓝 G-250 蛋白染色液。

**［仪器与器械］** 中试管，刻度吸管 0.1ml 3 支、5ml 1 支，722 型分光光度计。

**［实验方法与步骤］**

**1. 标准曲线的制备**　按下表操作，在试管中分别加入 0、20μg、40μg、60μg、80μg、100μg 蛋白标准溶液，用水补足到 100μl，加入 3ml 的染色液，混匀后室温放置 15min。

| 编号 | 1 | 2 | 3 | 4 | 5 | 6 |
|---|---|---|---|---|---|---|
| 蛋白标准溶液 /ml | 0 | 0.02 | 0.04 | 0.06 | 0.08 | 0.10 |
| 蒸馏水 /ml | 0.10 | 0.08 | 0.06 | 0.04 | 0.02 | 0 |
| 染色液 /ml | 3 | 3 | 3 | 3 | 3 | 3 |

在 595nm 波长比色，读出吸光度，以各管的标准蛋白浓度为横坐标，吸光度为纵坐标绘出标准曲线。

**2. 血清蛋白质测定**　稀释血清（或其他蛋白样品溶液），准确吸取 0.1ml 血清，置于 50ml 容量瓶中，用生理盐水稀释至刻度（此为稀释 500 倍，其他蛋白样品酌情而定）。从容量瓶中取 0.1ml，加入 3ml 染色液混匀，15min 后测定其 595nm 处吸光度值，从标准曲线上查出待测样品的蛋白质浓度。

**3. 计算**

$$每\ 100ml\ 血浆中蛋白质的含量（g）=\frac{C\times V}{100\times 1000}$$

式中，$C$ 为从标准曲线上查得的蛋白质浓度（mg/ml）；$V$ 为样品总体积（ml）。

**［注意事项］**

1）高浓度的 Tris、EDTA、尿素、甘油、蔗糖、丙酮等对测定有干扰。

2）显色结果受时间与温度影响较大，须注意保证样品与标准的测定控制在同一条件下进行。

3）考马斯亮蓝 G-250 染色能力很强，特别要注意比色杯的清洗。

## 实训二　血清蛋白质乙酸纤维素薄膜电泳

**[目的]** 了解电泳的一般原理；掌握乙酸纤维素薄膜电泳操作技术；测定人血清中各种蛋白质的相对百分含量。

**[原理]** 蛋白质为两性电解质，在不同 pH 条件下，其带电情况不同。在等电点时，蛋白质为兼性离子，其净电荷为零，在电场中不发生泳动；蛋白质分子在 pH 小于其等电点的溶液中，呈碱式解离，带正电荷，在电场中向负极泳动；蛋白质分子在 pH 大于其等电点的溶液中，呈酸式解离，带负电荷，在电场中向正极泳动。泳动速度除与电场强度和溶液性质有关外，主要取决于分子颗粒的电荷量以及分子的大小与形状。电荷较多、分子较小的球状蛋白质泳动较快。

乙酸纤维素薄膜电泳是利用乙酸纤维素薄膜做固体支持物的电泳技术。与纸上电泳相似，是在其基础上发展起来的。该电泳技术具有比纸电泳电渗小、分离速度快、样品用量小（可少于 10μl）、分辨率高和分离清晰等优点。乙酸纤维素薄膜电泳的操作方法除比琼脂电泳、淀粉胶电泳和聚丙烯酰铵凝胶电泳简便外，还有一个显著优点，即染色后的薄膜可用乙醇和冰醋酸溶液浸泡透明，透明后的薄膜便于保存和定量分析。

乙酸纤维素薄膜可用于一般血清蛋白电泳、脂蛋白电泳、同工酶电泳、甲胎球蛋白电泳（AFP）、血红蛋白电泳及免疫电泳等。

本实验以乙酸纤维素薄膜作为支持物，在浸有缓冲液的薄膜一端加微量血清，膜两端连接于缓冲液。所用缓冲液的 pH 为 8.6，大于血清中各种蛋白质的等电点。因此，各种蛋白质皆带负电荷，在电场中向正极方向泳动，因泳动速度不同而被分离。依次为清蛋白（A）、α1-球蛋白、α2-球蛋白、β-球蛋白和 γ-球蛋白，将蛋白质染色后，可按染色区带位置进行定性观察，也可对各条色带进行定量测定。

**[实验对象]** 动物血清。

**[实验药品]** 巴比妥缓冲液（pH8.6，离子强度 0.06）。

染色液：氨基黑 10B 0.5g，溶于甲醇 50ml 中，再加冰醋酸 10ml，蒸馏水 40ml 混匀。

漂洗液：甲醇（或 95% 乙醇）45ml、冰醋酸 5ml、蒸馏水 50ml 混匀。

洗脱液：0.4mol/L NaOH 溶液。

透明液：95% 乙醇 20ml、冰醋酸 5ml 混匀。

**[仪器与器械]** 电泳仪，乙酸纤维素薄膜（2cm×8cm），点样板，铅笔，尺。

**[实验方法与步骤]**

**1. 电泳槽与薄膜的准备**　电泳槽内放适量的缓冲液，于两端的液槽间放一充满缓冲液的连通管，经过一定时间使两侧液面达到平衡后，取下连通管。在电泳槽的两侧支持板上分别用四层滤纸（或纱布）搭桥，即使其一端搭到支持板上，另一端浸入缓冲液中。在乙酸纤维薄膜的无光泽面距一端 2cm 处，用铅笔画一横线（与此端平行），作为准备点样的位置，称为点样线或者是起点线。把膜放进 pH8.6 的巴比妥缓冲溶液中浸泡数小时使膜完全浸透。

**2. 点样**　把浸透缓冲液的乙酸纤维素膜取出，夹到滤纸中，轻抚使吸去多余的缓冲液，使膜的无光泽面向上，把微量样品血清分别均匀地涂于盖玻片的一端，把玻片竖直轻贴到膜的点样线上，使样品吸入膜内。注意应使点样线成为粗细一致的直线状。

**3. 电泳**　把膜放进电泳槽内，注意要把膜的点样面即无光泽面向下，点样端靠近阴极侧，把膜的两端紧贴到内侧支持板上搭桥的滤纸或纱布上，把膜摆平拉直，盖好电泳槽盖。检查电泳槽电极的连接正确无误后通电，调节电流按总膜宽计算，每厘米宽给电流 0.4～0.6mA，通电时间 45～60min。

**4. 染色**　关闭电源后立即将膜取出，放入染色液中浸染 5～10min，然后移放漂洗液中漂洗数次，至蛋白条带清晰，本底无色为止，取出薄膜用滤纸吸干。

**5. 定量**　把漂洗干净的膜夹在滤纸中吸干，剪下各蛋白区带及一段平均大小的空白区，分别依次放入试管中，标清管号，向清蛋白管加 0.4mol/L NaOH 10ml，其余各管加 0.4mol/L NaOH 5ml，轻轻振摇，使着色完全洗脱于溶液中，用 620nm 波长比色，记取各管光密度值。然后计算各组分相对百分含量。计算方法如下：

设测得各管光密度值为 $D_A$、$D_{\alpha1}$、$D_{\alpha2}$、$D_\beta$、$D_\gamma$，则光密度值总和 $DT=2D_A+D_{\alpha1}+D_{\alpha2}+D_\beta+D_\gamma$。

清蛋白(%)＝$\frac{2D_A}{DT}\times100$，α1-球蛋白(%)＝$\frac{D_{\alpha1}}{DT}\times100$，其余类推，可分别求出各蛋白所占总蛋白的百分数。

另外，如用光密度计扫描，需要先使膜透明化，可把染色后干燥的薄膜放入透明液中 10～20min，取出放到玻璃板上晾干，得到透明薄膜，可用扫描光度计描记出电泳曲线，亦可据此计算出各蛋白组分的百分含量。

**[注意事项]**

1）血清蛋白各组分的等电点、分子质量及其在正常血清中的百分含量如下表：

| 细分 | 等电点 | 分子质量 | 占总蛋白的百分数 /% |
|---|---|---|---|
| 清蛋白 | 4.64 | 69 000 | 57～72 |
| α1-球蛋白 | 5.06 | 200 000 | 2～5 |
| α2-球蛋白 | 5.06 | 300 000 | 4～9 |
| β-球蛋白 | 5.12 | 90 000～150 000 | 6.5～12 |
| γ-球蛋白 | 6.85～7.30 | 156 000～950 000 | 12～20 |

2）血清蛋白电泳有一定的临床意义。例如，肝硬化时清蛋白明显降低，而γ-球蛋白可增高 2 倍；肾病综合征和慢性肾小球肾炎可见到清蛋白降低，α-球蛋白和β-球蛋白增高。从电泳谱上亦可查出某些异常，例如，多发性骨髓瘤患者血清，有时在β-球蛋白与γ-球蛋白之间出现巨球蛋白；原发性肝癌患者血清在清蛋白与α1-球蛋白之间可见到甲胎蛋白。

3）巴比妥缓冲液（pH8.6，离子强度 0.06）：巴比妥钠 12.76g 和巴比妥 1.66g 加蒸馏水数百毫升，加热溶解后再补加蒸馏水至 1000ml，混匀。

# 实训三 IgG 的提取与鉴定——饱和硫酸铵法

**［目的］** 学习用饱和硫酸铵法提取 IgG 的原理。

**［原理］** IgG 是免疫球蛋白（immunoglobulin，IgG）的主要成分之一，分子质量为 15 万～16 万，沉降系数约为 7S。IgG 是动物和人体血浆的重要成分之一。血浆蛋白质的成分多达 70 余种，要从血浆中分离出 IgG，首先要尽可能除去其他蛋白质成分进行粗分离，使 IgG 在样品中比例大为增高，然后再纯化而获得 IgG。

盐析法是粗分离蛋白质的重要方法之一。许多蛋白质在纯水或低盐溶液中溶解度较低，若稍加一些无机盐则溶解度增加，这种现象称为“盐溶”。而当盐浓度继续增加到某一浓度时，蛋白质又变得不深而自动析出，这种现象称为“盐析”。这些现象的原理大致是由于蛋白质是亲水胶体，带有羧基解离的负电荷或氨基解离的正电荷，其极性基团使分子间相互排斥，同时与水分子形成水膜，这些因素保证蛋白质形成溶于水的溶胶状态。当加入少量盐时，增多了蛋白质分子上的极性基团，因而增大了蛋白质在水中溶解度，出现“盐溶”现象。但当盐浓度增加到一定浓度时，一方面大量的水同盐分子结合，使得蛋白质没有足够的水维持溶解状态，破坏了维持蛋白质亲水胶的水膜，容易沉淀出来；另一方面加入的盐离子中和了蛋白质分子，相互碰撞时即发生相互聚集从而沉淀出来，这样就出现了“盐析”现象。由于各种蛋白质“盐析”出来所需的盐浓度也各异，盐析所需的最小盐量称盐析浓度。盐析法就是通过控制盐的浓度，使蛋白质混合溶液中的各个成分分步“盐析”出来，达到分离目的。

盐析法是 1878 年 Hammarster 首次使用的，他用硫酸镁成功地将血清蛋白分成为清蛋白、球蛋白两部分。自那以后曾使用过硫酸钠、氯化钠、磷酸钠和硫酸铵等中性盐来盐析蛋白质，其中运用最广的是硫酸铵。因为硫酸铵有许多其他盐所不具备的优点，如在水中化学性质稳定；溶解度大，25℃时能达到 4.1mol/L 的浓度；溶解度的温度系数变化较小，在 0～30℃溶解度变化不大，如 25℃时饱和溶解度为 4.12mol/L，即 767g/L，0℃时饱和溶解度为 3.9mol/L，即 676g/L。而且硫酸铵价廉易得，分段效果比其他盐好，性质温和，即使浓度很高时也不会影响蛋白质的生物学活性。因此，现在所指的盐析法实际上多为硫酸铵盐析法。

用硫酸铵分级盐析蛋白质时，盐析出某种蛋白质成分所需的硫酸铵浓度一般以饱和度来表示。实际工作中将饱和硫酸铵溶液的饱和度定为 100% 或 1。盐析某种蛋白质成分所需的硫酸铵数量折算成 100% 或 1 饱和度的百分之几，即称为该蛋白盐析的饱和度。饱和度可以根据情况用下述两种方法计算。

**1. 饱和硫酸铵溶液法** 在蛋白质溶液的总体积不大、要求达到饱和度在 50% 以下时，可选用此方法。在已知盐析出某种蛋白质成分所要达到的饱和度时，可按下列公式计算出应加入饱和硫酸铵溶液的数量：

$$V=V_0\frac{C_2-C_1}{100-C_2}\text{或}V=V_0\frac{C_2-C_1}{1-C_2}$$

式中，$V_0$ 为蛋白质溶液的原始体积；$C_2$ 为所要达到硫酸铵饱和度；$C_1$ 为原来溶液的硫酸铵饱和度；$V$ 为应加入饱和硫酸铵溶液的体积。

将计算所得体积的饱和硫酸铵溶液加入到混合蛋白质溶液中，即可达到盐析的目的。严格讲，混合两不同溶液时，混合后的总体积并不等于混合前两种溶液体积之和，而上式中是按相等于计算的，所以会产生误差。但实验证明所造成的误差一般小于20%，故可忽略不计。

**2. 固体硫酸铵法**　所需达到的饱和度较高，而蛋白质溶液的体积又不能再过分增大时，采用直接加入固体硫酸铵的方法。欲达到某饱和度可按下列公式计算出应加入固体硫酸铵的数量：

$$X=\frac{G(C_2-C_1)}{100-AC_2}\text{ 或 }X=\frac{G(C_2-C_1)}{1-AC_2}$$

式中，$X$是将1L饱和度为$C_1$溶液提高到饱和度为$C_2$时，需要加入固体硫酸铵的重量（g）。$G$和$A$为常数，数值与温度有关。现在已将达到各种饱和度所需固体硫酸铵的数量列成表，使用时不需计算可直接从表中查出。

市售固体硫酸铵中一般残留有硫酸，所以制备的饱和硫酸铵溶液的pH常在4.5～5.5，作用之前应该用氢氧化铵调节，使其pH为7。用固体硫酸铵盐析时，蛋白质应溶解于具有一定缓冲能力的溶液中，并且在加入硫酸铵中还含有一些重金属离子，用量大时易使蛋白质变性，在这种情况下可加入一些EDTA等螯合剂以螯合这些金属离子。

硫酸铵盐析法可使蛋白质的纯度提高约5倍，而且可以除去DNA、RNA等。但盐析后的蛋白质中仍含有一些杂蛋白，所以盐析产生的产品为粗分离产品，需要进一步纯化。本实验中利用离子交换层析法纯化。在离子交换层析之前，由于盐析所得的蛋白质中含有大量硫酸铵，将影响离子交换层析。所以，在层析之前需要“脱盐”。“脱盐”有凝胶过滤法和透析法，本实验将采用凝胶过滤法。

**［实验对象］** 动物血清。

**［实验药品］** 硫酸铵饱和溶液，0.03mol/L的NaCl洗脱液，0.50mol/L的HCl，0.50mol/L的NaOH洗脱液，纳氏液，透析袋（或玻璃纸），0.01mol/L pH7.4 PBS液。

**［仪器与器械］** 紫外可见分光光度计，电泳仪，低速大容量离心机，高速万能粉碎机，恒温水浴锅，真空干燥箱，电子天平，恒温振荡培养箱，自动液相色谱分离层析仪，电热恒温鼓风干燥箱，酸度计，层析柱，恒温磁力搅拌器。

**［实验方法与步骤］**

1）取20ml血清，加生理盐水20ml，再逐滴加入$(NH_4)_2SO_4$饱和溶液10ml，使成20%$(NH_4)_2SO_4$溶液，边加边搅拌，充分混合后，静置30min。

2）3000r/min离心20min，弃去沉淀，以除去纤维蛋白。

3）在上清液中再加$(NH_4)_2SO_4$饱和溶液30ml，使成50%$(NH_4)_2SO_4$溶液，充分混合，静置30min。

4）3000r/min离心20min，弃上清。

5）于沉淀中加20ml生理盐水，使之溶解，再加$(NH_4)_2SO_4$饱和溶液10ml，使成33%$(NH_4)_2SO_4$溶液，充分混合后，静置30min。

6）3000r/min离心20min，弃上清，以除去白蛋白。重复步骤5）2～3次。

7）用10ml生理盐水溶解沉淀，装入透析袋。

8）透析除盐，在常水中透析过夜，再在生理盐水中于4℃透析24h，中间换液数次。以1% $BaCl_2$ 检查透析液中的 $SO_4^{2-}$ 或以纳氏液检查 $NH_4^+$（取3～4ml透析液，加纳氏试剂1～2滴，出现砖红色即认为有 $NH_4^+$ 存在），直至无 $SO_4^{2-}$ 或 $NH_4^+$ 出现为止。也可采用SephadexG25或电透析除盐。

9）离心去沉淀（去除杂蛋白），上清液即为粗提IgG（即γ-球蛋白，如以36%的饱和硫酸铵沉淀血清的产物即为优球蛋白，euglobin，含γ-球蛋白）。

10）过DEAE-纤维素层析柱。以0.01mol/L pH7.4 PBS（0.03mol/L NaCl）洗脱，收集洗脱液。也可采用SephadexG150或G200柱。

11）蛋白质及其定量鉴定。

12）IgG的纯度鉴定可采用下列方法之一鉴定。

A. 区带电泳。玻片琼脂或乙酸纤维膜电泳均可。加样电泳后，只在γ-球蛋白的迁移部位出现一条带。操作时，同时可用全血清样品，不同浓度 $(NH_4)_2SO_4$ 盐析样品进行电泳，以资比较。

B. 琼脂双相双扩散鉴定。预先准备该IgG免疫异种动物所获的抗IgG血清。将IgG与抗IgG血清进行双相双扩散，如IgG提纯的话，则在两样品孔之间出现一条沉淀线。

C. 免疫电泳鉴定。孔内加待测样品，电泳后，在槽内加抗IgG血清，琼脂扩散24h，观察结果。如果提取的IgG纯的话，则只出现一条弧形的沉淀线，且沉淀线位于γ-球蛋白区。此鉴定必须同时进行全血清及抗血清抗体的免疫电泳，以资比较。

D. 圆盘电泳鉴定。用全血清样品及提纯样品同时进行圆盘电泳。全血清样品在圆盘电泳上出现数十条区带，而纯化的IgG则只有一条区带。

13）IgG的浓缩与保存。一般浓缩至1%以上的浓度，再分装成小瓶冻干保存，或加0.01%硫柳汞在普通冰箱或低温冰箱保存，注意防止反复冻融。

**[注意事项]**

1）硫酸铵以质量优者为佳，因次品中含有少量重金属对蛋白质巯基有影响。如次品必须除去重金属，可在溶液中通入 $H_2S$，静置过夜后滤过，加热蒸发 $H_2S$ 即可。

2）硫酸铵浓度要计算准确。

（耿立英）

# 第五章 酶

## 第一节 酶的一般概念

**【学习目标】**

了解酶的化学本质、催化特性；了解酶活力测定与酶活力单位。

**【常用术语】**

酶（enzyme），酶活力（enzyme activity）和比活力（specific activity）。

**【概述】**

在生物体内许多复杂的化学变化进行得极顺利和迅速，这种使化学反应变得容易和迅速的根本原因就是生物体内普遍存在着生物催化剂——酶。酶具有很强的专一性和极高的催化效率，能在机体十分温和的条件下起高效率的催化作用。酶的催化能力常用酶活性来表示。

### 一、酶

酶是由活细胞产生的生物催化剂，这种催化剂具有极高的催化效率和高度的底物特异性，其化学本质是蛋白质。

### 二、酶作为生物催化剂的特性

**1. 催化效率高** 酶催化反应的反应速度比非催化反应高 $10^8$～$10^{20}$ 倍，比非生物催化剂高 $10^7$～$10^{13}$ 倍。

**2. 具有高度的专一性** 一种酶只能作用于一类或一种特定的物质，这就是酶作用的专一性。通常把被酶作用的物质称为底物，所以也可以说一种酶只能作用于一种或一类底物。不同的酶有不同的专一性，可以将酶的专一性分为三种类型。

（1）绝对专一性 有些酶的专一性是绝对的，即除一种底物以外，它对其他任何物质都不起催化作用，这种专一性称为绝对专一性。例如，反丁烯二酸酶仅能催化反丁烯二酸形成 L-苹果酸，却不能催化结构极其相似的顺丁烯二酸发生此反应。

（2）相对专一性 有些酶对底物专一性程度要求较低，能够对结构相似的一类化合物起催化作用，这类酶的专一性称为相对专一性。它又可分为基团专一性和键专一性两类。

（3）立体专一性 一种酶只能对一种立体异构体起催化作用，对其对映体则全无作用，这种专一性称为立体专一性。氨基酸和糖类有 D-型及 L-型的异构体，如 D-氨基酸的氧化酶能催化许多 D-氨基酸氧化，但对 L-氨基酸则完全不起作用。

**3. 易失活** 酶是蛋白质，凡是使蛋白质变性的因素（高温、高压、强酸、强碱等）都能使酶的结构破坏，因而失去活性，所以酶的催化作用是在温和的条件（常温、常压和适合的 pH 等）下实现的。

**4. 酶活力的调节控制** 酶活力可以调节控制。它的调控方式很多，包括抑制剂调节、共价修饰调节、反馈调节、酶原激活和激素控制等。

**5. 酶的催化活力与辅酶、辅基及金属离子有关** 有些酶是复合蛋白质，其中的小分子物质（辅酶、辅基及金属离子）与酶的催化活性密切相关，若将它们除去，酶就会失去活性。

酶的高效性、专一性及温和的作用条件在生物体内的新陈代谢中发挥着强有力的作用，酶活力的调控使生命活动中的反应得以有条不紊地进行。

## 三、酶活性及测定

酶活力也称为酶活性，是指酶催化一定化学反应的能力。酶活力的大小可以用在一定条件下它所催化的某一化学反应的反应速度来表示，即酶催化的反应速度越快，酶的活力就越高；速度越慢，酶活力就越低，所以测定酶活力就是测定酶促反应的速度（用 $V$ 表示）。酶促反应速度可用单位时间内、单位体积中底物的减少量或产物的增加量来表示，所以反应速度的单位是：底物浓度 / 单位时间。研究酶反应速度应以酶促反应的初速度为准。

酶的活力大小可用酶活力单位来度量。1961 年国际酶学会议规定：1 个酶活力单位是指在特定条件下 1min 内能转化 1μmol 底物的酶量，或是转化底物中 1μmol 的有关基团的酶量。特定条件是指：温度为 25℃，其他条件（如 pH 及底物浓度）均采用最适条件。这是一个统一的标准，但有时使用起来不方便。1972 年国际生化协会又推荐一种新单位，即 Katal（Kat），规定：在最适温度下，每秒钟能催化 1mol 底物所需要的酶量定义为 1Kat。

酶的比活力也称为比活性，即每毫克酶蛋白所具有的酶活力，一般用单位 / 毫克蛋白质（U/mg 蛋白质）来表示，有时也用每克酶制剂或每毫升酶制剂含有多少个活力单位来表示（U/g 或 U/ml）。它是酶学研究及生产中经常使用的数据，可以用来比较每单位重量酶蛋白的催化能力。对同一种酶来说，比活力越高，酶越纯。

# 第二节 酶的化学结构

**【学习目标】**

掌握酶的化学组成特点；了解维生素与辅酶、辅基的关系。

**【常用术语】**

单体酶（monomeric enzyme），寡聚酶（oligomeric enzyme），多酶体系（multienzyme system），辅酶（cofactor 或 coenzyme）和辅基（prosthetic group）。

**【概述】**

目前发现的酶主要是蛋白质酶类，除此之外，近年来有实验表明：核酸分子也是高活性的酶。根据不同的分类标准，可将酶分成不同的种类。全酶只有在辅酶或辅基也存在的情况下才能起作用。水溶性维生素作为辅酶或辅基的形式参与体内的物质代谢过程，起着非常重要的作用。

## 一、酶的化学本质

几乎所有的酶都是蛋白质。酶和其他蛋白质一样都是由氨基酸组成的，具有两性电解质的性质并具有一、二、三、四级结构，受物理因素（加热、紫外线照射等）及化学因素（碱、有机溶剂等）的作用而变性或沉淀，丧失活性。酶的分子质量也很大，其水溶液具有亲水胶体的性质，不能通过透析膜。在体外酶被胰蛋白酶水解而失活。

多年来人们一直认为酶都是蛋白质，但是近年来发现核酸也具有催化性质，我们称本质为 RNA 的酶为核糖酶，有时也称为 RNA 酶。RNA 分子和蛋白质分子一样，可以是非常有效的催化剂，但大多数 RNA 的催化效率不及蛋白质。

## 二、酶的分类

**1. 根据酶蛋白的特点将酶分为三类**

（1）单体酶　单体酶只有一条多肽链。属于这一类的酶很少，一般都是催化水解反应的酶，如溶菌酶、胰蛋白酶等。

（2）寡聚酶　寡聚酶由几个甚至几十个亚基组成，这些亚基可以是相同的多肽链，也可以是不同的多肽链。亚基之间不是共价结合，彼此很容易分开，如磷酸化酶 a 和 3-磷酸甘油脱氢酶等。

（3）多酶体系　多酶体系是由几种酶彼此嵌合形成的复合体，它有利于一系列反应的进行，如脂肪合成酶复合体。

**2. 根据酶的组成将酶分成两类**

（1）单酶　有些酶其活性仅仅取决于蛋白质结构，这类酶属于简单蛋白质，又称单酶，如脲酶、蛋白酶、淀粉酶、脂肪酶及核糖核酸酶等。

（2）全酶　有些酶其蛋白质与非蛋白组分结合后才表现出酶活性，这类酶属于结合蛋白质，称为全酶，即全酶＝酶蛋白＋辅助因子。

全酶中蛋白质部分称为酶蛋白，非蛋白部分称为辅助因子。在催化反应中酶蛋白与辅因子所起的作用不同，酶的专一性取决于酶蛋白本身，辅助因子一般都在酶促反应中起运输转移电子、原子或某些功能基（如参与氧化还原或运载酰基）的作用。

酶的辅助因子包括金属离子及有机物，绝大多数情况下可以通过透析或其他方法将全酶中的辅助因子除去。这种与酶蛋白松弛结合的辅助因子称为辅酶，但在少数情况下，有一些辅助因子是以共价键和酶蛋白结合在一起的，不易透析除去，这种辅助因子称为辅基。辅基与辅酶的区别只在于它们与酶蛋白结合的牢固程度不同，并无严格的界限。

## 三、维生素与辅酶、辅基的关系

大部分的辅酶与辅基衍生于维生素。维生素的重要性就在于它们是体内一些重要的代谢酶的辅酶或辅基的组成成分。

维生素是指一类维持细胞正常功能所必需的，但在生物体内不能自身合成而必须由食物供给的小分子有机化合物，按其溶解性的不同分为脂溶性维生素和水溶性维生素两大类。水溶性维生素有维生素 $B_1$、维生素 $B_2$、维生素 PP、维生素 $B_6$、维生素 $B_{12}$、维生素 C、泛酸、生物素、叶酸等；脂溶性维生素有维生素 A、维生素 D、维生素 E 和维生素 K 四种。维生素及辅酶的研究是 20 世纪前半期生物化学最显著的成就，特别是阐明了 B 族维生素在酶反应中担负辅酶的作用（表 5-1）。

表 5-1 维生素及辅酶类型

| 维生素类型 | 辅酶 | 生化作用 |
| --- | --- | --- |
| 硫胺素（维生素 $B_1$） | 焦磷酸硫胺素（TPP） | α-酮酸氧化脱羧等 |
| 核黄素（维生素 $B_2$） | 黄素单核苷酸（FMN） | 氢原子（电子）转移 |
| | 黄素腺嘌呤二核苷酸（FAD） | 氢原子（电子）转移 |
| 泛酸（维生素 $B_3$） | 辅酶 A | 酰基基团的转移 |
| 烟酸（维生素 $B_5$ 或维生素 PP） | 烟酰胺腺嘌呤二核苷酸（NAD） | 氢原子（电子）转移 |
| （尼克酸） | 烟酰胺腺嘌呤二核苷酸磷酸（NADP） | 氢原子（电子）转移 |
| 吡哆醛（维生素 $B_6$） | 磷酸吡哆醛 | 氨基基团的转移 |
| 生物素（维生素 $B_7$） | 生物素 | 羟基的转移 |
| 叶酸（维生素 $B_{11}$） | 四氢叶酸 | 一碳基团的转移 |
| 维生素（维生素 $B_{12}$） | 维生素 $B_{12}$ | 氢原子的 1，2 移位 |
| 硫辛酸 | 硫辛酰赖氨酸 | 氢原子和酰基基团的转移 |
| 维生素 C | | 羟化作用的辅助因素 |
| 维生素 A | 11- 视黄醛 | 视觉循环 |
| 维生素 D | | 钙和磷酸的代谢 |
| 维生素 E | | 抗氧化剂 |
| 维生素 K | | 凝血酶原的生物合成 |

# 第三节 酶的结构与功能的关系

**【学习目标】**

掌握酶的活性中心、酶原和酶原激活及同工酶的概念。

**【常用术语】**

酶的活性中心（active center），酶原（zymogen），同工酶（isozyme）。

**【概述】**

酶与底物的结合部位称为活性中心；体内很多酶在生物体内首先合成出来时无活性，经过加工修饰后才变成活性状态；体内的同工酶可作为临床诊断的指标之一。

## 一、酶的活性中心

实验证明，酶的催化作用只局限在它的大分子的一定区域。某些酶蛋白分子经水解切去相当一部分肽链后，其残余的部分仍保留一定的活力。最初，把酶分子中与底物结合并催化底物生成产物的部位称为活性中心。活性中心有两个功能部位：一个是结合部位，一定的底物通过此部位结合到酶分子上，它决定酶的专一性；另一个是催化部位，它决定酶的催化能力，底物的键在此处被打断或形成新的键，从而发生一定的化学变化。

酶的活性中心具有一定的三维空间结构，由几个特定的氨基酸残基构成，处于酶分子表面的一个凹穴内，酶的活性中心结构取决于酶蛋白的空间结构，因此，酶分子中的其他部位的作用对于酶的催化作用来说，可能是次要的，但绝不是毫无意义的，它们至少为酶活性中心的形成提供了结构基础。当外界的物理化学因素破坏了酶的结构时，就可能影响酶活性中心的特定结构，因而必然影响酶的活力。

## 二、酶原及其激活

有的酶其肽链在生物合成之后，即可自发地折叠成一定的三维结构，一旦形成了一定的构象，酶就立即表现出全部酶活性，如溶菌酶。然而有些酶在生物体内首先合成出来的只是它的无活性的前体，称为酶原。这些酶原必须在一定的条件下去掉一个或几个特殊的肽键，从而使酶的构象发生一定的变化，才有活性，这一过程称为酶原激活（图 5-1）。无活性状态转变成有活性状态的过程是不可逆的。

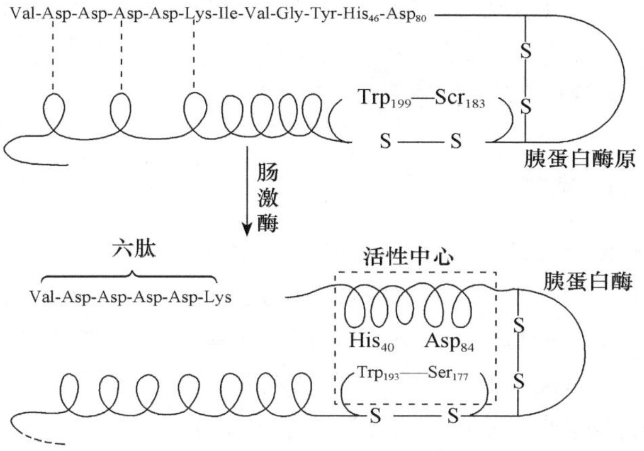


图 5-1　胰蛋白酶原的活化过程（王镜岩等，2002）

## 三、同工酶

同工酶是指能催化同一种化学反应，但其酶蛋白本身的分子结构组成却有所不同的一组酶。这类酶存在于生物的同一种属或同一个体的不同组织中，甚至同一组织的同一细胞中。这类酶由两个或两个以上的亚基聚合而成，它们催化同一个反应，但是它们的生理性质、理化性质及反应机制却是不相同的。

目前已发现的同工酶有几百种，研究得较多的是乳酸脱氢酶（LDH）。存在于哺乳动物中的有 5 种，它们都催化同样的反应：

$$\begin{array}{l}CH_3\\ |\\ CHOH + NAD^+\\ |\\ COO^-\end{array} \xrightleftharpoons{LDH} CH_3-\overset{\overset{\large O}{\|}}{C}-COO^- + NADH + H^+$$

但它们对底物的 $K_m$ 值却有显著的区别。乳酸脱氢酶都含有 4 个亚基，这些亚基分为两类：一类为骨骼肌型的，以 M 表示；另一类为心肌型的，以 H 表示。5 种同工酶的亚基组成分别为 $H_4$（在心肌中占优势）、$H_3M$、$H_2M_2$、$HM_3$ 及 $M_4$（在骨骼肌中占优势）。M 亚基及 H 亚基可以分开，但无活性。

在临床上已应用同工酶作诊断指标。例如，冠心病及冠状动脉血栓引起的心肌受损患者血清中 LDH（$H_4$）及 $LDH_2$（$MH_3$）含量增高，而肝细胞受损患者血清中 $LDH_5$（$M_4$）增高。当某种组织发生病变时，就有某种特殊的同工酶释放出来。对患者及正常人同工酶电泳图谱进行比较，有助于上述疾病的诊断。

# 第四节 酶的作用机制

**【学习目标】**

了解酶促反应特点；掌握与酶高效催化作用有关的因素。

**【常用术语】**

锁匙学说（lock and key hypothesis），诱导契合学说（induced fit hypothesis）。

**【概述】**

酶与底物的结合有两个假说，目前公认的是诱导契合学说。与酶高效性有关的主要因素有酶降低反应的活化能，底物与酶的“靠近”及“定向”，使底物分子中的敏感键发生“变形”，共价催化，酸碱催化，酶活性中心的疏水性。

## 一、酶与底物分子的结合

酶的活性中心具有一定的大小和一定的几何形状，这样便于与底物的结合，那么酶与底物究竟如何结合呢？这与酶的专一性直接相关。关于这个问题有两个假说。

**1. 锁匙学说** E. Fischer 在 1890 年提出，底物分子或底物分子的一部分像钥匙那样，专一地楔入到酶的活性中心部位，也就是说底物分子进行化学反应的部位与酶分子上有催化效能的必需基团间具有紧密互补的关系（图 5-2）。

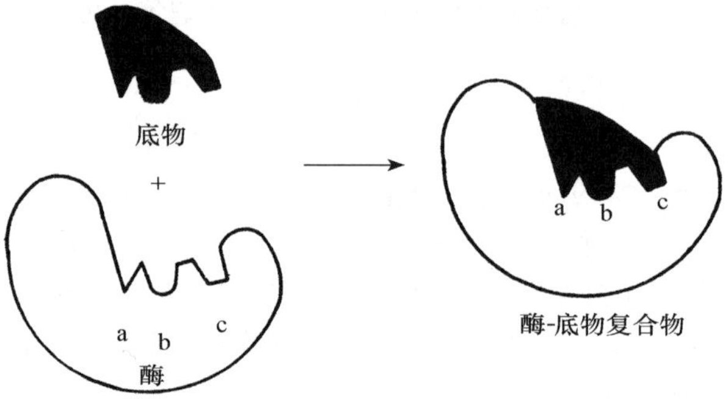


图 5-2 酶与底物的相互关系——锁匙学说示意图
（杜金友和杨晓玲，2010）

**2. 诱导契合学说** 由 Koshland 于 1964 年提出：当酶与底物分子接近时，酶蛋白受底物分子的诱导，其构象发生有利于底物结构的变化，酶与底物在此基础上互补契合，进行反应。图 5-3 则表示酶构象在专一性底物及非专一性底物存在时的变化。

## 二、与酶的高效催化有关的因素

**1. 酶降低反应的活化能** 设有一化学反应如下：

$$\text{A-B} \longrightarrow \text{A}\cdots\text{B} \longrightarrow \text{A}+\text{B}$$

在反应系统中包含一部分高能态的活化的 A-B 分子，称为过渡态（A···B）。当发生反应时，连接 A 和 B 的键会变得很弱而断裂以导致产物 A 和 B 的形成。反应速度与其过渡态成正比，而过渡态的浓度取决于生成过渡态的反应分子所需要的临界热动能。酶促反应的一个重要特点是降低反应的活化能，使之较易达到过渡态，结果使更多的分子参加反应，加快反应速度。

**2. 底物与酶的“靠近”及“定向”**

当底物未与酶结合时，活性中心的催化基团还未能与底物十分靠近，当专一性底物与活性中心结合时，酶蛋白发生一定的构象变化，使反应所需要的酶中的催化基团与结合基团正确地排列并定位，以便能与底物契合，使底物分子可以“靠近”及“定向”于酶，这也就是前面提到的诱导契合。这样活性中心局部的底物浓度才能大大提高。反应后，释放出产物，酶的构象再逆转，回到它的初始状态。

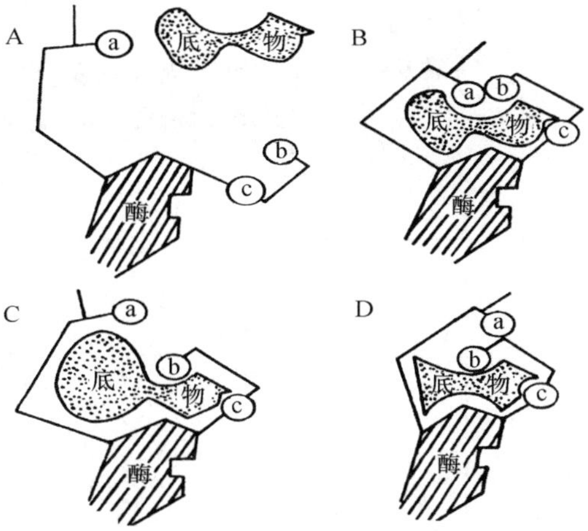

图 5-3 专一性（A、B）、非专一性（C、D）底物存在时，酶的构象变化模型（杜金友和杨晓玲，2010）

**3. 使底物分子中的敏感键发生“变形”** 酶使底物分子中的敏感键发生“变形”，从而促使底物中的敏感键更易于破裂。当酶遇到它的专一性底物时，发生构象变化以利于催化。事实上，不仅酶构象受底物作用而变化，底物分子也常常受酶作用而变化，而且往往是酶构象发生变化的同时，底物分子也发生形变，从而形成一个互相契合的酶-底物复合物。

**4. 共价催化** 还有一些酶以另一种方式来提高催化反应的速度，即共价催化。这种方式是底物与酶形成一个反应活性很高的共价中间物，这个中间物易变成过渡状态，因此反应的活化能大大降低，底物可以越过较低的“能阈”而形成产物。

**5. 酸碱催化** 有两种酸碱催化剂，一是狭义的酸碱催化剂，即 $H^+$ 与 $OH^-$。由于酶反应的最适 pH 一般接近于中性，因此 $H^+$ 与 $OH^-$ 的催化在酶反应中的重要性是比较有限的。另一种是广义的酸碱催化剂，指的是质子供体及质子受体的催化，它们在酶反应中十分重要，发生在细胞内的许多种类型的有机反应都是受广义的酸碱催化的。

**6. 酶活性中心的疏水性** 某些酶的活性中心穴内相对地说是非极性的，因此酶的催化基团被低价电环境所包围，在某些情况下，还可能排除高极性的水分子。这样，底物分子的敏感键和酶的催化基团之间就会有很大的反应力，这有助于加速酶反应的速度。酶的活性中心的这种疏水性是使某些酶催化总速度加快的一个原因。

## 第五节 酶促反应动力学

**【学习目标】**

了解底物浓度、pH、温度、酶浓度、激活剂、抑制剂对酶促反应速度的影响；掌握米氏方程及米氏常数的意义。

**【常用术语】**

竞争性抑制作用（competitive inhibition），非竞争性抑制作用（noncompetitive inhibition），不可逆的抑制作用（irreversible inhibition）。

**【概述】**

酶促反应动力学研究酶促反应速度的规律及影响因素，这些因素主要包括底物浓度、pH、温度、酶浓度、激活剂、抑制剂等。

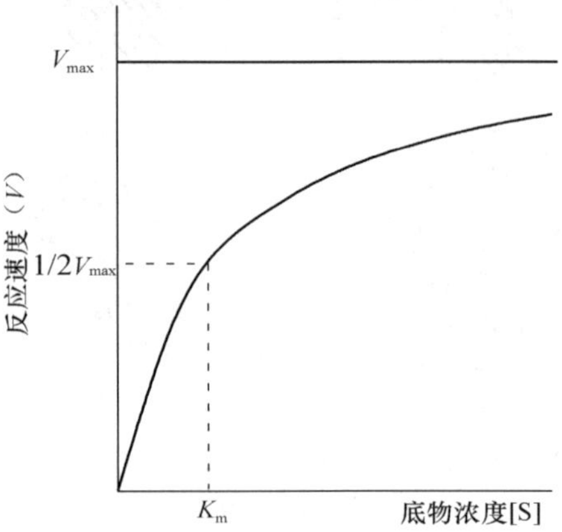


图 5-4　底物浓度对反应速度的影响
（杜金友和杨晓玲，2010）

## 一、底物浓度对酶促反应速度的影响

所有的酶促反应，如果其他条件恒定，则反应速度取决于酶浓度和底物浓度，如果酶浓度保持不变，底物浓度增加，反应速度随之增加，并以双曲线形式达到最大速度。酶促反应速度并不是随着底物浓度的增加而直线增加，而是在高浓度时达到一个极限速度。这时所有的酶分子已被底物所饱和，即酶分子与底物结合的部位已被占据，速度不再增加，如图 5-4 所示。这个问题我们可以用 Michaelis-Menten 于 1913 年提出的学说来解释。

### （一）米氏方程

Michaelis-Menten 学说的要点是假设有酶-底物中间产物形成，并假设反应中底物转变成产物的速度取决于酶-底物复合物转变成反应产物和酶的速度，其关系如下：

$$E+S \underset{K_{-1}}{\overset{K_1}{\rightleftharpoons}} ES \xrightarrow{K_2} E+P$$

式中，E 表示酶，S 表示底物，ES 表示酶-底物复合物，P 表示产物，$K_1$、$K_{-1}$ 和 $K_2$ 为三个假设过程的速度常数。若形成 ES 的速度为 $V_f$，则

$$V_f=K_1([E_t]-[ES])[S]$$

式中，$E_t$ 为酶的总浓度，$[E_t]-[ES]$ 为未结合的酶的浓度。ES 生成的速度 $V_f$ 与未结合的酶浓度及底物浓度 [S] 成正比。ES 消失的速度 $V_d$ 为

$$V_d=K_{-1}[ES]+K_2[ES]$$

这是由于 ES 因生成初反应物（$K_{-1}$）或生成产物（$K_2$）而消失。

当 ES 的生成速度与消失速度相等时，即

$$V_f=V_d$$

则

$$K_1([E_t]-[ES])[S]=K_{-1}[ES]+K_2[ES]$$

将上式移项

$$K_1[E_t][S]=K_1[ES][S]+K_2[ES]+K_{-1}[ES]$$

$$K_1[E_t][S]=(K_1[S]+K_2+K_{-1})[ES]$$

$$[ES]=\frac{K_1[E_t][S]}{(K_1[S]+K_2+K_{-1})}=\frac{[E_t][S]}{[S]+\frac{K_2+K_{-1}}{K_1}}$$

设 $V=K_2[ES]$，$V$ 为观察所得的初速度，代入上式，得

$$V=\frac{K_2[E_t][S]}{[S]+\frac{K_2+K_{-1}}{K_1}}$$

设 $\frac{K_2+K_{-1}}{K_1}=K_m$，$V_{max}=K_2[E_t]$，则

$$V=\frac{V_{max}[S]}{[S]+K_m}$$

这就是米氏方程，$K_m$ 称为米氏常数。这个方程式表明了当已知 $K_m$ 及 $V_{max}$ 时，酶反应速度与底物浓度之间的定量关系。

当酶促反应处于 $V=1/2V_{max}$ 的特殊情况时，

$$\frac{V_{max}}{2}=\frac{V_{max}[S]}{K_m+[S]}$$

$$\frac{1}{2}=\frac{[S]}{K_m+[S]}$$

$$K_m=[S]$$

由此可以看出 $K_m$ 值的物理意义，即 $K_m$ 值是当酶反应速度达到最大反应速度一半时的底物浓度，它的单位是 mol/L，与底物浓度的单位一样。

### （二）米氏方程 $K_m$ 的意义

米氏常数是酶学研究中的一个极重要的数据，关于 $K_m$ 还可作以下几点分析。

**1. $K_m$ 值是酶的特征常数之一**　一般只与酶的性质有关，而与酶的浓度无关，不同的酶 $K_m$ 值不同。

**2. $K_m$ 值作为常数只是对一定的底物、一定的 pH、一定的温度条件而言**　如果一个酶有几种底物，则该酶对每一种底物都有一个特定的 $K_m$ 值，并且 $K_m$ 值还受 pH 及温度的影响。

**3. $1/K_m$ 近似地表示酶对底物亲和力的大小**　$1/K_m$ 越大，表明亲和力越大，因为 $1/K_m$ 越大，$K_m$ 值就越小，达到最大反应速度一半所需要的底物浓度就越小。显然，最适底物与酶的亲和力最大，不需很高的底物浓度就可以很容易地达到 $V_{max}$。

### （三）$K_m$ 和 $V_{max}$ 测定

测定 $K_m$ 值有许多种方法，最常用的是 Lineweaver-Burk 的双倒数作图法。求 Michaelis-Menten 方程的倒数，可得下式：

$$\frac{1}{V}=\frac{K_m}{V_{max}}\times\frac{1}{[S]}+\frac{1}{V_{max}}$$

以 $1/V$ 为纵坐标，$1/[S]$ 为横坐标，将数据作图，则得一直线，其斜率为 $K_m/V_{max}$，将直线延长，在 $1/[S]$ 及 $1/V$ 上的截距分别为 $-1/K_m$ 及 $1/V_{max}$，这样 $K_m$ 就可以从直线上的截距计算出来（图 5-5）。

## 二、pH 对酶促反应速度的影响

大部分酶的活力受其环境 pH 的影响，在一定 pH 下，酶促反应具有最大速度，高于或低于此值，反应速度下降，通常称此 pH 为酶促反应的最适 pH（图 5-6）。

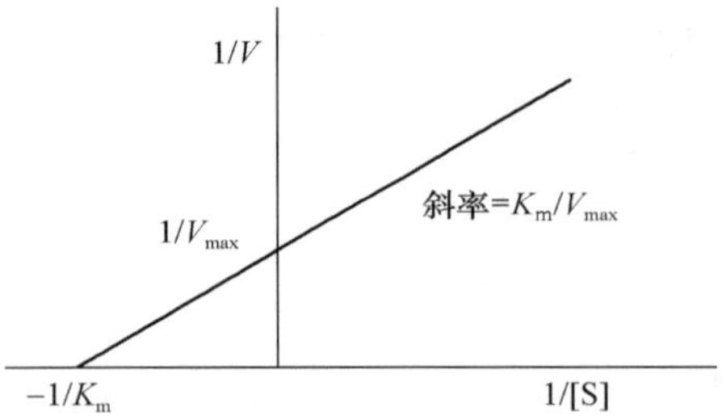


图 5-5　双倒数作图法，以 $1/V$ 对 1/［S］作图求 $K_m$（杜金友和杨晓玲，2010）

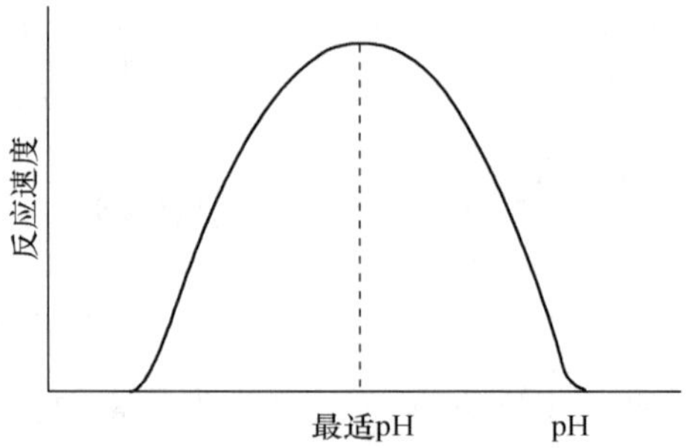


图 5-6　pH 对酶活性的影响（王镜岩等，2002）

最适 pH 有时因底物种类、浓度及缓冲液成分不同而不同，而且常与酶的等电点不一致，因此，酶的最适 pH 并不是一个常数，只是在一定条件下才有意义。

## 三、温度对酶促反应速度的影响

如图 5-7 所示，在一定温度下，酶促反应具有最大速度，通常称该温度为酶促反应的最适温度。温度对酶促反应速度的影响有两方面原因：一是当温度升高时，反应速度加快，这与一般化学反应一样；二是随温度升高而使酶逐步变性，即通过减少有活性的酶而降低酶促反应的速度。酶促反应的最适温度就是这两种过程平衡的结果。在低于最适温度时，以前一种效应为主；在高于最适温度时，则以后一种效应为主，因而酶活性迅速丧失，反应速度很快下降。

## 四、酶浓度对酶促反应速度的影响

在一定条件下酶促反应的速度与酶的浓度成正比。因为酶催化反应时，首先要与底物形成一中间产物，即酶底物复合物。当底物浓度大大超过酶浓度时，反应达到最大速度。如果此时增加酶的浓度可增加反应速度，酶促反应速度与酶浓度成正比关系。图 5-8 表示酶反应速度与酶浓度成直线关系。

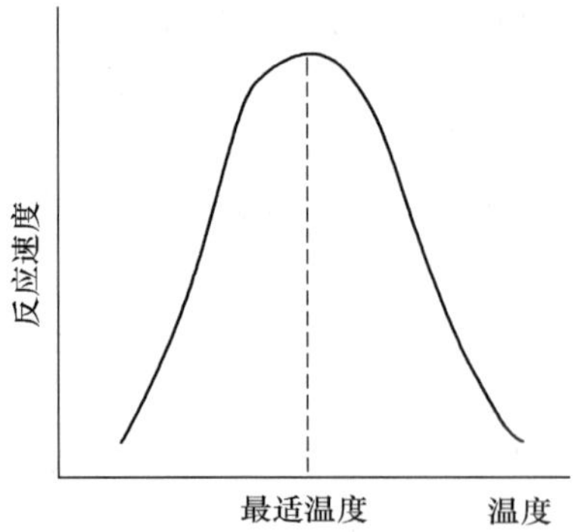


图 5-7　温度与酶促反应速度的关系（王镜岩等，2002）

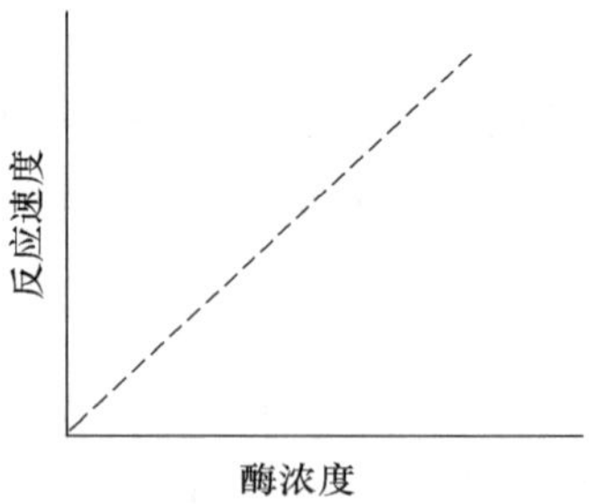


图 5-8　酶浓度对反应速度的影响（王镜岩等，2002）

## 五、激活剂对酶促反应速度的影响

凡是能提高酶活性的物质都称为激活剂，激活剂按分子的大小可分为以下三类。

**1. 无机离子**　无机离子可分为以下三种。

（1）金属离子　金属离子对酶的作用有两种：一是作为酶的辅助因子起作用；二是作为激活剂起作用。作为激活剂起作用的有 $K^+$、$Na^+$、$Mg^{2+}$、$Zn^{2+}$、$Fe^{2+}$及 $Ca^{2+}$等离子。

（2）阴离子　在一般浓度下，阴离子的激活作用不明显。较突出的是动物唾液中的 α-淀粉酶受 $Cl^-$激活。$Br^-$也有激活作用，但作用稍弱。

（3）氢离子　氢离子对多种酶有激活作用。

**2. 中等大小的有机分子**　中等大小的有机分子可分为以下两种。

（1）某些还原剂　半胱氨酸、还原型谷胱甘肽、氰化物等能激活某些酶，使酶中二硫键还原成巯基（—SH），从而提高酶活性。

（2）EDTA（乙二胺四乙酸）　它是金属螯合剂，能除去酶中的重金属杂质，从而解除重金属离子对酶的抑制作用。

**3. 具有蛋白质性质的大分子物质**　这类激活剂是指可对某些无活性的酶原起作用的物质。

## 六、抑制剂对酶促反应速度的影响

### （一）可逆性抑制

**1. 竞争性抑制作用**　某些化合物，特别是那些在结构上与天然底物相似的化合物可以与酶的活性中心可逆地结合，因此在反应中抑制剂可与底物竞争同一部位。在酶促反应中酶与底物形成酶-底物复合物 ES，抑制剂则与酶结合形成酶-抑制剂复合物：

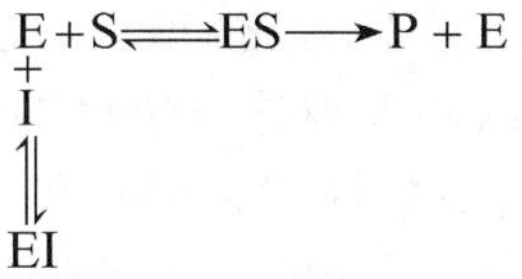

式中，I 为抑制剂；EI 为酶-抑制剂复合物；P 为产物。

酶-抑制剂复合物不能再与底物生成 EIS，但 EI 的形成是可逆的，并且底物和抑制剂不断竞争酶分子上的活性中心，这种情况称为竞争性抑制作用。竞争性抑制作用可以通过增加底物浓度基本消除。竞争性抑制作用的典型例子为琥珀酸脱氢酶。当有适当的氢受体（A）时，此酶催化下列反应：

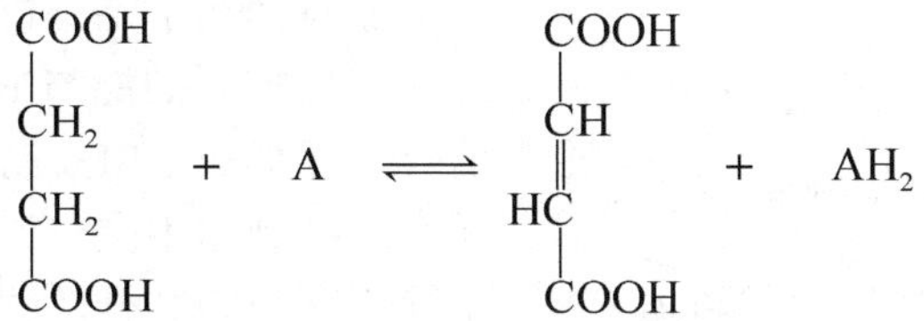

琥珀酸 ＋ 受体 ⇌ 反丁烯二酸＋还原性受体

许多结构与琥珀酸结构相似的化合物都能与琥珀酸脱氢酶结合，但不脱氢，这些化合物阻塞了酶的活性中心，因而抑制正常反应的进行。抑制琥珀酸脱氢酶的化合物有乙二酸、丙二酸、戊二酸等。

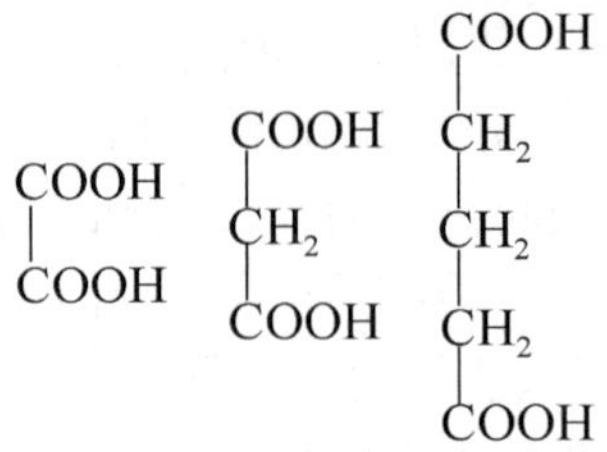

乙二酸　丙二酸　戊二酸

竞争性抑制作用可以从抑制剂浓度［I］影响 $V$ 和［S］之间的关系来了解。米氏方程可以写成下式：

$$V=\frac{V_{max}[S]}{[S]+K_m}$$

可以用和推导米氏方程类似的方法推导出一个有抑制剂浓度［I］和抑制剂-酶复合物解离常数 $K_i$ 的方程：

$$V=\frac{V_{max}[S]}{[S]+K_m(1+[I]/K_i)}$$

取上式的倒数并重排，即得

$$\frac{1}{V}=\frac{K_m}{V_{max}}\left(1+\frac{[I]}{K_i}\right)\cdot\frac{1}{[S]}+\frac{1}{V_{max}}$$

以 1/ $V$ 对 1/［S］作图，所得直线即竞争性抑制作用曲线，其在纵坐标上的截距为 $1/V_{max}$，与无抑制剂时的反应相同，即 $V_{max}$ 不变，但直线的斜率变成 $K_m/V_{max}$（1+［I］/ $K_i$），与无抑制剂时的反应相比变小，即 $K_m$ 值增大。换一句话说，就是当有竞争性抑制剂存在时通过增加底物浓度，可以基本消除竞争性抑制作用，保持最大反应速度不变。因此用作图法可区别无抑制剂、有竞争性抑制剂或有非竞争性抑制剂存在时的反应。

**2. 非竞争性抑制作用**　有些化合物既能与酶结合，也能与酶-底物复合物结合，称为非竞争性抑制剂，用下列反应表示其过程：

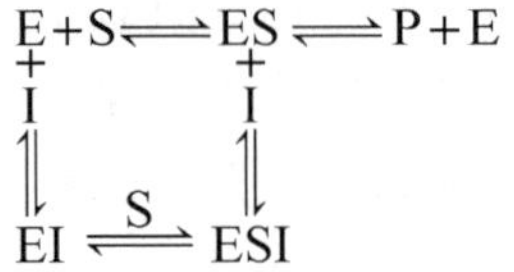

非竞争性抑制与竞争性抑制作用不同之处在于非抑制剂能与 ES 结合，而 S 又能与 EI 结合，都形成 ESI。高浓度的底物不能使这种类型的抑制作用完全逆转，因为底物并不能阻止抑制剂与酶结合。这是由于抑制剂和酶的结合部位与酶的活性部位不同，EI 的形成发生在酶分子的不被底物作用的一个部位。此类抑制剂不改变酶的 $K_m$ 值，但 $V_{max}$ 减小。

图 5-9 为竞争性抑制、非竞争性抑制及无抑制酶促反应的比较。这三种类型的区别列于表 5-2。

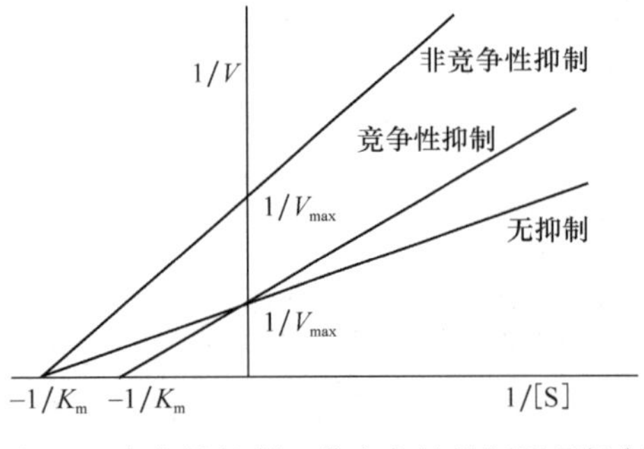


图 5-9　竞争性抑制、非竞争性抑制及无抑制酶促反应的比较（$V_{max}$ 为最大反应速度）（李留安和袁学军，2013）

表 5-2　各种抑制作用的比较

| 抑制类型 | 方程式 | $V_{max}$ | $K_m$ |
|---|---|---|---|
| 无抑制 | $V=\dfrac{V_{max}[S]}{[S]+K_m}$ | — | — |
| 竞争性抑制 | $V=\dfrac{V_{max}[S]}{[S]+K_m(1+[I]/K_i)}$ | 不变 | 增加 |
| 非竞争性抑制 | $V=\dfrac{V_{max}[S]}{([S]+K_m)(1+[I]/K_i)}$ | 减小 | 不变 |

## （二）不可逆的抑制作用

一些抑制剂与酶的活性中心的功能基团共价结合而抑制酶的活性，这种作用称为不可逆型抑制作用，不能用透析或超滤等物理方法除去抑制剂而恢复酶的活性。根据不同抑制剂对酶的选择性，可将不可逆抑制作用分为两种类型，即专一性的不可逆抑制作用和非专一性的不可逆抑制作用。

**1. 专一性的不可逆抑制作用**　专一性不可逆抑制剂仅仅和活性部位的有关基团反应，有机磷化合物是活性中心上含有丝氨酸残基的酶的专一性不可逆抑制剂。例如，二异丙基氟磷酸（简称 DIFP）与酶的丝氨酸残基的反应：

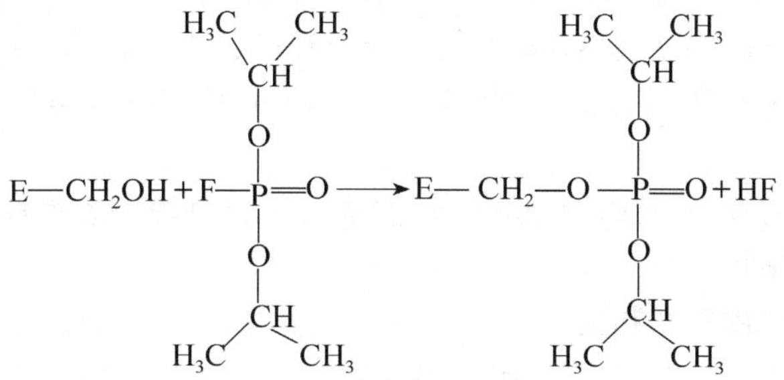

使带有丝氨酸残基的酶由此而丧失活性。

**2. 非专一性的不可逆抑制作用**　非专一性的不可逆抑制剂则可以和一类或几类基团反应。属于这类抑制剂的有烷化剂、酰化剂等。碘乙酸、2, 4-二硝基氟苯（DNFB）等烷化剂可使酶蛋白的氨基、巯基、羧基、硫醚基、咪唑基等烷基化；磺酰氯、酸酐等酰化剂可使酶蛋白的羟基、巯基、氨基、酚基发生酰化反应。例如，碘乙酸与 3-磷酸甘油醛脱氢酶的巯基共价结合而抑制此酶的活性：

$$E—SH + ICH_2COO^- \longrightarrow ES—CH_2COO^- + HI$$

专一性的不可逆抑制作用和非专一性的不可逆抑制作用的区别也不是绝对的，有些非专一性抑制剂有时也会转化，产生专一性抑制作用。

# 实训一　唾液淀粉酶活性的观察

**[目的]** 掌握测定唾液淀粉酶活性的方法；熟悉实验中控制变量法的应用。

**[原理]** 酶是指化学本质为蛋白质的生物催化剂。在一定条件下，酶促化学反应进

行的能力即称为酶活性（酶活力）。影响酶活性的因素是多方面的，如温度、pH 及某些化学物质等都会影响酶的催化活性。在一定条件下，能使酶活性达到最高时的温度即酶的最适温度，而能使酶活性达到最高时的 pH 即酶的最适 pH。例如，唾液淀粉酶的最适温度是 37℃，而其最适 pH 是 6.8。能增高酶活性的物质称为酶的激活剂，能降低酶活性却又不使酶变性的物质叫酶的抑制剂。凡能使蛋白质变性的因素都可以使酶变性而丧失活性。

酶活性通常是通过测定酶促化学反应的底物或产物量的变化来进行观察的。

本实验用唾液淀粉酶为材料来观察酶活性受理化因素影响的情况。唾液中含有唾液淀粉酶，淀粉在该酶的催化作用下会随着时间的延长而出现不同程度的水解，从而得到各种糊精乃至麦芽糖、少量葡萄糖等水解产物。而碘液能指示淀粉的水解程度——淀粉遇碘可呈紫色、暗褐色与红色，而麦芽糖与葡萄糖遇碘则不呈颜色反应。

$$\text{淀粉} \xrightarrow{\text{淀粉酶}} \text{糊精} \xrightarrow{\text{淀粉酶}} \text{麦芽糖+少量葡萄糖}$$

加碘后：（蓝色）　（紫红色、暗褐色或红色等）　（棕黄色，碘本身颜色）

**[实验对象]** 人的唾液。

**[实验药品]** 0.5%（$m/V$）淀粉溶液，稀碘溶液，A 液（0.2mol/L $Na_2HPO_4$ 溶液），B（0.1mol/L 柠檬酸溶液），pH5.0 缓冲液（取 A 液 10.3ml、B 液 9.7ml 混合），pH6.8 缓冲液（A 液 14.55ml、B 液 5.45ml 混合），pH8.0 缓冲液（A 液 19.45ml、B 液 0.55ml 混合），0.5%（$m/V$）蔗糖溶液，班氏试剂，1%（$m/V$）NaCl 溶液，1%（$m/V$）$CuSO_4$ 溶液。

**[仪器与器械]** 白瓷板（或比色板），恒温水浴锅，电炉，饮水杯，试管。

**[实验方法与步骤]**

**1. 唾液淀粉酶应用液的制备**

1）每人取一个干净的饮水杯，装上蒸馏水。

2）先用蒸馏水漱口，将口腔内的食物残渣清除干净。

3）口含约 20ml 蒸馏水，做咀嚼动作 1～2min，以分泌较多的唾液。然后将口腔中的唾液吐入一个干净的小烧杯中，作应用液。

**2. 温度对酶活性的影响**

1）取 3 支试管，按下表编号后进行实验。

| 试管编号 | 1 | 2 | 3 |
|---|---|---|---|
| 0.5% 淀粉 /ml | 5 | 5 | 5 |
| pH6.8 缓冲液 /ml | 0.5 | 0.5 | 0.5 |
| 唾液 /ml | 0.5 | 0.5 | 0.5 |
| 不同温度 /℃ | 置冰水浴中 | 置 37℃水浴中 | 置沸水浴中 |

将各管中的试剂加好后混匀，然后及时在上述温度下分别进行处理。

2）在干净的比色板上，于各孔穴中分别滴加 2 滴碘液。

3）每隔 1min 从第 2 支试管中取反应液 1 滴，与比色板孔穴中的碘液混合，观察颜色的变化。

4）待第 2 支试管中的反应液与比色板孔穴的碘液混合后颜色不再变化时，取出试管，并将在沸水浴中处理的试管用冷水冷却，然后向各试管中滴加碘液 1～3 滴。

摇匀后观察并记录各管颜色，比较管中淀粉水解的程度，说明温度对酶活性的影响。

**3. pH 对酶活性的影响**

1）取 3 支试管，按下表编号后进行实验。

| 管号 | | 1 | 2 | 3 |
|---|---|---|---|---|
| 0.5% 淀粉 /ml | | 2 | 2 | 2 |
| 不同 pH 的缓冲液 /ml | pH5.0 | 2 | — | — |
| | pH6.8 | — | 2 | — |
| | pH8.0 | — | — | 2 |
| 唾液 / 滴 | | 10 | 10 | 10 |

摇匀后，将各管置于 37℃水浴中处理。

2）每隔 1min 从 pH6.8 的试管中取出 1 滴反应液滴于白瓷板上，随后滴加稀碘液 1 滴，观察其颜色变化。

3）待颜色呈棕色时，向各管中加稀释碘液 1～3 滴。观察各管颜色，比较各管中淀粉水解的程度，解释 pH 对酶活性的影响。

**4. 酶反应的特异性**

1）取 2 支试管，按下表编号后进行实验。

| 管号 | 1 | 2 |
|---|---|---|
| 0.5% 淀粉 /ml | 2 | — |
| 0.5% 蔗糖 /ml | — | 2 |
| 唾液 /ml | 1 | 1 |

2）摇匀后，将各管置于 37℃水浴中处理 10min。

3）取出试管，分别加入班氏试剂 2ml，混匀。

4）将各管置于沸水浴中煮沸 2～5min。观察并解释结果。

**5. 激活剂与抑制剂对酶活性的影响**

1）取 3 支试管，按下表编号后进行实验。

| 管号 | 1 | 2 | 3 |
|---|---|---|---|
| 0.5% 淀粉 /ml | 3 | 3 | 3 |
| pH6.8 缓冲液 /ml | 0.5 | 0.5 | 0.5 |
| 1% NaCl 溶液 /ml | — | 1 | — |
| 1% $CuSO_4$ 溶液 /ml | — | — | 1 |
| 蒸馏水 /ml | 1 | — | — |
| 唾液 /ml | 1 | 1 | 1 |

2）将各管摇匀后，一起放入 37℃水浴中保温。

3）每隔 1min 从第 1 支试管中取出 1 滴反应液滴于白瓷板上，随后滴加稀碘液 1 滴于此滴反应液中，观察其颜色变化。

4）待加碘后颜色呈棕色时，取出 3 支试管，分别加入稀碘液 1～3 滴。观察、比较各管颜色的深浅，并解释之。

**[注意事项]**

1）可以根据实际情况，用纱布或滤纸过滤一下收集滤液使用。

2）为确保实验的效果，在加入试剂时宜在冰浴条件下进行，尤其是气温较高的南方地区要注意。

3）加唾液时应从第 1 管开始依次进行，前后管之间相隔时间为 5～7s。

4）稀碘溶液的配置应用 1.2g $I_2$、2g KI，加少量蒸馏水溶解后，再加蒸馏水至 200ml。保存于棕色瓶中，用前 5 倍稀释。

## 实训二　碱性磷酸酶的提取与鉴定

**[目的]** 掌握碱性磷酸酶的提取鉴定方法；熟悉离心机的使用方法。

**[原理]** 本实验采用有机溶剂沉淀法从肝或肾组织匀浆中提取分离碱性磷酸酶（AKP）。利用乙醇、丙酮、正丁醇等有机溶剂可以降低酶的溶解度，系通过降低介质的介电常数及其对酶蛋白的脱水作用而致。由于降低了溶液的介电常数，带有相反电荷的酶蛋白表面残基之间的吸引力增加，导致酶蛋白凝集而易从溶液中沉淀出来。此类有机溶剂也溶解于水，与水分子结合，于是导致蛋白质的脱水作用，进一步加强酶蛋白沉淀析出。

在制备肝匀浆时采用低浓度乙酸钠，可以达到低渗破膜的作用，而乙酸镁则有保护和稳定 AKP 的作用。匀浆液中加入正丁醇能使部分杂蛋白变性，再通过过滤而除去。含有 AKP 的滤液中再进一步用冷丙酮和冷乙醇进行分离纯化。根据 AKP 在终浓度 33% 的丙酮或终浓度 30% 的乙醇中是溶解的，而在终浓度 50% 的丙酮或终浓度 60% 的乙醇中是不溶解的性质，采用离心的方法重复分离提取，可使 AKP 得到部分纯化。

在室温下有机溶剂能使大多数酶失活，因此要注意分离提纯实验必须在低温下进行。有机溶剂应预先冷却，加入有机溶剂时要慢慢滴加，并充分搅拌，避免局部浓度过高或放出大量的热，以致酶蛋白变性。有机溶剂法析出的沉淀一般容易在离心时沉降，因此可采用短时间的离心以分离沉淀，最好立即将沉淀溶于适量的冷水或缓冲液中，以避免酶活力的丧失。

另外，有机溶剂法进行分离时，除应注意 pH 及蛋白质浓度外，溶液的离子强度也是一个重要因素，一般在离子强度 0.05 或稍低时为好。

**[实验对象]** 兔或者其他动物的新鲜肝脏。

**[实验药品]** 0.5mol/L 乙酸镁溶液，0.1mol/L 乙酸钠溶液，0.01mol/L 乙酸镁溶液，丙酮，95% 乙醇，pH3.8 Tris 缓冲液。

**[仪器与器械]** 天平，移液管，刻度离心管，电动匀浆器，离心机，剪刀，试管，玻璃棒，尼龙布等。

［实验方法与步骤］

**1．提取**

1）称取 2g 新鲜兔肝或 lg 肾剪碎后，置于刻度离心管中，以下按每克组织操作，加入 0.01mol/L 乙酸镁 -0.01mol/L 乙酸钠溶液 3ml，在电动匀浆器上中速匀浆 3～4min，或用组织捣碎机捣碎 2 次，每次 30s，记录其体积。吸出 0.1ml（A 液）置另一试管中，在此试管中加 1.9ml pH8.8 Tris 缓冲液稀释，待测比活性用。

2）加 1ml 正丁醇于匀浆液中，用玻璃棒充分搅拌 2min 左右，然后在室温中放置 20min。到时间后用单层尼龙布过滤，滤液置于刻度离心管中。

3）滤液中加入等体积的冷丙酮，立即滤匀后离心（2000r/min）5min，将上清液倒入回收瓶中，在沉淀中加入 0.5mol/L 乙酸镁 2ml，用玻璃棒充分搅拌使其溶解，同时记录悬液体积。此时吸取 0.1ml（B 液）置于另一试管中，在此试管中加入 pH8.8 Tris 缓冲液 1.9ml，待测比活性用。

4）溶解的悬液中缓缓加入冷 95% 乙醇，使乙醇最终浓度达 30%，混匀后立即离心（2000r/min）5min，将上清液倒入另一离心管中，弃去沉淀。在上清液中加入冷 95% 乙醇，使乙醇最终浓度达 60%，混匀后离心（2500r/min）5min，上清液倒入另一回收瓶中，沉淀中加入 0.01mol/L 乙酸镁 -0.01mol/L 乙酸钠 2ml，充分搅拌，使其完全溶解。

5）重复上述操作：在悬液中缓缓加入冷 95% 乙醇，使乙醇最终浓度达 30%，混匀后离心（2000r/min）5min，将上清液倒入另一离心管中，弃去沉淀。上清液中加入冷 95% 乙醇，使乙醇最终浓度达 60%，混匀后离心（2500r/min）5min，上清液倒入回收瓶中，沉淀中加入 0.5mol/L 乙酸镁 1.5ml 充分溶解，并记录体积。吸取 0.2m1（C 液）置于另一试管中，加入 pH8.8 Tris 缓冲液 1.8ml，待测比活性用。

6）上述悬液中逐滴加入冷丙酮，使丙酮最终浓度达 33%，混匀后离心（2000r/min）5min，弃去沉淀；上清液在另一刻度离心管中再缓缓加入冷丙酮，使丙酮最终浓度达 50%，混匀后离心（4000r/min）10min，上清液倒入回流瓶中，沉淀物即为部分纯化的碱性磷酸酶。此沉淀中加入 pH8.8 Tris 缓冲液 0.8ml，待测比活性用，吸去 0.2ml（D 液）置于另一试管中，加入 pH8.8 Tris 缓冲液 0.8ml，待测比活性用，吸去 0.2ml 后，余下的上清液为 D 液，留着测蛋白质含量时用。

加入有机溶剂计算公式：

设应加 $x$ ml 95% 乙醇，

$$x=\frac{\text{原体积}\times\text{浓度差}}{\text{溶剂浓度}-\text{最终浓度}}$$

① 加至 30% 浓度：

$$(\text{原体积 }V+x)\times 30\%=95\%\times x$$

$$x=\frac{0.3V}{0.95-0.30}$$

② 从 30% 加到 60%：

$$(\text{原体积 }V+x)\times 60\%-(\text{原体积 }V\times 30\%)=95\%\times x$$

$$x=\frac{(0.6-0.3)V}{0.95-0.60}$$

丙酮浓度计算与上相仿。

**2. 样品中蛋白质含量用 Folin- 酚法鉴定**

1）取样品液 A 稀释 10 倍。

2）取试管 7 支，按下表操作。

| 试剂 /ml | A（稀释后） | B | C | D | E | 标准管 | 空白管 |
|---|---|---|---|---|---|---|---|
| 待测样品 | 1.0 | 1.0 | 1.0 | 1.0 | 1.0 | — | — |
| 标准样品 | — | — | — | — | | 1.0 | — |
| 0.9% NaCl | — | — | — | — | — | — | 1.0 |
| 碱性铜液 | — | — | — | — | — | — | — |
| 混匀后室温放置 20min | | | | | | | |
| 酚试剂 | 0.5 | 0.5 | 0.5 | 0.5 | 0.5 | 0.5 | 0.5 |

立即混匀各管，放置 30min 后，用空白管调零，在波长 650nm 处比色，分别读取各管光密度。

计算：样品蛋白质含量＝测定管光密度 / 标准管 × 标准管蛋白质含量 × 稀释倍数

**[注意事项]**

1）各步加入有机溶剂量的计算要准确，否则会影响整个实验结果。

2）加入有机溶剂混匀后不宜放置过久，应立即离心。

3）凡弃去上清液中含有丙酮及乙醇者均需倒入回收瓶中。

# 实训三　碱性磷酸酶比活性的测定

**[目的]** 掌握酶的比活性测定过程。

**[原理]** 碱性磷酸酶（alkaline phosphatase，AKP）是一类同工酶。比活性是指单位重量蛋白质的样品中所含的酶活性单位。因此，随着酶被逐步纯化，其比活性也随之逐步升高，所以测定酶的比活性可以鉴定酶的纯化程度。

根据国际酶学委员会规定，酶的比活性用每毫克蛋白质具有的酶活性单位来表示，因此，计算样品中酶的比活性必须测定：①每毫克样品中的蛋白质毫克数；②每毫克样品中的酶活性单位数。

本实验测定碱性磷酸酶提取纯化过程各阶段的得率及比活性的提高倍数，其中碱性磷酸酶活性用磷酸苯二钠法测定；样品中的蛋白质含量用考马斯亮蓝染色法测定。

**[实验对象]** 兔或者其他动物的新鲜肝脏。

**[实验药品]** 0.04mol/L 基质，Tris 乙酸缓冲液，酚标准液，0.5mol/L NaOH，0.3% 4-氨基安替比林，0.5% 铁氰化钾，0.9% NaCl 液，碱性铜液，实训二中提取的 A、B、C、D、E 液。

**[仪器与器械]** 血红蛋白计，温式分血管，离心机，天平，干棉球，刻度尺（精确到毫米），移液管，试管，试管架，吸管，血沉管，血沉管架，注射器等。

[实验方法与步骤]

**1. 样品碱性磷酸酶活性测定**　取试管 7 支，编号，按下表操作。

| 试剂 /ml | | 1 | 2 | 3 | 4 | 5 | 6 | 7 |
|---|---|---|---|---|---|---|---|---|
| 0.04mol/L 基质液 | | 1.0 | 1.0 | 1.0 | 1.0 | 1.0 | 1.0 | 1.0 |
| Tris 乙酸缓冲液 | | 0.9 | 0.9 | 0.9 | 0.9 | 0.9 | 0.9 | 1.0 |
| 酚标准液 | | — | — | — | — | — | 0.1 | — |
| 混匀，37℃水浴保温 5min | | | | | | | | |
| 样品液 | A | 0.1 | — | — | — | — | — | — |
| | B | — | 0.1 | — | — | — | — | — |
| | C | — | — | 0.1 | — | — | — | — |
| | D | — | — | — | 0.1 | — | — | — |
| | E | — | — | — | — | 0.1 | — | — |
| 混匀，立即计时，37℃准确保温 15min | | | | | | | | |
| 0.5mol/L NaOH | | 1.0 | 1.0 | 1.0 | 1.0 | 1.0 | 1.0 | 1.0 |
| 0.3% 4-氨基安替比林 | | 1.0 | 1.0 | 1.0 | 1.0 | 1.0 | 1.0 | 1.0 |
| 0.5% 铁氰化钾 | | 2.0 | 2.0 | 2.0 | 2.0 | 2.0 | 2.0 | 1.0 |

将各管充分混匀，在室温放置 10min，于波长 510nm 处比色测定，以第 7 管为空白。

**2. 计算每毫升酶液的酶活性单位**

酶单位 /ml＝［酶液光密度 / 标准液光密度］×［酚标准液的浓度（mg/ml）×1/0.1］× 稀释倍数

总酶活性单位＝酶单位 /ml× 样品毫升数

**3. 比活性及得率的计算**

（1）比活性的计算

碱性磷酸酶的比活性＝每毫升样品中碱性磷酸酶活性单位数 / 每毫升样品中蛋白质的毫克数

（2）纯化倍数的计算

纯化倍数＝各阶段比活性 / 样品 A 的比活性

（3）得率计算

碱性磷酸酶的总活性单位＝样品 A 的比活性 × 肝匀浆毫升数

各阶段碱性磷酸酶得率＝[ 各阶段酶的总活性单位 / 肝匀浆中酶的活性单位（由样品 A 推算）] ×100%

（4）将实验结果填入下表内，分析各提纯步骤的意义

| 分离阶段 | 匀浆（A） | 第一次丙酮沉淀（B） | 第一次乙醇沉淀（C） | 第二次乙醇沉淀（D） | 第二次丙酮沉淀（E） |
|---|---|---|---|---|---|
| 总体积 /ml | | | | | |
| 蛋白质含量 /（mg/ml） | | | | | |
| 蛋白质总量 /mg | | | | | |

续表

| 分离阶段 | 匀浆（A） | 第一次丙酮沉淀（B） | 第一次乙醇沉淀（C） | 第二次乙醇沉淀（D） | 第二次丙酮沉淀（E） |
|---|---|---|---|---|---|
| 酶活性 /（U/ml） | | | | | |
| 酶总活性 /U | | | | | |
| 比活性 /（U/mg 蛋白） | | | | | |
| 纯化倍数 | | | | | |
| 收得率 /% | | | | | |

**[注意事项]**

1）操作过程中每个阶段应该留取样品测酶的比活性，防止提取过程使酶变性失活。

2）提取过程要在低温下进行，否则蛋白质容易变性。

3）有机溶剂加入时注意搅拌均匀以免局部浓度过大。

（邹亚学）

# 第六章 糖 代 谢

## 第一节 糖 的 概 述

**【学习目标】**

了解新陈代谢、糖的生理功能；熟悉动物体内的糖。

**【常用术语】**

新陈代谢（metabolism）。

**【概述】**

糖类是地球上数量最多的一类有机化合物，大多数糖类只由碳、氢、氧所组成。糖在动物体内的生理功能十分重要，它是动物生命活动中重要的能源物质、结构物质和功能物质。

### 一、新陈代谢概述

新陈代谢是指生物活体与外界环境不断交换物质的过程。机体从外界摄取营养物质，转化为机体自身需要的物质称为同化作用，是由小分子合成生物大分子，需要能量；而机体自身原有物质的分解、排泄称为异化作用，是由生物大分子降解为生物小分子，最后分解成 $CO_2$ 和 $H_2O$，释放能量。同化作用为异化作用提供物质基础，异化作用为同化作用提供能量基础。机体与外界环境进行物质交换的过程称为物质代谢。在物质交换中伴随着能量的交换，也称为能量代谢。同化作用和异化作用、物质代谢和能量代谢的相互关系可用图解表示如下：

新陈代谢
- 合成代谢（同化作用）
  - 生物小分子合成为生物大分子
  - 需要能量
- 分解代谢（异化作用）
  - 释放能量
  - 生物大分子分解为生物小分子

（需要能量、释放能量 → 能量代谢；全部 → 物质代谢）

各种生物的新陈代谢过程虽然复杂，却有共同的特点：绝大多数新陈代谢反应是在温和的条件下进行的；新陈代谢的一系列中间反应相互配合、有条不紊、彼此协调，又具有严格的顺序性；三大营养物质（糖、脂类、蛋白质）的分解具有共同途径，三者均先转化为丙酮酸，再经三羧酸循环氧化成 $CO_2$ 和水（图 6-1）；具有高度的适应性和灵敏性的自动调节控制体系，以适应内外条件的变化。

### 二、糖的生理功能

**1. 糖是动物体内的主要能源物质** 糖是动物饲料的主要成分，也是动物机体正常情况下的主要供能物质。动物机体生理活动所需能量的 70% 来自糖的分解代谢。

**2. 糖是动物体内的重要结构物质** 糖在分解过程中形成的中间产物还可以作为合成

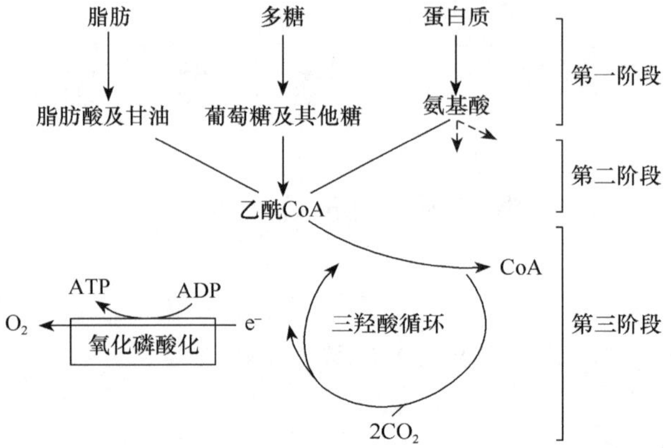


图 6-1 生物获得能量的三个阶段（杜金友和杨晓玲，2010）

蛋白质、脂肪、核酸等物质所需的碳架。糖也是动物组织结构的重要组成成分。糖与蛋白质结合形成糖蛋白，与脂类结合形成糖脂，糖蛋白和糖脂都是生物膜的组成成分。构成结缔组织基质的蛋白聚糖具有保持组织间水分、防止震动和维系细胞间黏合的作用。核糖和脱氧核糖是组成核酸的成分，在脑、骨骼肌和其他许多组织细胞中还含有少量的鞘糖脂。

**3. 糖是动物体内的生物活性分子** 血浆蛋白（除清蛋白外）、抗体、一些酶和激素以及细胞膜上的受体等也含有糖，属糖蛋白。它们参与细胞间的信息传递，与细胞免疫和细胞间的识别有关；糖胺聚糖肝素有防止血液凝固的作用；鞘糖脂与神经冲动的正常传导、组织器官特异性、组织免疫性和细胞间的识别作用有关。还有证据表明，一些寡聚多糖具有调节动物免疫的功能。

# 第二节 糖的分解

**【学习目标】**

掌握糖酵解、糖的有氧氧化过程。

**【常用术语】**

糖酵解（glycolysis），糖的有氧氧化（aerobic oxidation）。

**【概述】**

生物体从碳水化合物中获得能量大致分成三个阶段：在第一阶段，大分子糖变成小分子糖，如糖原等变成葡萄糖；在第二阶段，葡萄糖通过糖酵解降解为丙酮酸，丙酮酸再转变为活化的酰基载体——乙酰辅酶 A；在第三阶段，乙酰辅酶 A 通过三羧酸循环彻底氧化成 $CO_2$，当电子传递给最终的电子受体 $O_2$ 时生成 ATP，这是动物、植物和微生物获得能量以维持生存的共同途径。糖酵解过程是动物体内糖分解代谢的基本过程之一，当动物机体处于相对缺氧或者无氧状态时会激活糖酵解途径；另外，即便动物机体不缺氧，某些组织或细胞也会激活糖酵解途径。葡萄糖通过糖酵解转变成丙酮酸。在有氧条件下，丙酮酸通过三羧酸循环而逐步氧化分解，直至形成 $CO_2$ 和 $H_2O$ 为止。糖的另一条氧化途径是从 6-磷酸葡萄糖开始的，称为磷酸己糖支路，因为磷酸戊糖是该途径的中间产物，故又称之为磷酸戊糖途径。

## 一、糖酵解

### （一）糖酵解的概念

糖酵解是葡萄糖在不需氧的条件下分解成丙酮酸，并同时生成 ATP 的过程。糖酵解途径几乎是具有细胞结构的所有生物所共有的葡萄糖降解的途径，它最初是从研究酵母的乙醇发酵发现的，故名糖酵解。为纪念在这方面贡献较大的三位生化学家，也称糖酵解过程为 Embden-Meyerhof-Parnas 途径（简称 EMP 途径）。

### （二）糖酵解的生化历程

糖酵解过程是在细胞液中进行的，不论有氧还是无氧条件均能发生。糖酵解全部过程从葡萄糖或糖原开始，分别包括 12 或 13 个步骤，为了叙述方便，划分为四个阶段。

**1. 由葡萄糖形成 1,6-二磷酸果糖［反应 1）～3）］**

1）葡萄糖在己糖激酶的催化下，被 ATP 磷酸化，生成 6-磷酸葡萄糖。

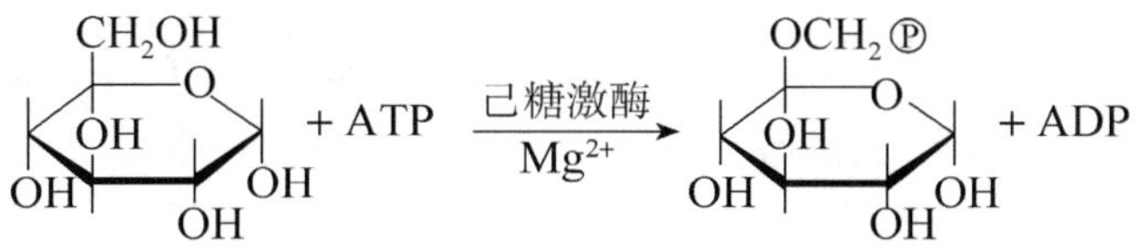


葡萄糖　　　　6-磷酸葡萄糖

2）6-磷酸葡萄糖在磷酸己糖异构酶的催化下，转化为 6-磷酸果糖。

6-磷酸葡萄糖　　　　6-磷酸果糖

3）6-磷酸果糖在磷酸果糖激酶的催化下，被 ATP 磷酸化，生成 1,6-二磷酸果糖。

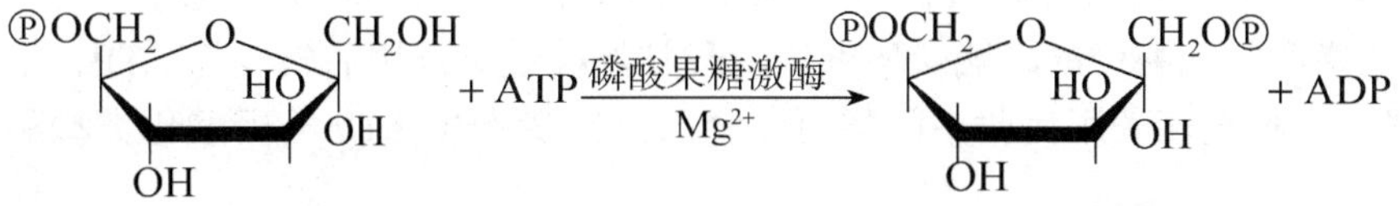


6-磷酸果糖　　　　1,6-二磷酸果糖

**2. 磷酸丙糖的生成［反应 4）～5）］**

4）在醛缩酶的催化下，1,6-二磷酸果糖分子在第三与第四碳原子之间断裂为两个三碳化合物，即磷酸二羟丙酮与 3-磷酸甘油醛。此反应的逆反应为醇醛缩合反应，故此酶称为醛缩酶。

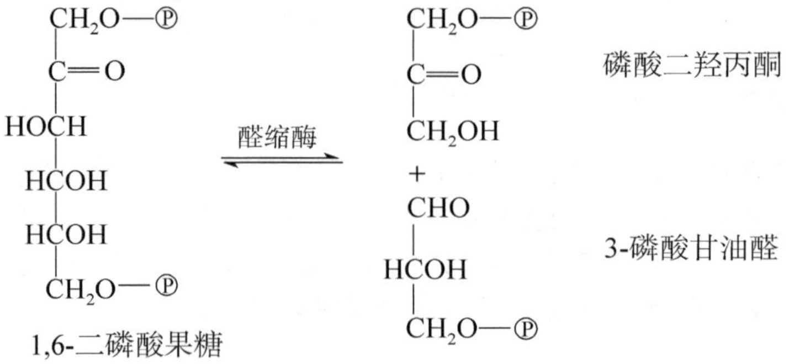


5）在磷酸丙糖异构酶的催化下，两个互为同分异构体的磷酸三碳糖之间有同分异构的互变。这个反应进行得极快并且是可逆的。

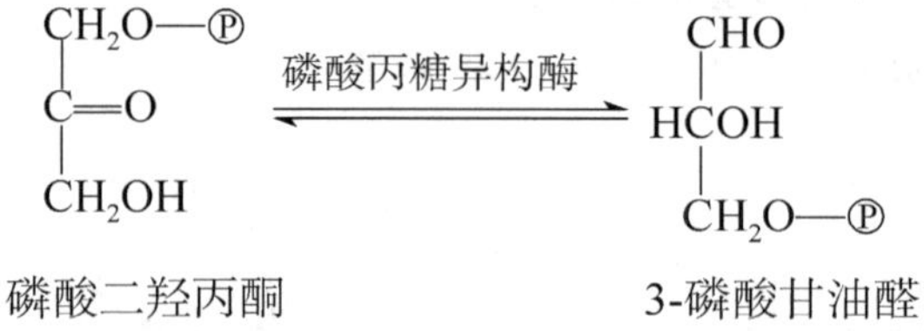


**3. 3-磷酸甘油醛氧化并转变成 2-磷酸甘油酸［反应 6）～8）］**

在此阶段有两步产生能量的反应，释放的能量可由 ADP 转变成 ATP 贮存。

6）3-磷酸甘油醛氧化为 1,3-二磷酸甘油酸，此反应由 3-磷酸甘油醛脱氢酶催化。

7）1,3-二磷酸甘油酸在磷酸甘油酸激酶的催化下生成 3-磷酸甘油酸。

1,3-二磷酸甘油酸中的高能磷酸键经磷酸甘油酸激酶作用后转变为 ATP，生成了 3-磷酸甘油酸。这种直接利用代谢中间物氧化释放的能量产生 ATP 的磷酸化类型称为底物磷酸化。

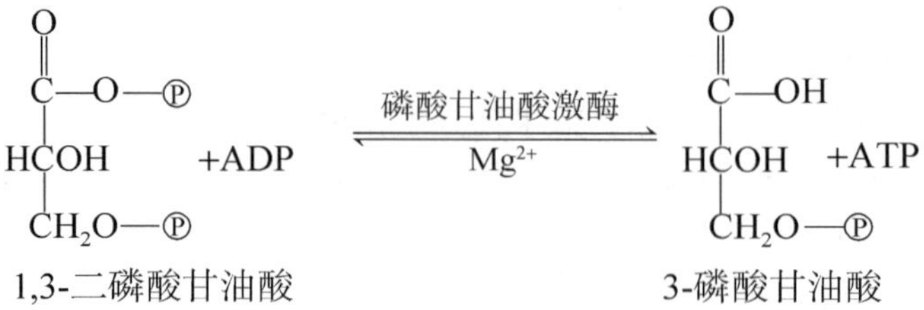

8）3-磷酸甘油酸变为 2-磷酸甘油酸，由磷酸甘油酸变位酶催化。

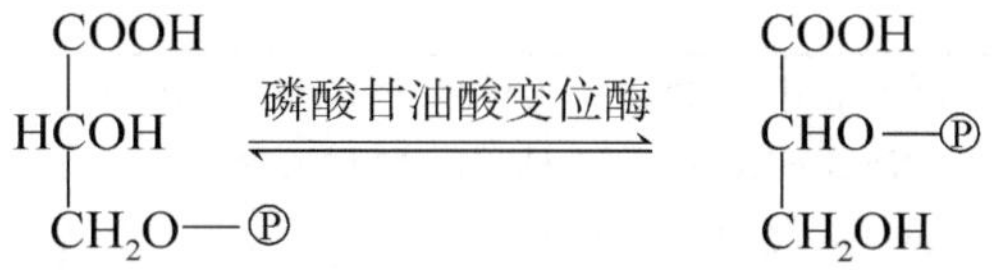


3-磷酸甘油酸　　　　2-磷酸甘油酸

**4. 由 2-磷酸甘油酸生成丙酮酸［反应 9）～10）］**

9）2-磷酸甘油酸脱水形成烯醇式磷酸丙酮酸（PEP）。

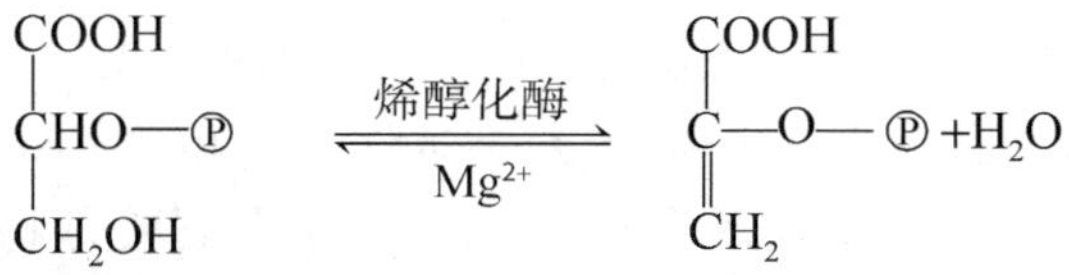


2-磷酸甘油酸　　　　烯醇式磷酸丙酮酸

10）烯醇式磷酸丙酮酸在丙酮酸激酶催化下转变为烯醇式丙酮酸。这是一个偶联生成 ATP 的反应。属于底物磷酸化作用。为不可逆反应。

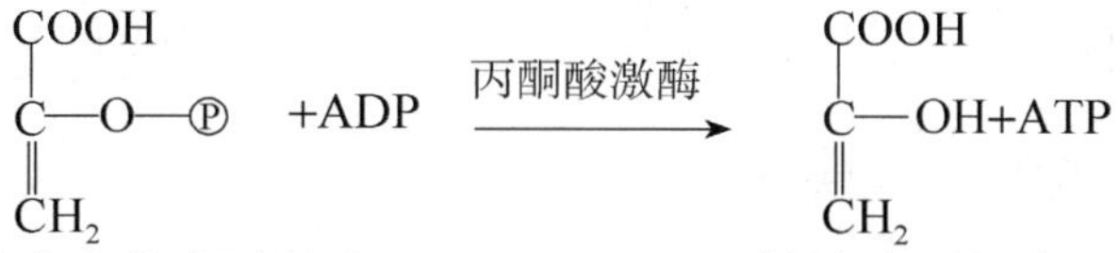


烯醇式磷酸丙酮酸　　　　烯醇式丙酮酸

烯醇式丙酮酸极不稳定，很容易自动变为比较稳定的丙酮酸。

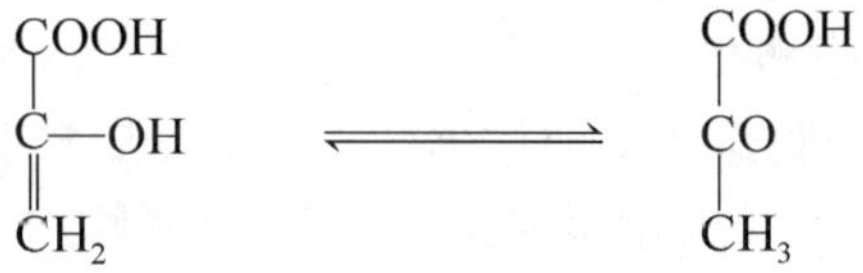


烯醇式丙酮酸　　　　丙酮酸

糖酵解的总反应式为

$$葡萄糖 + 2Pi + 2NAD^+ \longrightarrow 2\,丙酮酸 + 2ATP + 2NADH + 2H^+ + 2H_2O$$

由葡萄糖生成丙酮酸的全部反应见表 6-1。

**表 6-1 糖酵解的反应及酶类**

| 序号 | | 反应 | 酶 |
|---|---|---|---|
| 1. | 1） | 葡萄糖＋ATP ⟶ 6-磷酸葡萄糖＋ADP | 己糖激酶 |
| | 2） | 6-磷酸葡萄糖 ⇌ 6-磷酸果糖 | 磷酸己糖异构酶 |
| | 3） | 6-磷酸果糖＋ATP ⟶ 1,6-二磷酸果糖＋ADP | 磷酸果糖激酶 |
| 2. | 4） | 1,6-二磷酸果糖 ⇌ 磷酸二羟丙酮＋3-磷酸甘油醛 | 醛缩酶 |
| | 5） | 磷酸二羟丙酮 ⇌ 3-磷酸甘油醛 | 磷酸丙糖异构酶 |

续表

| 序号 | | 反应 | 酶 |
|---|---|---|---|
| 3. | 6） | 3-磷酸甘油醛＋$NAD^+$＋Pi $\rightleftharpoons$ 1,3-二磷酸甘油酸＋NADH＋$H^+$ | 3-磷酸甘油醛脱氢酶 |
| | 7） | 1,3-二磷酸甘油酸＋ADP $\rightleftharpoons$ 3-磷酸甘油酸＋ATP | 磷酸甘油酸激酶 |
| | 8） | 3-磷酸甘油酸 $\rightleftharpoons$ 2-磷酸甘油酸 | 磷酸甘油酸变位酶 |
| 4. | 9） | 2-磷酸甘油酸 $\rightleftharpoons$ 烯醇式磷酸丙酮酸＋$H_2O$ | 烯醇化酶 |
| | 10） | 烯醇式磷酸丙酮酸＋ADP $\longrightarrow$ 丙酮酸＋ATP | 丙酮酸激酶 |

### （三）糖酵解的化学计量与生物学意义

每分子葡萄糖经糖酵解过程形成 2 分子丙酮酸，净得 2 分子 ATP 和 2 分子 NADH。

糖酵解的生物学意义就在于它可在无氧条件下为生物体提供少量的能量以应急。糖酵解的中间产物是许多重要物质合成的原料，如丙酮酸是物质代谢中的重要物质，可根据生物体的需要而进一步向许多方面转化。3-磷酸甘油酸可转变为甘油而用于脂肪的合成。糖酵解在非糖物质转化成糖的过程中也起重要作用，因为糖酵解的大部分反应是可逆的，非糖物质可以逆着糖酵解的途径异生成糖，但必须绕过不可逆反应（图 6-2）。

## 二、糖的有氧氧化

### （一）有氧氧化的反应过程

葡萄糖在有氧条件下彻底氧化成水和二氧化碳的反应过程就叫做有氧氧化，有氧氧化是糖氧化的主要方式，绝大多数细胞都通过它来获得能量。

葡萄糖的有氧氧化过程主要发生在线粒体中，分为三个阶段：第一阶段为糖酵解途径，葡萄糖转变成 2 分子丙酮酸，在细胞液中进行；第二阶段为乙酰辅酶 A 的生成，丙酮酸进入线粒体，由丙酮酸脱氢酶复合体催化，经氧化脱羧基转化成乙酰 CoA；第三阶段为三羧酸循环，包括电子的跨膜传递生成的 ATP 和底物水平磷酸化生成的 ATP，同时生成二氧化碳和水。

**1. 第一阶段同糖酵解过程** 1 分子葡萄糖分解生成 2 分子丙酮酸。

**2. 第二阶段：丙酮酸氧化脱羧** 丙酮酸不能直接进入三羧酸循环，而是先氧化脱羧形成乙酰辅酶 A 再进入三羧酸循环。丙酮酸氧化脱羧反应是由丙酮酸脱氢酶系催化的。丙酮酸脱氢酶系包括丙酮酸脱氢酶、二氢硫辛酸乙酰转移酶、二氢硫辛酸脱氢酶三种不同的酶，以及焦磷酸硫胺素（TPP）、硫辛酸、辅酶 A、FAD、$NAD^+$和 $Mg^{2+}$6 种辅助因子。丙酮酸脱氢酶系在线粒体内膜上，催化反应如下：

$$CH_3COCOOH + HSCoA + NAD^+ \longrightarrow CH_3COCoA + CO_2 + NADH + H^+$$

1 分子丙酮酸转变为 1 分子乙酰 CoA，生成 1 分子 NADH＋$H^+$，放出 1 分子 $CO_2$，所生成的乙酰 CoA 可进入三羧酸循环被彻底氧化。

**3. 第三阶段：三羧酸循环** 有氧条件下，乙酰辅酶 A 的乙酰基通过三羧酸循环被氧化成 $CO_2$ 和 $H_2O$，反应在线粒体内部进行。

反应历程如图 6-3 所示，现分述如下。

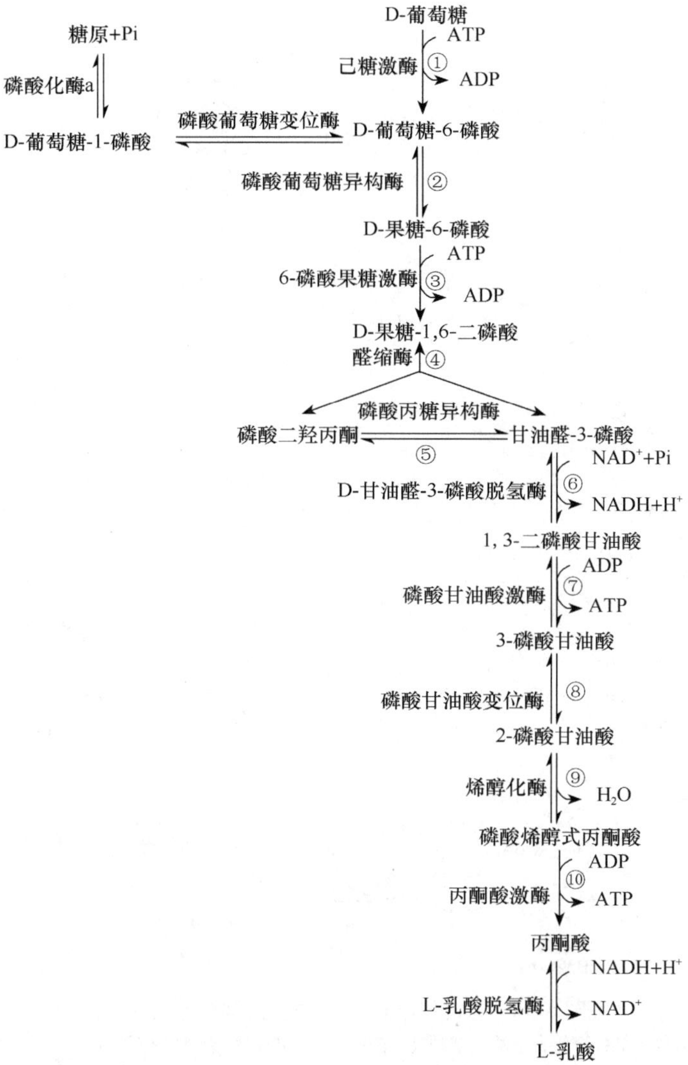


图 6-2 糖酵解途径（杜金友和杨晓玲，2010）

1）辅酶 A 与草酰乙酸缩合成柠檬酸。乙酰辅酶 A 在柠檬酸合成酶催化下与草酰乙酸进行缩合，然后水解成 1 分子柠檬酸。

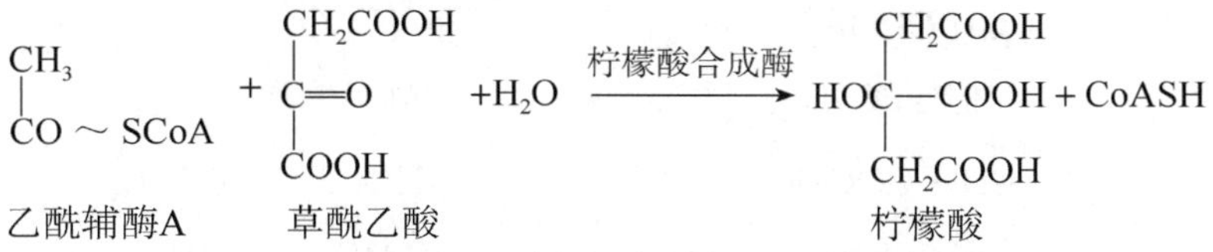

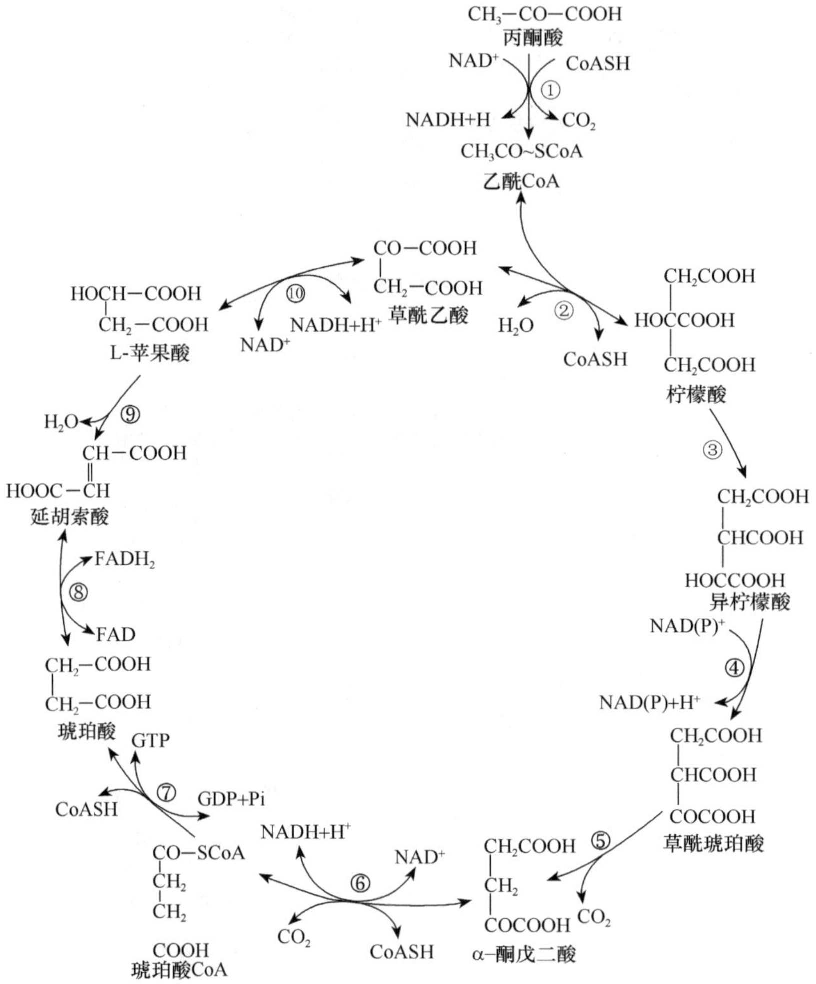


图 6-3 三羧酸循环（杜金友和杨晓玲，2010）

①丙酮酸脱氢酶复合体；②柠檬酸合成酶；③顺乌头酸酶；④、⑤异柠檬酸脱氢酶；⑥ α- 酮戊二酸脱氢酶复合体；⑦琥珀酰 CoA 合成酶；⑧琥珀酸脱氢酶；⑨延胡索酸酶；⑩ L- 苹果酸脱氢酶

2）柠檬酸脱水生成顺乌头酸，然后加水生成异柠檬酸。

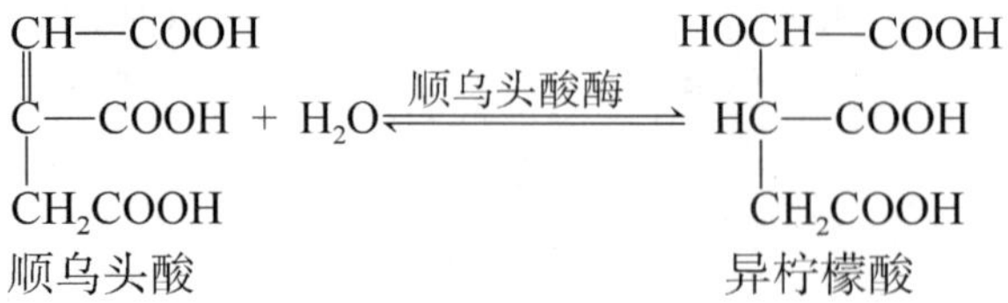


$$\text{柠檬酸} \xrightleftharpoons{-H_2O} \text{顺乌头酸} \xrightleftharpoons{+H_2O} \text{异柠檬酸}$$

3）异柠檬酸氧化与脱羧生成 α-酮基戊二酸。

在异柠檬酸脱氢酶的催化下，异柠檬酸脱去 2H，其中间产物草酰琥珀酸迅速脱羧生成 α-酮戊二酸。

异柠檬酸　　　　草酰琥珀酸

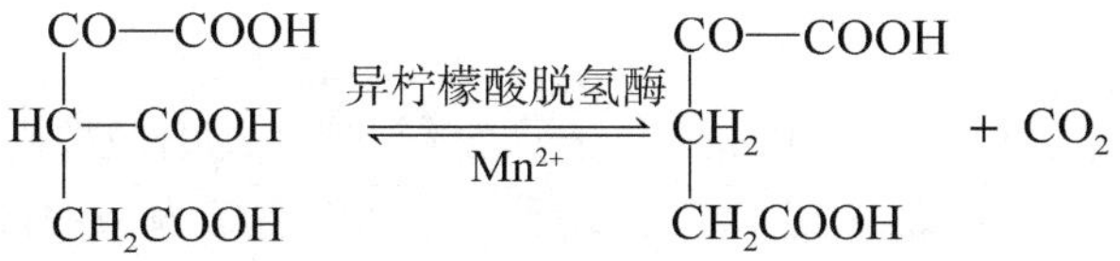


草酰琥珀酸　　　　α-酮戊二酸

4）α-酮戊二酸氧化脱羧反应。α-酮戊二酸在 α-酮戊二酸脱氢酶复合体作用下脱羧形成琥珀酰辅酶 A，此反应与丙酮酸脱羧相似。总反应如下：

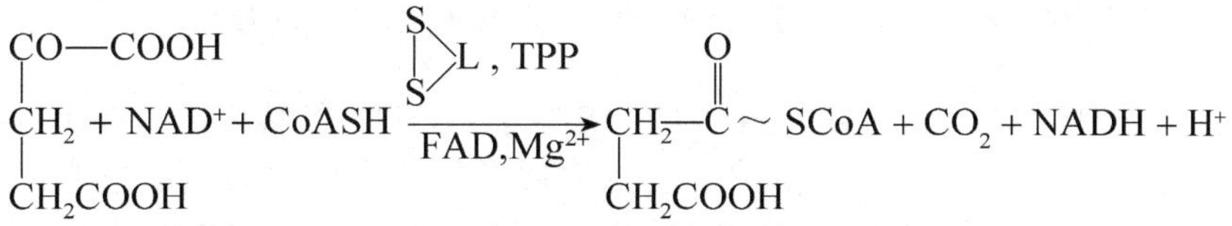


α-酮戊二酸　　　　琥珀酰辅酶A

5）琥珀酰辅酶 A 在琥珀酰辅酶 A 合成酶催化下，转移其高能硫酯键至二磷酸鸟苷（GDP）上生成三磷酸鸟苷（GTP），同时生成琥珀酸。然后 GTP 再将高能键能转给 ADP，生成 1 个 ATP。

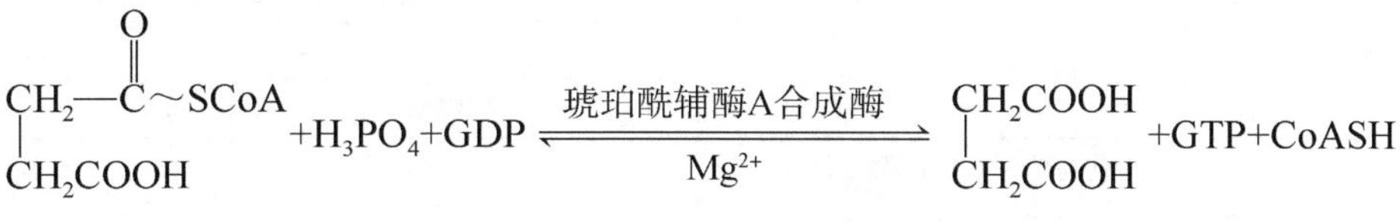


琥珀酰辅酶A　　　　琥珀酸

$$GTP+ADP \rightleftharpoons ATP+GDP$$

此反应为此循环中唯一一次底物磷酸化。

6）琥珀酸被氧化成延胡索酸。

琥珀酸脱氢酶催化此反应，其辅酶为黄素腺嘌呤二核苷酸（FAD）。

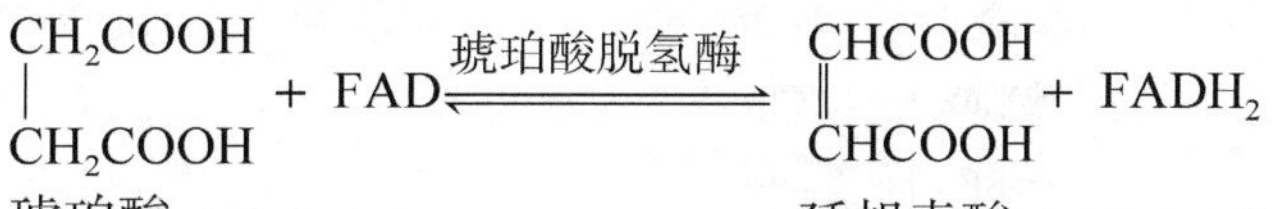


琥珀酸　　　　延胡索酸

7）延胡索酸加水生成苹果酸。

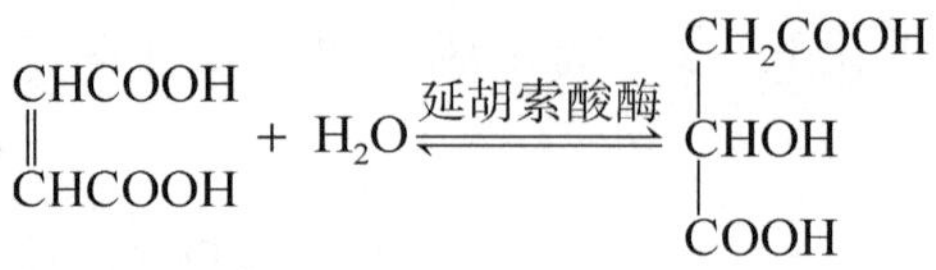


延胡索酸　　　　　苹果酸

8）苹果酸被氧化成草酰乙酸。

苹果酸　　　　　草酰乙酸

至此草酰乙酸又重新形成，又可和另 1 分子乙酰辅酶 A 缩合成柠檬酸进入三羧酸循环。

三羧酸循环的多个反应是可逆的，但由于柠檬酸的合成及 α-酮戊二酸的氧化脱羧是不可逆的，故此循环是单向进行的。

由图 6-3 可见，丙酮酸经三次脱羧反应（反应①、⑤、⑥）共生成 3 分子 $CO_2$；通过反应①、④、⑥、⑧、⑩共脱下 $5H_2$，再经呼吸链氧化生成 5 分子 $H_2O$；其中反应②、⑦、⑨共用去 3 分子 $H_2O$，⑦相当被摄取 1 分子 $H_2O$。

## （二）三羧酸循环中 ATP 的形成及三羧酸循环的意义

1 分子乙酰辅酶 A 经三羧酸循环可生成 1 分子 GTP（可转变成 ATP），共有 4 次脱氢，生成 3 分子 NADH 和 1 分子 $FADH_2$。当经呼吸链氧化生成 $H_2O$ 时，前者每对电子可生成 3 分子 ATP，3 对电子共生成 9 分子 ATP；后者则生成 2 分子 ATP。因此，每分子乙酰辅酶 A 经三羧酸循环可产生 12 分子 ATP。

原核细胞每分子葡萄糖经有氧氧化及氧化磷酸化过程共产生 8＋2×15＝38 个 ATP 分子（表 6-2）。

**表 6-2　1mol 葡萄糖在有氧分解时所放出的 ATP 摩尔数**

| 反应阶段 | 反应 | ATP 的生成与消耗 /mol | | | |
|---|---|---|---|---|---|
| | | 消耗 | 合成 | | 净得 |
| | | | 底物磷酸化 | 氧化磷酸化 | |
| 酵解 | 葡萄糖→ 6-磷酸葡萄糖 | 1 | | | −1 |
| | 6-磷酸果糖→ 1,6-二磷酸果糖 | 1 | | | −1 |
| | 3-磷酸甘油醛→ 1,3-二磷酸甘油酸 | | | 3×2 | 6 |
| | 1,3-二磷酸甘油酸→ 3-磷酸甘油酸 | | 1×2 | | 2 |
| | 2-烯醇式丙酮酸→烯醇式丙酮酸 | | 1×2 | | 2 |
| 丙酮酸氧化脱羧 | 丙酮酸→乙酰 CoA | | | 3×2 | 6 |
| 三羧酸循环 | 异柠檬酸→草酰琥珀酸 | | | 3×2 | 6 |
| | α-酮戊二酸→琥珀酰 CoA | | | 3×2 | 6 |
| | 琥珀酰 CoA →琥珀酸 | | 1×2 | | 2 |
| | 琥珀酸→延胡索酸 | | | 2×2 | 4 |
| | 苹果酸→草酰乙酸 | | | 3×2 | 6 |
| 总计 | | 2 | 6 | 34 | 38 |

在生物界中，动物、植物与微生物都普遍存在着三羧酸循环途径，因此三羧酸循环具有普遍的生物学意义。分述如下。

1）糖的有氧分解代谢产生的能量最多，是机体利用糖或其他物质氧化而获得能量的最有效方式。

2）三羧酸循环之所以重要在于它不仅为生命活动提供能量，而且还是联系糖、脂、蛋白质三大物质代谢的纽带。

3）三羧酸循环所产生的多种中间产物是生物体内许多重要物质生物合成的原料。在细胞迅速生长时期，三羧酸循环可提供多种化合物的碳架，以供细胞生物合成使用。

4）发酵工业上利用微生物三羧酸循环生产各种代谢产物，如柠檬酸、谷氨酸等。

## 三、磷酸戊糖途径

糖的有氧氧化和无氧分解是动物体内许多组织糖分解代谢的主要途径，但并非唯一途径，在动物的肝、脂肪组织、骨髓、性腺、嗜中性粒细胞、红细胞等组织细胞内还存在磷酸戊糖途径。

### （一）磷酸戊糖途径的反应历程

**1. 氧化阶段**

1）6-磷酸葡萄糖脱氢酶以 $NADP^+$ 为辅酶，催化 6-磷酸葡萄糖脱氢生成 6-磷酸葡萄糖酸内酯。

6-磷酸葡萄糖　　　　6-磷酸葡萄糖酸内酯

2）6-磷酸葡萄糖酸内酯在内酯酶的催化下，内酯与 $H_2O$ 起反应，水解为 6-磷酸葡萄糖酸。

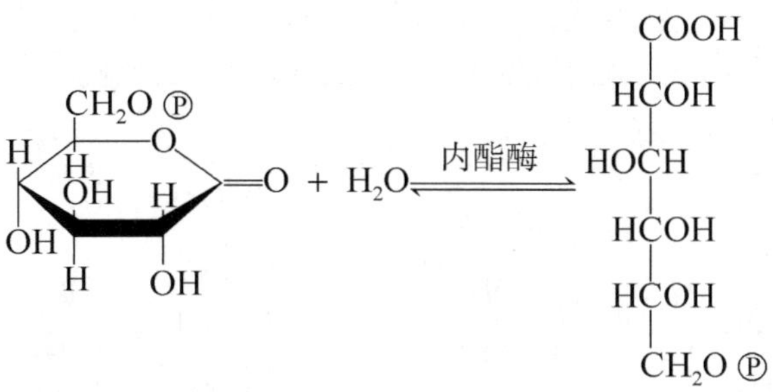


6-磷酸葡萄糖酸内酯　　　　6-磷酸葡萄糖酸

3）6-磷酸葡萄糖酸脱氢酶以 $NADP^+$为辅酶，催化 6-磷酸葡萄糖酸脱羧生成五碳糖。

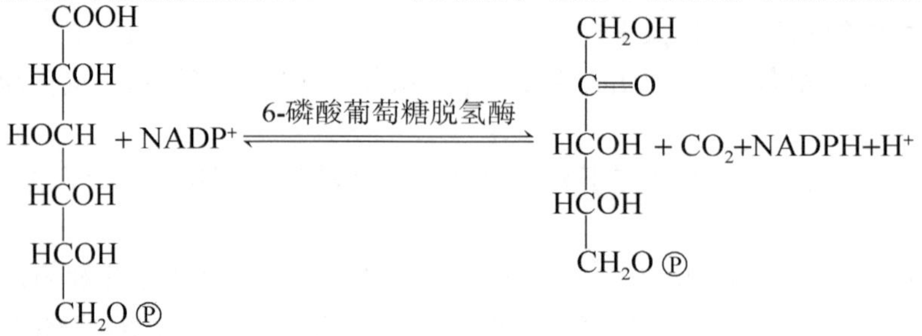


6-磷酸葡萄糖酸　　　　5-磷酸核酮糖

**2. 非氧化阶段**

1）磷酸戊糖的相互转化。

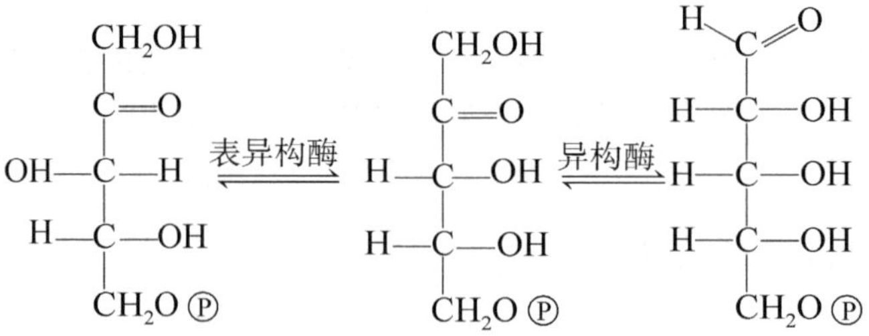


5-磷酸木酮糖　　5-磷酸核酮糖　　5-磷酸核糖

2）7-磷酸景天庚酮糖的生成：由转酮酶（转羟乙醛酶）催化将生成的木酮糖的酮醇转移给 5-磷酸核糖。

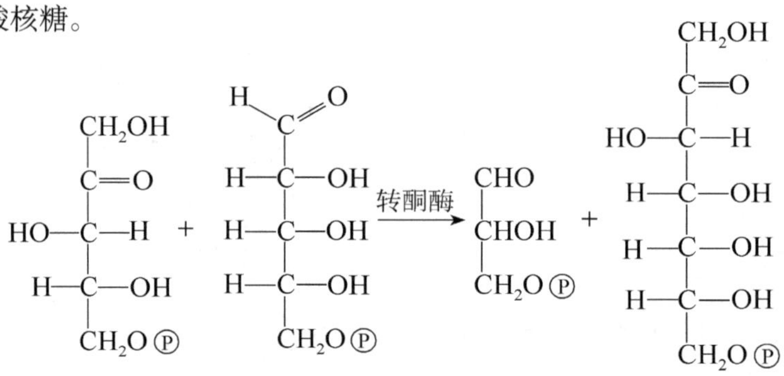


5-磷酸木酮糖　　5-磷酸核糖　3-磷酸甘油醛　7-磷酸景天庚酮糖

3）转醛酶所催化的反应：生成的 7-磷酸景天庚酮糖由转醛酶（转二羟丙酮基酶）催化，把二羟丙酮基团转移给 3-磷酸甘油醛，生成四碳糖和六碳糖。

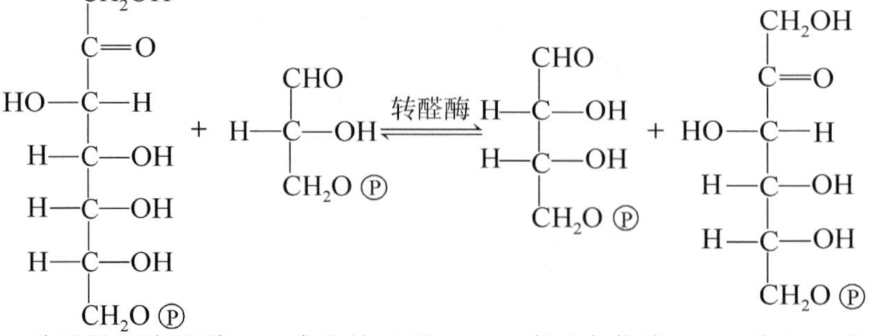


7-磷酸景天庚酮糖　3-磷酸甘油醛　4-磷酸赤藓糖　6-磷酸果糖

4）四碳糖的转变：4-磷酸赤藓糖并不积存在体内，而是与另1分子的木酮糖进行作用，由转酮醇酶催化将木酮糖的羟乙醛基团交给赤藓糖，则又生成1分子的6-磷酸果糖和1分子的3-磷酸甘油醛。

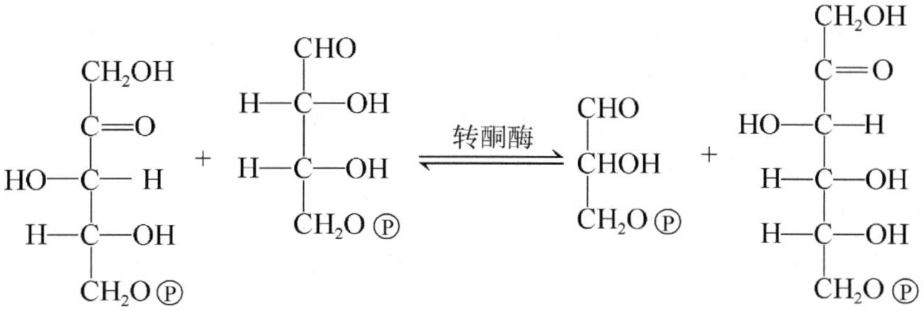


5-磷酸木酮糖 4-磷酸赤藓糖 3-磷酸甘油醛 6-磷酸果糖

磷酸戊糖途径总览见图6-4。

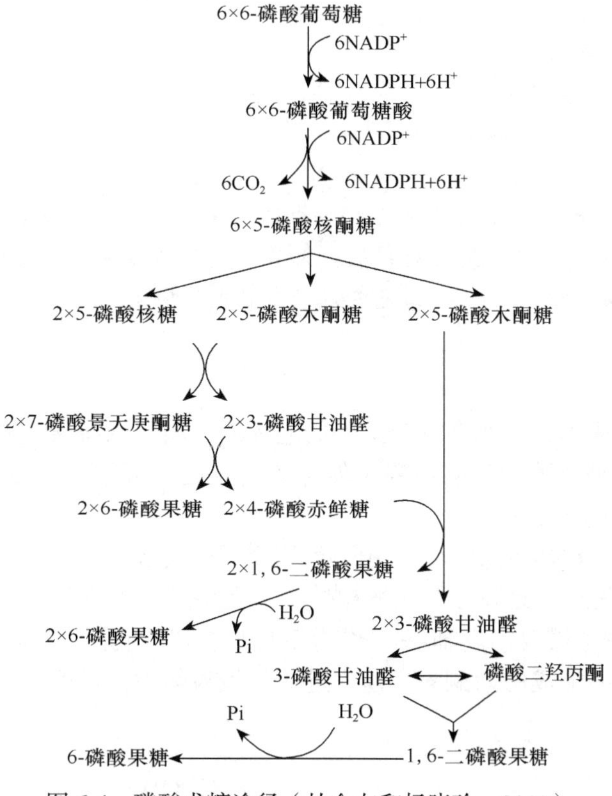


图6-4 磷酸戊糖途径（杜金友和杨晓玲，2010）

## （二）磷酸戊糖途径的化学计量与生物学意义

**1. 磷酸戊糖途径的化学计量** 磷酸戊糖途径中1分子葡萄糖每循环一次，只进行一次脱羧和两次脱氢，形成2分子NADPH，即1分子葡萄糖彻底氧化生成6分子$CO_2$，需要

6分子葡萄糖同时参加反应，经过一次循环而生成5分子6-磷酸葡萄糖，其反应可概括如下：

$$6\text{（6-磷酸葡萄糖）}+12NADP^{+}\longrightarrow 5\text{（6-磷酸葡萄糖）}+12NADPH+H^{+}+6CO_2$$

**2. 磷酸戊糖途径的生物学意义**

1）磷酸戊糖途径产生的还原型辅酶Ⅱ（NADPH），可以供组织合成代谢需要。

2）此途径中产生的5-磷酸核糖是辅酶及核苷酸生物合成的必需原料。

3）该途径的反应起始物为6-磷酸葡萄糖，不需要ATP参与起始反应，因此磷酸戊糖循环可在低ATP浓度下进行。

4）磷酸戊糖途径是由6-磷酸葡萄糖开始的、完整的、可单独进行的途径，因而可以和糖酵解途径相互补充，以增加机体的适应能力，通过3-磷酸甘油醛及磷酸己糖可与糖酵解沟通，相互配合。

# 第三节 糖 异 生

**【学习目标】**

了解糖异生的反应过程。

**【常用术语】**

糖异生（gluconeogenesis）。

**【概述】**

糖的异生作用是指从非糖物质前体如丙酮酸或草酰乙酸合成葡萄糖的过程。凡能生成丙酮酸的物质都可以异生成葡萄糖。大多数氨基酸是生糖氨基酸，它们转变成丙酮酸、α-酮戊二酸、草酰乙酸等三羧酸循环的中间产物进入糖异生途径。

## 一、生化历程

由丙酮酸异生成糖，并非全靠糖酵解的逆反应，因为糖酵解过程中有三个激酶（丙酮酸激酶、磷酸果糖激酶和己糖激酶）催化的反应是不可逆的，要完成其逆行的反应，就要绕过这三个不可逆反应。

1）由丙酮酸激酶催化的反应，可由下列两个反应代替。

A. 丙酮酸羧化酶。此酶分布在线粒体中，是一种大的变构蛋白，相对分子质量为660 000，是四聚体，需要乙酰辅酶A作为活化剂，以生物素为辅酶。在胞质中由乳酸或磷酸烯醇式丙酮酸形成的丙酮酸必须先进入到线粒体中。丙酮酸转变为草酰乙酸反应如下。

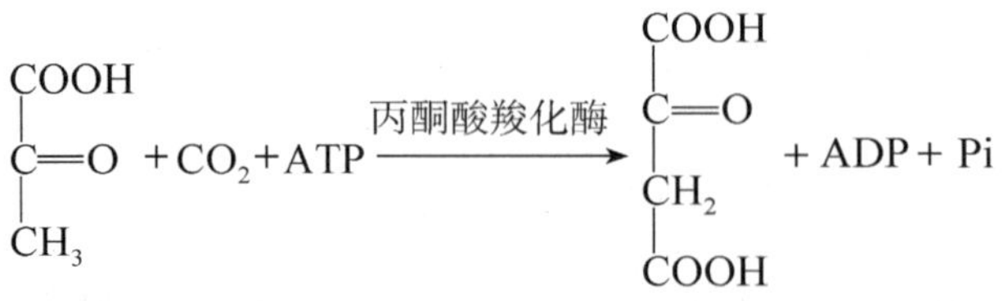


丙酮酸　　　　　　　　草酰乙酸

B．烯醇式磷酸丙酮酸（PEP）羧激酶。此酶存在于胞质中，磷酸化的同时脱去$CO_2$，形成烯醇式磷酸丙酮酸。

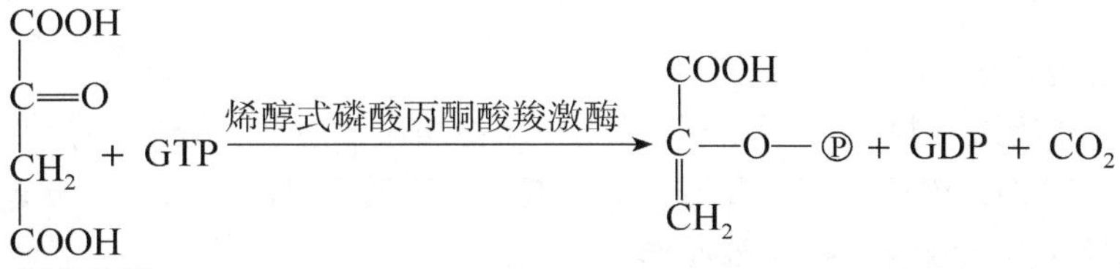

草酰乙酸　　　　　　　　　　　　烯醇式磷酸丙酮酸

由丙酮酸转变为烯醇式磷酸丙酮酸的总反应为

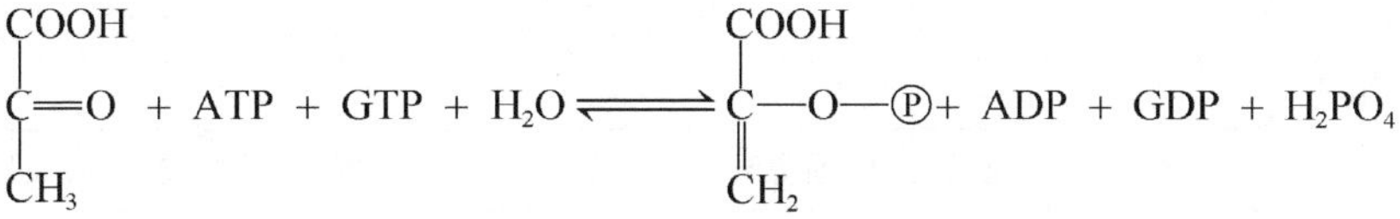

此过程需要消耗2分子ATP。

2）二磷酸果糖磷酸酯酶催化，将1,6-二磷酸果糖水解脱去一个磷酸基，生成6-磷酸果糖。

$$1,6\text{-二磷酸果糖} + H_2O \xrightarrow{\text{磷酸酯酶}} 6\text{-磷酸果糖} + H_3PO_4$$

3）6-磷酸葡萄糖磷酸酯酶催化，把6-磷酸葡萄糖转变为葡萄糖。

$$6\text{-磷酸葡萄糖} + H_2O \xrightarrow{\text{磷酸酯酶}} \text{葡萄糖} + H_3PO_4$$

## 二、糖异生的重要意义

糖异生作用是生物合成葡萄糖的一个重要途径。生物通过此过程可将酵解产生的乳酸、脂肪分解产生的甘油与脂肪酸及生糖氨基酸等中间产物重新转化成糖。

# 实训一　血糖含量测定 Folin-吴氏法测定血糖

［**目的**］掌握Folin-吴氏法测定血糖的原理和方法；了解血糖测定的临床意义。

［**原理**］全血经除蛋白后，滤液中的葡萄糖在碱性条件下，与硫酸铜共热，其蓝色的二价铜离子（$Cu^{2+}$）被还原成砖红色的氧化亚铜（$Cu_2O$）沉淀，后者，可使磷钼酸还原成钼兰。如与同样处理的标准葡萄糖比色，即可求出血中葡萄糖的含量。

反应式：

$$Na_2CO_3 + H_2O \rightleftharpoons NaOH + NaHCO_3$$

$$2\,NaOH + CuSO_4 \rightleftharpoons Cu(OH)_2 + Na_2SO_4$$

$$2\,Cu(OH)_2 + C_6H_{12}O_6 \longrightarrow Cu_2O + C_6H_{12}O_5COOH + 2\,H_2O$$

$$3Cu_2O + 3H_3PO_4 \cdot 3MoO_3 \cdot 12\,H_2O \longrightarrow 3H_3PO_4 \cdot 3MoO_2 \cdot 12H_2O + 6CuO$$

［**实验对象**］血液（血糖）。

［**实验药品**］碱性铜试剂，磷钼酸试剂，标准葡萄糖液，0.25%苯甲酸液，10%

$Na_2WO_4$，2/3mol/L $H_2SO_4$。

［**仪器与器械**］Folin-吴氏定糖管，中号试管，电炉及加热器，刻度试管，微量移液器，漏斗。

［**实验方法与步骤**］

**1. 除蛋白血滤液的制备** 取试管 1 支，准备加入蒸馏水 3.5ml，血液 0.1ml，2/3mol/L $H_2SO_4$ 0.2ml，10% $Na_2WO_4$ 0.2ml，混匀，待有澄清出现后，过滤，收集滤液备用。

**2. 取试管 3 支，编号，按下表操作**

| 编号 | 标准管 | 测定管 | 空白管 |
|---|---|---|---|
| 标准葡萄糖液 | 2.0 | — | — |
| 除蛋白血滤液 | — | 2.0 | — |
| 蒸馏水 | — | — | 2.0 |
| 碱性铜试剂 | 2.0 | 2.0 | 2.0 |
| 充分混匀，置沸水中准确煮沸 8min，取出切勿摇动，置冷水中冷却 | | | |
| 磷钼酸试剂 | 2.0 | 2.0 | 2.0 |
| 混匀，放置 3min | | | |
| 蒸馏水 | 3.0 | 3.0 | 3.0 |
| 将各管混匀后，用红色滤光片或 620nm 波长，以空白管调零点，比色 | | | |

**3. 计算**

血糖（mg/100ml）=[测定管光密度 / 标准管光密度]× 标准葡萄糖液含量 ×血液稀释倍数×100ml

［**注意事项**］

1）本法所测得的血糖值，并非是真正的葡萄糖，滤液中还有其他还原物质的干扰（约 10%），故结果偏高。

2）血糖测定应在取血后 2h 内完成，放置过久，糖易分解，致使结果减低。

3）磷钼酸试剂宜贮于棕色瓶中，如出现蓝色，表明试剂本身已被还原，不能再用。

4）碱性铜试剂中如出现氧化亚铜沉淀也不可用。

5）碱性铜试剂：称取无水碳酸钠 40g，溶于 100ml 蒸馏水中溶后加酒石酸 7.5g，若不溶解可稍加热，冷却后移入 1000ml 容量瓶中。另取纯结晶硫酸铜 4.5g，溶于 200ml 蒸馏水中，溶后将此液倒入装上液的容量瓶中，加蒸馏水至 1000ml 刻度，摇匀，备用。

6）磷钼酸试剂：取纯钼酸 70g，溶于 10% NaOH 400ml 中，再加 $Na_2WO_4$ 10g，加蒸馏水至总体积为 800ml，加热煮沸 30～40min（以除去钼酸中可能存在的氨），冷却后加 85% 磷酸 250ml，加蒸馏水至 1000ml 刻度，摇匀，贮棕色瓶中。

7）标准葡萄糖液。贮存液（1.0ml=10mg 葡萄糖）：准确称取葡萄糖 1.0g，用 0.25% 苯甲酸液溶解，倾入 100ml 容量瓶中，最后加 0.25% 苯甲酸液至刻度，摇匀，放置冰箱中保存。应用液（1.0ml=0.025mg 葡萄糖）：准确取上述贮存液 0.5ml，移入 200ml 容量瓶中，加 0.25% 苯甲酸液至刻度。

（关学敏）

# 第七章　生 物 氧 化

## 第一节　生物氧化概述

**【学习目标】**

了解生物氧化的基本知识。

**【常用术语】**

生物氧化（biological oxidation）。

**【概述】**

一切生物都靠能量维持生存，生物体所需的能量大都来自体内糖、脂肪、蛋白质等有机物的氧化，这些有机物在氧化过程中，还把代谢过程产生的氢离子和电子交给辅酶，最终传递给氧生成水。生物体内的糖、脂肪、蛋白质等有机物都经历一段生物氧化过程，并释放能量。

### 一、概述

**1. 生物氧化的概念**　人们把有机分子在体内氧化分解成 $CO_2$ 和 $H_2O$ 并释放出能量的过程称为生物氧化，此过程是在细胞或组织中发生的，所以又称为细胞氧化或细胞呼吸，有时也称为组织呼吸。

**2. 生物氧化的特点**

1）有机物在空气中燃烧时，$CO_2$ 和 $H_2O$ 的生成是空气中氧直接与碳、氢原子结合的产物。而有机物在细胞中氧化时，$CO_2$ 是代谢中经脱羧反应释放出来的，$H_2O$ 的生成则是通过更复杂的过程完成的。

2）生物氧化是在恒温恒压下经酶的催化进行的反应，而有机分子在体外燃烧时需要高温。

3）生物氧化所产生的能量是逐步发生、分次释放的。有机物在体外燃烧产生大量的光和热，能量是骤然放出的。

4）生物氧化过程中产生的能量一般都贮存于一些特殊的化合物［主要是腺苷三磷酸（ATP）］中。电子由还原型辅酶传递到氧的过程中形成大量的 ATP，占全部生物氧化产生能量的绝大部分。

**3. 生物氧化的基本过程**　需氧生物细胞内糖、脂肪、氨基酸等有机物在氧化分解途径中所形成的还原型辅酶包括 NADH 和 $FADH_2$，通过电子传递途径，使其再重新氧化。在这个过程中，还原型辅酶上的氢以质子形式脱下，其电子沿着一系列的电子传递体转移（称为电子传递链），最终转移到分子氧，使氧激活，质子和离子型氧（激活后的氧）结合生成水。在电子传递过程中释放的能量则使 ADP 和无机磷结合形成 ATP。

### 二、生物氧化中的能量问题

生物体内磷酸化合物很多，只有那些磷酸基团水解时能释放出大量自由能的化合物称为高能磷酸化合物。含有高能的键称为高能键，常用“～”符号表示。腺苷三磷酸（ATP）就是这类化合物的典型代表。

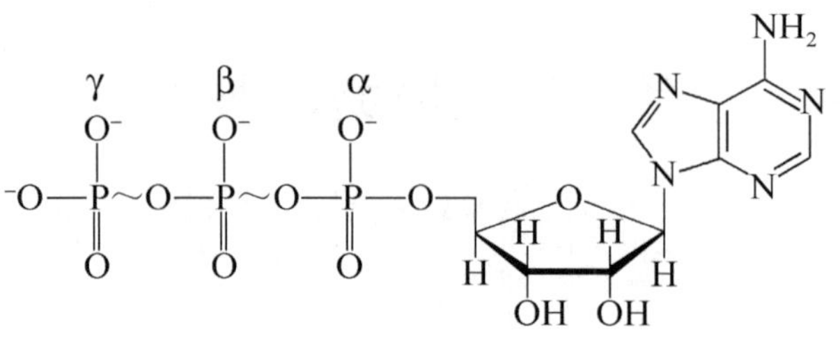


腺苷三磷酸

“～”代表水解时产生高能的键

ATP 在一切生物的生命活动中都起着重要作用，在细胞的细胞核、细胞质和线粒体中都有 ATP 存在。ATP 可作为磷酸基团的共同中间传递体（图 7-1）。由图 7-1 可以看出，ATP 是能量的携带者和转运者，但并不是能量的贮存者。起贮存能量作用的物质称为磷酸原，在脊椎动物中是磷酸肌酸。当 ATP 浓度较高时，肌酸即通过酶的作用直接接受 ATP 的高能磷酸基团形成磷酸肌酸。当 ATP 浓度低时，磷酸肌酸又将高能磷酸基团转移给 ADP。

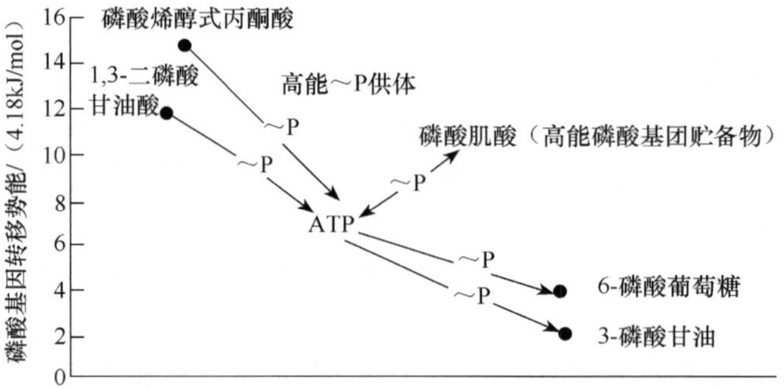


图 7-1　ATP 作为磷酸基团共同中间传递体示意图（杜金友和杨晓玲，2010）

磷酸肌酸为高能磷酸基团贮备物；6- 磷酸葡萄糖，3- 磷酸甘油酸为低能磷酸基团受体。磷酸基团由高能磷酸供体通过 ATP-ADP 系统转至低能磷酸受体，转移的方向是由高能化合物转移到低能化合物。磷酸基团转移势能的测定条件为标准状况

无脊椎动物则以磷酸精氨酸作为磷酸原。

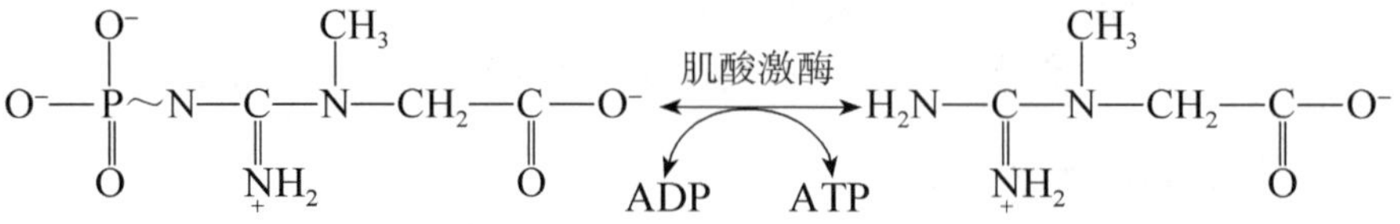


磷酸肌酸　　肌酸

# 第二节 呼 吸 链

**【学习目标】**

掌握呼吸链的组成。

**【常用术语】**

呼吸链（respiratory chain），氧化磷酸化（oxidative phosphorylation），磷氧比（P/O）。

**【概述】**

我们把电子从还原型辅酶通过一系列按照电子亲和力递增的顺序排列的电子传递体传递到氧的整个体系，称为呼吸链或电子传递链。呼吸链在原核细胞中存在于质膜上，在真核细胞中存在于线粒体的内膜上。

## 一、电子传递链

### 1. 电子传递链（呼吸链）的组成

呼吸链含有4种复合体，如表7-1所示。

**表7-1 呼吸链复合体**

| 复合物 | 酶名称 | 亚基 | 辅基 |
|---|---|---|---|
| Ⅰ | NADH-Q还原酶 | 39 | FMN，FeS |
| Ⅱ | 琥珀酸-Q还原酶 | 4 | FAD，FeS，铁卟啉 |
| Ⅲ | Q-细胞色素c还原酶 | 10 | 铁卟啉，FeS |
| Ⅳ | 细胞色素c氧化酶 | 13 | 铁卟啉，$Cu^{2+}$ |

此外，呼吸链还含有CoQ（泛醌）和Cytc两种游离的成分。

目前已知生物体内有两条氧化呼吸链，分别是NADH呼吸链和$FADH_2$呼吸链（琥珀酸呼吸链）。其中，NADH氧化呼吸链包括复合物Ⅰ（NADH-CoQ还原酶）、CoQ（泛醌）、复合物Ⅲ（CoQ-细胞色素c还原酶）、Cytc和复合物Ⅳ（细胞色素c氧化酶）。$FADH_2$呼吸链（琥珀酸呼吸链）包括复合物Ⅱ（琥珀酸-Q还原酶）、CoQ（泛醌）、复合物Ⅲ（CoQ-细胞色素c还原酶）、Cytc和复合物Ⅳ（细胞色素c氧化酶）。

### 2. 与呼吸链有关的酶和电子载体

（1）吡啶核苷酸类　许多代谢中间物的脱氢都是通过脱氢酶的作用，这些不同的脱氢酶都以$NAD^+$或$NADP^+$作为电子受体。这类酶催化的反应如下：

$$还原形底物+NAD^+ \rightleftharpoons 氧化形底物+NADH+H^+$$

$$还原形底物+NADP^+ \rightleftharpoons 氧化形底物+NADPH+H^+$$

大多数脱氢酶都以$NAD^+$为辅酶，有的以$NADP^+$为辅酶，极少数的酶能用$NAD^+$或$NADP^+$两种辅酶，如谷氨酸脱氢酶。这类与$NAD^+$（$P^+$）相关的脱氢酶，有些分布在胞液中，有些分布在线粒体中，也有些既存在于胞液也存在于线粒体中。这类酶的脱氢机制如下式：

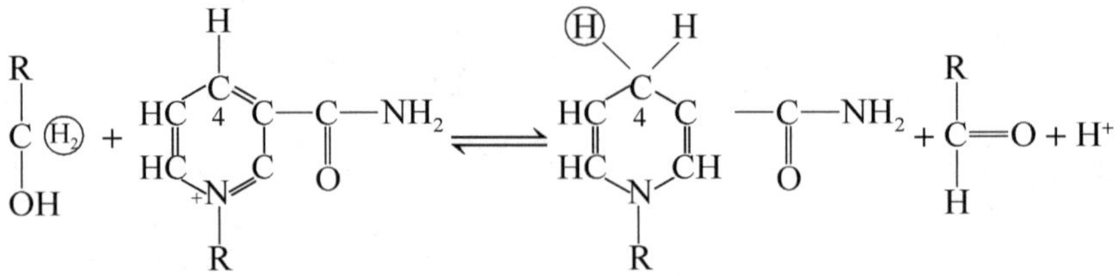

（2）NADH 脱氢酶　这种酶是与黄素相关的脱氢酶，或者说是一种黄素蛋白质。它所催化的反应如下：

$$NADH+H^{+}+E\text{-}FMN \rightleftharpoons NAD^{+}+E\text{-}FMNH_2$$

在这个反应中，与 NADH 脱氢酶结合牢固的辅基接受 NADH 上的氢原子，使氧化型的黄素核苷酸和变成还原型的黄素核苷酸，可用下列结构式表示：

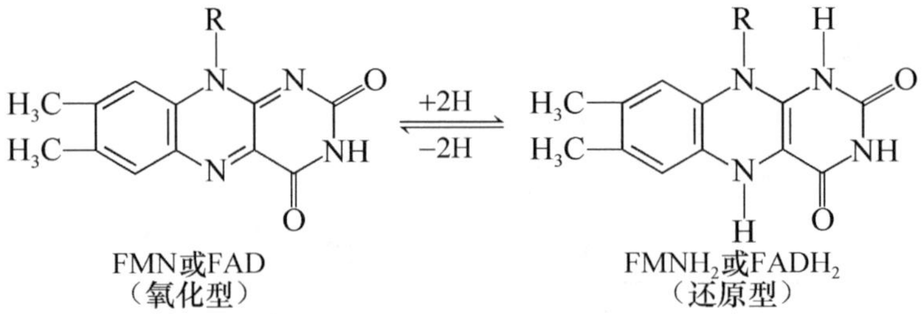

此酶除有一个黄素核苷酸辅基外，还有几个铁-硫中心。铁-硫中心内铁原子的价态变化（$Fe^{2+} \rightleftharpoons Fe^{3+}$）可将氢从 NADH 脱氢酶的 $FMNH_2$ 辅基上脱下，转移给呼吸链中下一个成员 CoQ，因此这个酶包含两个电子传递结构。

（3）辅酶 Q（CoQ）　辅酶 Q 又称为泛醌，是脂溶性化合物。它是一个带有长的异戊二烯侧链的醌类化合物。哺乳动物细胞内的泛醌含有 10 个异戊二烯单位，所以又称为辅酶 $Q_{10}$，其他细胞有的侧链由 6 个，有的侧链由 8 个异戊二烯单位构成。在氧化还原反应中，它的结构变化如下：

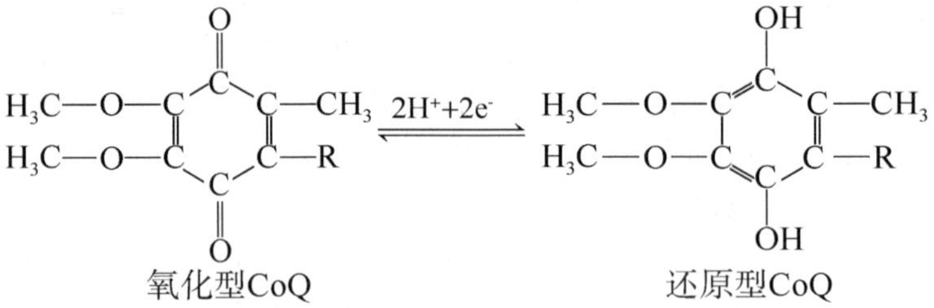

辅酶 Q 在呼吸链中是一个和蛋白质结合不紧的辅酶，因此它在黄素蛋白类和细胞色素类之间能够作为一种特别灵活的载体而起作用。

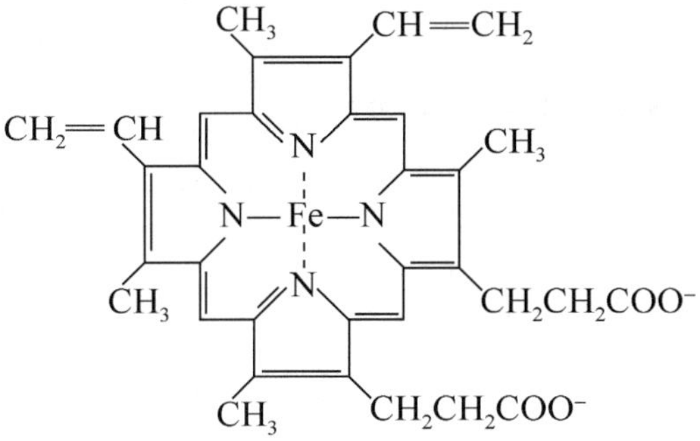


铁-原卟啉Ⅸ
（在细胞色素b类中）

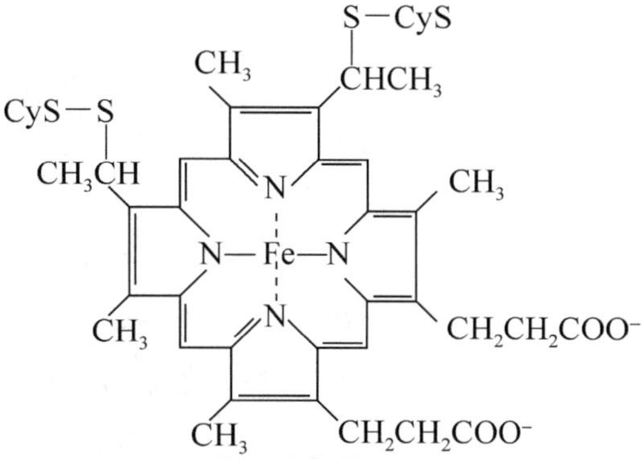


铁-原卟啉Ⅸ
（在细胞色素c中，是2个硫醚键）

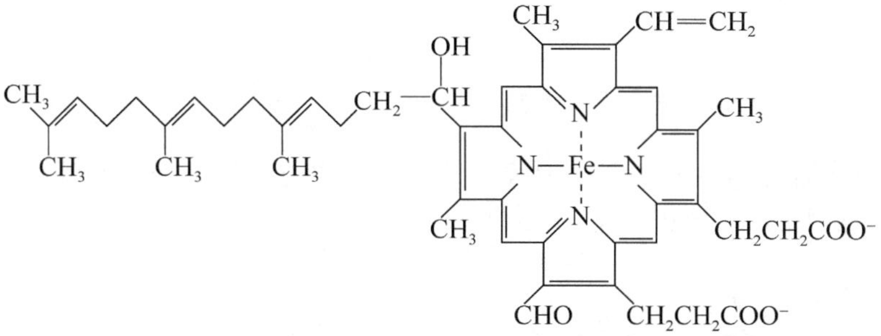


血红素A（在细胞色素a类中）

（4）细胞色素类　细胞色素类是含铁的电子传递体。铁原子处于卟啉的结构中心，构成血红素（结构如上）。细胞色素类是呼吸链中将电子从辅酶Q传递到氧的专一酶类。

电子传递链中至少含有5种不同的细胞色素，称为细胞色素b、c、$c_1$、a、$a_3$。细胞色素b接受从辅酶Q传来的电子，并将其传递给细胞色素$c_1$，$c_1$又将接受的电子传递给细胞色素c，细胞色素a、细胞色素$a_3$以复合物形式（细胞色素$aa_3$）存在，是最后一个载体，又称细胞色素氧化酶。细胞色素a从细胞色素c接受电子后，即传递给$a_3$，由还原型细胞色素$a_3$将电子直接传递给氧分子。

**3. 电子传递的抑制剂**　能够阻断呼吸链中某一部位电子传递的物质称为电子传递抑制剂，常见的抑制剂有如下几种。

1）鱼藤酮、安密妥、杀粉蝶菌素，它们的作用是阻断电子由NADH向CoQ的传递。

2）抗霉素A，它是由链霉素分离出来的抗生素，能抑制电子从细胞色素b到细胞色素$c_1$的传递。

3）氰化物、硫化氢、叠氮化物、CO等有阻断电子由细胞色素$aa_3$传至氧的作用。几种电子传递抑制剂的作用部位如图7-2所示。

## 二、氧化磷酸化作用

**1. 线粒体的结构**　电子传递酶类及与氧化磷酸化作用有关的各种酶类都分布在线粒体内膜上。线粒体有两层膜（图7-3A）。外膜平滑稍有弹性，内膜有许多向内折叠的

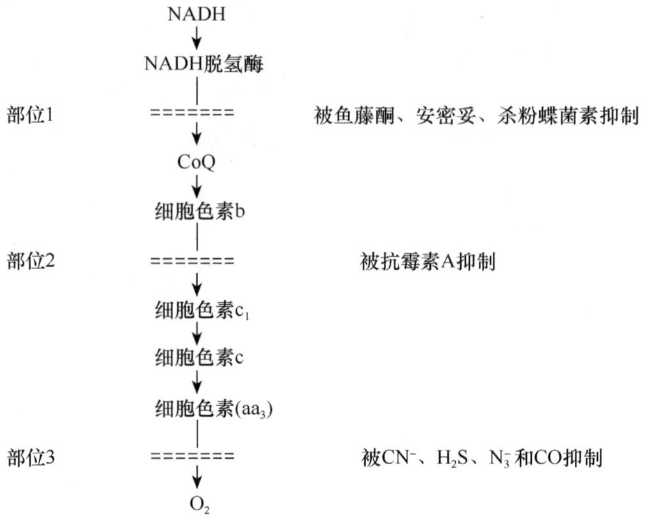


图 7-2 电子传递抑制剂反应的部位（王镜岩等，2002）

嵴，在内膜嵴和嵴之间构成分隔，内膜内部的分隔中有液体基质，在线粒体内膜的内表面有一层排列规则的球形颗粒（图 7-3B）。

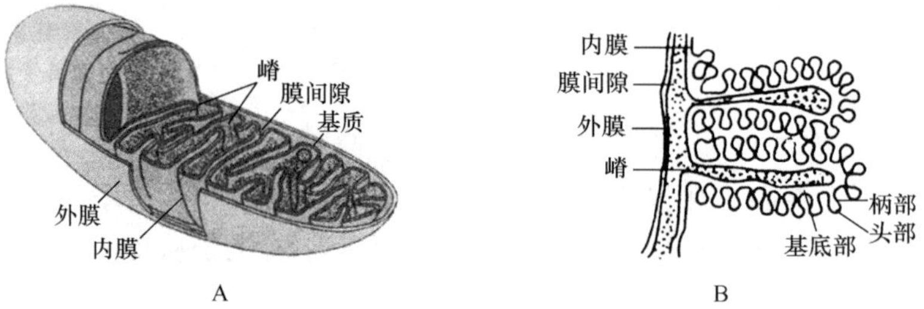


图 7-3 细胞线粒体的膜结构（杜金友和杨晓玲，2010）

A. 线粒体模式图；B. 局部放大图

**2. 氧化磷酸化作用的概念及磷酸化作用部位** 与生物氧化过程相伴而生的磷酸化作用称为氧化磷酸化作用，氧化磷酸化作用是将生物氧化过程中释放的能量转移至 ADP 形成 ATP 的作用。当电子沿着呼吸链进行传递时就发生磷酸化作用，呼吸链中的磷酸化部位分别是：NADH 和辅酶 Q 之间的部位；细胞色素 b 和细胞色素 c 之间的部位；细胞色素 a 和 $O_2$ 之间的部位。

呼吸链中电子传递和 ATP 的形成在正常细胞内总是相偶联的，可以用 P/O 值（磷氧比）来表示电子传递与 ATP 生成之间的关系。P/O 值即是呼吸链每消耗一个氧原子所用去的磷酸分子数或生成 ATP 的分子数。因此，由 NADH 到分子氧的传递链中，其 P/O 为 3。而有些代谢物，则由黄素酶类催化脱氢，它直接通过辅酶 Q 进入呼吸链，结果只能生成 2 个 ATP，其 P/O 为 2。

**3. 解偶联作用** 呼吸链中电子传递与磷酸化作用紧密偶联过程可被解偶联剂分离。解偶联剂只抑制 ATP 的形成而不抑制电子传递过程，使电子传递所产生的自由能都变为热能。典型的解偶联剂是 2,4-二硝基苯酚。

**4. 线粒体内膜的 ATP 合成系统** 完整的线粒体在适当的条件下可以看到内膜球

体排列在嵴的上面，这个球体称为 $F_1$，其柄称为 $F_0$。E. Racker 通过实验表明，线粒体内膜嵴上的酶起电子传递的作用，而嵴上的 $F_1$ 球体是形成 ATP 的重要成分。ATP 合成酶系统的另外部分就是 $F_0$，它嵌在线粒体内膜之中，当跨膜质子流蕴藏的能量用于合成 ATP 时，$F_0$ 起质子流通道的作用，它可能有调节质子流的作用，从而控制 ATP 的合成。因此 ATP 合成酶系统又称为 $F_0F_1$-ATP 酶。

**5. 氧化磷酸化的偶联机制**　关于氧化磷酸化偶联机制的研究，最早是 E. C. Slater 于 1953 年提出的化学偶联假说，而 P. Boyer 提出构象偶联假说实质上与化学偶联假说相似。目前普遍被接受的是 1961 年英国生物化学家 Peter Mitchell 提出的化学渗透偶联假说，该假说认为电子传递链是一个 $H^+$泵，电子传递的结果是将 $H^+$从线粒体内膜基质“泵”到内膜外液体中，形成了一个跨内膜的 $H^+$梯度，即膜外的 $H^+$浓度高，膜内的 $H^+$浓度低，通过在 $F_0F_1$-ATP 酶分子上的特殊通道，$H^+$又流回线粒体基质。当 $H^+$通过 $F_0F_1$-ATP 酶流回线粒体内膜基质时，释放出自由能的反应和 ATP 的合成反应相偶联（图 7-4）。解偶联剂作用的机制就是使线粒体内膜对 $H^+$的通透性改变，产生膜的“漏洞”，则 $H^+$梯度被解除，ATP 就不能形成。

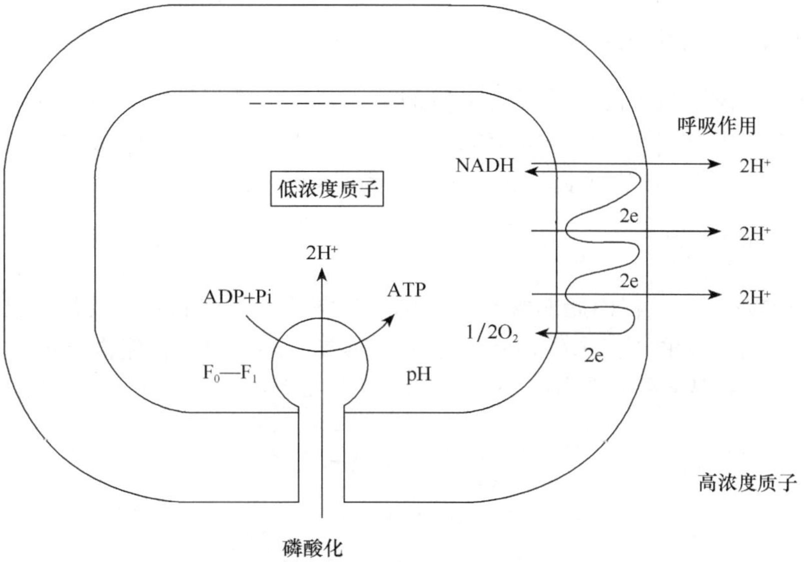


图 7-4　氧化磷酸化作用将碳水化合物和脂肪氧化时所释放的能量和 ATP 的合成过程偶联（杜金友和杨晓玲，2010）

（杨　晴）

# 第八章 脂类代谢

## 第一节 脂类概述

**【学习目标】**

了解脂类物质的种类；了解脂类的生理功能。

**【常用术语】**

三酰甘油（triglyceride）。

**【概述】**

脂类都是由生物体产生的，并能被生物体所利用；在分子组成上大都是脂肪酸与醇所组成的酯，也有些不含脂肪酸的脂类化合物是异戊二烯的聚合产物，如固醇类化合物。脂类的分解和合成代谢是动物体内的重要代谢过程；最后简述脂类在体内运转的概况。

### 一、脂类化合物的种类

脂类是生物体中所有能够溶于有机溶剂（如苯、乙醚、氯仿、乙醇等）的多种化合物的总称。脂类化合物没有统一规定的分类方法，通常根据分子组成和结构特点分为简单脂类、复合脂类和异戊二烯类。后两类又称为类脂质。

（一）简单脂类

**1．三酰甘油** 仅仅由脂肪酸和醇所构成的酯称为简单脂，主要是三酰甘油，是由三个脂肪酸分别与甘油的三个醇羟基缩合脱水所成的酯。根据在室温下的物理状态不同又分为油和脂。室温下呈液态者称为油；呈固态者称为脂。三酰甘油的结构通式为

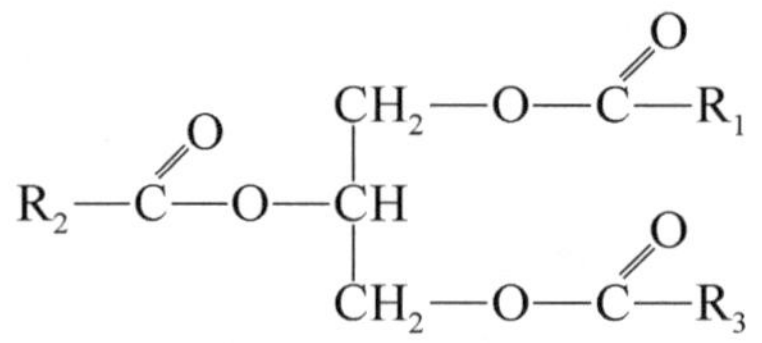

**2．脂肪酸** 从动物、植物、微生物中分离到的天然脂肪酸已达百多种，有饱和的与不饱和的之分。不饱和脂肪酸有一个双键的单烯不饱和脂肪酸和几个双键的多烯不饱和脂肪酸。例如，软脂酸是16碳饱和脂肪酸，简写为16∶0；油酸是18碳不饱和脂肪酸，可简写为$18:1^{\Delta 9}$或者18∶1（9）；花生四烯酸是有4个双键的20碳不饱和脂肪酸，可简写为：$20:4^{\Delta 5,8,11,14}$或者20∶4（5，8，11，14）。

（二）复合脂类

由简单脂与非脂性成分组成的脂类化合物称为复合脂。重要的复合脂有磷脂和糖脂两类。磷脂因分子中含有磷酸和含氮碱的脂类，故可分为甘油磷脂和神经醇磷脂。糖脂是分子中含糖的脂类。

### （三）异戊二烯类脂质

异戊二烯类脂质是异戊二烯聚合而成的脂类，主要有类胡萝卜素和类固醇。

## 二、脂类的分布和生理功能

脂类广泛分布于一切生物体中，在体内主要以贮脂和体脂（结构脂）两种形式存在，它们的含量和功能有明显的不同。

### （一）贮脂

三酰甘油作为浓缩燃料的贮存形式，在体内含量变动很大，因营养条件和生理状况而异。贮脂的生理功能主要是作为营养物质贮存备用，是重要的能源和碳源。此外，对于人体来说，体内贮脂有润滑组织、保持体温等功能。食物中的油脂能提供人体必需脂肪酸，帮助脂溶性维生素吸收。

### （二）体脂

生物体内各种类脂质主要作为生物膜的基本结构成分，这些脂类统称为体脂，又叫结构脂。体脂含量较低，但比较稳定，不像贮脂含量那样大幅度变化。

甘油磷脂是细胞生物膜的基本结构物质，神经磷脂是高等动物神经鞘膜的基本结构物质。除此之外，糖脂、类固醇等也参加生物膜的组建。生物膜的各种生理功能，如屏障作用、免疫作用、物质传送、能量转换、细胞识别、代谢调控、神经传导等，都体现了体脂的重要性。

异戊二烯类脂质多属于维生素和激素等生理活性物质，具有调节代谢、促进细胞分化和生理发育等功能，是生物体不可缺少的。

# 第二节 脂肪的分解代谢

**【学习目标】**

掌握脂肪的分解过程。

**【常用术语】**

脂肪动员（fat mobilization）。

**【概述】**

脂肪分解过程是先进行脂肪动员，然后再进行甘油和脂肪酸的分解。

## 一、脂肪的动员

脂肪是动物体内的重要贮能物质，当机体需要时，贮存在脂肪细胞中的脂肪被水解为游离脂肪酸和甘油并释放入血液，被其他组织氧化利用，这一过程称为脂肪的动员作用。

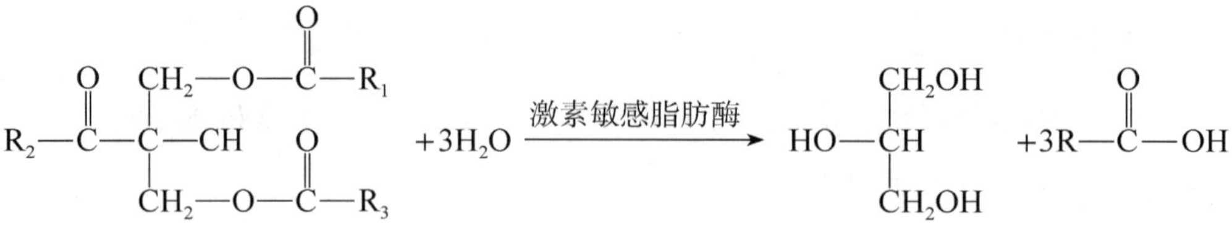


## 二、甘油的代谢

甘油经图 8-1 所示的途径和相应的酶催化，形成糖酵解中间产物——磷酸二羟丙酮。生成的磷酸二羟丙酮可经糖酵解途径继续分解氧化生成丙酮酸，进入三羧酸循环途径彻底氧化，也可经糖异生途径最后生成葡萄糖，亦可重新转变为 3-磷酸甘油，作为体内脂肪和磷脂等的合成原料。

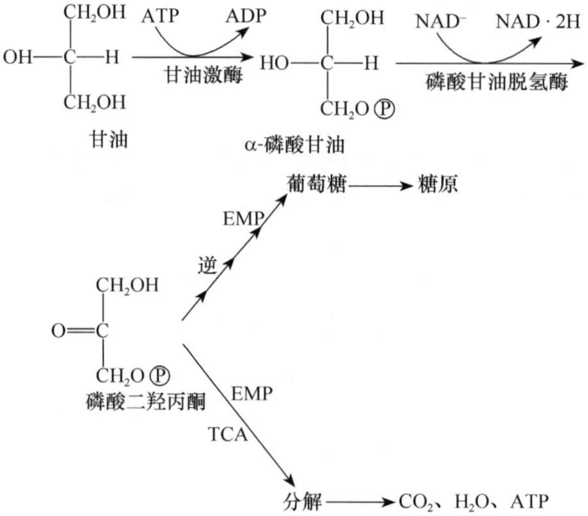


图 8-1　甘油的分解（杜金友和杨晓玲，2010）

## 三、脂肪酸的氧化分解

### （一）饱和偶碳脂肪酸的 β-氧化作用

1904 年，Knoop 利用在体内不易降解的苯环作为标记连接到脂肪酸的末端甲基，然后饲喂动物，结果发现动物食进的苯脂酸含有奇数碳原子，则排出苯甲酸，而含有偶数碳原子，则排出苯乙酸。在上述实验的基础上 Knoop 提出了脂肪酸的 β-氧化学说，推论脂肪酸氧化是从羧基端的 β-位碳原子开始，每次分解出一个二碳片段。

脂肪酸氧化的步骤如下。

**1. 脂肪酸的活化**　脂肪酸在细胞质中首先被活化，然后再进入线粒体内氧化。活化过程实际上就是把脂肪酸转变为脂酰辅酶 A，催化的反应需 ATP 参加，总反应式是

$$R—\overset{\overset{\displaystyle O}{\|}}{C}—O^- + ATP + HS—CoA \underset{Mg^{2+}}{\rightleftharpoons} R—\overset{\overset{\displaystyle O}{\|}}{C}—SCoA + PPi + AMP$$

**2. 脂酰辅酶A向线粒体基质转移** 脂肪酸的β-氧化酶系都存在于线粒体中。在线粒体外合成的脂酰辅酶A必须借助肉碱作为载体才能穿过线粒体膜。肉碱即L-β-羟基-γ三甲基铵基丁酸，它在线粒体膜外侧与脂酰CoA结合生成脂酰肉碱，催化该反应的酶为肉碱脂酰转移酶Ⅰ。反应如下：

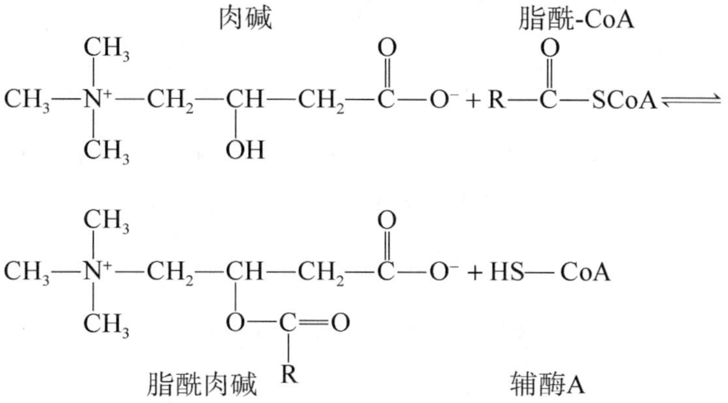


脂酰肉碱通过线粒体内膜的移位酶穿过内膜，脂酰基与线粒体基质中的辅酶A结合，重新产生脂酰辅酶A，释放肉碱。线粒体内膜内侧的肉碱转移酶Ⅱ催化此反应。最后肉碱经移位酶协助又回到细胞质中，如图8-2所示。

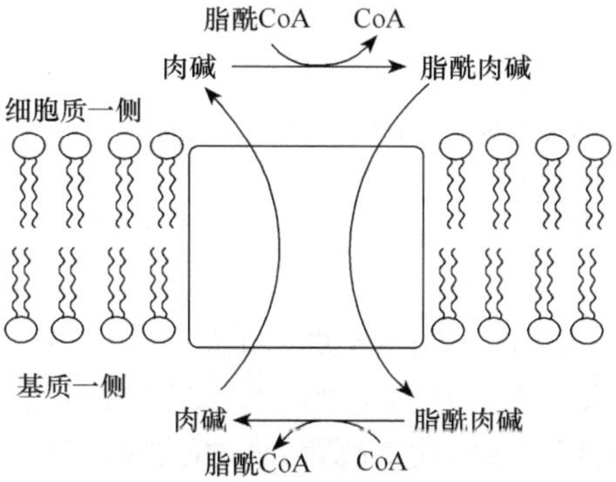


图8-2 线粒体膜内外脂肪酸的转运机制（王希成，2001）

**3. 脂肪酸β-氧化作用的步骤** 脂酰辅酶A在线粒体基质中进行β-氧化作用。β-氧化作用是脂肪酸在一系列酶的作用下，在α-碳原子和β-碳原子之间断裂，β-碳原子氧化成羧基，生成含2个碳原子的乙酰辅酶A和较原来少2个碳原子的脂肪酸。β-氧化作用包括四个循环的步骤。

（1）脂酰辅酶A的α-β脱氢 脂酰辅酶A在脂酰CoA脱氢酶（acyl-CoA dehydrogenase）的催化下，在α与β碳位之间脱氢，形成反式双键的脂酰辅酶A，即α，β-反式烯脂酰CoA（$\Delta^2$反式烯脂酰辅酶A）。

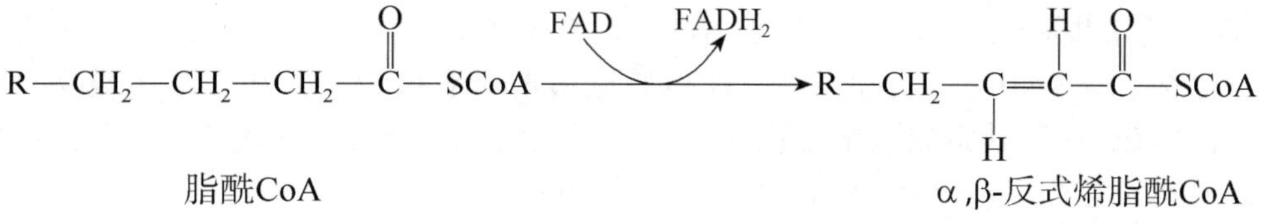

（2）$\Delta^2$ 反式烯脂酰辅酶 A 的水化　在烯脂酰辅酶 A 水化酶（enoyl-CoA hydratase）的催化下，反式烯脂酰辅酶 A 的双键上加 1 分子水形成 L（＋）β-羟脂酰辅酶 A。

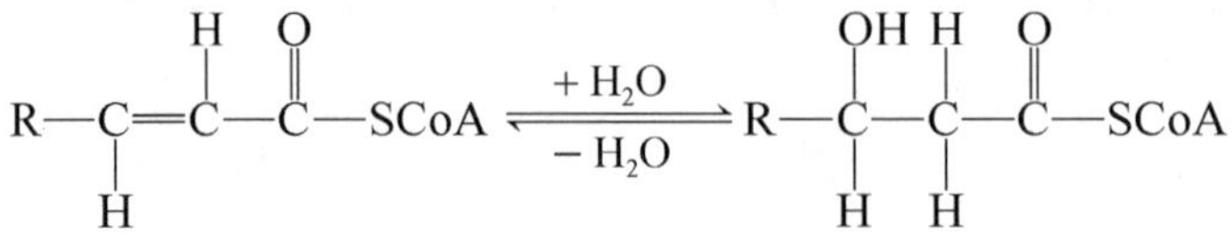

$\Delta^2$反式烯脂酰CoA　　L(+)β-羟脂酰CoA

（3）L（＋）β-羟脂酰辅酶 A 的脱氢　经 L（＋）β-羟脂酰辅酶 A 脱氢酶催化，在 L（＋）β-羟脂酰辅酶 A 的 $C_3$ 的羟基上脱氢氧化成 β-酮脂酰辅酶 A。

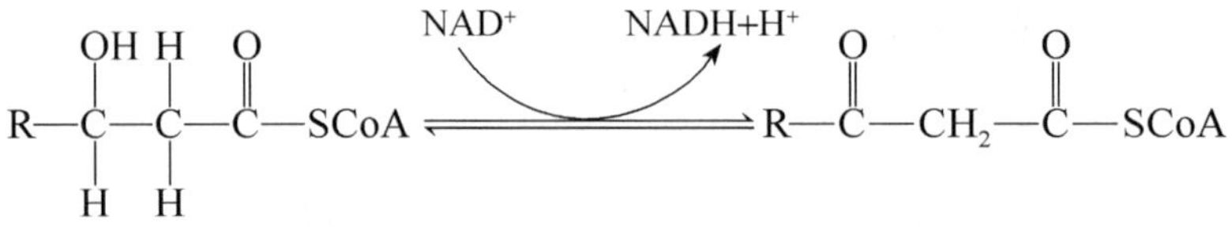

L(+)β-羟脂酰-SCoA　　β-酮脂酰CoA

（4）β-酮脂酰辅酶 A 的硫解　在硫解酶即酮脂酰硫解酶催化下，β-酮脂酰辅酶 A 被第二个辅酶 A 分子硫解，产生乙酰辅酶 A 和比原来少两个碳原子的脂酰辅酶 A。

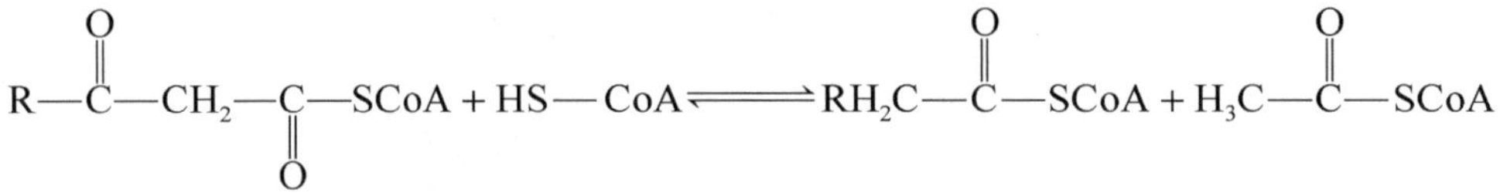

β-酮脂酰CoA　　乙酰CoA

综上所述，脂肪酸 β-氧化作用有四个要点：①脂肪酸仅需一次活化，其代价是消耗 1 个 ATP 分子的两个高能键，其活化酶在线粒体外；②在线粒体外活化的长链脂酰 CoA 需经肉碱携带进入线粒体；③所有脂肪酸 β-氧化的酶都是线粒体酶；④ β-氧化过程包括脱氢、水化、再脱氢、硫解四个重复步骤。最终 1 分子脂肪酸变成许多分子乙酰 CoA（图 8-3）。生成的乙酰 CoA 可以进入三羧酸循环，氧化成 $CO_2$ 及 $H_2O$，也可以参加其他合成代谢。

**4. 脂肪酸 β-氧化过程中的能量转变**　脂肪酸在 β-氧化过程中，每形成 1 分子乙酰辅酶 A，就使 1 分子 FAD 还原为 $FADH_2$，并使 1 分子 $NAD^+$ 还原为 $NADH+H^+$。$FADH_2$ 进入呼吸链生成 2 分子 ATP；$NADH+H^+$ 进入呼吸链生成 3 分子 ATP。以软脂酰辅酶 A 为例，经过 7 次的 β-氧化循环，即可将软脂酰辅酶 A 转变为 8 个分子的乙酰辅酶 A。

软脂酰辅酶 A＋7HS-CoA＋7FAD＋7$NAD^+$＋7$H_2O$ ⟶ 8 乙酰辅酶 A＋7$FADH_2$＋7NADH＋7$H^+$

每分子乙酰辅酶 A 进入三羧酸循环彻底氧化共形成 12 分子 ATP，因此 8 分子乙酰辅酶 A 彻底氧化共形成 8×12＝96 分子 ATP。而 7 分子 $FADH_2$ 和 7 分子 NADH 进入呼吸链共产生 2×7＋3×7＝35 分子 ATP。所以软脂酸彻底氧化为 $CO_2$ 和 $H_2O$ 生成 96＋35＝131 分子 ATP，由于软脂酸活化为软脂酰辅酶 A 消耗 1 分子 ATP 中的 2 个高能磷酸键的能量，因此净生成 131－2＝129 个 ATP 高能磷酸键。

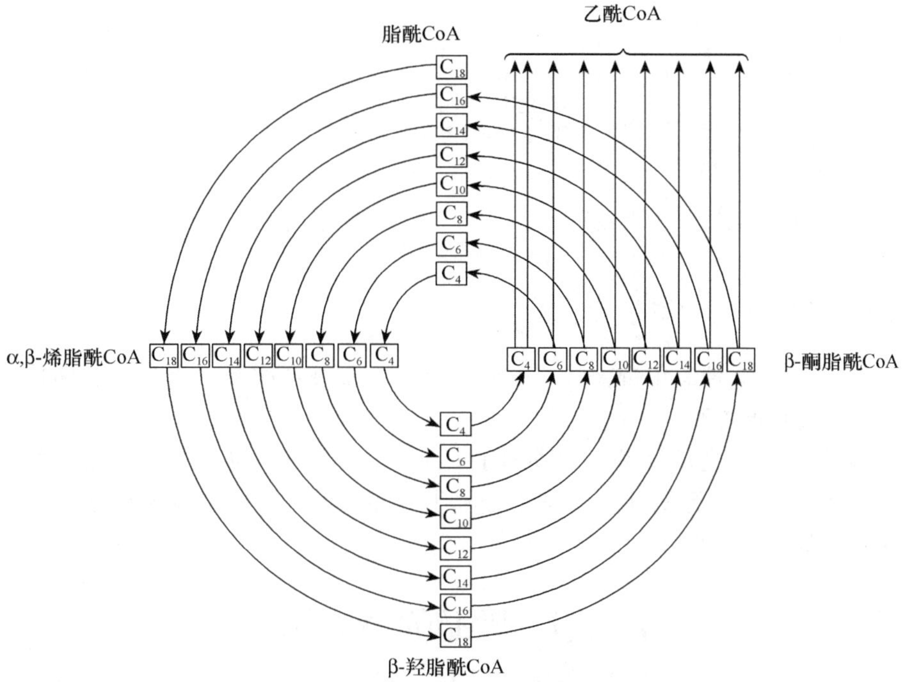


图 8-3 脂酰 CoA 的降解（王镜岩等，2002）

## （二）不饱和脂肪酸的氧化

不饱和脂肪酸的氧化途径和上述饱和脂肪酸的 β-氧化途径相似。但由于它比相应的饱和脂肪酸多一个双键，所以在氧化过程中还需要有一个酶把脂肪酸分子中原有的顺式双键结构催化转变为反式结构，以适于烯脂酰辅酶 A 水合酶的要求。如果不饱和脂肪酸带有两个双键则还要另加一个酶把 D（－）β-羟脂酰 CoA 催化转变成 L（＋）β-羟脂酰辅酶 A，以适应脂酰 CoA 脱氢酶的要求，使之继续按 β-氧化途径进行。

## （三）奇数碳脂肪酸的 β-氧化

生物界的脂肪酸大多数为偶数碳原子，但在反刍动物的瘤胃、许多植物、海洋生物、石油酵母微生物等体内还有部分奇数碳脂肪酸存在。它们按 β-氧化进行，除产生乙酰辅酶 A 外，最后还剩下一个丙酰辅酶 A。丙酰辅酶 A 不能再按 β-氧化继续降解，它经 3 步酶反应转变成琥珀酰辅酶 A。

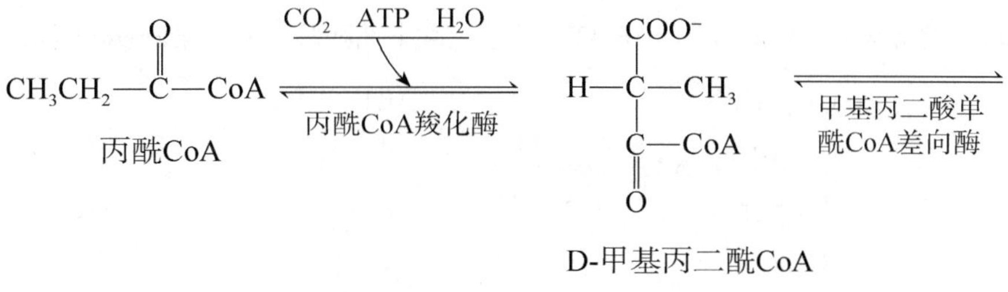

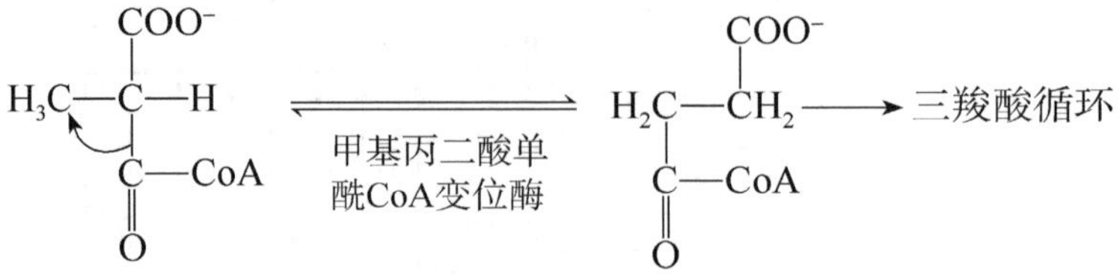


D-甲基丙二酰CoA　　　　　　　　琥珀酰CoA

### （四）脂肪酸的其他氧化方式

**1．α-氧化**　这种氧化过程是首先使α-碳原子氧化成羟基，再氧化成酮基，最后脱酸成为少一个碳的脂肪酸。

**2．ω-氧化**　首先从烃基末端碳原子即ω-碳子上被氧化生成α，ω二羧酸，然后再从两端进行β-氧化。现已从油浸土壤中分离出许多细菌，它们具有ω-氧化酶系统，可用来清除海水表面的大量浮油。

# 第三节　脂肪的合成代谢

**【学习目标】**

掌握脂肪的合成过程。

**【常用术语】**

三酰甘油（triacylglyceride）。

**【概述】**

动物肝脏、脂肪组织及高等植物都能大量合成脂肪，微生物则合成较少。合成途径是由脂酰辅酶A和L-α-磷酸甘油（3-磷酸甘油）经磷脂酸而合成的。

## 一、3-磷酸甘油的来源

3-磷酸甘油是合成脂肪的前体之一，它有两个来源：一是由糖酵解中间产物——磷酸二羟丙酮在α-磷酸甘油脱氢酶（glycerol phosphate dehydrogenase）催化下，以NADH为辅酶还原形成。

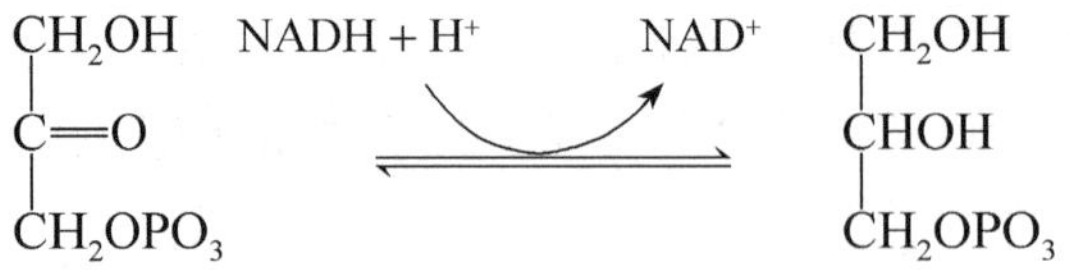


磷酸二羟丙酮　　　　　　3-磷酸甘油

二是由脂肪水解产生的甘油，在ATP参与下经甘油激酶（glycerol kinase）催化而形成。

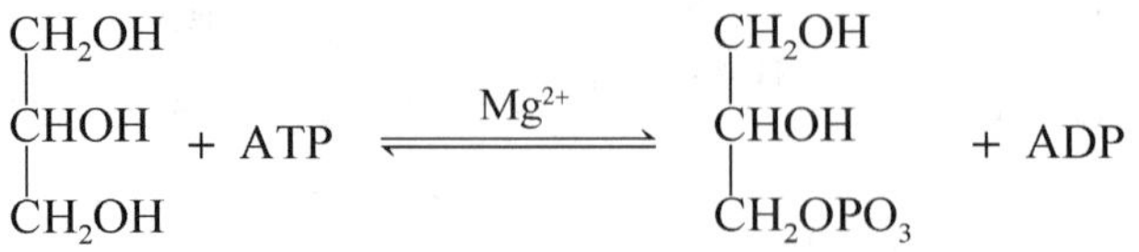


甘油　　　　　　　　3-磷酸甘油

由于脂肪组织缺乏有活性的甘油激酶，因此这种组织中三酰甘油合成所需的α-磷酸甘油来自糖代谢。

## 二、脂肪酸的生物合成

脂肪酸的生物合成是在胞液中进行的。

### （一）饱和脂肪酸的从头合成

**1. 乙酰辅酶A的转运**　脂肪酸合成所需的碳源是来自乙酰辅酶A，但机体产生的乙酰CoA都是在线粒体基质中，它们不能任意穿过线粒体内膜到胞液中去，可以通过以下途径透过膜（图8-4）。

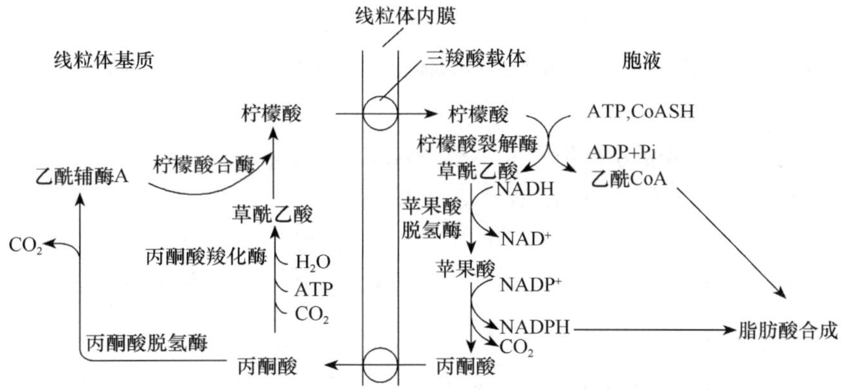


图8-4　乙酰辅酶A从线粒体内至胞液的运转（王镜岩等，2002）

**2. 丙二酸单酰辅酶A的形成**　以软脂酸为例，所需的8个乙酰辅酶A，只有一个以乙酰辅酶A的形式参与合成，其余7个皆以丙二酸单酰辅酶A的形式参与合成，脂肪酸合成中，每次延长都需要丙二酸单酰辅酶A参加。丙二酸单酰辅酶A是由乙酰辅酶A和$HCO_3^-$羧化形成的。

$$CH_2—\overset{\displaystyle O}{\overset{\|}{C}}—S—CoA+ATP+HCO^- \longrightarrow O^-—\overset{\displaystyle O}{\overset{\|}{C}}—CH_2—\overset{\displaystyle O}{\overset{\|}{C}}—S—CoA+ADP+Pi+H^+$$

乙酰CoA　　　　　　　　　　丙二酸单酰CoA

**3. 丙二酸单酰辅酶A和乙酰辅酶A形成软脂酸**

（1）软脂酸合成酶多酶复合体的构成　多酶复合体由7个成分组成，分别为酰基载体蛋白、ACP-酰基转移酶、ACP丙二酸单酰转移酶、β-酮脂酰-ACP合成酶、β-酮脂酰-ACP还原酶、烯脂酰-ACP脱水酶、烯脂酰-ACP还原酶。它们以没有酶活性的酰基载体蛋白（acyl carrier protein，ACP）（图8-5）为中心组成一簇，脂肪酸合成过程中的中间产物以共价键与载体相连。

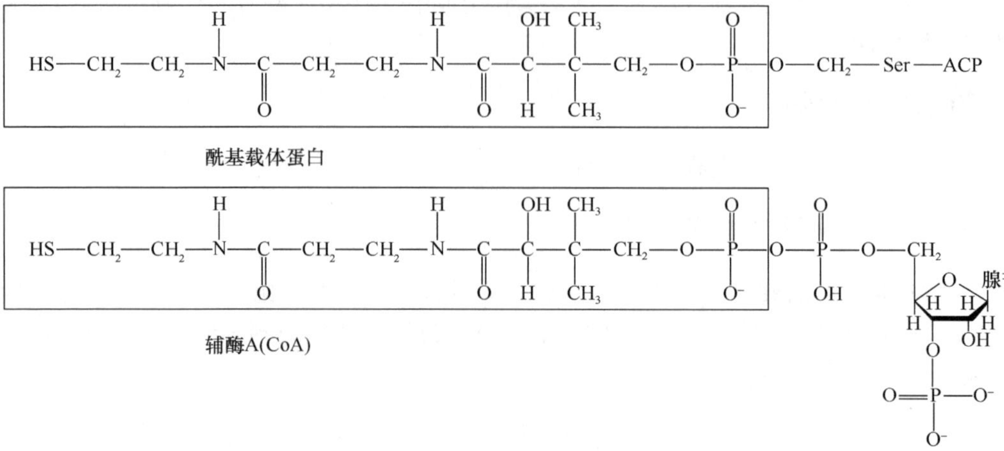


图 8-5　磷酸泛酰巯基乙胺是 CoA 与酰基载体蛋白中的活性基团（杜金友和杨晓玲，2010）

（2）脂肪酸的生物合成程序

1）原初反应。由多酶复合物中的一个酶单体 ACP-酰基转移酶（ACP-acyltransferase）催化乙酰辅酶 A 与 ACP 的—SH 作用，反应如下：

$$\underset{\text{乙酰-CoA}}{CH_3\overset{O}{\overset{\|}{C}}—S—CoA} + ACP—SH \rightleftharpoons \underset{\text{乙酰-ACP}}{CH_3\overset{O}{\overset{\|}{C}}—S—ACP} + CoA—SH$$

乙酰基并不留在 ACP 上，而是转移到β-酮脂酰-ACP 合成酶（β-ketoacl-ACP synthase，以合成酶—SH 或缩合酶表示）单体的半胱氨酸的—SH 上，反应如下：

$$CH_3—\overset{O}{\overset{\|}{C}}—S—ACP + \text{合成酶}—SH \rightleftharpoons CH_3—\overset{O}{\overset{\|}{C}}—S—\text{合成酶} + ACP—SH$$

2）丙二酸酰基的转移反应。在 ACP 丙二酸单酰转移酶催化下，丙二酸单酰辅酶 A 与 ACP—SH 作用，脱掉辅酶 A 形成丙二酸单酰-ACP：

$$\underset{\text{丙二酸单酰-CoA}}{^-OOC—CH_2—\overset{O}{\overset{\|}{C}}—SCoA} + ACP—SH \rightleftharpoons \underset{\text{丙二酸单酰-ACP}}{^-OOC—CH_2—\overset{O}{\overset{\|}{C}}—SACP} + CoA—SH$$

3）缩合反应。这一步由β-酮脂酰-ACP 合成酶催化。与酶分子中半胱氨酸—SH 结合的乙酰基又转移到丙二酸单酰-ACP 的丙二酸单酰基的第二个碳原子上，形成乙酰乙酰-ACP，同时使丙二酸单酰基上的自由羧基脱羧产生 $CO_2$，反应如下：

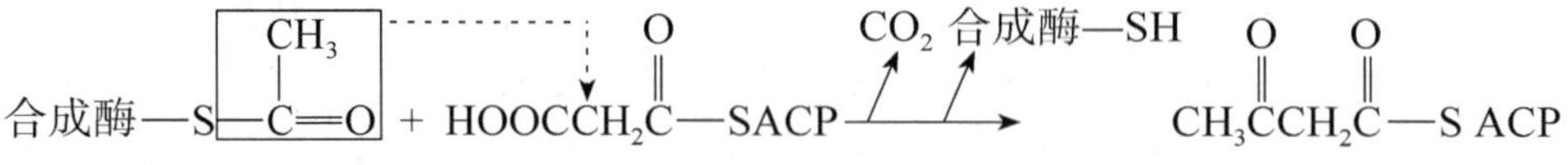


乙酰乙酰-ACP

4）第一次还原反应。乙酰乙酰-ACP 由 NADPH＋$H^+$还原，形成β-羟丁酰-ACP。催化该反应的酶为β-酮脂酰-ACP 还原酶，反应如下：

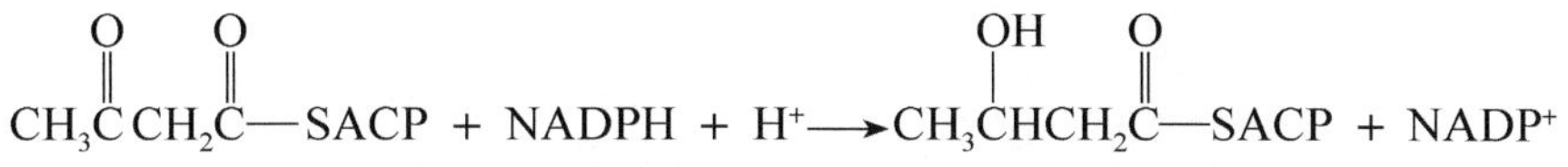

乙酰乙酰-ACP　　　　　　　　D-β-羟丁酰-ACP

5）脱水反应。D-β-羟丁酰-ACP 脱水，形成相应的 α、β 或 $\Delta^2$ 反式丁烯酰-ACP，即巴豆酰-ACP，催化该反应的酶是羟脂酰-ACP 脱水酶，反应如下：

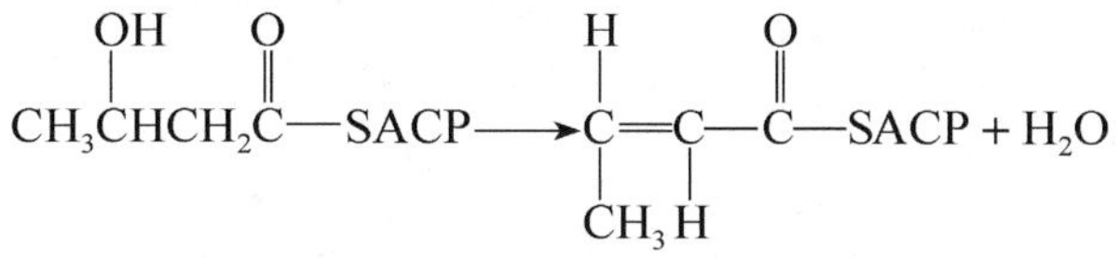

D-β-羟丁酰-ACP　　　　　巴豆酰-ACP

6）第二次还原反应。巴豆酰-ACP 被还原为丁酰-ACP，催化该反应的酶为烯脂酰-ACP 还原酶，电子供体是 NADPH＋$H^+$。在大肠杆菌和动物组织中反应如下：

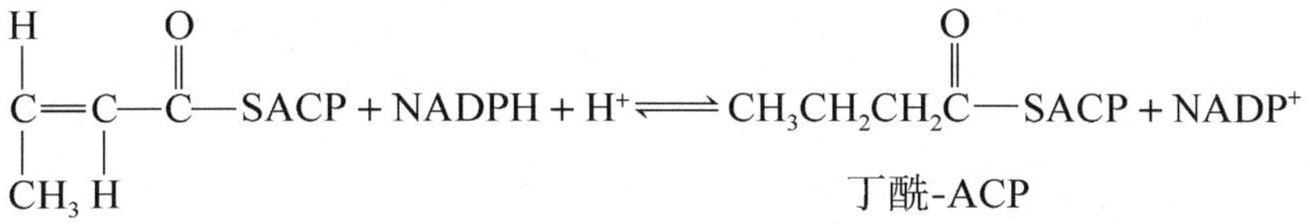

丁酰-ACP

丁酰-ACP 的形成完成了合成软脂酰-ACP 七次循环反应的第一次循环。第二次循环是丁酰基由 ACP 转移到 β-酮脂酰-ACP 合成酶分子的—SH 上，ACP 又可再接受丙二酸单酰基，第二次循环即可进行。经过七次循环后，合成的最终产物软脂酰基-ACP 经硫酯酶催化，形成游离的软脂酸，或由 ACP 转到辅酶 A 上，或直接形成磷脂酸。

多数生物脂肪酸从头合成只能形成软脂酸，而不能形成比它多两个碳原子的硬脂酸。原因是β-酮脂酰-ACP 合成酶对链长有专一性，它接受 14 碳酰基的能力很强，但不能接受 16 碳酰基。可能酶与饱和脂酰基的结合位点只适合于一定的链长范围。

由乙酰-CoA 合成软脂酸的总反应如下式：

$$8\text{乙酰-CoA}+14NADPH+14H^+ +7ATP \longrightarrow \text{软脂酸} + 8HSCoA+14NADP^+ +7ADP+7Pi+7H_2O$$

脂肪酸生物合成的反应程序如图 8-6 所示。

### （二）脂肪酸的碳链延伸

脂肪酸从头合成只能形成软脂酸，要合成 $C_{16}$ 以上的脂肪酸，必须把碳链延伸。生物体有两个脂肪酸碳链延伸酶系统。

**1. 线粒体脂肪酸延长酶系**　　该酶系催化已合成脂肪酸的延伸，它与脂肪酸合成酶的不同之处有以下两方面。

1）以乙酰—S-CoA 而不以丙二酰—S-CoA 作为延伸碳链。

2）反应过程中的各酰基载体为 CoASH，而不是 ACP—SH，即反应过程中各种形式的酰基都是以酰基—CoA 的形式参与反应，而不是以酰基—ACP 的形式参与反应。

综上可知这个延伸系统类似于 β-氧化的逆反应，但又不完全相同。β-氧化过程中脂酰 CoA 脱氢酶以 FAD 为辅基，而延伸系统的烯脂酰还原酶的辅酶为 NADPH。

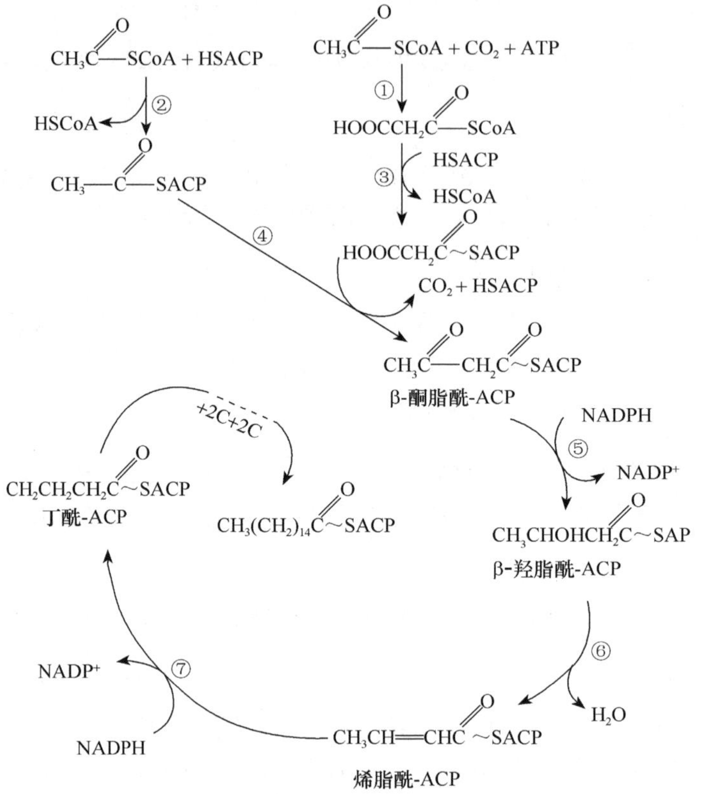


图 8-6　脂肪酸的生物合成过程（杜金友和杨晓玲，2010）

①乙酰 CoA 羧化酶；②乙酰 CoA-ACP 转酰酶；③丙二酸单酰 CoA-ACP 转移酶；④ β-酮脂酰-ACP 合成酶；⑤β-酮脂酰-ACP 还原酶；⑥ β-羟脂酰-ACP 脱水酶；⑦烯脂酰-ACP 还原酶

**2. 内质网脂肪酸延长系统**　哺乳动物细胞的内质网能够以饱和或不饱和长链脂肪酸作为引物，如软脂酰 CoA 和硬脂酰辅酶 A、油酸、亚油酸以丙二酸单酰辅酶 A 作为 $C_2$ 的供体，NADPH＋$H^+$为氢的供体，综合时都以酰基—CoA 形式缩合，即由辅酶 A 代替 ACP 为酰基载体，从羧基端延长，其中间过程与脂肪酸合成酶系相同。

## 三、三酰甘油的生物合成

由脂酰辅酶 A 和 3-磷酸甘油合成三酰甘油分以下几个步骤。

**1. 三酰甘油磷酸的合成**　在甘油磷酸脂酰转移酶催化下，脂酰辅酶 A 与 3- 磷酸甘油反应生成单脂酰甘油磷酸，又称为溶血磷脂酸。

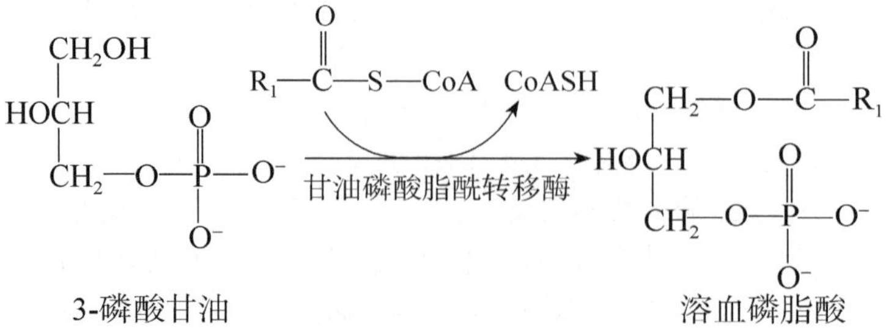

**2. 形成磷脂酸** 溶血磷脂酸在甘油磷酸脂酰转移酶的催化下，再与第二个脂酰CoA反应形成磷脂酸。它是合成三酰甘油和一些磷脂的重要前体。

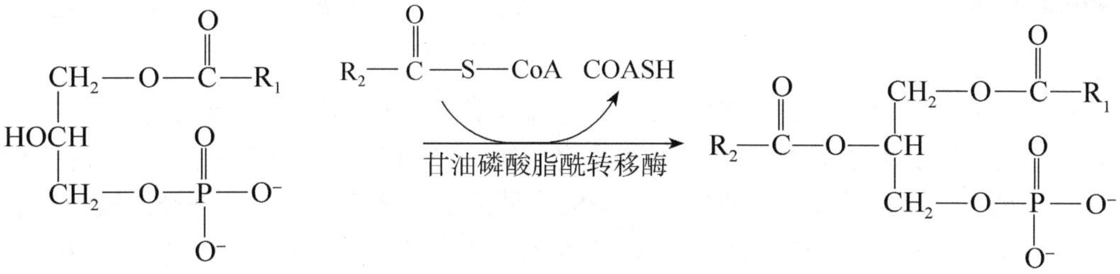


溶血磷脂酸　　　　　　　　　　　　　　磷脂酸

磷脂酸的合成还有另一起始物，其反应包括如下步骤：

磷酸二羟丙酮 + 脂酰 CoA $\xrightarrow{\text{磷酸二羟丙酮转酰基酶}}$ 脂酰磷酸二羟丙酮 $\xrightarrow{\text{NADPH + H}^+ \quad \text{NADP}^+}$

溶血磷脂酸 $\xrightarrow{\text{脂酰CoA} \quad \text{HSCoA}}$ 磷脂酸

**3. 磷脂酸的水解** 磷脂酸被磷酸酶水解形成二酰甘油：

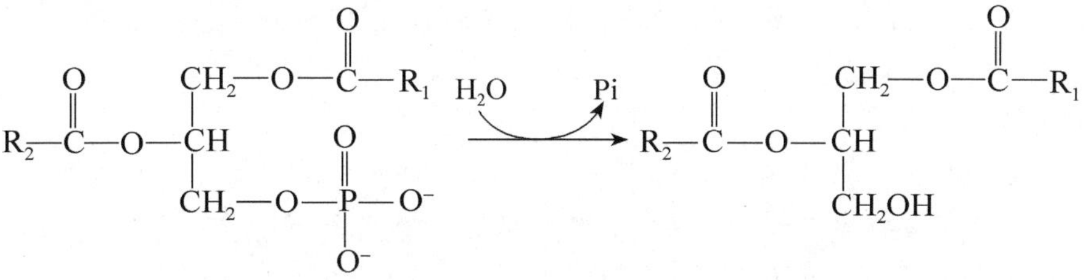

磷脂酸　　　　　　　　　　　　二酰甘油

**4. 三酰甘油的形成** 二酰甘油在二酰甘油转酰基酶催化下与第三个脂酰CoA反应形成三酰甘油：

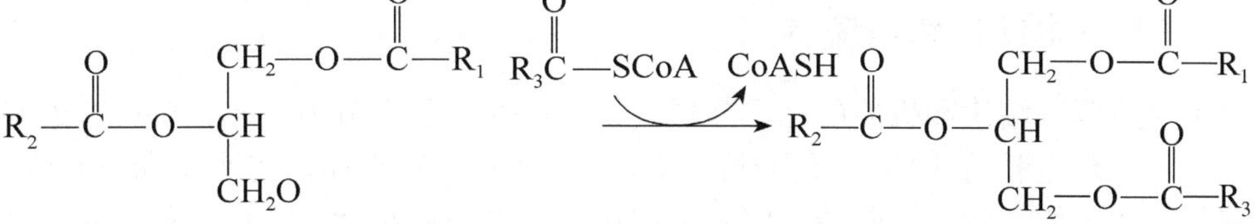

二酰甘油　　　　　　　　　　　　　　三酰甘油

（郭洪梅）

# 第九章 泌　尿

机体新陈代谢产生的终产物，必须及时排出体外，以维持内环境的相对稳定。就陆生脊椎动物而言，具有排泄功能的器官有肾、肺、肠道和皮肤。其中，经由肾排泄的物质不仅数量大，而且种类多，所以肾脏是机体最重要的排泄器官。在神经体液的调节下，肾在尿的生成过程中，通过控制尿液的质和量，参与机体稳态的调节。此外，肾脏还具有内分泌功能，如促进红细胞生成和维生素 D 活化。

## 第一节　尿的生成

**【学习目标】**

了解肾脏的一般结构和肾脏的血液循环特征；掌握尿的生成过程；理解影响尿生成的因素。

**【常用术语】**

肾单位（nephron），肾小球滤过率（glomerular filtration rate，GFR），肾糖阈（renal glucose threshold）。

**【概述】**

肾脏是动物体内最重要的排泄器官，以尿液的形式排出大量的代谢终产物和废物。尿液的组成因动物的种类、食性、机体的代谢状况不同而异，以水分为主，占尿液总量的96%～97%，固体物质占3%～4%。固体物质中包括无机物如钾、钠、钙、铵等的盐酸盐、硫酸盐等，有机物如尿素、尿酸、肌酸、肌酐、药物等。肾脏在泌尿过程中，还参与渗透压、酸碱度、水和电解质平衡的调节，对维持和调节机体内环境的相对恒定具有重要意义。

### 一、肾脏的基本结构和血流特点

肾单位是肾脏结构和机能的基本单位，按其所在部位可分为皮质肾单位和近髓肾单位两类。肾单位包括肾小体和肾小管两部分（图 9-1）。肾小体由肾小球和肾小囊构成。肾小球是一团毛细血管网，两端分别和入球小动脉与出球小动脉相连。肾小囊包裹在肾小球外面，由包裹着肾小球毛细血管网的脏层和与肾上管管壁相连的壁层组成，两层上皮之间有一狭小腔隙——肾囊腔，与肾小管管腔相通。肾小管形态结构较复杂，全长分为三段：近端小管是接近肾小球的一段，包括近曲小管和髓袢降支粗段，管径粗；髓袢细段的管径最细、壁最薄，由扁平上皮细胞构成；远端小管包括髓袢升支粗段和远曲小管，管径粗。很多肾单位的远曲小管汇集于一条集合管，集合管又汇入乳头管，最后形成的尿液经输尿管而进入膀胱。

肾动脉短而粗，直接由腹主动脉垂直分出，肾血流量大，占心输出量的1/5～1/4，入球小动脉血压较高。肾动脉进入肾单位后要经过两次毛细血管网，肾小球毛细管网介于入球小动脉与出球小动脉之间，肾小球的毛细血管压高，有利于血浆内某些成分滤出；肾小管周围的毛细血管网的血压低，血流缓慢，有利于小管液内物质的重吸收。

## 二、尿液的生成过程

尿液的生成包括三个环节：①肾小球对血浆的滤过作用，生成原尿。②肾小管和集合管对小管液的选择性重吸收。③肾小管和集合管的分泌与排泄作用。

### （一）肾小球的滤过功能

当血液流经肾小球时，血液中的物质，除血细胞和大分子的蛋白质外，其他的物质，如水、无机盐、葡萄糖、少量的小分子蛋白质等，都能透过肾小球滤过膜，进入到肾小囊腔内，形成原尿。单位时间内（每分钟）两肾生成原尿的量称为肾小球滤过率。肾小球滤过膜的通透性和肾小球的有效滤过压是原尿生成的结构基础和动力。

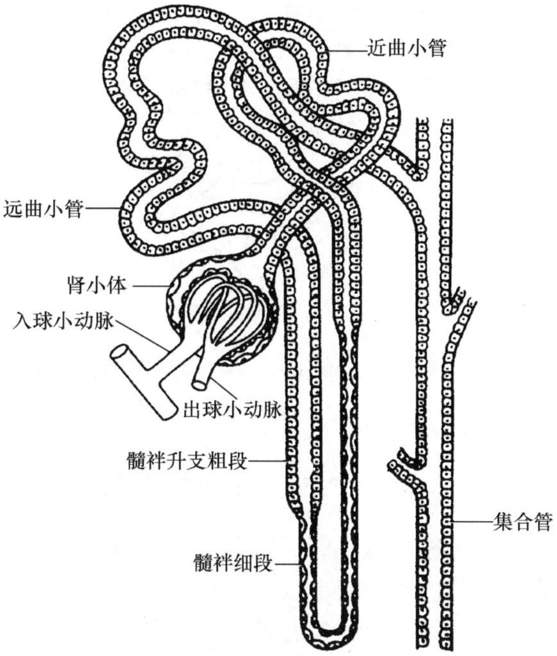


图 9-1 肾单位结构示意图（柳巨雄和杨焕民，2010）

**1. 肾小球滤过膜的通透性** 位于肾小球毛细血管腔和肾小囊腔之间的膜状结构称为滤过膜，由肾小球毛细血管的内皮细胞、基膜和肾小囊脏层足细胞三层结构组成，每一层结构上都存在着一定大小的孔道，是原尿生成的机械屏障。毛细血管内皮细胞上有许多 50～100nm 的窗孔，能阻挡血细胞的通过；位于中间的基膜层是由水合凝胶构成的微纤维网，其上有 2～8nm 的网孔，空隙最小，起主要的机械屏障作用；肾小囊脏层足细胞的足突之间形成不规则的裂隙膜，裂隙膜上有 4～14nm 的小孔，是滤过的最后一道屏障。另外，在滤过膜的三层膜上都覆盖着带负电的糖蛋白，能阻止带负电的物质通过，起到电化学屏障作用。在机械和电化学屏障的共同作用下，血浆中的水分子、葡萄糖等有效半径小于 2.0nm 的中性物质可自由滤过，有效半径在 2～4.2nm 的能部分滤过，而有效半径大于 4.2nm 的则完全不易滤过，白蛋白的有效半径虽然只有 3.6nm，但因其带有负电荷而难以滤过。

**2. 肾小球的有效滤过压** 滤过膜两侧有促进和抗拒滤过的力量，促进肾小球滤过的动力，取决于促进滤过力量和抗滤过力量的差值，这个差值称为肾小球有效滤过压。有效滤过压与肾小球毛细血管血压、血浆胶体渗透压及肾小囊内压三者有关，是三者力量均衡的结果（图 9-2）。

有效滤过压＝毛细血管血压－（血浆胶体渗透压＋肾小囊内压）

一般在入球端有效滤过压为正值，血浆从毛细血管中滤出形成原尿，随滤过作用的进行，有效滤过压不断降低，当有效滤过压为 0 时，失去了滤过动力，达到滤过平衡，滤过停止。滤过平衡越靠近入球端，有效滤过面积就越小，肾小球滤过率相应降低。

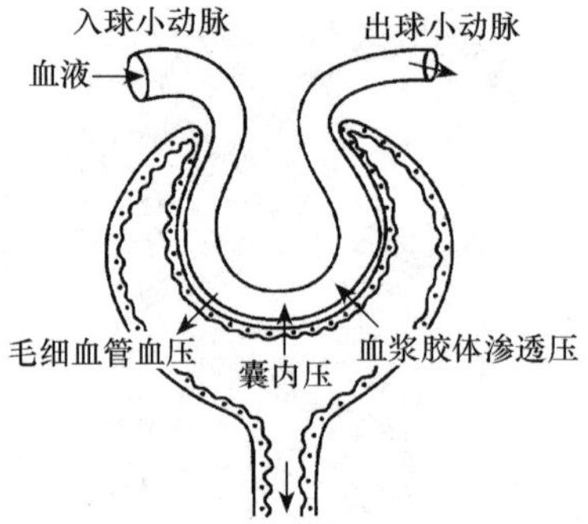


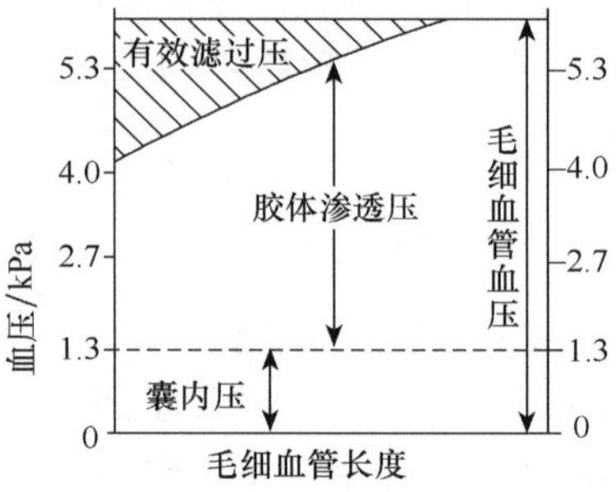


图 9-2 肾小球有效滤过压示意图及肾小球滤过平衡示意图
（柳巨雄和杨焕民，2010）

## （二）肾小管和集合管的物质转运功能

原尿进入肾小管后被称为小管液。小管液经过肾小管和集合管时，其中的大部分溶质和水分被肾小管上皮有选择性地转运到血液中，这一过程称为肾小管和集合管的重吸收作用；肾小管和集合管的上皮细胞将自身代谢产生的物质转运到小管腔的过程，称为肾小管和集合管的分泌作用；肾小管和集合管的上皮细胞将源于血液中的某些物质（如进入体内的青霉素、酚红及一些利尿药，与血浆蛋白结合运输，不能由肾小球滤过）转运至小管腔的过程称为排泄。原尿经过肾小管和集合管的重吸收与分泌、排泄作用，最后排出体外的液体称为终尿。各段肾小管和集合管均有重吸收功能，但重吸收能力和方式不同。

原尿与终尿从量到质均有很大差异，肾小球超滤液流经肾小管和集合管后，氨基酸、葡萄糖等营养物质全部被重吸收，$H_2O$、$Na^+$、$K^+$、$Cl^-$大部分被重吸收，尿素仅部分被重吸收，肌酐等完全不被重吸收且量还有所增加，终尿量仅有原尿量的 1% 左右。

**1. 近端小管的物质转运** 近端小管是重吸收的主要部位，小管液中全部氨基酸、葡萄糖、85% 的 $HCO_3^-$、67% 的 $Na^+$、$K^+$、$Cl^-$和水均在此段被重吸收。$H^+$的分泌也主要发生在此段。

（1）$Na^+$、$Cl^-$和水的重吸收 在近端小管前半段，$Na^+$重吸收是主动重吸收。小管细胞管腔膜对 $Na^+$通透性很高，其余侧膜和管周膜有 $Na^+$泵。当小管液中 $Na^+$浓度升高时，$Na^+$则以被动扩散方式进入小管细胞（同时带动葡萄糖、氨基酸、$H^+$等偶联转运：$Na^+$与葡萄糖或氨基酸同向转运，$Na^+$与 $H^+$逆向转运），随即被 $Na^+$泵泵出小管细胞，进入细胞间隙。这样一方面使上皮细胞 $Na^+$浓度下降，小管液中 $Na^+$源源不断进入细胞内；另一方面细胞间隙 $Na^+$不断升高，渗透压也随之升高，水随之被动吸收方式进入细胞间隙。由于细胞间隙一侧是紧密连接着的，所以当 $Na^+$和 $H_2O$ 进入细胞间隙，使其静水压升高，这一压力使 $Na^+$和水通过组织液进入血液内，但也有少量透过紧密连接回漏入小管腔内，所以 $Na^+$重吸收量等于小管细胞主动重吸收量减去回漏量。

$Cl^-$的重吸收是伴随着 $Na^+$主动重吸收而被重吸收回血液的。在近端小管前半段，由于 $Na^+$和水的重吸收造成小管液中 $Cl^-$浓度高，$Cl^-$依电化学梯度，通过旁细胞途径而被动重吸收。$Cl^-$的重吸收使小管液中的负电荷减少，使$Na^+$也通过旁细胞途径被少量被动重吸收。

水的重吸收是随$Na^+$、$Cl^-$等溶质重吸收使小管液的渗透压下降，在渗透作用的推动下被动重吸收。

（2）$HCO_3^-$的重吸收和$H^+$的分泌　小管液中的$HCO_3^-$不易透过管腔膜，$HCO_3^-$的重吸收是以$CO_2$的形式吸收的。管壁细胞在碳酸酐酶催化下将代谢产生的$CO_2$和$H_2O$生成$H_2CO_3$，后者解离出$H^+$和$HCO_3^-$。$H^+$被肾小管细胞通过$H^+$-$Na^+$交换分泌到管腔中，分泌到小管液中的$H^+$与$HCO_3^-$结合生成$H_2CO_3$，后者再分解成$CO_2$和$H_2O$，$CO_2$可以弥散进入细胞，参与$H^+$形成。经过$H^+$交换的$Na^+$与细胞内的$HCO_3^-$一同转运到血液，形成$NaHCO_3$，补充血液中碱贮（图 9-3）。

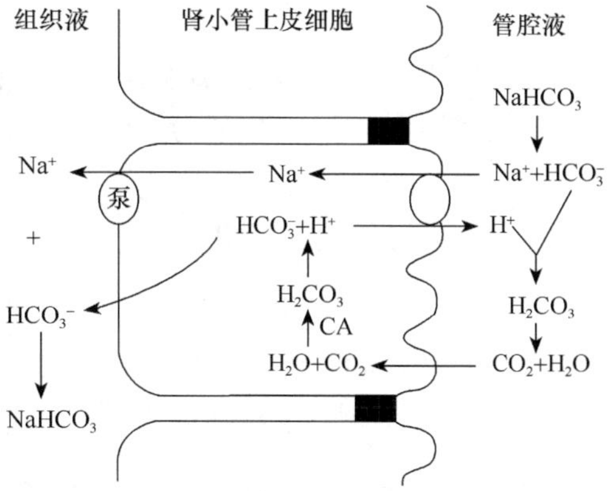


图 9-3　肾小管上皮细胞$HCO_3^-$的重吸收和$H^+$的分泌（柳巨雄和杨焕民，2010）

（3）葡萄糖、氨基酸的重吸收　原尿中葡萄糖、氨基酸可全部被重吸收，重吸收部位完全在近端小管。通过管腔膜上的载体蛋白，葡萄糖、氨基酸与$Na^+$偶联，以同向转运的方式被主动重吸收进小管壁上皮细胞内。当细胞内葡萄糖、氨基酸浓度升高以后，便顺着浓度差透过管周膜进入组织间液，这一步是易化扩散。

由于管腔膜上的载体蛋白数量有限，所以肾小管对葡萄糖的重吸收是有限量的。当血糖浓度超过一定范围时，部分小管对葡萄糖的吸收达到极限，滤液中葡萄糖将不能完全被重吸收，尿中则出现葡萄糖，此时的血糖浓度称为肾糖阈。

（4）$K^+$的重吸收　原尿的$K^+$大部分在近球小管被重吸收回血，而终尿中的$K^+$主要由远曲小管和集合管分泌。$K^+$为主动重吸收，由在管腔膜上的钾离子泵逆浓度差转运。

**2. 髓袢的物质转运**　髓袢降支细段对水有较好的通透性，约 15% 的水在此处被重吸收，但对$Na^+$、$K^+$、尿素的通透性很低，因此随着小管液中水的重吸收，溶质浓度和渗透压逐渐升高。

髓袢升支细段对水几乎不通透，对$Na^+$、$Cl^-$和尿素都有通透性，$Na^+$、$Cl^-$的吸收完全是被动扩散。

髓袢升支粗段对水的通透性仍很低，但能重吸收$Na^+$、$Cl^-$和$K^+$。髓袢升支粗段管基膜上$Na^+$泵的活动，造成细胞内$Na^+$浓度较低，使$Na^+$顺着浓度梯度从小管液扩散到细胞内，同时引起 2 个$Cl^-$、1 个$K^+$继发性同向主动转运，然后由于$Cl^-$和$K^+$的反向被动扩散（$Cl^-$进入组织液，而$K^+$返回小管液），造成 1 个$Na^+$的被动扩散（图 9-4）。髓袢升支粗段内 NaCl 重吸收，水不被重吸收而留在小管内，造成小管液低渗，组织间液高渗，使水和盐的重吸收分离，利于尿液的浓缩和稀释。

**3. 远曲小管和集合管的物质转运**　远曲小管和集合管重吸收及分泌排泄的物质种

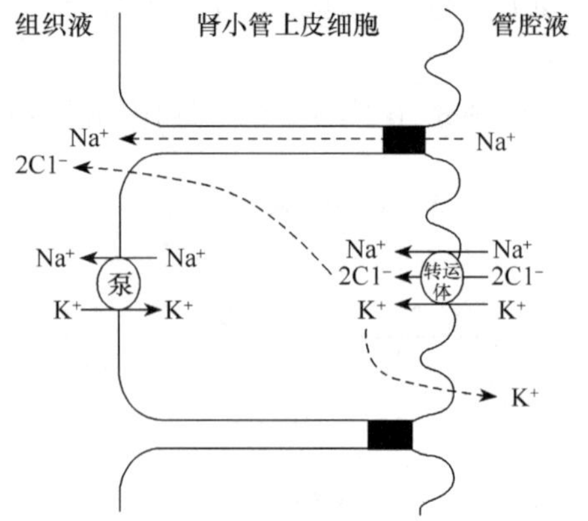


图 9-4 髓袢升支粗段 $Na^+$、$Cl^-$和 $K^+$ 转运示意图（薛瑞辰和李佩国，1997）

类、数量虽少，但受神经体液因素调节，可根据机体的水、盐平衡状况，对 $Na^+$和 $H_2O$ 的重吸收分别进行调节，是机体调节水盐平衡和酸碱平衡的主要部位。

（1）$Na^+$的重吸收与 $K^+$和 $H^+$的分泌　远曲小管和集合管处 $K^+$和 $H^+$分泌均与 $Na^+$的重吸收偶联，都是 $Na^+$依赖性分泌的。$Na^+$主动重吸收时在小管内外形成电位差，管内负、管外正，这种电位差造成 $K^+$由细胞内被动扩散入管腔液并与 $Na^+$交换，$Na^+$进入细胞内又增加了 $Na^+$泵的主动转运过程，使更多的 $K^+$被分泌。因原尿中的 $K^+$大部分在近端小管处被重吸收，所以终尿中的 $K^+$主要是由远曲小管和集合管所分泌。

$H^+$的分泌总是和 $HCO_3^-$的吸收相偶联。在肾小管壁的闰细胞中有碳酸酐酶，可催化细胞内的 $CO_2$ 与 $H_2O$ 结合成 $H_2CO_3$，再解离为 $HCO_3^-$和 $H^+$，随着 $Na^+$的主动重吸收，通过 $H^+$-$Na^+$交换机制被分泌到小管液形成酸式磷酸盐及其他有机酸随尿排出，同时使尿酸化（图 9-5）。

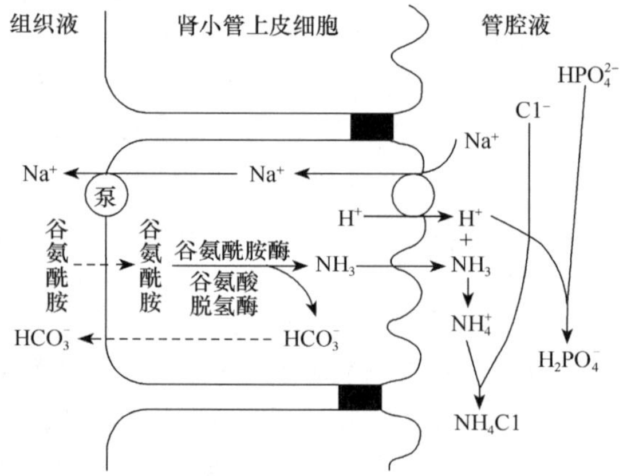


图 9-5 肾小管上皮细胞重吸收钠与泌氢、泌氨（柳巨雄和杨焕民，2010）

在远曲小管和集合管，$H^+$-$Na^+$交换和 $K^+$-$Na^+$交换常存在竞争性抑制，$H^+$-$Na^+$交换增多时，$K^+$、$Na^+$交换减少；$K^+$-$Na^+$交换增多时，$H^+$-$Na^+$交换减少。如酸中毒时，小管细胞碳酸酐酶活性增强，$H^+$生成量增多。$H^+$-$Na^+$交换增加而 $K^+$-$Na^+$交换减少，所以尿中 $H^+$增加，血中 $K^+$增加。

（2）泌氨与铵盐排出　远曲小管与集合管上皮细胞在代谢过程中不断生成 $NH_3$，主要由谷氨酰胺脱氨基形成。$NH_3$ 形成后，由于是脂溶性小分子物质，可以透过上皮细胞向小管液和组织间液自由扩散，扩散的量决定于两种液体的 pH。小管液中由于上皮细胞泌氢作用，使 $H^+$浓度升高，pH 降低，所以 $NH_3$ 较易向小管腔中扩散，扩散出的 $NH_3$ 与 $H^+$结合，生成 $NH_4^+$，此作用结果又造成小管液与上皮细胞间 $NH_3$ 的浓度差，进一步加速氨扩散。由此可见，$NH_3$ 的分泌与 $H^+$分泌密切相关，$H^+$分泌高，氨分泌高。

进入小管液中 $NH_4^+$可与小管液中强酸盐（如 NaCl）中的负离子结合为酸性铵盐（如 $NH_4Cl$）后随尿排出。而正离子（如 $Na^+$）则与 $H^+$进行交换进入小管细胞，随后与 $HCO_3^-$一起被转运回血液。可见在泌 $H^+$和泌 $NH_3$ 过程中，一方面保留了碱贮，一方面起到排酸作用，所以对机体酸碱平衡十分重要（图 9-5）。

# 第二节　尿的浓缩与稀释

**【学习目标】**

了解尿浓缩与稀释的现象和意义。

**【常用术语】**

逆流交换（counter-current exchange），逆流倍增（counter-current multiplication）。

**【概述】**

肾髓质存在一定的渗透压梯度。目前，用逆流倍增学说来解释肾渗透梯度的形成。其中，髓袢是形成髓质渗透梯度的重要结构基础，只有具有髓袢的肾才能形成浓缩尿，髓袢越长，浓缩尿的能力越强；肾小管各段对水和溶质的通透性不同是形成髓质渗透梯度的条件；直小血管使肾髓质的渗透梯度得以维持。

哺乳动物通过尿液的浓缩与稀释机制来调节终尿量的多少，以维持体内的水盐平衡。尿液的浓缩与稀释主要发生在远曲小管和集合管。肾髓质的高渗状态为水的重吸收奠定了基础，但要实现尿的浓缩还需要集合管上皮细胞对水有通透性，而集合管上皮细胞对水的通透性受抗利尿激素的调控。

尿液是浓缩了还是稀释了是相对于血浆渗透压而言的，渗透压高于血浆的尿叫高渗尿，渗透压低于血浆的尿叫低渗尿。

## 一、逆流交换和逆流倍增

物理学上，液体在两个下端相连通的并列管道内逆行流动就构成逆流现象。如果此两管内液体间存在温度差或溶质浓度差，且管壁又具有导热性或通透性，则液体在逆流过程中，其热量或溶质可以在两管间进行交换，称为逆流交换（图 9-6A 和 B）。交换的结果是管中液体的温度或溶质的浓度在 U 形折返处达到最高值，在两管的入口或出口处最低，这种 U 形管中的溶质浓度沿管的长轴出现成倍增加的现象，称为逆流倍增。逆流倍增现象可用图 9-6C 模型来解释。向甲管中注入 NaCl 溶液，若 M1 膜能主动将 $Na^+$ 由乙管泵入甲管而对水不通透，则 $Na^+$ 的浓度在甲管自上而下逐渐增大，而乙管中由下而上逐渐减小，出现逆流倍增现象，形成渗透梯度。在丙管上端注入低渗溶液，若M2 膜能让水通过而对溶质不通透，水将因渗透作用进入乙管，使溶液浓缩，从丙管下端流出去的将是高渗溶液。肾小管髓袢升、降支形成 U 形逆流结构，使渗透压由肾皮质，到外髓，再到内髓，逐渐升高。髓袢与集合管的结构排列与逆流倍增模型很相似，如集合管管壁对水通透，则从其下端流出的将是高渗溶液。

## 二、肾髓质高渗梯度的形成

### （一）外髓部高渗梯度的形成

髓袢升支粗段能主动重吸收 $Na^+$ 和 $Cl^-$，而对水不通透，故水不被重吸收，造成髓袢升支粗段 NaCl 浓度逐渐降低，管外组织间液则变为高渗。

### （二）内髓部高渗梯度的形成

内髓部高渗梯度的形成与 NaCl 的重吸收和尿素再循环有关。

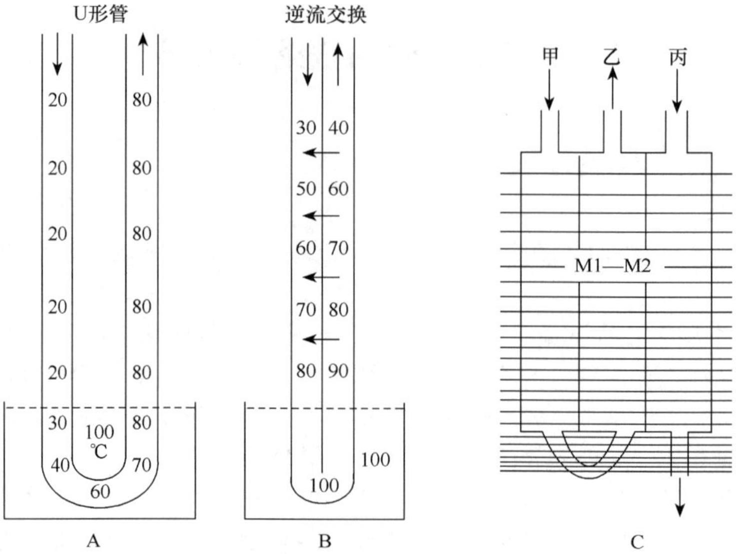


图 9-6　逆流倍增模型示意图（滑静，2009）

1）髓袢升支粗段、远曲小管和集合管的皮质段及外髓段对尿素的通透性都很低，由于抗利尿激素的作用和外髓部的高渗都使水被吸收，小管内尿素浓度逐渐升高。

2）集合管的内髓段，对尿素有了通透性，尿素的扩散又使内髓质渗透压升高。

3）髓袢升支细段对尿素有通透性，扩散出来的尿素，一部分又可进入升支细段，并随小管液流入集合管内髓段，并重新扩散到髓质形成尿素的再循环，以维持内髓层的高渗透梯度。

4）髓袢降支细段对水有较好的通透性，但对 NaCl、尿素不通透，因此随着小管液中的水扩散到内髓，小管中 NaCl 浓度逐渐升高，在髓袢转折处达到最高。

5）髓袢升支细段对水不通透，对 NaCl 通透性大，对尿素有中等通透性，随髓袢由内髓向外髓上升，NaCl 顺浓度梯度扩散进内髓组织，小管液渗透压逐渐降低（虽有部分尿素扩散进来，但远不如 NaCl 的流失多）。

## 三、肾髓质渗透梯度的维持

直小血管是维持肾髓质高渗最有效的结构基础。深入髓质的直小血管也是 U 形，构成逆流交换系统，并与髓袢平行。血液在直小血管下降过程中，$Na^+$和尿素不断升高。在血液折返进入直小血管升支时，$Na^+$和尿素又重新扩散到组织间隙液中，而且还可以再进入直小血管降支。这样 $Na^+$和尿素可以不断地在直小血管降支和升支之间循环运行，因而髓质的溶质不会被血浆大量带走。但从降支渗透出的水量一般小于返回升支的量，所以水可随血浆返回体循环，这样就维持了肾髓质的渗透梯度（图 9-7）。

## 四、尿浓缩与稀释的过程

### （一）尿的稀释过程

尿液的稀释是由于小管液的溶质被重吸收而水不易被重吸收造成的。这种情况主要

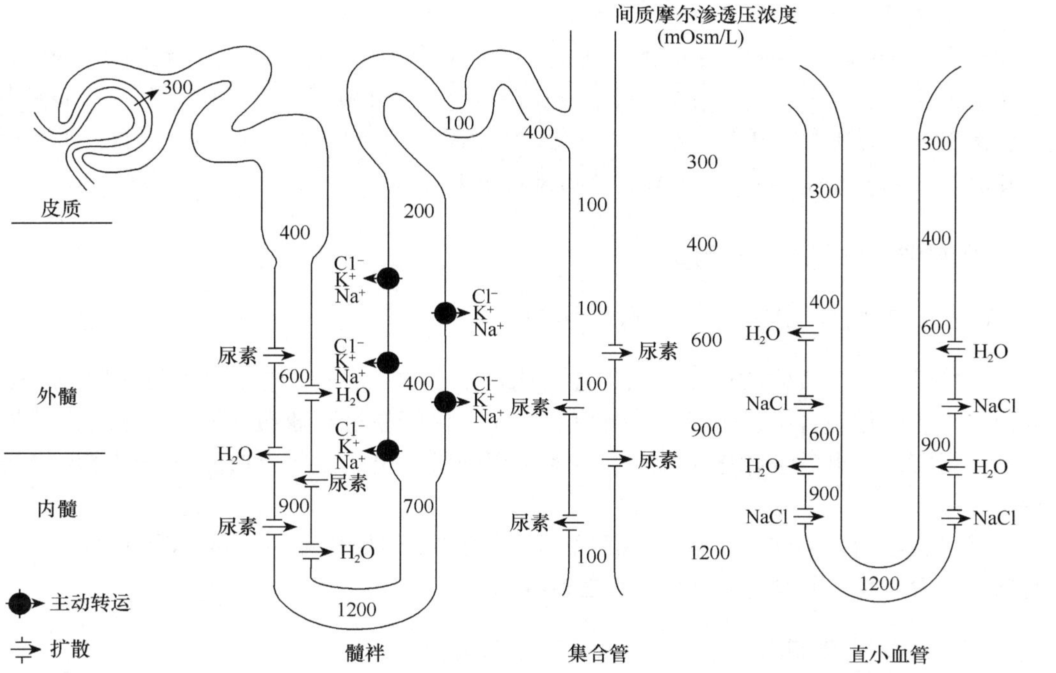


图 9-7 肾渗透压梯度的形成及直小血管的逆流交换作用示意
（柳巨雄和杨焕民，2010）

发生在髓袢升支粗段。髓袢升支粗段能主动重吸收 $Na^+$和 $Cl^-$，而对水不通透，故水不被重吸收，造成髓袢升支粗段小管液为低渗。在体内水过剩而抗利尿激素释放被抑制时，集合管对水的通透性非常低。因此，髓袢升支的小管液流经远曲小管和集合管时，NaCl 继续重吸收，使小管液渗透浓度进一步下降，形成低渗尿，造成尿液的稀释。

### （二）尿的浓缩过程

尿液的浓缩是由于小管液中的水被重吸收而溶质仍留在小管液中造成的。水重吸收的动力来自肾髓质渗透梯度的建立，肾髓质的渗透浓度由外向内逐步升高，具有明确的渗透梯度。在抗利尿激素存在时，远曲小管和集合管对水通透性增加，小管液从外髓集合管向内髓集合管流动时，由于渗透作用，水便不断进入高渗的组织间液，使小管液不断被浓缩而变成高渗液，形成浓缩尿。

## 第三节 尿生成的调节

**【学习目标】**

理解影响尿生成的因素。

**【常用术语】**

渗透性利尿（osmotic diuresis），球-管平衡（glomerulo-tubular balance），管-球反馈（tubulo-glomerular feedback）。

**【概述】**

肾小球的滤过作用决定于肾小球滤过膜的通透性与滤过面积、有效滤过压和肾血流量。因此，凡能影响上述三方面的因素均能影响肾小球滤过率。调节肾小管和集合管物质转运的因素，既包括小管液中溶质的浓度和球-管平衡等这些肾内自身调节的因素，也包括抗利尿激素等一些体液因素的调节。

## 一、影响肾小球滤过的因素

### （一）滤过膜的通透性与滤过面积

正常情况下，机体滤过膜的通透性是比较稳定的，因此，对肾脏滤过作用的变化不起决定作用。但当肾脏发生炎症或异常情况下，由于滤过膜通透性增大，或者由于蛋白质减少或消失，电学屏障作用减弱，因此可以使带负电的血浆蛋白滤过量明显增加而出现蛋白尿。

滤过面积指肾小球毛细血管总面积，不同动物滤过面积不同。如果活动的肾小球多，有效滤过面积大，则滤过率上升，反之亦然。

### （二）有效滤过压

构成有效滤过压的三种力量当中，肾小球毛细血管血压是经常可以发生变化的因素，是影响有效滤过压的主要力量。肾小球毛细血管血压受全身动脉血压和入球、出球小动脉舒缩状态的影响，从而影响有效滤过压和滤过率。当动脉血压变动于 80～180mmHg 时，由于入球小动脉口径能自动发生变化，使毛细血管压维持相对稳定，但当低于 80mmHg 时，肾小球毛细血管血压下降，滤过作用下降。

血浆胶体渗透压比较稳定，但若血浆蛋白下降或向静脉快速注入生理盐水，血浆胶体渗透压降低，可使有效滤过压上升，滤过率上升。

正常情况下肾小囊内压较稳定，但肾结石、肾肿瘤或其他原因引起输尿管阻塞时，会导致囊内压升高，肾小球滤过率降低。

### （三）肾血流量

肾血流量增大，肾小球血浆流量上升，血浆胶体渗透压上升速度下降，滤过平衡靠近出球小动脉端，具有滤过作用毛细血管段加长，滤过率增加。在严重缺氧、中毒性休克及交感神经兴奋时，肾血流量减少，滤过率减少。

## 二、影响肾小管和集合管物质转运的因素

### （一）小管液中溶质的浓度

小管液内溶质形成的渗透压是对抗水重吸收的力量。当小管液内溶质浓度增加时，小管液渗透压增加，使水的重吸收减少，从而使尿量增加的现象称为渗透性利尿。例如，糖尿病患者之所以多尿，就是因为血糖浓度超过肾糖阈，使部分糖滞留在肾小管中，增加了小管液的溶质浓度而引起的。

（二）球-管平衡

正常情况下，随着肾小球滤过率增大或减少，近端小管对溶质和水的重吸收率也随之增大或减少，始终维持在肾小球滤过率的65%～70%，这种现象称为球-管平衡。其意义在于保持尿的量与质的相对稳定，不会因肾小球滤过率的改变而出现大幅度的变化。其形成机制与肾小管周围毛细血管血压和血浆胶体渗透压的变化有关，是肾内自身调节的过程。

（三）管-球反馈

肾血流量和肾小球滤过率发生改变时，到达远曲小管致密斑的小管液流量也随之改变，致密斑能感受小管液中NaCl含量的改变，并发出信息使肾血流量和肾小球滤过率恢复正常，这种小管液流量变化影响肾血流量和滤过率的现象称为管-球反馈。

（四）激素作用

**1. 抗利尿激素** 抗利尿激素（ADH）由下丘脑视上核和室旁核细胞合成，经下丘脑-垂体束到达神经垂体贮存，当血浆晶体渗透压升高、循环血量减少、动脉血压降低时都能引起抗利尿激素的释放。其作用是提高远曲小管和集合管对水通透性（图9-8），从而增加水的重吸收，使尿液浓缩，尿量减少。

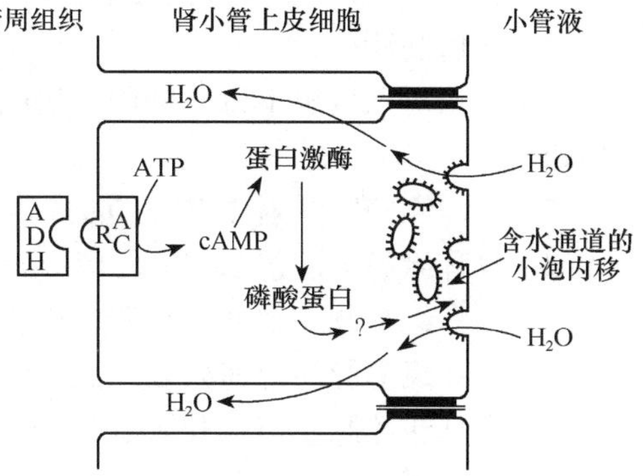


图9-8 抗利尿激素作用机制
（柳巨雄和杨焕民，2010）

**2. 醛固酮的作用** 醛固酮由肾上腺皮质分泌，其主要作用是促进远曲小管和集合管对$Na^+$重吸收和对$K^+$的被动分泌，有“保钠排钾”的作用，同时，随着$Na^+$重吸收的增加，$Cl^-$和水的重吸收也增加，从而使细胞外液量增加，维持血浆容量的稳定。

**3. 心房钠尿肽** 心房钠尿肽是由心房肌细胞合成的。它的作用是抑制醛固酮的分泌，减少肾小管对$Na^+$的重吸收。因此，对尿生成的作用是排$Na^+$和利尿。

# 实训一 尿的分泌

［**目的**］理解一些生理因素对尿分泌的影响。

［**原理**］尿是血液流过肾单位时经过肾小球滤过、肾小管及集合管的重吸收和分泌而形成的。影响肾小球滤过作用的主要因素是有效滤过压，有效滤过压的大小取决于肾小球毛细血管内的血压，以及血液的胶体渗透压和囊内压。影响肾小管和集合管重吸收机能的主要是小管液渗透压的高低及肾小管上皮细胞的重吸收能力，后者又为多种激素所调节。

［**实验对象**］家兔。

［**实验药品**］20%氨基甲酸乙酯，20%葡萄糖溶液，0.01%肾上腺素，生理盐水，速尿（呋塞米），抗利尿激素（垂体后叶素）。

［**仪器与器械**］计算机，生物信号采集与处理系统，注射器，手术台，手术器械，膀

胱套管，计滴与刺激两用电极，烧杯，缝合针，丝线等。

［实验方法与步骤］

**1. 实验准备操作**　动物在实验前应给予足够的饮水（或多给予多汁青绿饲料）。20% 氨基甲酸乙酯注射麻醉后，固定于手术台上，在下腹部正中线脐下方作一长 3～4cm 的皮肤切口，其下端直达耻骨联合。分离皮下组织并沿腹白线切开腹壁。将膀胱翻出腹外，分离两侧输尿管，在其下方穿一条线，将膀胱上翻用线结扎膀胱颈部（即尿道内口）以阻断它同尿道的通路；然后在膀胱顶部选血管较少处，做一环形的荷包缝合，缝合线两端要足够长，暂不结扎；在荷包缝合的中央剪一纵行小切口，插入膀胱套管，然后用荷包缝合线将切口边缘固定于膀胱套管的橡胶上。动物所产生的尿液经膀胱套管流出后直接观察并将此管连接到计滴装置，通过生物信号采集与处理系统记录尿流量。手术完毕用温热的生理盐水纱布覆盖腹部创口。

**2. 项目观测**

1）记录对照情况下每分钟尿分泌的滴数。可连续记录 5～10min，求其平均数并观察动态变化。

2）自耳缘静脉注射 38℃的 0.9% 氯化钠溶液 20ml，记录每分钟尿分泌的滴数。

3）自耳缘静脉注射 38℃的 20% 葡萄糖溶液 10ml，记录每分钟尿分泌的滴数。

4）自耳缘静脉注射 0.01% 肾上腺素 0.5～1ml，记录每分钟尿分泌的滴数。

5）自耳缘静脉注射速尿 0.5ml/kg，记录每分钟尿分泌的滴数。

6）自耳缘静脉注射抗利尿激素 1～2IU，记录每分钟尿分泌的滴数。

［注意事项］

1）在进行每一实验步骤时必须待尿量基本恢复或者相对稳定以后才开始，而且在每项实验前后，要有对照记录。

2）手术动作要轻柔，避免引起损伤性尿闭。剪开腹膜时应避免损伤内脏并且开口不宜过大。

（张文香）

# 第十章　神　经

## 第一节　神经元与突触

**【学习目标】**

了解神经元的基本结构；掌握神经纤维传导兴奋的特征；理解化学性突触传递的过程；了解主要的神经递质和受体。

**【常用术语】**

神经细胞（neurocyte），神经胶质细胞（neuroglia），突触（synapse），神经递质（neurotransmitter）与受体（receptor），反射（reflex）与反射弧（reflex arc）。

**【概述】**

尽管神经系统的功能繁多、复杂，但组成神经系统的基本元件只有两个，即神经细胞（神经元）和神经胶质细胞。神经元是神经系统的结构和功能单位，能够感受刺激、产生兴奋和传导兴奋。根据神经元功能可将其分为传入神经元（感觉神经元）、联络神经元（中间神经元）和传出神经元（运动神经元和植物性神经元）；根据对下一级神经元的作用，可将神经元分为兴奋性神经元和抑制性神经元。

### 一、神经元与神经纤维

#### （一）神经元的一般结构与功能

大多数神经元由胞体和突起两部分组成（图 10-1）。胞体由细胞核和细胞质组成，直径在 4～150μm。突起分为两种，一种是树状的短突起，称为树突，一个神经元可有一个、几个、几十个树突；另一种为细长的突起，称为轴突，一个神经元一般只有一个轴突，它由胞体的轴丘分出，长短不一，分支少，直径均匀。轴突起始的部分称为始段，没有髓鞘，是动作电位产生的部位。轴突的末端分成许多分支，每个分支末梢的膨大部分称为突触小体，它与另一个神经元相接触而形成突触。

轴突和感觉神经元的长树突二者统称为轴索，轴索外面包有髓鞘或神经膜，称为神经纤维。神经纤维分为有髓鞘神经纤维和无髓鞘神经纤维。高度的兴奋性和传导性是神经纤维的基本生理特性，其主要功能是传导兴奋。在神经纤维上传导的兴奋或动作电位称为神经冲动。

#### （二）神经纤维传导兴奋的功能特征

**1. 生理完整性**　神经纤维只有在结构和功能上完整时，才具有正常的传导冲动的能力。如果神经纤维受压迫、损伤或被切断，或因局部受麻醉药、神经毒、冷冻等因素的作用，丧失了功能的完整性，均可使冲动传导受阻。

**2. 绝缘性**　一条神经干有许多条神经纤维组成，但在各条纤维上传导的冲动，表现为各条神经纤维传导兴奋时彼此隔绝、互不干扰的特性。绝缘性保证了神经纤维传导

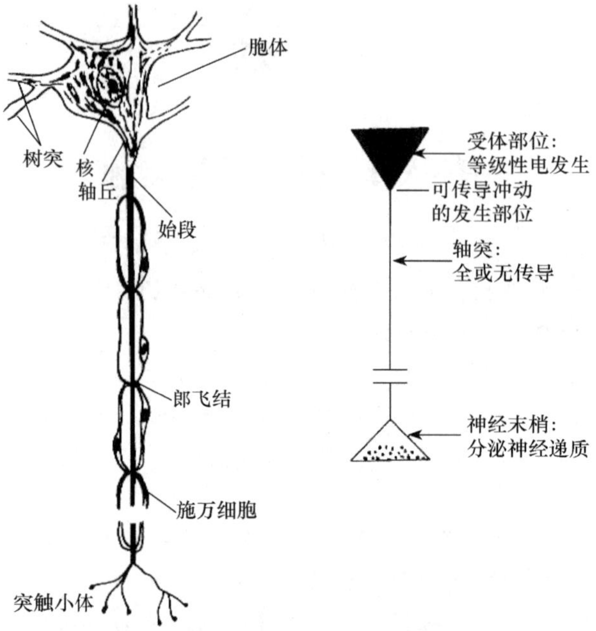


图 10-1 运动神经元模式图（柳巨雄和杨焕民，2010）

兴奋的精确性。

**3. 双向传导** 在实验条件下，刺激神经纤维的任何一点引发动作电位时，动作电位均可沿神经纤维同时向两侧传导。但在整体条件下，兴奋发生于轴突起始部，因此轴突总是将神经冲动由胞体传向末梢，因而表现为传导的单向性，是突触的极性所决定的。

**4. 不衰减性** 神经纤维传导冲动时，动作电位的幅度、传导速度不会因传导距离的增大而变小或减慢，这一特性称为不衰减性。这一特性保证了神经调节作用的及时、迅速和准确性。

**5. 相对不疲劳性** 在实验条件下，用 50～100 次 /s 的电刺激连续刺激蛙的神经纤维 9～12h，神经纤维仍然保持其传导兴奋的能力。与突触传递相比，神经纤维的传导兴奋有不易疲劳的特点。

## 二、突触传递

一个神经元的轴突末梢与其他神经元的胞体或突起相接触处所形成的特殊结构，称为突触。神经元之间以及传出神经元与效应器细胞之间的兴奋传递，都是通过突触传递完成的。根据信息传递媒介物性质的不同，突触可分为化学性突触和电突触两类，前者的信息传递媒介物是神经递质，而后者的信息传递媒介物则为局部电流。

### （一）突触传递的结构和特点

**1. 化学性突触传递** 化学性突触由突触前膜、突触间隙和突触后膜三部分组成。前一个神经元的轴突末梢膨大呈球状而形成突触小体，贴附于下一个神经元的胞体或树突表面。突触前膜就是前一个神经元轴突末梢的一部分轴突膜，与此相对应的后一个神经元的树突、胞体或轴突膜称为突触后膜，两膜间存在的间隙称为突触间隙。在突触小体内，含有较多的线粒体和大量囊泡，后者称为突触小泡，内含高浓度的神经递质；线粒体内有合成递质的酶（图 10-2）。不同的突触内所含突触小泡的大小和形态不完全相同，其内所合成和分泌的递质也不同。突触后膜上有相应的受体。

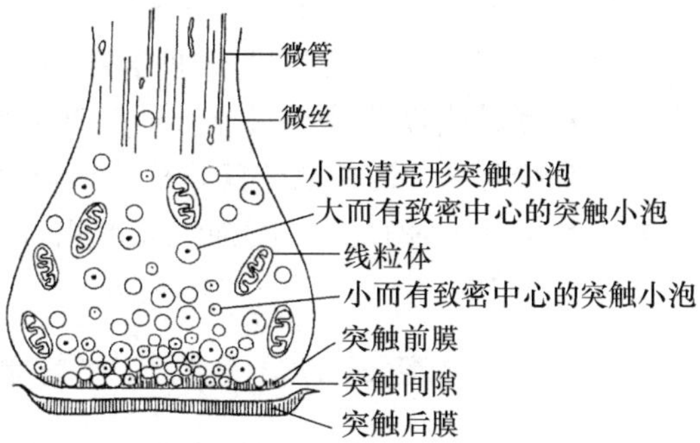


图 10-2 突触微细结构模式图（姚泰，2010）

**2. 电突触传递** 电突触传递的结构基础是突触前膜和突触后膜紧密接触而形成的缝隙连接（图 10-3）。与经典的化学性突触相比较，电突触具有以下几个特点：①在两个神经元紧密接触部位的细胞膜并不增厚；②两层膜间的间隔只有 2～4nm；③临近膜两侧的轴浆内不存在突触小泡，也无神经递质；④连接部位的膜阻抗较低，容易发生电紧张性扩布的局部电流和兴奋性突触后电位也可以电紧张扩布的形式从一个细胞传递给另一个细胞；⑤两侧膜上有沟通两细胞胞质的水相通道蛋白，允许带电小离子和直径小于 1.0nm 的小分子物质通过；⑥电突触无突触前膜和后膜之分，一般为双向性传递；⑦由于连接部位的膜阻抗较低，因而传递速度快，几乎不存在潜伏期。电突触传递在中枢神经系统内和视网膜上广泛存在，主要发生在同类神经元之间，具有促进神经元同步化活动的功能。电突触可存在于树突与树突、胞体与胞体、轴突与胞体、轴突与树突之间。

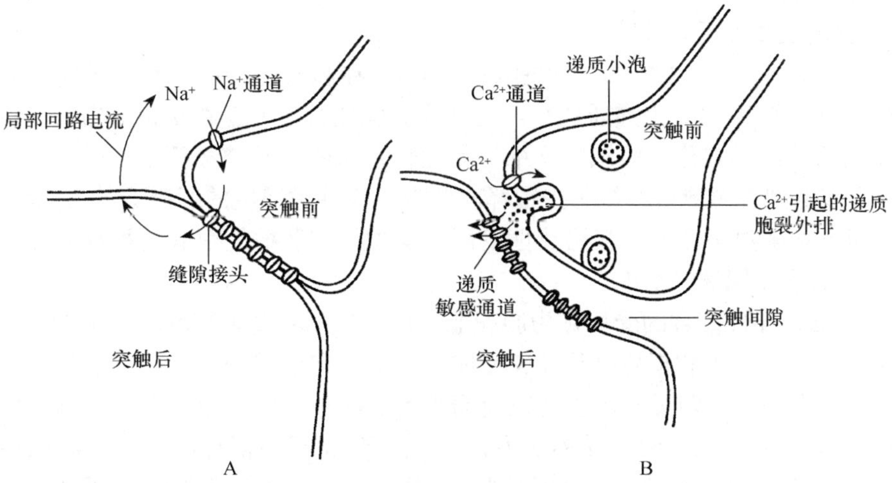


图 10-3 化学突触传递与电突触传递（柳巨雄和杨焕民，2010）

A. 电突触；B. 化学突触

## （二）化学性突触传递的过程

当突触前神经元的兴奋传到神经末梢时，突触前膜发生去极化，当去极化达一定水平时，前膜上电压门控 $Ca^{2+}$通道开放，细胞外 $Ca^{2+}$进入突触前末梢内。进入的 $Ca^{2+}$促使突触小泡前移并与前膜接触、融合，进而突触小泡内的递质通过出胞方式释放入突触间隙。递质释放入突触间隙后，经扩散抵达突触后膜，作用于后膜上特异性受体或化学门控通道，引起后膜对某些离子通透性的改变，使某些带电离子进出后膜，突触后膜即发生一定程度的去极化或超极化。如突触后膜在递质作用下发生去极化，使该突触后神经元的兴奋性升高，这种电位变化称为兴奋性突触后电位（EPSP）。如突触后膜在递质作用下发生超极化，使该突触后神经元的兴奋性下降，这种电位变化称为抑制性突触后电位（IPSP）（图 10-3）。

### （三）突触传递的信息物质和信息接收机制

**1. 神经递质** 神经递质是指由突触前神经元合成并在末梢处释放，能特异性作用于突触后神经元或效应器细胞上的受体，使突触后神经元或效应器细胞产生一定效应的信息传递的化学物质。根据神经递质的分泌部位，可将其分为外周神经递质和中枢神经递质。中枢神经递质比较复杂，包括乙酰胆碱、单胺类（多巴胺、去甲肾上腺素和 5-羟色胺）、氨基酸类（谷氨酸、天冬氨酸、甘氨酸和 $\gamma$-氨基丁酸）、神经肽类等。外周神经递质包括乙酰胆碱、去甲肾上腺素及嘌呤类和肽类递质。

**2. 受体** 受体是指细胞膜或细胞内能与某些化学物质（如递质、调质、激素等）发生特异性结合并诱发生物效应的特殊生物分子。神经递质的受体是带糖链的跨膜蛋白质分子。能与受体发生特异性结合并产生相应生理效应的化学物质称为受体激动剂。而只发生特异结合，不产生生理效应的化学物质则称为受体拮抗剂。两者统称为配体。拮抗剂与受体结合后，或占据受体或改变受体的分子空间构型，使受体不能再与其他递质结合，从而阻断了递质的生理效应。

**3. 主要的递质和受体系统**

（1）乙酰胆碱及其受体　乙酰胆碱（ACh）在胞质中合成，然后被输送到末梢储存于突触小泡内。以 ACh 为递质的神经元称为胆碱能神经元，在中枢分布极为广泛。以 ACh 为递质的神经纤维称为胆碱能纤维。支配骨骼肌的运动神经纤维、所有自主神经节前纤维、大多数副交感节后纤维（少数释放肽类或嘌呤类递质的纤维除外）、少数交感节后纤维（即支配多数小汗腺引起温热性发汗和支配骨骼肌血管引起防御反应性舒血管效应的纤维），都属于胆碱能纤维。

能与 ACh 特异性结合的受体称为胆碱能受体。根据其药理特性，胆碱能受体可分为毒蕈碱受体（M 受体）和烟碱受体（N 受体）两类，它们因分别能与天然植物中的毒蕈碱和烟碱相结合并产生两类不同生物效应而得名。两类受体广泛分布于中枢和周围神经系统。N 受体分为 $N_1$、$N_2$ 两个受体亚型，$N_1$ 受体分布于中枢神经系统和周围神经系统的自主神经节突触后膜上，称为神经元型烟碱受体；$N_2$ 受体位于神经-骨骼肌接头的终板膜，称为肌肉型烟碱受体。在外周，M 受体分布于大多数副交感节后纤维所支配的效应器细胞、交感节后纤维所支配的汗腺，以及骨骼肌血管的平滑肌细胞膜上。

（2）去甲肾上腺素和肾上腺素及其受体　在中枢，以去甲肾上腺素为递质的神经元称为去甲肾上腺素能神经元，其功能主要涉及心血管活动、情绪、体温、摄食和觉醒等方面的调节；以肾上腺素为递质的神经元称为肾上腺素能神经元，可能在心血管活动的调节中参与作用。在外周，除支配汗腺和骨骼肌血管的交感胆碱能纤维外，多数交感节后纤维释放的递质是去甲肾上腺素，尚未发现以肾上腺素为递质的神经纤维。以去甲肾上腺素为递质的神经纤维称为肾上腺素能纤维。

能与去甲肾上腺素结合的受体称为肾上腺素能受体，主要分为 α 型和 β 型两种。α 受体又分为 $\alpha_1$ 和 $\alpha_2$ 两个受体亚型，β 受体则能分为 $\beta_1$、$\beta_2$ 和 $\beta_3$ 三个受体亚型。

## （四）反射与反射弧

**1. 反射的概念**　反射是指在中枢神经系统的参与下，机体对内外环境变化所作出的规律性应答，是实现神经系统功能的最基本方式。反射包括条件反射和非条件反射两类，非条件反射是机体固有的反射，条件反射是在一定的后天条件下形成的。

**2. 反射弧的组成**　反射的结构基础和基本单位是反射弧。反射弧包括感受器、传入神经、反射中枢、传出神经和效应器五个组成部分（图 10-4）。感受器一般是神经末梢的特殊结构，是一种换能装置，可将所感受到的各种刺激的信息转变为神经冲动。传入神经由传入神经元的突起（包括周围突和中枢突）所构成，这些神经元的胞体位于背根神经节或脑神经节内，它们的周围突与感受器相连，感受器接受刺激转变为神经冲动，冲动沿周围突传向胞体，再沿其中枢突传向中枢。反射中枢通常是指中枢神经系统内调节某一特定生理功能的神经元群。传出神经是指中枢传出神经元的轴突构成的神经纤维。效应器是指产生效应的器官，如骨骼肌、平滑肌、心肌和腺体等。

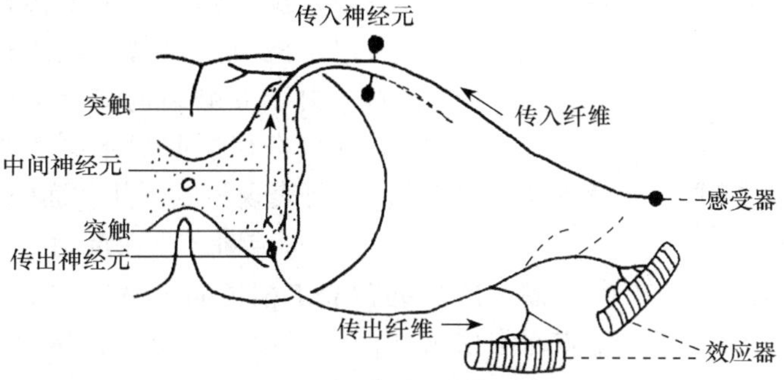


图 10-4　反射弧（柳巨雄和杨焕民，2010）

## （五）中枢神经元的联系方式

中枢神经系统神经元数量巨大，种类繁多，它们之间通过突触联系，构成非常复杂多样的联系方式，归纳起来主要有以下几种方式（图 10-5）。

**1. 单线式**　单线式联系是指一个突触前神经元仅与一个突触后神经元发生突触联系。例如，视网膜中央凹处的一个视锥细胞常只与一个双极细胞形成突触联系，而该双极细胞也可只与一个神经节细胞形成突触联系，这种联系方式可使视锥系统具有较高的分辨能力。实际上，真正的单线式联系很少见。

**2. 辐散式**　一个神经元的轴突通过其分支分别与许多神经元建立突触联系的方式称为辐散式联系。这种联系方式能使一个神经元的兴奋引发许多其他神经元同时兴奋或抑制，从而扩大了神经元活动的影响范围。机体内传入神经元与其他神经元发生突触联系时主要取此种方式。

**3. 聚合式**　一个神经元的胞体和树突接受来自许多神经元的突触联系的联系方

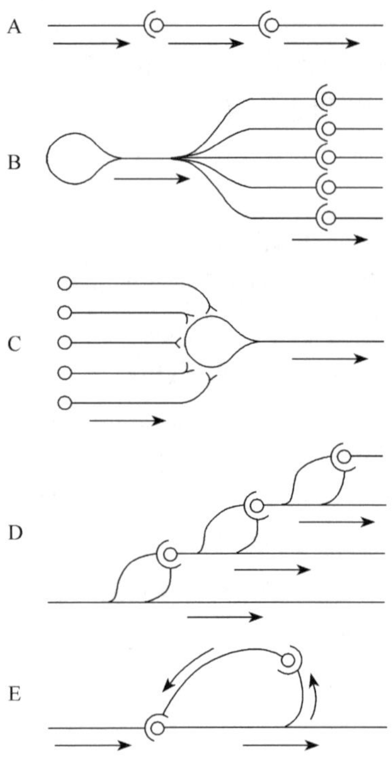


图 10-5 中枢神经元的联系方式
（姚泰，2010）
A．单线式联系；B．辐散式联系；
C．聚合式联系；D．链锁式联系；E．环式联系

式，称为聚合式联系。它使许多神经元的作用集中到同一神经元上，从而发生总和或整合作用。传出神经元接受的不同轴突来源的突触联系，主要表现为聚合式的联系。

**4．链锁式与环式** 在中间神经元之间的联系形式中，由于辐散与聚合式联系同时存在而形成链锁式或环式的联系方式。神经元一个接一个依次连接，构成链锁式联系，兴奋通过链锁式联系，可以在空间上加强或扩大作用范围。一个神经元通过其轴突侧支与多个神经元建立突触联系，而后继神经元通过其轴突，又回返性地与原来的神经元建立突触联系，形成一个闭合环路，称环式联系。兴奋通过环式联系可能引起正、负两种反馈。相应地产生后发放效应或使兴奋及时终止。

### （六）中枢兴奋传播的特征

兴奋在反射弧中枢部分传播时，往往需要通过一次以上的突触接替。当兴奋通过化学性突触传递时，由于突触结构和化学递质参与等因素的影响，其兴奋传递明显不同于神经纤维上的冲动传导，主要表现为以下几方面的特征。

**1．单向传播** 在反射活动中，兴奋经化学性突触传递，只能向一个方向传播，即从突触前末梢传向突触后神经元。这是由于突触结构的极性所决定的，神经递质通常由突触前膜释放，作用于后膜受体。电突触传递则不同，由于其结构无极性，因而兴奋可双向传播。

**2．中枢延搁** 兴奋通过反射在中枢部分传递时所需时间延长的现象，称为中枢延搁。这是由于兴奋经化学性突触传递时需经历前膜释放递质、递质在间隙内扩散并作用于后膜受体，以及后膜离子通道开放等多个环节，因而所需时间较长。兴奋通过电突触传递时则无时间延搁，因而可在多个神经元的同步活动中起重要作用。

**3．兴奋的总和** 在反射活动中，单根神经纤维的传入冲动一般不能使中枢发出传出效应；而若干神经纤维的传入冲动同时到达同一中枢，才可能产生传出效应。

**4．扩散和集中** 由机体不同部位传入中枢的冲动，常最后集中传递到中枢内某一部位，这种现象称为中枢兴奋的集中。例如，饲喂时，由嗅觉、视觉和听觉器官传入中枢的冲动，可共同引起唾液分泌中枢的兴奋，从而导致唾液分泌。从机体某一部位传入中枢的冲动，常不限于中枢的某一局部，而往往可引起中枢其他部位发生兴奋，这种现象称为中枢兴奋的扩散。例如，当皮肤受到强烈的伤害性刺激时，所产生的兴奋传到中枢后，在引起机体的许多骨骼肌发生防御性收缩反应的同时，还出现心血管、呼吸、消化和排泄系统等活动的改变，这就是中枢兴奋扩散的结果。

**5．兴奋节律的改变** 如果测定某一反射弧的传入神经和传出神经在兴奋传递过程中的放电频率，两者往往不同。这是因为突触后神经元常同时接受多个突触前神经元的信号传递，突触后神经元自身的功能状态也可能不同，并且，反射中枢常经过多个中间神经元接替，因此最后传出冲动的节律取决于各种影响因素的综合效应。

**6. 后发放**　在中间神经元的环式联系中，即使最初的刺激已经停止，传出通路上冲动发放仍能继续一段时间，这种现象称为后发放或后放电。此外，在各种神经反馈活动中，如随意运动时中枢发出的冲动到达骨骼肌引起肌肉收缩后，骨骼肌内的肌梭不断发出传入冲动，将肌肉的运动状态和被牵拉的信息传入中枢。这些反馈信息用于纠正和维持原先的反射活动，并且也是产生后发放的原因之一。

**7. 对内环境变化敏感和容易发生疲劳**　因为突触间隙与细胞外液相通，因此内环境理化因素的变化，如缺氧、$CO_2$过多、麻醉剂以及某些药物等均可影响突触传递。另外，用高频电脉冲连续刺激突触前神经元，突触后神经元的放电频率会逐渐降低；而将同样的刺激施加于神经纤维，则神经纤维的放电频率在较长时间内不会降低。说明突触传递相对容易发生疲劳，其原因可能与递质的耗竭有关。

### （七）中枢抑制

在任何反射活动中，反射中枢总是既有兴奋又有抑制，正因为如此，反射活动才得以协调进行。中枢抑制可分为突触后抑制和突触前抑制两类。哺乳类动物的突触后抑制都是由抑制性中间神经元释放抑制性递质，使突触后神经元产生 IPSP，从而使突触后神经元发生抑制的。突触后抑制有传入侧支性抑制和回返性抑制两种形式。突触前抑制的结构基础是具有轴突-轴突式突触与轴突-胞体式突触的联合存在。

## 第二节　神经系统的感觉分析机能

**【学习目标】**

掌握浅感觉和深感觉在脊髓的传导路径，以及特异投射系统和非特异投射系统的特点；了解不同的感觉在大脑皮层的功能代表区域。

**【常用术语】**

感受器（receptor），特异投射系统（specific projection system），非特异投射系统（unspecific projection system）。

**【概述】**

感觉是神经系统反映机体内外环境变化的一种特殊功能。动物机体通过各种感受器或感觉器官感受体内外环境变化的刺激，并转化为神经冲动，沿着感觉神经传入中枢神经系统，经中枢分析综合后，到达大脑皮层的特定区域形成感觉。因此，感觉是由感受器、传入系统和大脑皮层感觉中枢三部分共同活动而产生的。感受器是指分布在体表或组织内部的专门感受机体内外环境变化的结构或装置。感受器的功能是接受机体内外环境中的某些特殊刺激（适宜刺激），并把这些刺激的能量转化为一连串具有信息意义的神经冲动，因此感受器有能量转换器的作用。

## 一、脊髓的感觉传导与分析功能

来自各感受器的神经冲动，除通过脑神经传入中枢以外，大部分经脊神经背根进入脊髓，然后分别经由各自的前行传导路径传至丘脑，再经换元抵达大脑皮层感觉区。由脊髓前传到大脑皮层的感觉传导路径可分为两大类：浅感觉传导路径和深感觉传导路径。

### （一）浅感觉传导路径

传导痛、温觉与轻触觉的传入纤维由背根外侧部进入脊髓，在背角更换神经元后，再发出纤维在中央管前交叉到对侧，分别经脊髓-丘脑侧束（传导痛觉、温觉）和脊髓-丘脑腹束（传导轻触觉）前行抵达丘脑。浅感觉传导路径的特点是先交叉后前行，因此脊髓半断离后，浅感觉障碍发生在断离的对侧。

### （二）深感觉传导路径

传导肌肉本体感觉和深部压觉。其传入纤维由背根内侧部进入脊髓后，即在同侧背索前行。抵达延髓下部薄束核与楔束核更换神经元，换元后其纤维交叉到对侧，经内侧丘系至丘脑。可见，深感觉传导路径的特点是先前行后交叉。因此，当脊髓半断离时，深感觉障碍发生在断离的同侧。来自头面部的痛觉、温度觉冲动主要由三叉神经脊束核中继，而触觉与肌肉本体感觉主要由三叉神经的主核和中脑核中继，自三叉神经脊束核和主核发出的二级纤维交叉至对侧组成三叉丘系，它与脊髓丘脑束毗邻前行，终止于丘脑的后内侧腹核。

## 二、丘脑感觉投射系统

在大脑皮层不发达的动物中，丘脑是感觉的最高级中枢。在大脑皮层发达的动物，丘脑接受除嗅觉外的所有感觉的投射，是最重要的感觉接替站，可进行感觉的粗糙分析与综合。丘脑与下丘脑、纹状体之间有纤维彼此联系，三者成为许多复杂的非条件反射的皮层下中枢。丘脑与大脑皮质之间的联系所构成的丘脑-皮质投射，决定大脑皮质的觉醒状态与感觉功能。

### （一）丘脑的核团

根据神经联系和感觉功能特点，丘脑的核团大致可分为三大类。

**1. 第一类细胞群（感觉接替核）** 这类核团主要有后腹核和内、外侧膝状体。它们接受感觉的投射纤维，并经换元后进一步投射到大脑皮层感觉区。

**2. 第二类细胞群（联络核）** 主要包括丘脑枕核、外侧腹核与丘脑前核等。这类核团并不直接接受感觉的纤维投射，但接受来自丘脑感觉接替核和其他皮质下中枢的纤维，换元后投射到大脑皮质的特定区域，其功能与各种感觉在丘脑和大脑皮质水平的联系协调有关，故称联络核。

**3. 第三类细胞群（髓板内核群）** 是靠近中线的内髓板以内的各种结构，主要有中央中核、束旁核和中央外侧核等，是丘脑的古老部分。一般认为，这类核团没有直接投射到大脑皮层的纤维，但它们接受脑干网状结构的上行纤维，经多突触接替换元后，弥散地投射到整个大脑皮层，起着维持和改变大脑皮层兴奋状态的重要作用。

### （二）丘脑的感觉投射系统

**1. 特异投射系统**　特异投射系统是指丘脑感觉接替核发出的纤维投射到大脑皮层特定区域，具有点对点投射关系的感觉投射系统。丘脑的联络核在结构上大部分也与大脑皮层有特定的投射关系，投射到皮层的特定区域，所以也归属于这一系统。一般认为，经典的感觉传导通路是由三级神经元的接替完成的。第一级神经元位于脊神经节或有关脑神经感觉神经节内，第二级神经元位于脊髓背角或脑干有关的神经核内，第三级神经元就在丘脑感觉接替核内。

**2. 非特异投射系统**　非特异投射系统是指由丘脑的髓板内核群弥散地投射到大脑皮层广泛区域的，非专一性感觉投射系统。上述经典感觉传导通路中第二级神经元的轴突在经过脑干时，发出侧支与脑干网状结构的神经元发生突触联系，在网状结构内反复换元前行，抵达丘脑髓板内核群，然后进一步弥散地投射到大脑皮层广泛区域（图 10-6）。因此，这一感觉投射系统虽不产生特定感觉，但可以普遍提高大脑皮层的兴奋性，维持觉醒状态，是产生特定感觉不可缺少的基础。

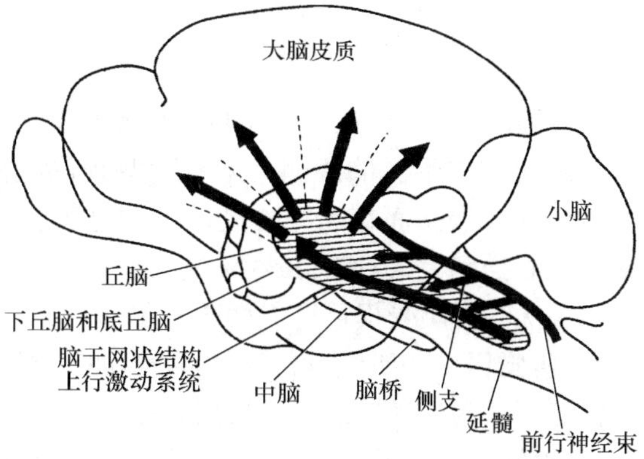


图 10-6　网状结构上行激动系统示意图
（柳巨雄和杨焕民，2010）

## 三、大脑皮层的感觉分析功能

各种感觉传入冲动最后到达大脑皮层，通过精细的分析、综合而产生相应的感觉。因此，大脑皮层是感觉分析的最高级中枢。大脑皮层的不同区域在感觉功能上具有不同的分工，不同的感觉在大脑皮层有不同的代表区。

### （一）躯体感觉区

丘脑后外侧腹核接受脊髓丘脑束与内侧丘系的纤维投射，传导来自躯体的感觉，投射到大脑皮层的躯体感觉区。躯体感觉区位于大脑皮层顶叶。低等哺乳动物（如兔和鼠等）的躯体感觉区和躯体运动区基本重合在一起，统称感觉运动区。身体不同部位在躯体感觉区的投影区域的大小与感觉功能的重要性和精细程度有关，同时也存在明显的种属差异。例如，兔口唇和面部感觉的投射区相对较大，并且投射到皮层的对侧；而绵羊和山羊的面部感觉却投射到皮层的同侧。

高等动物的躯体感觉区产生的感觉定位明确，性质清晰，表现以下特征：①头面部以外的投射纤维左右交叉；②投射区域的空间安排是倒置的，但头面部代表区内部的安排是正立的；③投射区的大小与体表感觉的灵敏度有关，感觉灵敏度高的口唇的代表区大，而感觉灵敏度低的背部代表区小。

### （二）感觉运动区

感觉运动区位于中央前回。目前认为，中央前回既是运动区，也是肌肉本体感觉投射区。本体感觉是指肌肉、关节等的运动觉与位置觉。

### （三）内脏感觉区

内脏感觉投射的范围较弥散，并与躯体感觉区有一定的重叠。例如，上腹部内脏的传入与躯干区重叠；盆腔的传入则投射于下肢代表区。此外，边缘系统的皮层部位也是内脏感觉的投射区。

### （四）特殊感觉区

**1. 视觉区** 视觉区位于皮层的枕叶。在低等脊椎动物，如鱼、两栖类和鸟类，它们的双眼分别位于头的两侧，来自两侧视网膜的视神经纤维在视交叉全部左右交叉，而后投射到视皮层。而在高等哺乳动物，这种交叉是不完全的：马和兔大约有 10% 的纤维不交叉；而猫和犬大约有 20% 不交叉；灵长类动物大约只有 50% 的纤维交叉到对侧，所以，一侧枕叶皮层受损可造成两眼对侧偏盲，双侧枕叶损伤时可导致全盲。

**2. 听觉区** 听觉区位于皮层的颞叶。听觉投射是双侧性的，即一侧皮层代表区接受来自双侧耳蜗感受器的传入投射，故一侧代表区受损不会引起全聋。

**3. 嗅觉与味觉区** 嗅觉在大脑皮层的投射区域随着进化而缩小，在高等动物位于边缘皮层的前底部区域，包括梨状区皮层的前部、杏仁核的一部分。味觉投射区在中央后回头面部感觉投射区的下方。味觉的投射是同侧的，破坏大鼠双侧味觉皮层导致味觉识别障碍。

# 第三节　神经系统对躯体运动的调节

**【学习目标】**

理解骨骼肌的收缩机制；熟悉脊髓、下丘脑、小脑、基底神经节及大脑皮层对躯体运动的调节。

**【常用术语】**

运动单位（motor unit），神经-肌肉接头（neuromuscular junction），兴奋-收缩耦联（excitation-contraction coupling），去大脑僵直（decerebrate rigidity）。

**【概述】**

动物机体各种形式的运动主要靠肌细胞的收缩活动来完成。而躯体运动都是在中枢神经系统控制下完成的。

## 一、骨骼肌的收缩机制

### （一）神经-肌肉间的兴奋传递

每个运动神经元的轴突分出数十至数百分支，每一分支支配一条肌纤维。因此，当这一神经元兴奋时，可引起它所支配的许多肌纤维收缩。由一个 $\alpha$ 运动神经元及其所支配的全部肌纤维组成的功能单位，称为运动单位。运动神经纤维在到达神经末梢处时先失去髓鞘，以裸露的轴突末梢嵌入到肌细胞膜的凹陷中，形成神经-肌肉接头，又称运动终板。轴突末梢的膜（接头前膜）与运动终板并不直接接触，而是被充满了细胞外液的宽约 50nm 的接头间隙隔开。在轴突末梢的轴浆中，除有线粒体外，还含有大量无特殊结构的囊泡，内含乙酰胆碱。终板膜上有 $N_2$ 型乙酰胆碱受体阳离子通道，能与乙酰胆碱进行特异性结合。此外，终板膜上还有大量能分解乙酰胆碱的胆碱酯酶。

当神经冲动沿着运动神经纤维传递到神经末梢时，立即引起接头前膜的去极化，引起该处特有的电压门控式 $Ca^{2+}$通道开放，细胞外 $Ca^{2+}$进入神经末梢内，促使大量囊泡向接头前膜靠近，并与之融合，然后通过出胞方式将囊泡中的乙酰胆碱分子释放入接头间隙。当乙酰胆碱通过间隙扩散至终板膜时，便与膜上的 $N_2$ 型乙酰胆碱受体阳离子通道结合并使之激活开放，允许 $Na^+$、$K^+$，甚至少量 $Ca^{2+}$同时通过，出现 $Na^+$内流与 $K^+$外流。由于 $Na^+$内流远远超过 $K^+$外流，故总的结果是使终板膜原有的静息电位减小，导致终板膜去极化。这种去极化电位，称为终板电位。当去极化达到阈电位水平时，便暴发动作电位并传遍整个肌细胞，引起肌细胞兴奋，从而完成一次神经与骨骼肌之间的兴奋传递。在运动神经末梢释放的乙酰胆碱，一般在 1～3ms 内就被受体附近的胆碱酯酶破坏。

### （二）兴奋-收缩耦联

将肌细胞的电兴奋和机械收缩联系起来的中介机制，称为兴奋-收缩耦联。目前认为，它至少包括 3 个主要过程：肌细胞兴奋产生的动作电位通过横管系统传向肌细胞深部，三联管部位的信息传递，纵管系统对 $Ca^{2+}$储存、释放和再积聚。其中兴奋-收缩耦联因子是 $Ca^{2+}$，结构基础是三联管。

### （三）骨骼肌收缩

Huxley 等在 20 世纪 50 年代初期，根据骨骼肌微细结构的形态学特点，以及它们在肌肉收缩时肌小节长度的变化，提出了肌小节中粗细肌丝的相互滑行是肌肉收缩的根本原因，称为肌丝滑行理论。其主要内容是：肌肉收缩时虽然在外观上可以看到整个肌肉或肌纤维缩短，但在肌细胞内部粗细肌丝的长度或它们所含的蛋白质分子结构都没有改变，只是在每一个肌小节内，发生了细肌丝与粗肌丝之间的相同滑行，亦即由 Z 线发出的细肌丝在某种力量的作用下主动向暗带中央移动，结果相邻的 Z 线都互相靠近，肌小节长度变短，造成整个肌原纤维、肌细胞乃至整条肌肉长度的缩短。滑行现象最直接的证明是，肌肉收缩时只能看到明带宽度变窄，而暗带长度并无变化，与此同时暗带中央的 H 带也相应地变窄。这说明细肌丝在肌肉收缩时也没有缩短，只是它们向暗带中央移动，与粗肌丝发生了更大程度的重叠。

## 二、脊髓对躯体运动的调节

脊髓是调节躯体运动最基本的反射中枢，通过脊髓能完成一些比较简单的躯体运动反射，包括牵张反射、屈肌反射和对侧伸肌反射等。脊髓反射在整体内受高位中枢调节。

### （一）牵张反射

牵张反射是指有神经支配的骨骼肌在受到外力牵拉而伸长时，能引起受牵拉的肌肉收缩的反射活动。牵张反射的感受器和效应器都存在于骨骼肌内，是维持动物姿势最基本的反射。牵张反射有两种类型，即腱反射和肌紧张。

**1. 腱反射** 腱反射又称位相性牵张反射，是在快速牵拉肌腱时发生的牵张反射，表现为被牵拉肌肉迅速而明显的缩短。如快速叩击股四头肌肌腱，可使股四头肌受到牵拉而发生一次快速收缩，引起膝关节伸直，称膝反射。叩击不同肌腱，可分别引起不同的腱反射。

**2. 肌紧张** 肌紧张又称紧张性牵张反射，是指缓慢而持续地牵拉肌腱所引起的牵张反射，表现为受牵拉肌肉持续发生紧张性收缩，致使肌肉经常处于轻度收缩状态，属于多突触反射。肌紧张是维持躯体姿势最基本的反射活动，是姿势反射的基础，尤其对于维持站立姿势。因为站立时，由于重力的影响，支持体重的关节趋向于被重力所弯曲，弯曲的关节势必使伸肌肌腱受到牵拉，从而产生牵张反射使伸肌的肌紧张增强，以对抗关节的屈曲来维持站立姿势。

### （二）屈肌反射与对侧伸肌反射

肢体皮肤受到伤害刺激时，常引起受刺激侧肢体的屈肌收缩、伸肌舒张，使肢体屈曲，称为屈肌反射。如火烫、针刺皮肤时，该侧肢体立即缩回，其目的在于避开有害刺激，对机体有保护意义。屈肌反射是一种多突触反射，其反射弧的传出部分可支配多个关节的肌肉活动。该反射的强弱与刺激强度有关，其反射的范围可随刺激强度的增加而扩大。如足趾受到较弱的刺激时，只引起趾关节屈曲，随着刺激的增强，膝关节和髋关节也可以发生屈曲。当刺激加大达一定强度时，则对侧肢体的伸肌也开始激活，可在同侧肢体发生屈肌反射的基础上，出现对侧肢体伸直的反射活动，称为对侧伸肌反射（图 10-7）。该反射是一种姿势反射，当一侧肢体屈曲造成身体平衡失调时，对侧肢体伸直以支持体重，从而维持身体的姿势平衡。

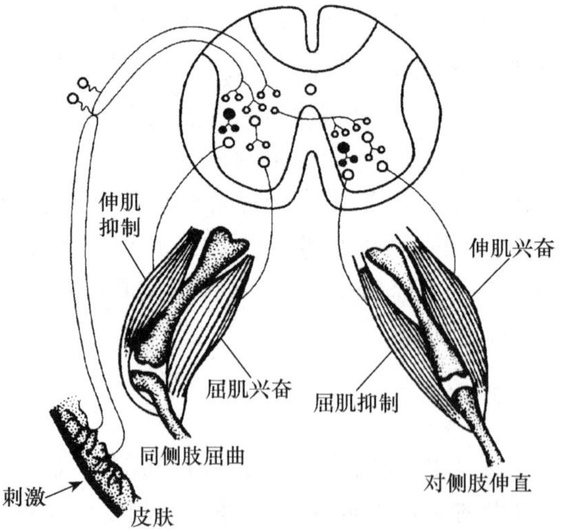


图 10-7 屈肌反射和对侧伸肌反射示意图
（柳巨雄和杨焕民，2010）
黑色小体表示抑制性突触；白色小体表示兴奋性突触

### （三）节间反射

脊动物在反射恢复的后期，可出现较复杂的节间反射。节间反射是指脊髓某节段神经元发出的轴突与临近上下节段的神经元发生联系，通过上下节段之间神经元的协同活动所进行的一种反射活动。例如，刺激动物腰部皮肤，可引起后肢发生一系列节奏性搔爬动作，称为搔爬反射。

## 三、低位脑干肌紧张的调节

脑干包括延髓、脑桥和中脑。脑干除了有神经核以及与它相联系的前行和后行神经传导束外，还有纵贯脑干中心的网状结构。脑干网状结构是由散在分布的神经元群和纵横交错的神经网络构成的神经结构，是中枢神经系统中最重要的皮层下整合调节机构。

### （一）脑干网状结构易化区与抑制区

**1. 易化区及其作用** 脑干网状结构中加强肌紧张和肌肉运动的区域，称为易化区。此外，下丘脑和丘脑中线核群等部位也具有对肌紧张和肌肉运动的易化作用，因此也包括在易化区之中。易化区的作用主要是通过网状脊髓束的后行通路，并与脊髓 $\gamma$ 运动神经元建立兴奋性突触联系来完成的。此外，易化区对 $\alpha$ 运动神经元也有一定的易化作用。易化肌紧张的中枢部位除网状易化区外，还有脑干外神经结构，如前庭核、小脑前叶两侧部等部位，它们共同组成易化系统。脑干外神经结构的易化功能是通过网状结构易化区的活动来完成的。网状结构易化区一般具有持续的自发放电活动，这可能是由前行感觉传入冲动的激动作用所引起的。

**2. 抑制区及其作用** 脑干网状结构中还有抑制肌紧张和肌肉运动的区域，称为抑制区，作用主要是通过网状脊髓束的后行抑制性纤维与 $\gamma$ 运动神经元形成抑制性突触而完成的。抑制肌紧张的中枢部位除网状结构抑制区外，大脑皮层运动区、纹状体与小脑前叶蚓部等脑干外神经结构，也参与抑制系统的组成。这些脑干外神经结构不仅可通过网状结构抑制区的活动抑制肌紧张，而且能控制网状结构易化区的活动，使其受到抑制。一般说来，网状结构抑制区本身无自发活动，它在接受上述各高位中枢传入的始动作用时，才能发挥后行抑制作用。否则，抑制区就不能维持其对脊髓反射的抑制作用。

### （二）去大脑僵直

在中脑上下丘之间横断脑干的去大脑动物，会立即出现全身肌紧张，特别是伸肌肌紧张过度亢进，表现为四肢伸直、头尾昂起、脊柱挺硬的角弓反张现象，称为去大脑僵直。

在去大脑动物中，由于切断了大脑皮层运动区和纹状体等神经结构与脑干网状结构的功能联系，使抑制区失去了高位中枢的始动作用，削弱了抑制区的活动；而与网状结构易化区有功能联系的神经结构虽也有部分被切除，但因易化区本身存在自发活动，而且前庭核的易化作用依然保留，所以易化区的活动仍继续存在。因此，易化系统与抑制系统的活动失去平衡，使易化系统的活动占有显著优势。由于这些易化作用主要影响抗重力肌的作用，故主要导致伸肌肌紧张加强，而出现去大脑僵直现象。

## 四、小脑与基底神经节对躯体运动的调节

小脑是躯体运动调节的重要中枢。基底神经节是指大脑皮层下一些主要在运动调节中起重要作用的神经核群，主要包括尾核、壳核和苍白球，三者合称纹状体。此外，底丘脑核、中脑的黑质与红核及被盖网状结构等有关神经结构，在功能上与纹状体密切相关，故也归属于基底神经节系统。

### （一）小脑对躯体运动的调节

**1. 维持身体平衡** 维持身体平衡是前庭小脑的主要功能。前庭小脑主要由绒球小结叶构成。绒球小结叶通过前庭核转而经脊髓后行纤维的作用，调节脊髓运动神经元的兴奋与肌肉的收缩活动，以维持躯体运动的平衡。

**2. 调节肌紧张** 小脑调节肌紧张与协调随意运动的功能，主要是由脊髓小脑完成的。其中，小脑前叶的功能是调节肌紧张，小脑后叶中间带的功能主要是协调随意运动，但也有调节肌紧张的作用。

**3. 协调随意运动** 协调随意运动是小脑后叶中间带的重要功能。由于后叶中间带还接受脑桥纤维的投射，并与大脑皮层运动区有环路联系，因此在执行大脑皮层发动的随意运动方面起重要协调作用。当小脑后叶中间带受到损伤时，可出现随意运动协调的障碍，称为小脑性共济失调，表现为随意运动的力量、方向及限度等将发生很大的紊乱，动作摇摆不定，指物不准，不能进行快速的交替运动。

### （二）基底神经节对躯体运动的调节

基底神经节的功能相当复杂，其主要作用是调节运动，它与随意运动的产生和稳定、肌紧张的控制以及本体感觉传入冲动的处理等均有密切关系。在人类，基底神经节损伤可引起一系列运动功能障碍，其临床表现主要分两大类：一类表现为运动过少而肌紧张亢进，如震颤麻痹等；另一类表现为运动过多而肌紧张低下，如舞蹈病和手足徐动症等。

## 五、大脑皮层对躯体运动的调节

大脑皮层是中枢神经系统控制和调节躯体运动的最高级中枢。大脑皮层中与躯体运动有密切关系的区域，称为大脑皮层运动区。

### （一）主要运动区

主要运动区又称运动区或运动皮层，对躯体运动的调节具有下列功能特征：①交叉支配，即一侧皮层主要支配对侧躯体的运动，但头面部肌肉的运动是双侧支配。②具有精细的功能定位，即皮层的一定区域支配一定部位的肌肉，其定位安排与感觉区类似，呈倒置分布。③功能代表区的大小与运动的精细、复杂程度有关，即运动越精细、复杂，皮层相应运动区的面积越大。主要运动区与运动的执行及运动所产生的肌力大小有关。

### （二）辅助运动区

辅助运动区位于大脑皮层的内侧面（两半球纵裂内侧壁）、运动区之前。一般为双侧性支配，刺激该区可引起肢体运动与发声。

### （三）第二运动区

第二运动区位于中央前回与脑岛之间，用较强的电刺激能引起双侧的运动反应，其运动代表区的分布与第二感觉区一致。

## 第四节　神经系统对内脏活动的调节

**【学习目标】**

了解脊髓、脑干等中枢对内脏活动的调节。

**【常用术语】**

植物性神经（vegetative nerve）。

**【概述】**

调节内脏活动的神经结构由于通常不受主观意识的控制而有一定的自律性，故称之为自主神经系统。相对于躯体的随意运动，自主神经系统所支配的内脏器官不能随意改变其空间位置，因此自主神经系统又称为植物性神经系统。

### 一、脊髓对内脏活动的调节

脊髓是内脏反射活动的初级中枢。脊动物在脊休克过去后，血压可以上升到一定水平，证明脊髓中枢可以完成基本的血管张力反射，能维持血管的紧张性，保持一定的外周阻力。此外，脊髓还能完成其他一些最基本的内脏反射，如排粪反射、排尿反射、性反射、出汗与竖毛肌反射等。在正常生理状态下，脊髓的自主性神经功能是在上位脑高级中枢调节下完成的。

### 二、低位脑干对内脏活动的调节

由延髓发出的副交感神经传出纤维，支配头面部所有的腺体、心脏、支气管、喉、食管、胃、胰腺、肝和小肠等。循环、呼吸等许多基本生命现象的反射调节在延髓水平已能初步完成，咳嗽、喷嚏、吞咽、唾液分泌、吸吮、呕吐等，都需要有延髓的参与。延髓有“生命中枢”之称，一旦延髓受损，可立即致死。脑干网状结构中也存在许多与心血管、呼吸和消化等内脏活动有关的神经元，其后行纤维支配脊髓，调节脊髓的自主神经功能。脑桥有角膜反射中枢、呼吸调整中枢。中脑存在瞳孔对光反射中枢和视听探究反射中枢，也是防御性心血管反应的主要中枢部位。

### 三、下丘脑对内脏活动的调节

下丘脑是皮层下最高级的内脏活动调节中枢。它把内脏活动与其他生理活动联系起来，调节体温、营养摄取、水平衡、内分泌、情绪反应、生物节律等生理过程。

下丘脑与边缘前脑和脑干网状结构有密切的形态和功能联系，共同调节机体内脏活动。此外，下丘脑还可通过垂体门脉系统和下丘脑-垂体束调节腺垂体与神经垂体的活动。

## 四、大脑皮层对内脏活动的调节

### （一）新皮层

新皮层是指在系统发生上出现较晚、分化程度最高的大脑半球外侧面结构。新皮层与内脏活动密切相关，而且有区域分布特征，如电刺激动物的新皮层，除引起躯体运动外，还可引致内脏活动的改变。

### （二）边缘系统

边缘系统是调节内脏活动的高级中枢，它对内脏活动有广泛的影响，故有“内脏脑”之称。刺激边缘系统的不同部位，可引起复杂的内脏活动反应。例如，电刺激扣带回前部，可引起呼吸抑制或减慢、心跳变慢、血压上升或下降、瞳孔扩大或缩小等。边缘系统对机体的本能性的行为与情绪反应也有明显的影响。

# 实训一　反射弧的分析

［**目的**］理解反射弧的完整性与反射活动的关系。

［**原理**］在中枢神经系统的参与下，机体对刺激所产生的适应性反应过程称为反射。反射活动的结构基础是反射弧。要引起反射，首要条件是反射弧必须完整。反射弧的任何一部分受到破坏，反射即不出现。

［**实验对象**］蛙或蟾蜍。

［**实验药品**］林格液，1% 硫酸，1% 可卡因。

［**仪器与器械**］常规蛙类手术器械，铁支柱等。

［**实验方法与步骤**］

**1. 实验准备操作**　取一只蟾蜍或蛙，用粗剪刀由两侧口裂剪去上方头颅（或用蛙针从枕骨大孔插入，向上捣毁大脑），制成脊蟾蜍。将动物俯卧固定在蛙板上，于右侧大腿背部纵行剪开皮肤，在股二头肌和半膜肌之间的沟内找到坐骨神经干，在神经干下穿一条细线备用，将脊蟾蜍悬挂在铁支柱上。

**2. 项目观测**

1）正常反射活动的观察。将蛙的左右后腿浸入 1% 的硫酸中，可见有屈腿反射出现（当反射出现后，迅速用清水将该后腿皮肤上的硫酸洗净）。

2）用剪刀在左侧的后肢股部皮肤作一环行切口，将皮肤剥除，再以上述方法刺激，结果如何？

3）提起穿在右侧坐骨神经下的细线，然后将蘸有 1% 可卡因的小棉球置于神经干下，经半分钟后，再以同样的方法刺激，结果如何？如果有反射出现，则以后每隔 1min 刺激一次，直至不引起反应为止。

当反射消失时，迅速以浸有 1% 硫酸的小滤纸片贴于与该后肢同侧的躯干的皮肤上，结果如何？为什么？

4）破坏中枢。将滤纸取下，用林格液冲洗，待反射恢复后，即用探针将脊髓破坏，再刺激身体任何部位，观察有无反射出现？

［**注意事项**］用硫酸溶液或浸有硫酸的纸片处理蟾蜍的皮肤后，应迅速用自来水清洗，以清除皮肤上残留的硫酸，并用纱布擦干，以保护皮肤并防止冲淡硫酸。

## 实训二　脊髓反射

［**目的**］掌握反射时的测定方法；了解刺激强度和反射时的关系。

［**原理**］在中枢神经系统的参与下，机体对刺激所产生的适应性反应过程称为反射，较复杂的反射需要中枢神经系统较高级的部位整合才能完成，较简单的反射只需要通过中枢神经系统较低的部位就能完成。将动物的高级中枢切除，仅保留脊髓的动物成为脊动物，此时动物产生的各种反射活动为单纯的脊髓反射。由于脊髓失去了高级中枢的正常调控，所以反射活动比较简单，便于观察和分析反射活动过程中的某些特征。完成一个反射所需要的时间为反射时。反射时除与刺激强度有关以外，反射时的长短与反射弧在中枢交换神经元的多少及有无中枢抑制存在有关。由于中间神经元连接方式不同，反射活动的范围和持续时间，反射形成难易程度都不一样。

［**实验对象**］蛙或蟾蜍。

［**实验药品**］硫酸（0.1%，0.3%，0.5%，1%），林格液。

［**仪器与器械**］常规蛙类手术器械，铁支柱，玻璃平皿，烧杯，纱布，秒表，刺激电极，生物信号采集与处理系统，计算机等。

［**实验方法与步骤**］

**1. 实验准备操作**　取一只蟾蜍或蛙，用粗剪刀由两侧口裂剪去上方头颅（或用蛙针从枕骨大孔插入，向上捣毁大脑），制成脊蟾蜍。将动物俯卧固定在蛙板上，于右侧大腿背部纵行剪开皮肤，在股二头肌和半膜肌之间的沟内找到坐骨神经干，在神经干下穿一条细线备用，将脊蟾蜍悬挂在铁支柱上。

**2. 项目观测**

1）搔扒反射。将浸有1%硫酸的小滤纸片贴在蟾蜍的下腹部，可见四肢向此处搔扒。

2）反射时的测定。将蟾蜍一侧后肢的一个脚趾浸入0.1%硫酸溶液中，同时按动秒表开始计时，当屈腿反射一出现立即停止计时，并立即对该脚趾用清水冲洗几次，然后用纱布擦干。用以上方法重复3次，注意每次浸入趾尖的深度要一致，相邻两次时间间隔不要低于2～3s。计算3次所测定时间的平均值，即为反射时。

3）按步骤2），依次测定0.3%、0.5%和1%硫酸刺激所引起的屈腿反射的反射时。比较4种不同浓度的硫酸刺激所引起的反射时。

4）反射阈刺激的测定。用单个电脉冲刺激一侧后足背皮肤，由大到小调节刺激强度，测定引起屈肌反射的阈刺激。

5）反射的扩散和后放。将一个电极放在蟾蜍的足面皮肤上，先给予弱的连续阈上刺激观察发生的反应，然后依次增加刺激强度，观察每次增加刺激强度所引起的反应范围是否扩大，同时观察反应持续时间的变化，并以秒表计算自刺激停止起，到反射动作结束之间共持续多少时间。比较弱刺激和强刺激的结果有何不同。

6）时间总和的测定。用单个略低于阈强度的阈下刺激，重复刺激足背皮肤，由大到小调节刺激的时间间隔（即依次增加刺激频率），直至出现屈肌反射。

［注意事项］

1）用硫酸溶液处理蟾蜍的皮肤后，应迅速用自来水清洗，以清除皮肤上残留的硫酸，并用纱布擦干，以保护皮肤并防止冲淡硫酸。

2）浸入硫酸溶液的部位应限于一个趾尖，每次浸泡范围也应一致，切勿浸入太多。

（范春艳）

# 第十一章 内 分 泌

## 第一节 下 丘 脑

**【学习目标】**

掌握下丘脑促垂体区及下丘脑调节肽生理功能。

**【常用术语】**

促甲状腺激素释放激素（thyrotropin-releasing hormone，TRH），促性腺激素释放激素（gonadotropin-releasing hormone，GnRH，LRH），促肾上腺皮质激素释放激素（corticotropin-releasing hormone，CRH），生长抑素（growth hormone release- inhibiting hormone，GHRIH），生长激素释放激素（growth hormone releasing hormone，GHRH），催乳素释放抑制因子（prolactin release-inhibiting factor，PIF），催乳素释放因子（prolactin releasing factor，PRF），促黑素细胞激素释放因子（melanophore-stimulating hormone releasing factor，MRF），促黑素细胞激素释放抑制因子（melanophore-stimulating hormone release-inhibiting factor，MIF）。

**【概述】**

下丘脑，又称丘脑下部，是调节内脏活动和内分泌活动的较高级神经中枢所在。通常将下丘脑从前向后分为三个区：视上部位于视交叉上方，由视上核和室旁核所组成；结节部位于漏斗的后方；乳头部位于乳头体。下丘脑是内分泌系统和神经系统的中心，能调节垂体前叶功能，合成神经垂体激素及控制自主神经和植物神经功能。

### 一、下丘脑促垂体区分泌的激素（因子）种类及作用

下丘脑的神经分泌物是通过门脉流入垂体前叶，有的激发垂体前叶的释放，称释放激素（RH）；有的抑制垂体前叶激素的释放，称抑制激素（IH）。下丘脑促垂体区肽能神经元分泌的肽类激素，主要作用是调节腺垂体的活动，因此称为下丘脑调节肽（HRP）。

**1. 促甲状腺激素释放激素（TRH）** 促进垂体前叶生成和释放促甲状腺激素（TSH），也促进催乳素的释放，但 TRH 是否参与催乳素分泌的生理调节，尚不能肯定。

**2. 促性腺激素释放激素（GnRH 或 LRH）** GnRH 与生殖密切相关，能激发垂体前叶生成和分泌两种促性腺激素——黄体生成素（LH）与卵泡刺激素（FSH），对前者的效应尤为显著。在体外腺垂体组织培养系统中加入 GnRH，亦能引起 LH 与 FSH 的分泌增加；如果先用 GnRH 抗血清处理后，再给予 GnRH，则可减弱或消除 GnRH 的效应。

**3. 生长激素释放抑制素（简称生长抑素，GHRIH、GRIH、SRIF 或 SS）** 抑制垂体生长激素（GH）的基础分泌，也抑制腺垂体对多种刺激所引起的 GH 分泌反应，还可抑制 LH、FSH、TSH、PRL 及 ACTH 的分泌。

**4. 生长激素释放激素（GHRH）** 从猪、羊、鼠、人的下丘脑中分离的调节身体生长的肽类化合物，它在整体和离体实验均显示可通过增加细胞的 $Ca^{2+}$ 与 cAMP，刺激

垂体前叶释放生长激素。

**5. 促肾上腺皮质激素释放激素（CRH）** 促进腺垂体合成与释放促肾上腺皮质激素（ACTH）。

**6. 催乳素释放抑制因子（PIF）与催乳素释放因子（PRF）** 下丘脑对腺垂体催乳素（PRL）的分泌有抑制和促进两种作用，但平时以抑制作用为主。

**7. 促黑素细胞激素释放因子（MRF）与抑制因子（MIF）** MRF 主要促进 MSH 的释放，而 MIF 则抑制 MSH 的释放。

## 二、释放激素分泌的调节

### （一）神经调节

内外环境的刺激可促进下丘脑 TRH 释放，吮吸乳头可反射性引起下丘脑 PRF 增加和 PIF 降低。

### （二）激素调节

下丘脑促垂体区细胞的分泌作用受到脑内其他部位（主要是中脑、边缘系统和大脑皮质）传来的神经纤维所释放的神经递质的调节作用。根据递质调控下丘脑内分泌活动的规律，神经药理学和临床内分泌学已开始采用模拟或补充递质以及对抗或阻断递质等方法，人为地控制下丘脑内分泌活动，达到诊断和治疗某些内分泌疾病的目的。

下丘脑调节肽的分泌受体液中激素和代谢物浓度的反馈调节作用，特别是靶腺激素的反馈调控。

# 第二节　脑　垂　体

**【学习目标】**

熟悉并掌握脑垂体分泌的激素的生理功能和分泌调节。

**【常用术语】**

升压素（vasopressin，VP 或 antidiuretic hormone，ADH），催产素（oxytocin，OXT），生长激素（growth hormone，GH），促甲状腺激素（thyroid-stimulating hormone，TSH），促肾上腺皮质激素（adrenocorticotropic hormone，ACTH），促黑（素细胞）激素（melanophore-stimulating hormone，MSH），促卵泡激素（follicle-stimulating hormone，FSH），黄体生成素（luteinizing hormone，LH），催乳素（prolactin，PRL）。

**【概述】**

脑垂体包括神经垂体和腺垂体两部分。神经垂体不含腺体细胞，不能合成激素。所谓的神经垂体激素是指在下丘脑视上核、室旁核产生而贮存于神经垂体的升压素（抗利尿激素）与催产素，在适宜的刺激作用下，这两种激素由神经垂体释放进入血液循环。腺垂体是体内重要的内分泌腺之一，它分泌的多种激素可以刺激视丘下部激素的分泌。

## 一、神经垂体

### （一）神经垂体激素的生理功能

**1. 升压素** 升压素（VP）的主要生理作用是调节血浆渗透压、血容量和血压。由于其促进肾远曲小管和集合管对水的重吸收，因而减少尿量，具有抗利尿效应，因此又称为抗利尿激素（ADH）。正常时升压素的主要生理功能是抗利尿效应，而对维持血压并不起明显作用，只有其为药理剂量时，通过促使血管平滑肌收缩，引起升血压效应。如血浆晶体渗透压增高或血容量减少时，升压素分泌增加，引起抗利尿作用，减少水分从机体排出；血浆渗透压降低、水负荷或动脉血压升高时，升压素减少，引起利尿，增加水分排出，以维持渗透压和水分平衡。

**2. 催产素** 催产素（OXT）的主要作用是促进子宫肌收缩，促使胎儿、胎衣排出及产后止血。但这些作用与子宫的功能状态有关。催产素对非孕子宫的作用较弱，而对妊娠子宫的作用较强。雌激素能增加子宫对催产素的敏感性，而孕激素则相反。另外，催产素还促使乳腺腺泡周围的肌上皮收缩，起促进排乳的作用。也有报道认为，中枢内释放的催产素与学习、记忆、母性行为有关，可提高学习和记忆能力，产生母性行为。

### （二）神经垂体激素分泌的调节

**1. 升压素分泌的调节** 升压素的分泌与释放受血浆晶体渗透压和循环血量的双重调节。在下丘脑的视上核及其附近有渗透压感受器，当血浆渗透压增加1%～2%，渗透压感受器兴奋，冲动沿下丘脑-垂体束传至神经垂体，引起升压素释放，发挥保水作用，以维持渗透压平衡。与此同时，在下丘脑视前区附近有另一渗透压感受器，称为饮水中枢，饮水中枢与视上核的渗透压感受器共同作用，调节因脱水带来的渗透压变化。当血浆晶体渗透压下降，则发生逆反应。在心房、腔静脉与肺循环等处存在感受血量变化的容量感受器，当血量正常时，容量感受器的冲动传至下丘脑视上核及视前区，使升压素的分泌与摄水控制在正常水平；若循环血量明显减少，控制减弱或解除，升压素分泌增加。

**2. 催产素分泌的调节** 催产素的释放主要依靠来自子宫颈、阴道和乳房的一些刺激，当交配、分娩或吮乳时，都可反射性地引起催产素的释放。与此相关的各种条件刺激，如幼仔出现、喊叫、挤乳准备还可引起催产素的条件反射性释放。

## 二、腺垂体

### （一）腺垂体激素的生理机能

**1. 生长激素（GH）** GH的生理作用是促进物质代谢与生长发育，对机体各个器官及各种组织均有影响，尤其对骨骼、肌肉和内脏器官的作用最为显著。

（1）促进生长 GH是调节机体生长发育的关键激素。GH能促进骨、软骨、肌肉，以及其他组织分裂增殖、蛋白质合成增加，从而增加细胞的体积和数量。实验研究证明，幼年动物摘除垂体后，生长停滞；但若及时补充GH，则可恢复生长发育。

（2）促进代谢　GH可促进氨基酸进入细胞，加速蛋白质合成，包括软骨、骨、肌肉、肝、肾、心、肺、肠、脑和皮肤等组织的蛋白质合成增强；GH促进脂肪分解，增强脂肪酸氧化；抑制外周组织摄取与利用葡萄糖，减少葡萄糖的消耗，提高血糖水平。GH对脂肪与糖代谢的作用似乎与生长介素无关，机制尚不清楚。生理水平的GH可刺激胰岛B细胞，引起胰岛素分泌，加强葡萄糖的利用，但过量的GH则可抑制葡萄糖的利用，出现所谓GH生糖作用，严重时尿糖增多。GH还可增强钠、钾、钙、磷和硫等无机质的摄取和利用。此外，动物在应激因素的作用下，GH分泌也增加。

（3）其他　促进胸腺基质细胞分泌胸腺素，参与机体免疫功能的调节。

**2. 促甲状腺激素（TSH）**　TSH是一种糖蛋白，它能促进甲状腺细胞增生及其活动，促使甲状腺激素的合成和释放。

**3. 促肾上腺皮质激素（ACTH）**　ACTH是含有39个氨基酸的多肽，主要作用是促进肾上腺皮质的发育，以及糖皮质激素的合成和释放。在应激时，ACTH分泌增加。

**4. 促性腺激素（GTH）**　GTH是一种糖蛋白，GTH可分为促卵泡激素（FSH）和黄体生成素（LH）两种。

（1）FSH　在LH的协同作用下，对卵巢的作用是促进卵泡细胞增殖和卵泡生长，并引起卵泡液分泌；对睾丸的作用是作用于曲细精管的生殖上皮，促进精子的生成，并在睾酮的协同作用下使精子成熟。

（2）LH　在FSH的协同作用下，LH对卵泡有明显的促生长作用，并促进卵泡雌激素合成和卵泡成熟，激发排卵。LH对睾丸的作用是促进睾丸间质细胞增殖和合成雄激素。因此，在雄性动物，LH又叫做间质细胞刺激素。

**5. 催乳素（PRL）**　PRL是一种单纯蛋白质激素。在哺乳动物，PRL的生理作用是在其他激素参与下，发动和维持泌乳（故名催乳素），其次RPL有促进性腺发育，调节水盐代谢等作用。在大鼠、小鼠、猴、猪、狗等动物，PRL有维持已形成的黄体和促进黄体分泌孕酮的作用，因而PRL又被叫做促黄体激素。此外，动物在应激状态下，PRL在血液中的浓度有着不同程度的升高，而且往往与ACTH及GH的浓度增加一同出现，因此有人认为PRL、ACTH和GH是应激反应中腺垂体分泌的3大应激激素。

**6. 促黑素细胞激素（MSH）**　MSH的主要作用是刺激黑素细胞内黑素的生成和扩散，使皮肤颜色变暗、变黑。对低等脊椎动物起皮肤变色以适应环境变化的作用。在哺乳动物的作用尚未确定，可能对色素沉着有作用，或对中枢神经系统的中枢兴奋状态有调节作用。

**7. 促脂解素**　促脂解素主要作用是促进脂肪组织分解，释放脂肪酸，表现溶脂作用。另外，因为它与ACTH、MSH同源，并有部分相同的肽段结构，因此也具有某些类似ACTH和MSH的作用。

### （二）腺垂体激素分泌的调节

腺垂体的分泌功能一方面受中枢神经系统，特别是下丘脑的控制，另一方面也受外周靶腺所分泌的激素和代谢产物的反馈调节，在下丘脑-腺垂体-靶腺轴多激素间的相互作用下，使靶腺激素在血液中保持动态平衡。

# 第三节 甲状腺与甲状旁腺

**【学习目标】**

熟悉并掌握甲状腺激素、降钙素及甲状旁腺激素的生理功能和分泌调节。

**【常用术语】**

四碘甲腺原氨酸（thyroxine，3,5,3′,5′-tetraiodotyyronine，$T_4$），三碘甲腺原氨酸（3,5,3′-triiodothyronine，$T_3$），降钙素（calcitonin，CT），甲状旁腺激素（parath yroid hormone，PTH）。

**【概述】**

甲状腺是机体非常重要的腺体，属于内分泌器官。甲状腺可控制使用能量的速度、制造蛋白质、调节身体对其他激素的敏感性。甲状腺激素主要有甲状腺素，又称四碘甲腺原氨酸（$T_4$）和三碘甲腺原氨酸（$T_3$）两种，它们都是酪氨酸碘化物。另外，从甲状腺组织还可分离出几种其他的含碘有机物，如一碘酪氨酸（MIT）、二碘酪氨酸（DIT）和逆-$T_3$（$rT_3$），但它们不具有甲状腺激素的生物活性。甲状腺依靠制造甲状腺激素来调整这些反应。甲状腺也生产降钙素，调节体内钙的平衡。

甲状旁腺是位于甲状腺附近的成对小腺体，一般有两对。甲状旁腺主细胞分泌的碱性单链多肽类激素，简称甲状旁腺激素（PTH）。甲状旁腺激素由 84 个氨基酸组成。

## 一、甲状腺

### （一）甲状腺激素的生理功能

甲状腺激素没有特异的靶细胞，影响机体内的几乎每一个器官，范围广、持续时间长，主要调节新陈代谢，促进生长、发育等。

**1. 对代谢的影响**

（1）生热作用　甲状腺激素促使机体内某些组织的耗氧量和产热量增多，细胞内氧化速率增加，提高有机体的基础代谢率（BMR）。有人估计，1mg $T_4$ 可使组织产热增加，提高基础代谢率 28%。$T_3$ 的生热作用比 $T_4$ 强 3～5 倍，但持续时间较短。因此，甲状腺功能亢进时，产热量增加，基础代谢率升高，机体喜凉怕热，极易出汗；而甲状腺功能低下时，产热量减少，基础代谢率降低，机体喜热恶寒，两种情况均无法适应环境温度的变化。

（2）对糖代谢的影响　甲状腺激素能促进小肠对葡萄糖和半乳糖的吸收，增强肾上腺素、胰高血糖素、生长激素等的生糖作用，从而升高血糖。还能促进糖的分解代谢，加速脂肪、肌肉等外周组织对葡萄糖的摄取和利用，以降低血糖。对糖原合成的影响取决于剂量，即小剂量的甲状腺激素能促进糖原合成，而大剂量则促进糖原分解。甲状腺功能亢进时，血糖常升高，有时出现糖尿。

（3）对脂肪代谢的影响　甲状腺激素促进脂肪酸氧化，增强儿茶酚胺与胰高血糖素对脂肪的分解作用，使血浆中游离脂肪酸的浓度增加。$T_4$ 与 $T_3$ 既促进胆固醇的合成，又可通过肝脏加速胆固醇的降解，并加速胆固醇从胆汁中排出，但对脂肪总的效应是分解作用大于合成作用。所以，甲状腺功能亢进患者血中胆固醇含量低于正常。

（4）对蛋白质代谢的影响　甲状腺激素对蛋白质代谢的作用取决于激素的剂量以及机体原来的代谢情况。一般是生理状况（或小剂量）时，可加速蛋白质及各种酶的生成，使肌肉、肝与肾的蛋白质合成明显增加，细胞数量增多，体积增大，尿氮减少，表现为正氮平衡。甲亢（或大剂量）时促进蛋白质分解，尤其骨骼肌蛋白质大量分解，动物消瘦。当饲料中含有足够蛋白质时，甲状腺激素常促使蛋白质分解；而当饲料蛋白质不足时，则能促进蛋白质合成。甲状腺功能亢进时，由于蛋白质、糖和脂肪的分解代谢增强，所以患者常感饥饿，食欲旺盛，且有明显消瘦。

（5）对水和电解质的影响　甲状腺激素具有利尿作用，缺乏时可见组织，特别是皮下组织发生水盐潴留，同时有大量黏蛋白沉积而表现黏液性水肿。甲状腺激素还能加速骨溶解，使尿中钙、磷排出增多，并促进 $K^+$ 从细胞内释放和排出。甲状腺激素还可参与毛细血管正常通透性的维持和促进细胞内液更新。甲状腺功能低下时，毛细血管通透性明显增大，水、钠和氯在组织间液潴留，组织液中积聚多量黏蛋白，发生特征性水肿。

（6）对维生素代谢的影响　甲状腺激素过多或过少都可影响维生素代谢而造成相对维生素缺乏症。在甲状腺功能亢进时，由于代谢旺盛，对许多维生素需要量增加，而常出现维生素 B 族、维生素 C、维生素 A、维生素 D、维生素 E 缺乏症；而当机能低下时，则由于吸收或酶转化过程受阻，可出现叶酸和维生素 A 缺乏症。

**2. 对生长发育的作用**　甲状腺激素是机体生长、发育和成熟的重要因素，可促进细胞分化和组织器官的发育。在神经、肌肉和骨的正常发育中起重要作用。幼畜缺乏甲状腺激素可见生长发育障碍，尤其表现脑发育不全，生长受阻，性腺发育停止，不出现副性征。例如，破坏蝌蚪的甲状腺原基，则蝌蚪发育停止，不能变态为蛙；如补充甲状腺激素又可恢复发育变成蛙。

**3. 对神经系统的作用**　甲状腺激素对中枢神经系统的发育和功能有重要影响。在胚胎期和幼年期甲状腺激素缺乏，可导致大脑生长和神经纤维髓鞘形成迟缓，脑细胞体积减小，轴突和树突数量减少，传导和反应能力降低，代谢率降低，而发生“呆小症”。成年后甲状腺机能异常，同样可见中枢神经系统功能改变。甲状腺功能亢进时，可见兴奋性提高，表现不安、过敏、易激动、睡眠减少等；减退时，可见兴奋性降低，对刺激感觉迟钝，反应缓慢，学习和记忆能力减退，嗜睡等。

**4. 对生殖和泌乳的作用**　甲状腺激素对性腺发育、副性征的出现及泌乳都有一定的影响。幼畜缺乏甲状腺激素，可见性腺发育停止，不表现副性征；成年动物甲状腺激素不足，将影响公畜精子成熟和母畜发情、排卵、受孕。甲状腺激素对泌乳有促进作用。如乳牛甲状腺机能不足，可见产乳量和乳脂率下降，喂以甲状腺制剂或甲状腺激素可恢复产乳量和乳脂含量。

**5. 对其他器官的作用**　甲状腺激素对心血管系统的作用是引起心率加快，心收缩力增强，心输出量和血压升高；对消化系统的作用是增加消化腺分泌和消化道运动，并增强肠管对糖的吸收，还能引起肾上腺皮质增生，增强儿茶酚胺类激素的作用等。

### （二）甲状腺激素分泌的调节

甲状腺功能活动主要受下丘脑与垂体的调节。下丘脑、垂体和甲状腺三者功能紧密联系，组成下丘脑-垂体-甲状腺轴。此外，甲状腺可进行一定程度的自身调节，而交感神经系统和儿茶酚胺类激素也具有重要的作用。

**1. 下丘脑-垂体-甲状腺轴的作用** 下丘脑分泌TRH，刺激腺垂体分泌TSH，TSH促进甲状腺激素的合成、储存和分泌。在正常情况下，下丘脑分泌TRH的量决定着血液中TSH及游离$T_4$、$T_3$的水平，当TRH分泌增加时，血浆$T_4$、$T_3$浓度在较高水平上保持相对稳定。反之，$T_4$、$T_3$水平较低（图11-1）。TSH对甲状腺的形成和功能有全面的作用，切除垂体不仅可见甲状腺细胞对碘摄取，以及甲状腺激素的合成和分泌发生障碍，而且可见甲状腺萎缩、细胞变形等形态变化。

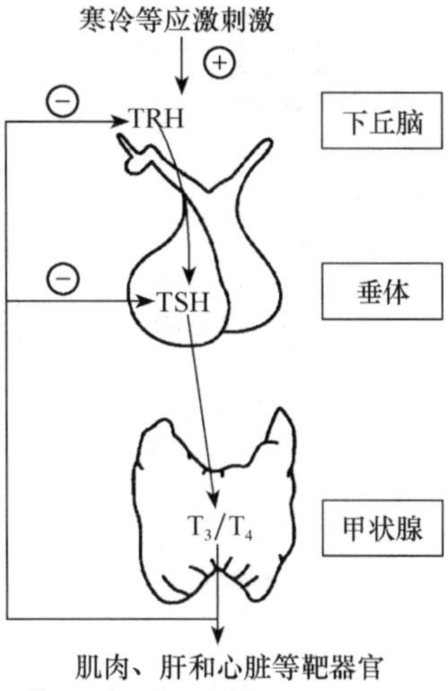

图11-1 甲状腺激素的分泌调节（柳巨雄和杨焕民，2010）

**2. 甲状腺激素的反馈调节** 血中游离的$T_4$、$T_3$浓度的升降，对腺垂体TSH的分泌起着经常性反馈调节作用。当血中游离的$T_4$与$T_3$浓度增高时，通过负反馈机制抑制TSH分泌。血中$T_4$、$T_3$对腺垂体这种反馈抑制作用与TRH的刺激作用，相互拮抗，相互影响，对腺垂体TSH的分泌起着决定性作用。

**3. 自身调节** 甲状腺功能的自身调节，主要表现为能对饲料中碘含量的变化产生较缓慢的适应。饲料中经常缺碘时表现甲状腺的聚碘能力加强，甲状腺球蛋白碘化程度降低，$T_4$分泌减少，$T_3$合成增多，甲状腺对TSH反应增强，并发生组织增生等形态变化；在碘供应较充足时，则甲状腺摄取和利用碘的能力降低，酪氨酸碘化和碘化酪氨酸的偶联受到抑制，并抑制了甲状腺细胞对TSH的反应能力，因此激素的合成和分泌并不显著增加。这种调节的特点是无需垂体TSH的支持，在垂体切除后依然存在。

## 二、甲状腺C细胞

降钙素（CT）是由哺乳动物甲状腺的滤泡细胞（又称为C细胞）、鸟类和其他脊椎动物的鳃后体分泌的一种肽类激素。

### （一）降钙素的生理功能

CT的主要作用是降低血钙和血磷，其作用与甲状旁腺分泌的甲状旁腺激素（PTH）相反。CT的主要靶器官是骨，对肾也有一定的作用。

**1. 对骨的作用** CT抑制破骨细胞的活动和破骨细胞的分化成熟，从而抑制骨钙的溶解，导致骨组织钙、磷沉积增加，血钙、血磷降低。有研究表明，CT还能通过加强破骨细胞的活动，使骨组织释放的钙、磷减少。

**2. 对肾的作用** CT能短暂促进肾小管对钙、磷的清除，增加其排出。

### （二）降钙素分泌的调节

CT的分泌主要受血钙浓度的调节。血钙浓度升高时，CT的分泌增加，反之亦然。CT与甲状旁腺激素（PTH）对血钙的作用相反，共同调节血钙浓度的相对稳定（图11-2）。

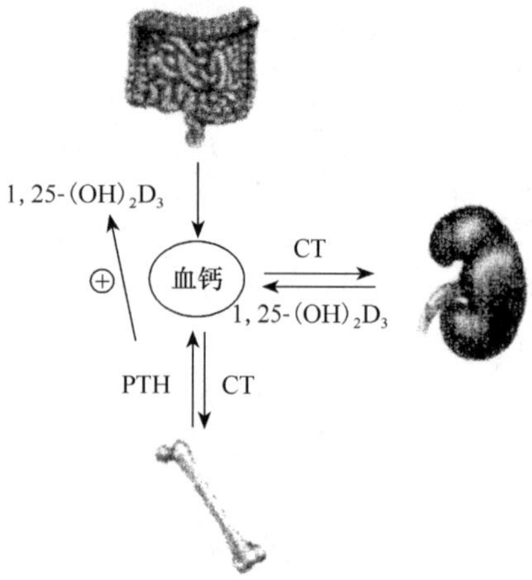


图 11-2 血钙稳态的激素调节机制
（柳巨雄和杨焕民，2010）

胃泌素、促胰液素和胰高血糖素等胃肠激素均可促进 CT 的分泌，其中胃泌素的作用最强。

## 三、甲状旁腺

甲状旁腺紧密附于甲状腺左右二叶背面，数目不定，一般为 4 枚。呈卵圆形或扁平形，外观呈黄、红或棕红色，平均重量每枚 35～40mg，血供主要来自甲状腺下动脉。光镜下，甲状旁腺腺细胞可以分为两种：主细胞和嗜酸细胞，其中的主细胞分泌甲状旁腺激素（PTH），为含有 84 个氨基酸的直链肽。

### （一）甲状旁腺激素的生理作用

PTH 是调节血钙和血磷水平最重要的激素，可使血钙水平升高，血磷降低。PTH 的靶器官主要是骨和肾脏。

**1. 对骨的作用** PTH 可通过快速效应和延迟效应两个时相，促进骨钙溶解进入血液，使血钙升高。当血钙浓度下降时，PTH 数分钟内即可刺激已经存在的破骨细胞溶解其周围骨基质和表面的骨盐，使血钙迅速恢复正常水平，这是 PTH 升高血钙的快速效应。PTH 升高血钙的延迟效应需在 PTH 作用十几小时后才出现，这一效应是通过刺激破骨细胞活动，加速骨基质的溶解，使钙、磷释放进入血液，升高血钙浓度。因此，PTH 分泌过多可增强溶骨过程，造成骨质疏松。

**2. 对肾脏的作用** PTH 促进肾小管对钙的重吸收，减少尿钙的排出，升高血钙；同时抑制肾小管对磷酸盐的吸收，增加尿磷的排出。PTH 还可增强肾小管内羟化酶的活性，加速 25-（OH）$D_3$ 转变成 1,25-（OH）$_2D_3$，使肾小管上皮内的 $Ca^{2+}$输送进入细胞外液，再进入血液。

**3. 对肠道的作用** PTH 可间接促进肠道对钙的吸收，这一效应是通过 1,25-（OH）$_2D_3$ 的间接作用实现的。

### （二）甲状旁腺激素分泌的调节

PTH 的分泌主要受血钙浓度的控制。血钙降低，可刺激 PTH 分泌；血钙浓度升高则对 PTH 分泌起抑制作用。此外，血磷浓度可影响血钙浓度，间接调节 PTH 的分泌。例如，血磷升高常引起血钙降低，血钙降低刺激 PTH 分泌。反之，血磷降低则表现相反的变化。儿茶酚胺和 $PGE_2$ 可促进 PTH 分泌，$PGE_{2\alpha}$ 使其分泌减少。

# 第四节 肾 上 腺

**【学习目标】**

熟悉并掌握肾上腺皮质和髓质分泌的激素及其生理功能。

**【常用术语】**

盐皮质激素（mineralocorticoids），醛固酮（aldosterone），糖皮质激素（glucocorticoids)，肾上腺素（adrenaline，epinephrine，AD，或 epinephrine，E），去甲肾上腺素（norepinephrine 或 L-arterenol，NAd 或 NE），应激（stress），应急反应（emergency reaction hypothesis）。

**【概述】**

肾上腺皮质从外往里可分为球状带、束状带和网状带三部分。肾上腺皮质分泌的激素总称为肾上腺皮质激素，属于类固醇（甾体）激素。其中，盐皮质激素由球状带分泌，包括醛固酮和去氧皮质酮等；糖皮质激素由束状带合成和分泌，包括氢化可的松和可的松等；性激素由网状带所分泌，包括脱氢雄酮和雌二醇，网状带也能分泌少量的糖皮质激素。通常所指肾上腺皮质激素，不包括性激素。临床常用的肾上腺皮质激素是指糖皮质激素。

肾上腺髓质位于肾上腺的中央部，周围有皮质包绕。肾上腺髓质的嗜铬细胞能合成和分泌多巴胺、肾上腺素和去甲肾上腺素。

## 一、肾上腺皮质激素

### （一）肾上腺皮质激素的生理作用

**1. 盐皮质激素** 盐皮质激素主要作用是促进远曲小管和集合管重吸收$Na^+$、水，同时促进$K^+$排出，即具有“保钠排钾”的作用。此外，盐皮质激素还可刺激大肠重吸收$Na^+$，并降低汗腺和唾液腺对$Na^+$的分泌。随着$Na^+$的被保留，机体可保留较多的水分。当醛固酮分泌过多时，将使钠和水潴留，引起高血钠、高血压和血钾降低。相反，醛固酮缺乏时则钠与水的排出过多，血钠减少，血压降低，而尿钾排出减少，血钾升高。

**2. 糖皮质激素** 糖皮质激素主要是皮质醇，而皮质酮的含量仅为皮质醇的5%～10%，以皮质醇的生物活性较强。

（1）对物质代谢的影响

1）对糖代谢的作用：糖皮质激素是调节机体糖代谢的重要激素之一，它促进糖异生和抑制组织细胞对葡萄糖的利用，结果引起血糖浓度升高。此外，糖皮质激素还有抗胰岛素作用，促进血糖升高。如果糖皮质激素分泌过多（或服用此类激素药物过多）可引起血糖升高，甚至出现糖尿；相反，肾上腺皮质功能低下患者（如阿狄森病），则可出现低血糖。

2）对蛋白质代谢的作用：既抑制蛋白质合成，又加速蛋白质分解，从而造成负氮平衡，其中对骨骼肌、骨、淋巴器官等的蛋白质代谢以促进分解为主，而对肝、胃、肠、泌尿和生殖等器官的蛋白质代谢则以抑制合成为主。糖皮质激素分泌过多时，由于蛋白质分解增强，合成减少，将出现肌肉消瘦、骨质疏松、皮肤变薄、淋巴组织萎缩等。

3）对脂肪代谢的作用：糖皮质激素能动员脂肪分解，使血中游离脂肪酸增多，并促进脂肪酸在肝内氧化供能。但过量的糖皮质激素可以增加体脂沉积，这是由于一方面糖皮质激素能够促进食欲，另一方面可使血糖浓度升高而刺激胰岛素分泌，胰岛素有强烈刺激脂肪合成的效应。另外，肾上腺皮质功能亢进时，糖皮质激素对身体不同部位的脂肪作用不同，四肢脂肪组织分解增强，而腹、面、肩及背部脂肪合成有所增加，以致呈现面圆、背厚、躯干部发胖而四肢消瘦的特殊体形，即向心性肥胖。

4）对水盐代谢的作用：增加肾小球血流量，肾小球滤过率增加，促进水排出；分泌不足时，排水功能低下，严重则导致水中毒、全身肿胀，补充后可缓解。

（2）对某些器官组织的作用

1）对心血管系统的作用：增强血管平滑肌对儿茶酚胺的敏感性（允许作用）来保持血管的紧张性和维持血压，降低毛细血管通透性，利于保持血容量；缺乏时，肌肉无力，心输出量降低，血管紧张性下降，红细胞和血红蛋白含量减少。

2）对血细胞的作用：促进骨髓加速合成红细胞和血小板、嗜中性粒细胞、单核细胞，使淋巴细胞、嗜酸性粒细胞数减少。

3）对胃肠道的作用：促进多种消化液和消化酶的分泌，胃黏膜的细胞数目增多，胃酸和胃蛋白酶分泌增加，提高十二指肠黏膜对迷走神经的反应性。

4）对神经系统的作用：提高神经系统的兴奋性；缺乏时，神经系统兴奋性和反应能力下降；过量则使神经系统活动加强。

（3）参与应激反应　当机体受到一系列非特异性刺激（如创伤、手术、饥饿、寒冷等）时，血中ACTH浓度和糖皮质激素立即增加。能引起ACTH与糖皮质激素分泌增加的各种刺激称为应激刺激。因应激刺激引起的机体与适应性及耐受性有关的反应称为应激，属非特异性反应。此时机体对糖皮质激素的需要量增加，使能量代谢以糖代谢为核心，从而保持葡萄糖对重要组织器官（如脑和心）的供应。应激反应中，除垂体-肾上腺皮质系统外，交感-肾上腺髓质系统也参与，血中儿茶酚胺含量增加，另有生长激素、催乳素、胰高血糖素、β-内腓肽、抗利尿激素及醛固酮等含量增加。

（4）抗炎和抗免疫作用　糖皮质激素对炎症的发生和发展有抑制作用，可使炎症早期的红、肿、热、痛症状得到缓解，并防止炎症晚期形成肉芽和减少疤痕。抗免疫作用表现为对抗原的处理和识别能力下降，减少淋巴细胞增殖，使体液免疫和细胞免疫功能降低，因而可用来治疗器官移植后的排异反应。临床上使用大剂量的糖皮质激素及其类似物用于抗炎、抗过敏、抗毒和抗休克。

**3. 性激素**　性激素分泌量少，一般不产生明显效应；过量分泌因性别、年龄而引起机体异常。

### （二）肾上腺皮质激素分泌的调节

肾上腺皮质球状带、束状带和网状带合成和分泌的激素不同，调节机制也有显著的差异。

**1. 糖皮质激素分泌的调节**　糖皮质激素的分泌受下丘脑-垂体-肾上腺皮质轴控制。垂体分泌的ACTH对束状带细胞类固醇激素的合成和分泌有直接的刺激作用，而ACTH分泌又受下丘脑CRH的控制。凡能影响ACTH和CRH分泌的因素都可影响糖皮质激素的合成和分泌。升压素引起ACTH分泌增加，褪黑素对CRH释放起抑制作用，这些都能影响糖皮质激素的分泌。切除动物的垂体后，束状带与网状带萎缩，糖皮质激素分泌显著减少，如及时补充ACTH，可使已发生萎缩的束状带及网状带基本恢复，糖皮质激素分泌量回升。

血中糖皮质激素的水平对其自身分泌可起反馈调节作用，这种反馈调节可作用于垂体、下丘脑或更高级脑水平上。

**2. 盐皮质激素分泌的调节** 肾上腺皮质球状带分泌的醛固酮主要受以下三方面的控制。

（1）肾素-血管紧张素系统的作用 在血容量降低或 $Na^+$浓度下降时，可引起肾近球小体释放肾素进入血液，肾素能水解血浆中的血管紧张素原，生成 10 肽的血管紧张素Ⅰ，后者经过肺脏进一步转化成 8 肽的血管紧张素Ⅱ。血管紧张素Ⅱ及其代谢产物血管紧张素Ⅲ都能特异性地刺激肾上腺球状带促进醛固酮的分泌。

（2）血 $K^+$、血 $Na^+$的作用 血浆中 $K^+$浓度升高或 $Na^+/K^+$比例改变（$Na^+$浓度下降，$K^+$浓度上升）均可直接刺激肾上腺皮质球状带引起醛固酮的分泌。

（3）ACTH 的作用 ACTH 对醛固酮分泌也有刺激作用，给某些动物（如狗等）注射 ACTH 可见肾上腺皮质球状带变宽，血液中醛固酮浓度增加。应激时，ACTH 分泌增加，同时可见醛固酮的急性释放。

此外，有资料表明，心钠素可直接作用于球状带细胞降低醛固酮的分泌；前列腺素和 β-促脂解素对醛固酮分泌有促进作用。

## 二、肾上腺髓质激素

### （一）肾上腺髓质激素的生理作用

**1. 总效应** 髓质激素的总效应是与交感神经系统协同动员机体应付紧急情况。机体受到伤害性刺激（疼痛、恐惧、寒冷、缺氧、失血等），交感-肾上腺髓质系统活动加强，引起心率加快，心输出量增多，血压上升，循环加速，支气管舒张，肺通气量加大；皮肤、黏膜血管收缩，心脏、脑、骨骼肌血管舒张，血液重新分配；糖原和脂肪分解加强，产热增多，从而增强机体对伤害性刺激的耐受力，这一生理活动称为机体的应急反应。很明显，应急反应的各种刺激，也是引起应激反应的刺激。当机体受到有害刺激时，同时引起这两种反应，两者相辅相成而共同维持机体的适应能力。

**2. 对心血管系统的作用** 肾上腺素和去甲肾上腺素都能增加心率，升高血压，但前者增加心率的作用较大，升高血压主要通过增加心输出量，而表现收缩压升高；后者对心率影响较小，升高血压主要通过缩血管作用增加外周阻力，而表现舒张压升高。

**3. 对代谢的作用** 肾上腺素和去甲肾上腺素都能刺激代谢，促进肝糖原和脂类分解，增加血糖和血浆 FFA 水平，还能增加组织耗氧量，提高基础代谢率，不过作用的强度肾上腺素大于去甲肾上腺素。

**4. 对神经系统和其他器官组织的作用** 肾上腺素和去甲肾上腺素都能提高中枢神经系统的兴奋性，使动物警觉和清醒，对外界刺激的反应性增加；都可刺激呼吸中枢，增强呼吸，使支气管平滑肌扩张，通气量加大；还能使皮肤、竖毛肌、眼扩瞳肌，以及胃肠道和泌尿道的括约肌收缩，但对胃肠道和膀胱平滑肌则表现抑制作用。

### （二）髓质激素分泌的调节

肾上腺髓质分泌激素受中枢神经系统和交感神经系统的控制。机体在受到应激刺激时，一方面通过下丘脑-垂体-肾上腺皮质轴引起皮质激素分泌增加，同时可通过下丘脑-交感神经-肾上腺髓质系统引起髓质激素的分泌增加。

**1. 交感神经** 髓质受交感神经胆碱能节前纤维支配，交感神经兴奋时，节前纤维末梢释放乙酰胆碱，作用于髓质嗜铬细胞上的N型受体，引起肾上腺素与去甲肾上腺素的释放。

**2. ACTH与糖皮质激素** 动物摘除垂体后，髓质中酪氨酸羟化酶、多巴胺β-羟化酶与PNMT的活性降低，而补充ACTH则能使这些酶的活性恢复，如给予糖皮质激素可使多巴胺β-羟化酶与PNMT活性恢复，而对酪氨酸羟化酶未见明显影响，提示ACTH促进髓质合成儿茶酚胺的作用主要通过糖皮质激素，也可能有直接作用。肾上腺皮质的血液经髓质后才流回循环，这一解剖特点有利于糖皮质激素直接进入髓质，调节儿茶酚胺的合成。

**3. 自身反馈调节** 去甲肾上腺素或多巴胺在髓质细胞内的量增加到一定数量时，可抑制酪氨酸羟化酶。同样，肾上腺素合成增多时，也能抑制PNMT的作用，当肾上腺素与去甲肾上腺素从细胞内释放入血液后，胞质内含量减少，解除了上述的负反馈抑制，儿茶酚胺的合成随即增加。

# 第五节 胰 岛

**【学习目标】**

熟悉并掌握胰岛分泌的激素及其生理功能；理解激素的分泌调节。

**【常用术语】**

胰岛素（insulin），胰高血糖素（glucagon），胰多肽（pancreatic polypeptide）。

**【概述】**

胰岛是大小不等、形状不定、散在分布于胰腺组织中的细胞群，颇似一个个小岛，故称为胰岛。胰岛细胞按形态学特征可以分为5类：A细胞（又称α细胞），占胰岛细胞总数的15%～20%，分泌胰高血糖素；B细胞（又称β细胞），占胰岛细胞总数的79%～80%，分泌胰岛素；D细胞（δ细胞）占胰岛细胞总数1%～8%，分泌生长抑素；F细胞（PP细胞）数量很少，分泌胰多肽；$D_1$细胞数量更少，分泌的物质尚未确定。1965年，我国生化学家首先人工合成了具有较高生物活性的胰岛素，成为人类历史上第一次人工合成生命物质（蛋白质）的创举。

## 一、胰岛素及其作用

胰岛素是调节三大营养物质代谢的重要激素，特别是对糖代谢的调节尤为重要。总的来说，胰岛素可促进三大代谢性营养物质以不同的形式在体内贮存，故胰岛素有“储存激素”之称。

**1. 调节糖代谢** 胰岛素具有很强的降低血糖浓度的作用。这是由于胰岛素一方面促进血液中的葡萄糖进入肝、肌肉和脂肪等组织，并在这些细胞内合成糖原，氧化分解或转化为脂肪；另一方面又有抑制糖原分解以及糖的异生作用。通过上述途径胰岛素既增加血糖的去路又减少血糖的来源，因而使血糖浓度下降。当胰岛素分泌不足时，血糖浓度升高，当超过肾糖阈时，则大量的糖自尿中排出，发生依赖性胰岛素糖尿病。

**2. 调节脂肪代谢** 胰岛素促进肝细胞和脂肪细胞内脂肪酸的合成；促进葡萄糖进入肝细胞并使其转化为中性脂肪；抑制脂肪酶的活性，从而抑制贮存脂肪的分解；促进肝脏胆固醇的合成。总的作用是促进体内脂肪的储存，抑制储存脂肪的水解，使血中游离脂肪酸减少，抑制酮体形成。

**3. 调节蛋白质代谢** 胰岛素促进氨基酸进入细胞和蛋白质的合成，胰岛素对蛋白质生物合成的许多过程及有关酶系的活性都有促进作用，从而促进蛋白质的合成；促进RNA和DNA的合成；抑制组织蛋白质的分解，因胰岛素能稳定溶酶体，防止溶酶体蛋白水解酶的释放，从而抑制组织蛋白的分解。总的作用是使氨基酸进入细胞加快，促进细胞内蛋白质的合成。

## 二、胰高血糖素的生理作用

胰高血糖素是促进分解代谢的激素，其对糖的作用与胰岛素相反。它还可促进脂肪和蛋白质分解，增强心肌收缩力，抑制胃肠道平滑肌的运动。由于胰高血糖素对三大营养物质的作用主要是促进分解，因此，有人把胰高血糖素称为“动员激素”。

## 三、胰岛功能的调节

胰岛功能主要受以下几方面因素的调节。

### （一）血糖浓度

血糖浓度是胰岛素和胰高血糖素分泌的主要调节因素。血糖浓度升高可直接刺激胰岛B细胞，增加胰岛素分泌，同时抑制A细胞使胰高血糖素分泌减少；血糖浓度降低时作用相反。

### （二）神经系统的作用

中枢神经系统内有调节胰岛分泌的中枢，刺激下丘脑腹内侧核可使胰岛素分泌减少，毁坏这一部位则产生高胰岛素血症。中枢神经系统还通过迷走神经和交感神经影响和调节胰岛功能，刺激迷走神经出现胰岛素分泌增加，在某些动物还可见胰高血糖素增加；刺激交感神经通常抑制胰岛素分泌，同时促进胰高血糖素分泌。

### （三）激素的作用

参与糖代谢调节的其他激素，如肾上腺素、肾上腺皮质激素、生长激素和甲状腺激素等，通过对血糖浓度的影响都能调节胰岛素的分泌。胃肠激素，如抑胃肽、胰高血糖素能促进胰岛素分泌；促胰液素、促胃液素、缩胆囊素在某些条件下能促进胰高血糖素分泌。

# 第六节 其他内分泌腺

**【学习目标】**

了解并熟悉松果体、胸腺、前列腺分泌激素的生理功能。

**【常用术语】**

松果体（pineal gland，conarium）与褪黑激素（melatonin，MT），胸腺（thymus）与胸腺激素（thymin），前列腺（prostate）与前列腺素（prostaglandin，PG）。

**【概述】**

松果体是一种神经内分泌的换能器，其一端借细柄与第三脑室顶相连，第三脑室凸向柄内形成松果体隐窝。胸腺位于胸腔，为机体的重要淋巴器官，其功能与免疫紧密相关，并具有内分泌机能。前列腺是雄性动物特有的性腺器官，具有内外双重分泌功能的性分泌腺。作为外分泌腺，前列腺每天分泌约 2ml 前列腺液，是构成精液的主要成分，作为内分泌腺，前列腺分泌的激素称为“前列腺素”。

## 一、松果体

松果体细胞是由神经细胞演变而来，其内含有丰富的 5-羟色胺，在特殊酶的作用下可转变为褪黑激素（MT）。MT 可使两栖类动物皮肤的黑色素聚集、肤色变浅而得名。MT 的分泌受视交叉上核昼夜节律的调节，对神经系统影响广泛，主要有镇静、催眠、镇痛、抗惊厥、抗抑郁等作用。MT 对下丘脑-垂体-性腺轴的功能活动有明显的抑制作用，切除松果体的幼年动物被发现有性早熟、性腺重量增加的现象。MT 可抑制下丘脑 GnRH 的释放及腺垂体 FSH 和 LH 的分泌，还可参与免疫功能的调节，并可影响心血管、肾、肺、胃肠的功能。

除了 MT 之外，松果体还能合成一些肽类激素，如 GnRH、TRH 及 8-精（氨酸）催产素等。在多种哺乳动物（鼠、牛、羊、猪等）的松果体内 GnRH 含量比同种动物下丘脑所含的 GnRH 量高 4～10 倍。

## 二、胸腺

胸腺既是重要的免疫器官，能产生 T 淋巴细胞，同时还可分泌多种激素。胸腺激素主要有三类：第一类是促进细胞免疫应答的因子，包括胸腺素、胸腺刺激素和胸腺生长素等，能诱导淋巴干细胞成熟，使其转化为具有免疫活性的 T 淋巴细胞，从而维持机体正常的免疫功能。第二类是抑制素，能降低 T 淋巴细胞的功能，抑制自身免疫功能。第三类是与免疫无关的因子，包括低血糖因子、低血钙因子。

胸腺机能受多种因素的影响，胸腺与肾上腺皮质和性腺之间有交互的反馈抑制作用。胸腺在性成熟后退化，可能与胸腺对类固醇激素敏感而受到性腺类固醇的抑制作用有关。切除胸腺会使肾上腺皮质增生和性腺活性增强。此外，已发现垂体 GH 可影响胸腺的发育和功能活动，切除腺垂体可引起胸腺萎缩。

## 三、前列腺

前列腺分泌的激素称为前列腺素（PG）。前列腺素最早发现它存在于人的精液中，当时以为这一物质是由前列腺释放的，因而定名为前列腺素。现已证明精液中的前列腺素主要来自精囊，全身许多组织细胞都能产生前列腺素。前列腺素按其结构，可分为 A、B、C、D、E、F、G、H、I 等类型。不同类型的前列腺素具有不同的功能，如前列腺素

E 能舒张支气管平滑肌，降低通气阻力；而前列腺素 F 的作用则相反。前列腺素对内分泌、生殖、消化、血液呼吸、心血管、泌尿及神经系统均有作用。前列腺素的半衰期极短（1～2min），除前列腺素 $I_2$ 外，其他前列腺素经肺和肝迅速降解，故前列腺素不像典型的激素那样，通过循环影响远距离靶向组织的活动，而是在局部产生和释放，对产生前列腺素的细胞本身或对邻近细胞的生理活动发挥调节作用。

## 实训一 胰岛素、肾上腺素对血糖的影响

［**目的**］了解胰岛素和肾上腺素对血糖的影响。

［**原理**］血糖浓度的相对稳定是受多种激素的调节来实现的。胰岛素使血糖浓度降低，肾上腺素可使血糖浓度升高。通过对实验动物注射适量的胰岛素来观察低血糖效应，然后注射适量的肾上腺素，可见低血糖效应症状消失，从而了解胰岛素和肾上腺素对血糖的影响。

［**实验对象**］兔或小白鼠。

［**实验药品**］胰岛素，0.1% 肾上腺素，20% 葡萄糖溶液，生理盐水。

［**仪器与器械**］注射器，针头，恒温水浴锅等。

［**实验方法与步骤**］

**1. 实验准备** 取禁食 24～36h 的兔 4 只，称重后编号，1 只为对照兔，3 只为实验兔。

**2. 项目观测**

1）给 3 只实验兔分别从耳缘静脉按 30～40U/kg 体重的剂量注射胰岛素，对照兔则注射等量的生理盐水。经 1～2h，观察并记录各兔子有无不安、呼吸急促、痉挛，甚至休克等低血糖反应。

2）待实验兔出现低血糖症状后，立即给实验兔 1 静脉注射温热的 20% 葡萄糖溶液 20ml；实验兔 2 按 0.4ml/kg 静脉注射 0.1% 肾上腺素；实验兔 3 静脉注射等量温热生理盐水。仔细观察并记录结果。

若实验对象采用小白鼠时，选 4 只体重相近的小白鼠，按兔的实验方法分组。给 3 只实验鼠每只皮下注射 1～2U 的胰岛素，对照鼠同样的方法注射等量的生理盐水。观察实验鼠低血糖症状，待出现低血糖反应后，1 只腹腔（或尾静脉）注射 20% 葡萄糖 1ml，1 只皮下（或尾静脉）注射 0.1% 肾上腺素 0.1ml，1 只腹腔（或尾静脉）注射 1ml 生理盐水作对照，观察并记录实验结果。

［**注意事项**］实验动物在实验前须禁食 24h 以上。

（栾新红）

# 第十二章 能量代谢与体温

## 第一节 能 量 代 谢

【学习目标】

了解能量代谢的测定方法；理解影响能量代谢的因素。

【常用术语】

能量代谢（energy metabolism），食物的热价（thermale quivalent of food），特殊动力作用（specific dynamic action），呼吸商（respiratory quotient,RQ），基础代谢（basal metabolism）与基础代谢率（basal metabolic rate，BMR）。

【概述】

营养物质被吸收入血后，在细胞中经过同化作用构成机体的组成成分，同时经过异化作用分解为代谢产物。生物机体的组成成分也因此不断地在进行更新，即发生着新陈代谢。新陈代谢是机体生命活动的基本特征，包括物质代谢与能量代谢。在物质代谢过程中，物质的变化与能量的代谢是紧密联系着的。

### 一、动物体能量的来源与消耗

生物体内物质代谢过程中所伴随的能量释放、转移和利用等，称为能量代谢。机体所需的能量来源于食物中的糖、脂肪和蛋白质。这些能源物质分子结构中的碳氢键蕴藏着化学能，在氧化过程中碳氢键断裂，生成 $CO_2$ 和 $H_2O$，同时释放出蕴藏的能。这些能量的 50% 以上迅速转化为热能，用于维持体温，并向体外散发，其余部分则以高能磷酸键的形式贮存于体内，供机体利用。

### 二、能量代谢的测定方法

机体的能量代谢遵循能量守恒定律，即在整个能量转化过程中，机体所利用的蕴藏于食物中的化学能与最终转化成的热能和所作的外功，按能量来折算是完全相等的。因此，测定在一定时间内机体所消耗的食物，或者测定机体所产生的热量与所做的外功，都可测算出整个机体的能量代谢率（单位时间内所消耗的能量）。

测定整个机体单位时间内发散的总热量，通常有两类方法：直接测热法和间接测热法。直接测热法是测定整个机体在单位时间内向外界环境发散的总热量。此总热量就是能量代谢率。如果在测定时间内做一定的外功，应将外功（机械功）折算为热量一并计入。直接测热法的设备复杂，操作繁锁，使用不便，因而极少应用。间接测热法是指一定时间内整个机体中氧化分解的糖、脂肪、蛋白质各有多少，然后据此计算出该段时间内整个机体所释放出来的热量。将 1g 食物氧化（或在体外燃烧）时所释放出来的能量称为食物的热价。食物的热价分为物理热价和生物热价。前者指食物在体外燃烧时释放的热量，后者是食物经过生物氧化所产生的热量。

## 三、呼吸商

机体依靠呼吸功能从外界摄取氧，以供各种营养物质氧化分解的需要，同时也将代谢终产物 $CO_2$ 呼出体外，一定时间内机体的 $CO_2$ 产量与耗氧量的比值称为呼吸商（RQ）。各种营养物质在细胞内氧化供能属于细胞呼吸过程，因而将各种营养物质氧化时的 $CO_2$ 产量与耗氧量的比值称为某物质的呼吸商。严格说来，应该以 $CO_2$ 和 $O_2$ 的摩尔（mol）比值来表示呼吸商。但是，因为在同一温度和气压条件下，容积相等的不同气体，其分子数都是相等的，所以通常都用容积数（ml 或 L）来计算 $CO_2$ 与 $O_2$ 的比值。

糖、脂肪和蛋白质氧化时，它们的 $CO_2$ 产量与耗氧量各不相同，三者的呼吸商也不一样。糖的一般分子式为（$CH_2O$）$_n$，氧化时消耗的 $O_2$ 和产生的 $CO_2$ 分子数相等，呼吸商应该等于：$RQ = 6mol\ CO_2/6mol\ O_2 = 1.00$。

脂肪氧化时需要消耗更多的氧。在脂肪本身的分子结构中，氧的含量远较碳和氢少。因此，另外提供的氧不仅要用氧化脂肪分子中的碳，还要用来氧化其中的氢。所以脂肪的呼吸商将小于 1。现以甘油三酸酯为例：$C_{57}H_{104}O_6 + 80O_2 = 57CO_2 + 52H_2O$，$RQ = 57mol\ CO_2/80mol\ O_2 = 0.71$。

蛋白质的呼吸商较难测算，因为蛋白质在体内不能完全氧化，而且它氧化分解途径的细节，有些还不够清楚，所以只能通过蛋白质分子中的碳和氢被氧化时的需氧量和 $CO_2$ 产量，间接算出蛋白质的呼吸商，其计算值为 0.80。

在动物的日粮中，营养物质不是单纯的，而是糖、脂肪和蛋白质混合而成的。所以，呼吸商常变动于 0.71～1.00。若能源主要是糖类，则呼吸商接近于 1.00；若主要是脂肪，则呼吸商接近于 0.71。在长期病理性饥饿情况下，能源主要来自机体本身的蛋白质和脂肪，则呼吸商接近于 0.80。一般情况下，摄取混合食物时，呼吸商常在 0.85 左右。

## 四、影响能量代谢的因素

影响能量代谢的因素有肌肉活动、精神活动、食物的特殊动力作用和环境温度等。

**1. 肌肉活动** 肌肉活动对能量代谢的影响最为显著。机体任何轻微的活动都可提高代谢率。在运动或劳动时耗量显著增加，因为肌肉活动需要补给能量，而能量则来自大量营养物质的氧化，导致机体耗氧量的增加。机体耗氧量的增加与肌肉活动的强度成正比关系。

**2. 精神活动** 在精神处于紧张状态，如烦恼、恐惧或强烈情绪激动时，由于随之出现的无意识的肌紧张以及刺激代谢的激素释放增多等原因，产热量可以显著增加。

**3. 食物的特殊动力作用** 在安静状态下摄入食物后，机体释放的热量比摄入的食物本身氧化后所产生的热量要多。这种食物能使机体产生“额外”热量的现象称为食物的特殊动力作用。糖类或脂肪的食物特殊动力作用为其产热量的 4%～6%，而混合食物可使产热量增加 10% 左右。

**4. 环境温度** 机体在安静状态下，环境温度在 20～30℃时能量代谢最稳定。实验证明，当环境温度低于 20℃时，代谢率开始有所增加，在 10℃以下，代谢率便显著增加。环境温度低时代谢率增加，主要是由于寒冷刺激反射地引起寒战以及肌肉紧张增强所致。当环境温度为30～45℃时，代谢率又会逐渐增加。这可能是因为体内化学过程的反应速度有所增加的缘故，这时还有发汗功能旺盛及呼吸、循环功能增强等因素的作用。

### 五、基础代谢

基础代谢是指基础状态下的能量代谢。基础代谢率（BMR）是指单位时间内的基础代谢，即在基础状态下，单位时间内的能量代谢。所谓基础状态是指机体处在清醒而又非常安静，不受肌肉活动、环境温度、食物及精神紧张等因素的影响时的状态。基础代谢率随性别、年龄等不同而有生理变化。

## 第二节 体 温

**【学习目标】**

了解体温的生理性波动；理解动物机体体温的调节过程。

**【常用术语】**

体温（body temperature），寒战产热（shivering thermogenesis），辐射（radiation）、传导（conduction）、对流（convection）与蒸发（evaporation），气候适应（climatic adaptation）。

**【概述】**

体温是机体进行新陈代谢和正常生命活动的必要条件。机体的外周组织即表层，包括皮肤、皮下组织和肌肉等的温度称为表层温度。机体深部（心、肺、脑和腹腔内脏等处）的温度称为深部温度。深部温度比表层温度高，且比较稳定，各部位之间的差异也较小。体温是指机体深部的平均温度。兽医临床上通常用直肠温度来代表体温。

### 一、体温的生理波动

体温的正常变动在一昼夜之中，呈周期性波动。清晨2～6时体温最低，午后1～6时最高。波动的幅值一般不超过1℃。体温的这种昼夜周期性波动称为昼夜节律或日周期。

体温与年龄有关，一般说来，幼年的动物体温较高，老龄动物的体温较低。新出生的动物，由于体温调节机制发育还不完善，调节体温的能力差，所以它们的体温容易受环境温度的影响而变动，因此对新生幼畜应加强护理。

肌肉活动时代谢加强，产热量因而增加，结果可导致体温升高。

此外，情绪激动、精神紧张、进食等情况对体温都会有影响；环境温度的变化对体温也有影响。

### 二、体热平衡

机体在体温调节机制的调控下，使产热过程和散热过程处于平衡，即体热平衡，维持正常的体温。

#### （一）等热范围

动物的产热量随环境温度的变化而改变。在适宜的环境温度范围内，动物的代谢强度和产热量可以保持在生理最低水平，而体温仍能够维持恒定，这种环境温度称为动物的等热范围或代谢稳定区。机体的代谢强度（产热水平）随环境变化而改变，生产实践中以在等热范围内饲养畜禽最为适宜，在经济上最有利。因为环境温度过低，机体将提高代谢强度，增加产热才能维持体温，因而饲料消耗增加；反之，环境温度过低，则会降低动物的生产性能（图 12-1）。等热范围因动物的种类、品种、年龄及管理条件不同而不同。各种动物的等热范围如表 12-1 所示。

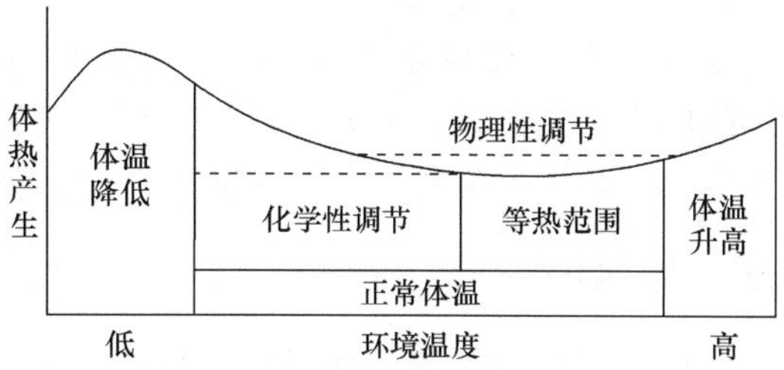


图 12-1　环境温度与体热产生的关系（柳巨雄和杨焕民，2010）

**表 12-1　各种成年动物的等热范围**

| 动物种类 | 等热范围 /℃ | 动物种类 | 等热范围 /℃ |
|---|---|---|---|
| 牛 | 10～15 | 犬 | 15～25 |
| 猪 | 20～23 | 兔 | 15～25 |
| 羊 | 10～20 | 豚鼠 | 25 |
| 鸡 | 16～26 | 大鼠 | 29～31 |

## （二）产热过程

机体的总产热量主要包括基础代谢、食物特殊动力作用和肌肉活动所产生的热量。基础代谢是机体产热的基础。在安静状态下，由于维持姿势时肌肉收缩产生热量，所以机体产热量一般比基础代谢率高 25% 左右。食物特殊动力作用可使机体进食后额外产生热量。骨骼肌的产热量在安静时产热量很小，而动物在运动或使役时则产热量增大。如剧烈运动时，产热量可增加 10～20 倍。在寒冷环境中主要依靠寒战来增加产热量。寒战是骨骼肌发生不随意的节律性收缩的表现，寒战的特点是屈肌和伸肌同时收缩，所以基本上不做功，但产热量很高，发生寒战时，代谢率可增加 4～5 倍。此外，内分泌激素也可影响产热，肾上腺素、去甲肾上腺素和甲状腺激素可使产热量增加。

## （三）散热过程

机体散热的主要部位是皮肤。当环境温度低于体温时，大部分的体热通过皮肤的辐射、传导和对流进行散热，另外一部分热量通过皮肤汗液蒸发来散发。同时，呼吸、排尿和排粪也可散失一小部分热量。辐射、传导和对流散失的热量取决于皮肤和环境之间的温度差，温度差越大，散热量越多。皮肤温度为皮肤血流量所控制。机体的体温调节机制通过交感神经系统控制着皮肤血管的口径，增减皮肤血流量以改变皮肤温度，从而使散热量符合于当时条件下体热平衡的要求。当环境温度为 21℃时，大部分的体热（70%）靠辐射、传导和对流的方式散热，少部分的体热则由蒸发散热；当环境温度升高时，皮肤和环境之间的温度差变小，辐射、传导和对流的散热量减小，而蒸发的散热作用则增强；当环境温度等于或高于皮肤温度时，辐射、传导和对流的散热方式就不起作用，此时蒸发就成为机体唯一的散热方式。蒸发包括不感蒸发和发汗两种形式。发汗速度受环境温度和湿度影响。环境温度越高，发汗速度越快。湿度大，汗液不易被蒸发，体热因而不易蒸发。此外，风速大时，汗液易蒸发，汗液蒸发快。劳动强度也影响发汗速度，劳动强度越大，产热量越多，发汗量也越多。

## 三、体温调节

恒温动物有完善的体温调节机制。在外界环境温度改变时，通过调节产热过程和散热过程，维持体温相对稳定。例如，在寒冷环境下，机体增加产热和减少散热；在炎热环境下，机体减少产热和增加散热，从而使体温保持相对稳定。

体温调节是个复杂的调节过程，涉及感受温度变化的温度感觉器，通过有关传导通路把温度信息传达到体温调节中枢（下丘脑），经过中枢整合后，通过自主神经系统调节皮肤血流量、竖毛肌和汗腺活动等；通过躯体神经调节骨骼肌的活动，如寒战等；通过内分泌系统，改变机体的代谢率，以达到维持体温的目的（图 12-2）。

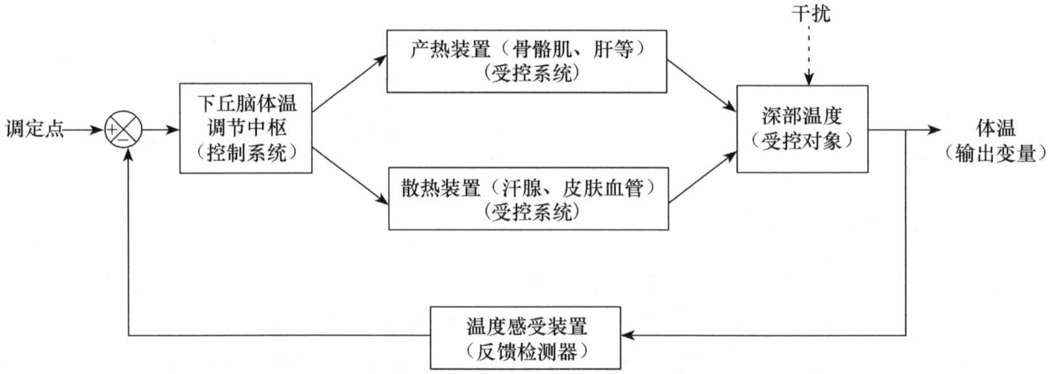


图 12-2　体温调节自动控制示意图（滑静，2009）

## 四、恒温动物对环境的适应

### （一）家畜的耐热与抗寒

不同动物耐热与抗寒能力不同。马有发达的汗腺，主要依靠出汗散热，具有一定的耐热能力。猪的耐热能力较弱，尤其是仔猪更弱。家禽没有汗腺，热应激时主要靠热性喘息散热。牛的耐热能力较羊的低，使役牛的耐热能力较奶牛强，水牛的汗腺不发达，皮肤颜色深而厚，热应激时主要以水浴来散热。家畜的抗寒能力一般较强。马、牛、羊在－18℃时仍能够维持体温恒定，但猪的抗寒能力低于其他动物。

### （二）家畜对高温和低温的适应

哺乳动物对寒冷的适应能力强于对高温环境的适应能力，恒温动物对高温、低温环境的生理性适应可分为三类。

**1. 习服**　习服是指动物短期（通常是数周或数月）生活在极端环境温度中所发生的生理适应性调节反应。在寒冷环境中，通过寒战产热是增加产热和维持体温的主要方式。

**2. 风土驯化**　风土驯化是指随着季节性变化机体发生的对环境温度的适应。表现为被毛厚度和血管收缩性发生变化等，以增强机体对外界温度变化的适应能力。

**3. 气候适应**　经过几代自然选择和人工选择，动物的遗传特性发生变化，不仅本身对当地的温度环境表现良好的适应能力，而且能传给后代。例如，生活在寒带的动物，具有较厚的被毛和皮下脂肪层，是最有效的绝热层，保温效率高。

（李蕴玉）

# 第十三章　生殖与泌乳

生物体生长发育成熟后，能够产生与自己相似的子代个体，这种功能称为生殖。生殖机能是保证生物体延续和种族繁殖最基本的生命活动。脊椎动物的生殖活动是两性器官活动的结果，生殖过程包括生殖细胞的形成、受精和胚胎发育等过程，对于体内受精的哺乳动物还包括交配、妊娠、分娩和泌乳等重要环节。

## 第一节　雄性生殖生理

**【学习目标】**

掌握睾丸的基本功能；了解附睾和副性器官的基本功能。

**【常用词汇】**

睾丸（testis），血-睾屏障（blood-testis barrier），睾酮（testosterone，T）。

**【概述】**

雄性动物的生殖活动是由雄性生殖系统来完成的，主要包括精子的产生和成熟、精液的排放等系列活动。生殖活动受神经和内分泌的调控。

### 一、睾丸的功能

睾丸是雄性动物的主性器官，由曲细精管与间质组成，间质为曲细精管周围的疏松结缔组织，内有间质细胞，间质细胞的作用是分泌雄激素，为精子的发生提供适宜的激素环境，实现睾丸的内分泌功能。曲细精管的主要作用是生成精子，完成睾丸的生精过程。睾丸的基本结构如图 13-1 所示。睾丸的功能受下丘脑-腺垂体-性腺（睾丸）轴的调节，同时也受到睾酮的反馈性调节。

#### （一）睾丸的生精作用

睾丸曲细精管是由生精细胞和支持细胞构成。原始的生精细胞为精原细胞，紧贴于曲细精管的基膜上，从性成熟开始，精原细胞经多次分裂而成精子。其具体过程为：精原细胞→初级精母细胞→次级精母细胞→精子细胞→精子（图 13-2）。

不同动物的精子发生所需要时间有所不同，绵羊约为 49d，猪约为 35d，牛约为 60d，家兔约为 52d。新生的精子没有运动能力，而是靠小管外周肌样细胞的收缩和管腔液的移动运送至附睾内，在附睾内精子进一步成熟，并获得运动及受精的能力。

支持细胞为各级生殖细胞提供营养，起着保持与支持作用，并为生精细胞的分化、发育提供合适的微环境，支持细胞形成的血-睾屏障防止生精细胞的抗原物质进入血液循环而引起免疫反应；支持细胞还可以合成雄激素结合蛋白，与雄激素发生特异性的结合，从而提高生精组织局部的雄激素浓度，确保精子形成的必要条件。精子在发育过程中向管腔方向移动，以及成熟精子向管腔内释放都有赖于支持细胞胞质运动和外形的改变。支持细胞能够吞噬精子变态中脱落的细胞质。

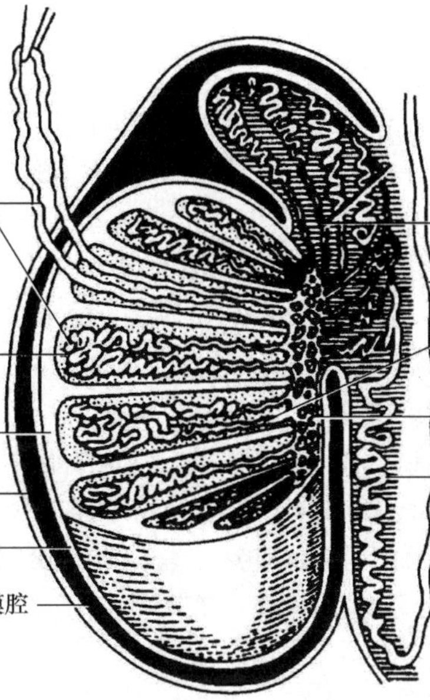


图 13-1　睾丸及附睾的结构（柳巨雄和杨焕民，2010）

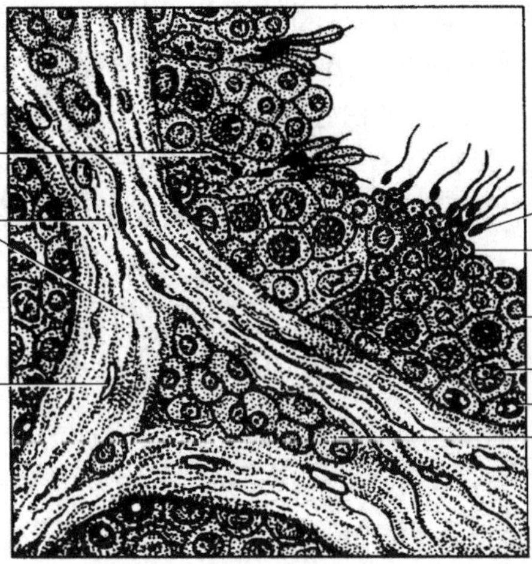


图 13-2　曲细精管各级生精细胞及间质细胞
（柳巨雄和杨焕民，2010）

## （二）睾丸的内分泌机能

睾丸的间质细胞分泌雄激素，包括睾酮（T）、5α-双氢睾酮（DHT）；支持细胞分泌抑制素。

雄激素的主要功能有：①维持生精作用。②促进雄性生殖器官的生长发育和副性征的出现，影响性欲和性行为。③促进蛋白质合成，特别是促进肌肉和生殖器官的蛋白质合成。④促进促红细胞生成素（EPO）的合成。⑤促进骨骼钙、磷沉积和生长。在畜牧生产中，雄激素可用于治疗公畜性机能减退。

## 二、附睾的功能

**1. 使精子成熟** 精子由曲细精管转移到附睾时，并未达到生理上的成熟。在附睾上皮细胞分泌液与精子所特有酶系的共同作用下，未成熟的精子发生代谢转变而达到生理上的成熟。

**2. 吸收与分泌功能** 睾丸产生的睾丸液有 99% 在附睾头部被重吸收，这种重吸收能使附睾液维持正常的渗透压，保持附睾液内环境的稳定，有利于精子的存活。

附睾的分泌细胞主要分泌甘油磷酸胆碱、肉毒碱、唾液酸等。这些物质与附睾内精子的成熟和生殖活动有着密切的关系。

**3. 精子的转运** 精子在附睾内缺乏主动运动的能力，靠纤毛上皮细胞的活动，以及附睾管平滑肌的收缩作用将其由附睾头运送到附睾尾。

**4. 储存精子** 精子在附睾体部成熟，输送至尾部储存。附睾尾部的温度较低、$CO_2$ 张力高、pH 低，使精子处于休眠状态，有利于精子的长期存活。

## 三、副性腺的功能

副性腺主要包括尿道球腺、前列腺和精囊腺。

**1. 尿道球腺** 尿道球腺分泌物为清亮、无色水状液体，pH 为 7.5～8.2，其主要功能是冲洗和润滑尿道，中和雌性阴道内的酸性分泌物，为精子的通过做好准备。

**2. 前列腺** 前列腺分泌物呈乳白色带腥臭味，浑浊，pH 为 7.5～8.2。前列腺液中含有蛋白质、酶、氨基酸、果糖等有机物，还有抗精子凝集素的结合蛋白，防止精子头部相互凝集。作用主要是中和尿道以及中和阴道内的酸性分泌物，吸收精子所排出的 $CO_2$，促进精子运动。

**3. 精囊腺** 精囊腺分泌物为白色或黄白色黏稠液体，pH 为 5.7～6.2，含有较高的球蛋白、柠檬酸和酶。主要作用是提供精子活动的能源（果糖）和刺激精子运动，能在雌性阴道内形成栓塞防止精液倒流。

## 四、精液

雄性动物在交配过程中通过勃起、爬跨、抽动和射精等一系列的性反射，将精液射入雌性动物生殖道内。精液包括精子和精清两大部分。精清是各种副性腺的混合分泌物，pH 约为 7.0，渗透压与血浆相似，其化学成分极为复杂，含有大量无机离子和果糖、山梨醇、柠檬酸、肌醇、甘油磷酸胆碱等有机物。

精清的主要生理作用有：①稀释精子，便于精子的运行。②提供精子运动和存活的适宜环境。③提供精子活动的能源。④保护精子，防止氧化剂对精子的损害，并防止精子的凝集。⑤精清中的 PG 能刺激雌性生殖道的运动，有利于精子的运行。⑥有些动物的精清能在雌性生殖道内凝固成栓塞，防止精液倒流。

# 第二节 雌性动物的生殖生理

【学习目标】

掌握卵巢的功能；了解性周期；理解雌性动物的生殖过程。

**【常用术语】**

卵巢（ovary），排卵（ovulation），黄体（corpus luteum），雌激素（estrogen，E）与孕激素（progestogen），性周期（sexual cycle），受精（fertilization），精子获能（sperm capacitation）与顶体反应（acrosome reaction），着床（implantation）、妊娠（pregnancy）、分娩（parturition）。

**【概述】**

雌性动物的主性器官（性腺）是卵巢，此外还有输卵管、子宫、阴道、阴道腺、阴蒂等附属性器官。雌性的生殖过程包括卵泡的发育与成熟、排卵、受精和分娩等环节。

## 一、卵巢的功能

卵巢是雌性动物的主性器官，它是由表面的生殖上皮细胞、内部结缔组织形成的基架，以及基架内许多大小不等、发育不同的卵泡所构成（图 13-3）。卵巢的功能主要有产生卵子和分泌激素。内外环境的变化可通过下丘脑-腺垂体-性腺（卵巢）轴及靶腺激素的反馈作用来调节卵巢的功能。

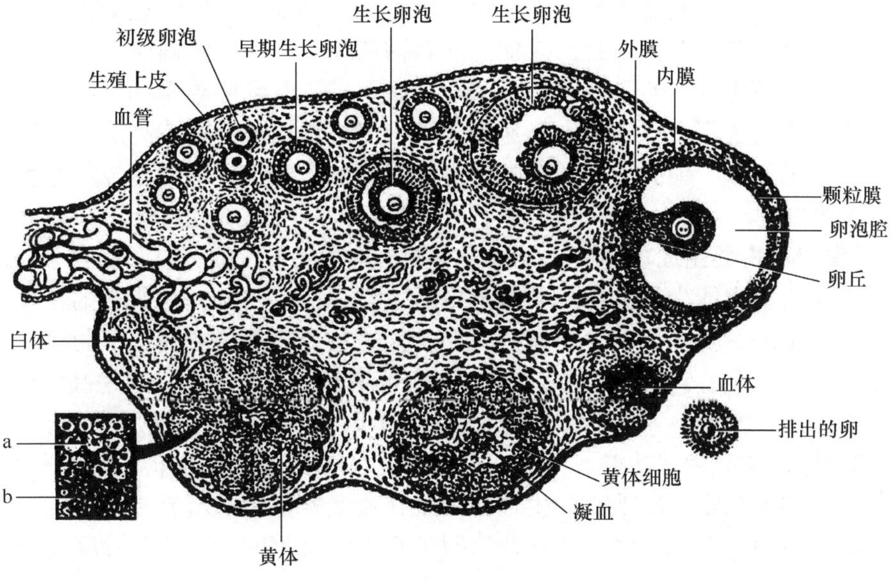


图 13-3　卵巢结构示意图（柳巨雄和杨焕民，2010）

a. 颗粒黄体细胞；b. 膜黄体细胞

### （一）卵巢的生卵功能

卵巢内卵细胞和卵泡的发育是同时进行的，原始卵泡经过初级卵泡、次级卵泡和成熟卵泡 3 个连续的发育阶段。成熟卵泡逐渐向卵巢表面移动并突出于卵巢表面，在特定的时间和条件下，卵巢表面上皮细胞和卵泡膜细胞溶解、破裂，将包裹有卵丘细胞的卵细胞随卵泡液排出，进入输卵管的过程，叫做排卵。哺乳动物排卵分为自发排卵和诱发排卵两种。自发排卵是指卵泡发育成熟后，可自行破裂而排卵的过程，如牛、马、猪、羊等大多数家畜。诱发排卵是指卵泡发育成熟后必须经过交配才能排卵，如猫、兔、骆驼、水貂等。

排卵后，卵泡液流出，残留在卵泡壁的颗粒细胞和内膜细胞体积迅速增大，并进行细胞分裂和增殖，且因胞质内积累了颗粒和黄色的脂色素而逐渐演化为黄体细胞。卵泡外膜仍旧包裹于黄体细胞周围，成为黄体外膜。黄体经历早期黄体、成熟黄体和退化黄体3个发育阶段。早期黄体是新形成的黄体，成熟黄体是具有内分泌功能的黄体，也称为周期黄体。排出的卵子如果没有受精，周期黄体会在一定时间内退化。若排出的卵子受精，则周期黄体转变为妊娠黄体继续存在。

#### （二）卵巢的内分泌功能

卵巢能分泌雌激素（主要是雌二醇）、孕激素（主要为孕酮）及少量的雄激素。此外，在妊娠期卵巢还分泌松弛素。

**1. 雌激素的主要生理功能** 雌激素主要是由成熟卵泡的颗粒细胞、内膜细胞及黄体合成和分泌，胎盘、肾上腺皮质和睾丸也能分泌少量的雌激素。

雌激素的主要生理作用有：①促进生殖器官的生长发育，促进副性征出现，维持性欲及性行为。②雌激素协同FSH，促进卵泡发育，诱导排卵前LH高峰的出现，促进排卵。③促进阴道上皮的增生、角化和糖原合成，并促进糖原分解为乳酸，酸化阴道，抑制致病菌生长。④促进输卵管纤毛上皮增生和纤毛运动增强，同时还能促进输卵管平滑肌蠕动，利于卵子和精子的运行。⑤促进子宫内膜增长，使子宫内肌增厚，提高子宫平滑肌对催产素的敏感性，使子宫收缩，利于分娩。⑥刺激乳腺导管和结缔组织增生，促进乳腺发育。⑦促进蛋白质合成，加速骨生长，促进骨骺愈合。⑧高浓度雌激素能促进醛固酮分泌，增强水、钠的潴留。⑨降低血浆胆固醇和脂，促进肝合成纤维蛋白原、皮质激素运载蛋白等。

**2. 孕激素的主要生理功能** 孕激素主要是排卵后形成的黄体和胎盘分泌的类固醇激素，肾上腺皮质也能少量分泌。孕激素中活性最强的是孕酮。孕激素的作用是在雌激素作用的基础上进一步作用于生殖道和乳腺，使这些器官更适合受精卵附植，并有利于维持妊娠和准备泌乳。孕激素对腺垂体LH的分泌有反馈调节作用，血中高浓度的孕酮可以抑制动物发情和排卵。孕激素在维持妊娠中必不可少，在临床上常用孕激素保胎。

**3. 松弛素的主要生理功能** 松弛素主要是在妊娠过程中由卵巢的间质腺和妊娠黄体分泌的一种多肽激素。松弛素的生理作用是在雌激素作用的基础上实现的，主要是为分娩做准备，可使子宫颈扩张、变软，抑制子宫平滑肌收缩，促使耻骨联合和其他骨盆关节松弛和分离。

### 二、附属性器官的功能

雌性动物的附属性器官包括输卵管、子宫、阴道及外生殖器等。

#### （一）输卵管的功能

1）接纳卵巢排出的卵子。卵巢排出的卵子，一般均被纳入输卵管的伞端。

2）卵子和精子的转运。在卵巢雌激素的作用下，输卵管上皮纤毛和管壁肌发生规律的蠕动，使精子和卵子分别向着输卵管上1/3处的壶腹部转运。

3）输卵管是精子获能、受精、卵裂和早期胚胎发育的场所。

### （二）子宫的功能

1）子宫肌的运动对生殖机能的影响，在不同时期具有不同的生理作用。发情期内子宫肌的节律性收缩有利于精子向输卵管方向运动；子宫肌在妊娠期处于相对静止状态，利于胎儿发育；分娩时子宫肌强力收缩，促进胎儿排出。

2）子宫提供胎儿生长发育所需的各种物质和环境。

3）子宫能分泌前列腺素引起黄体溶解。

4）子宫颈分泌黏液，发情期量增多；妊娠时分泌物变得较黏稠，可闭塞子宫颈，防止感染物侵入子宫。

5）妊娠期在子宫内所形成的胎盘是重要的内分泌器官，能分泌雌激素、孕激素等。

6）子宫内膜的分泌物为精子获能提供有利环境。

### （三）阴道和尿生殖道前庭的功能

阴道是交配器官，在某些动物（牛、羊）阴道是交配时精液的注入场所，又是胎儿和胎盘产出的能扩张的产道。

尿生殖道前庭中的前庭腺能分泌黏稠液体，在发情时活动旺盛。阴蒂由勃起组织构成，具有丰富的感觉神经末梢，受性刺激后发生勃起。

## 三、发情周期

雌性动物性成熟后，卵巢在神经和体液的调节下出现周期性的卵泡成熟和排卵。伴随着每次的卵泡成熟和排卵，整个机体特别是生殖器官发生一系列的形态和机能的变化，同时出现周期性的性反射和性行为，称为性周期（生殖周期）。除妊娠期外，性周期将一直延续到性机能停止的年龄为止。哺乳动物的性周期一般又称为发情周期。由前一次发情开始到下一次发情开始的整个时期称为一个发情周期。发情周期是一系列逐渐变化的生理过程，通常将其分为发情前期、发情期、发情后期和休情期（间情期）。各种动物发情周期的节律和发情持续时间不同（表 13-1）。性周期内不仅生殖器官发生变化，而且体内也发生一系列的生理变化。掌握动物的性周期规律，有助于适时配种，提高母畜的受胎率。

**表 13-1 动物的发情周期、发情期和排卵时间**

| 动物 | 发情周期 | 发情持续时间 | 排卵时间 |
|---|---|---|---|
| 马 | 19～23d | 4～7d | 发情前 1d 到开始发情后 1d |
| 牛 | 21d | 13～17h | 发情结束后 12～15h |
| 猪 | 21d | 2～3d | 发情开始后 30～40h，有些品种在发情开始后 18h |
| 绵羊 | 16～17d | 30～36h | 发情开始后 18～26h |
| 山羊 | 19d | 32～40h | 发情开始后 9～19h |
| 犬 | 春、秋各发情 1 次 | 7～9d | 发情开始后 12～24h 各卵泡陆续排卵，持续 2～3d |
| 兔 | 周期不明显 | 时间界限不明显 | 交配后 10.5h（诱导排卵） |

## 四、受精

受精是指卵子和精子结合而形成一个新细胞——合子的复杂生理过程。受精部位在输卵管上 1/3 处的壶腹部。受精过程包括精子和卵子的运行、精子的获能、精子和卵子的相遇及顶体反应、精子进入卵细胞及合子的形成和透明带反应等重要生理过程。

### （一）精子的运行

精子和卵子均需要运行到输卵管的壶腹部相遇并受精。精子的运行靠精子本身的运动和雌性生殖道的节律性收缩。一般射精后 15min 左右就到达输卵管受精部位。精子在雌性生殖道内保持受精能力的时间一般为 24～48h，但马和犬的精子存活时间较长，分别为 144h 和 90h。同时精子在雌性生殖道内经过某种变化具有进入透明带和使卵子受精的能力，这一变化过程称为精子的获能。

### （二）卵子的运行

排卵时，卵子随卵泡液被纳入输卵管伞部，并借助伞部上皮细胞纤毛的摆动和平滑肌收缩进入输卵管。通常不同动物的卵子到达受精部位的时间有所不同，马为 6～8h，牛为 8～12h，绵羊为 16～24h，猪为 8～10h。卵子在输卵管内保持受精能力的时间就是卵子运行至输卵管峡部以前的时间。

### （三）受精

进入雌性生殖道的精子一般均要运行至输卵管壶腹部与卵子相遇而受精。雄性动物一次射精中精子的总数达几亿或几十亿个，但到达输卵管壶腹部的数量却极少，一般不会超过 100 个。精子和卵子相遇，即将接触的瞬间精子顶体中的酶系释放出来的过程称为顶体反应。顶体中的酶系包括透明质酸酶、放射冠穿透酶和顶体素等。卵巢排出的卵子外面包裹着透明带、放射冠及卵丘细胞等，顶体中释放的透明质酸酶、放射冠穿透酶和顶体素可协助精子穿透各层屏障而进入卵细胞。当一个精子进入卵子后，卵子即产生一种抑制顶体素的物质，封闭透明带，以阻挡其他精子再进入卵子，这一反应称为透明带反应。而当精子进入卵黄后，产生某种反应能使以后与卵黄表明的接触不再引起反应，也不再接纳精子，这种作用称为卵黄的封闭作用。精子进入卵子后，头部膨大，细胞核形成雄原核。同时卵子受到精子的激活，进行第二次减数分裂，其核在放出第二极体后，形成雌原核。两个原核相互靠近并对接，体积缩小，发生融合，各自形成的染色体相互混合，形成二倍体的合子核，而完成受精过程。至此，一个新的个体即受精卵形成，一般从精子进入卵子到完成受精的时间为 12～20h。

## 五、妊娠

妊娠是指从受精开始，经胚胎和胎儿生长发育，到胎儿产出为止的过程。妊娠包括卵裂、胚泡的着床、胎盘的形成和胎儿的发育等生理过程。受精卵在输卵管内不断地进行细胞分裂的过程称为卵裂，形成桑椹胚、囊胚或胚泡，受精卵在卵裂的同时逐渐向子宫腔移动。运行到子宫内的胚泡在子宫内经过一段游离时间后，逐渐与子宫内膜相互作用，从而导致胚胎滋养层与子宫内膜建立紧密联系的过程称为附植。附植成功的关键在于胚泡与子宫内膜的同步发育和相互配合。附植后的胚泡继续发育，在其表面逐渐形成一个由羊膜、尿囊膜和绒毛膜组成的结构称为胎膜。胎盘是由胎儿的绒毛膜和母体的子宫内膜共同构成的。胎盘是胎儿发育过程中最重要的临时性器官，对胎儿有保护作用，具有免疫、代谢、造血、屏障和内分泌功能，负担着胎儿的消化、呼吸和排泄器官的作用。

妊娠期的长短随动物的种类、品种、胎儿性别和数目、年龄和饲养管理等条件而不同。各种动物的妊娠期见表 13-2。

**表 13-2　各种动物的妊娠期**　（单位：d）

| 动物种类 | 平均妊娠期 | 变动范围 | 动物种类 | 平均妊娠期 | 变动范围 |
|---|---|---|---|---|---|
| 猪 | 115 | 110～140 | 驴 | 380 | 360～390 |
| 牛 | 282 | 240～311 | 驯鹿 | 225 | 195～243 |
| 水牛 | 310 | 300～327 | 犬 | 62 | 59～65 |
| 羊 | 152 | 140～169 | 猫 | 53 | 55～60 |
| 马 | 340 | 207～407 | 家兔 | 30 | 28～33 |

## 六、分娩

分娩是指发育成熟的胎儿和胎膜（胎衣）通过雌性生殖道产出的过程。随着妊娠期将近结束，雌性动物将发生一系列的分娩预兆，如有的动物分娩前 1～2d 常有透明索状物从生殖道中垂下来，有的动物有做窝现象并排出初乳。分娩过程通常可分为开口期、胎儿排出期和胎衣排出期三个时期。分娩时催产素使经过雌激素作用的子宫收缩，以协助胎儿的产出。同时，分娩时雌激素直接刺激子宫肌发生节律性收缩，并增强子宫肌对催产素的敏感性，引起前列腺素释放，孕激素分泌减少。松弛素使雌激素致敏的骨盆韧带松弛，骨盆扩张，亦可使子宫颈松软，产生弹性和扩张。

# 第三节　泌　　乳

**【学习目标】**

掌握乳的形成；理解乳腺发育的调节。

**【常用词汇】**

乳腺（mammary gland），初乳（colostrums）与常乳（normal milk），排乳（milk excretion）与泌乳（lactation）。

**【概述】**

乳腺是哺乳动物主要用于分泌乳汁的特殊腺体，是从动物的汗腺衍生出来的一种外分泌腺。乳腺发育及其泌乳活动是哺乳动物最突出的形态与生理特征。牛、马、羊等成对的乳腺是两个密切接触的结构，称为乳房，乳房主要由两种组织构成，一种是由乳腺腺泡和导管系统构成的腺体组织或实质；另一种是乳房的支持结构。乳腺腺泡和导管系统是乳腺的基本结构，乳腺腺泡是分泌乳汁的部位。腺泡的数量决定乳腺的泌乳能力。

泌乳是成年哺乳动物特定时期发生的短期生理过程。哺乳动物分娩后的泌乳能持续一段时间，这一时期称为泌乳期。一般动物的泌乳供哺育仔畜，故又称哺乳期。泌乳是哺乳动物特有的生理活动，它包括乳的生成和排出两个既独立又相互联系的过程。各种动物的泌乳期不同，猪约 60d，牛 90～120d，而乳牛长达 300d 左右。泌乳期结束后不再泌乳的时期，称为干乳期。

## 一、乳腺的发育及其调节

### （一）乳腺的发育

动物在幼年期，雌雄性动物的乳腺没有明显差别，随着动物的生长发育，雌性动物乳腺中的结缔组织和脂肪组织增多，使乳腺的体积明显超过雄性动物，但乳腺中腺组织还没有发育。当雌性动物性成熟后，卵巢开始分泌雌激素，促使乳腺的导管系统生长发育，逐渐形成分支复杂的细小导管系统，乳房体积进一步膨大，但乳腺泡一般还没有形成。随着每次发情周期的出现，乳腺继续生长发育。到了妊娠期，卵巢和胎盘分泌的孕酮促进乳腺导管数量增多，特别是每一个小的乳导管的末端出现了没有分泌腔的腺泡。到妊娠中期，导管和腺泡体积不断增大，腺泡出现分泌腔，乳腺的结缔组织和脂肪组织逐渐被腺泡和导管系统所代替。乳腺中的血管和神经数量也显著增多。到妊娠末期，腺泡上皮出现分泌功能。分娩后，乳腺泡开始正常的泌乳活动。经过一定的泌乳期后，腺泡的体积逐渐缩小，分泌腔逐渐消失，细小的乳腺导管萎缩，乳腺实质慢慢被结缔组织和脂肪组织所代替，称为乳腺回缩，于是，泌乳量逐渐减少，乳房体积缩小，最后泌乳停止。到第二次妊娠后，乳腺实质重新生长发育，并于分娩后开始第二次泌乳活动。

### （二）乳腺发育的调节

乳腺的发育既受内分泌腺活动的控制，也受中枢神经系统的调节。

**1. 体液调节** 卵巢分泌的雌激素和黄体分泌的孕酮参与调节乳腺的发育。因此，把未达到性成熟的雌性动物去势，将引起乳腺发育不全。乳腺导管系统的发育主要依靠雌激素，而乳腺泡的发育则需要雌激素和孕酮的共同作用，它们之间还须保持一定的比例。据称按 1∶1000 注射雌激素和孕酮，可使乳牛的乳腺获得良好的发育。此外，催乳素、生长素、促肾上腺皮质激素、肾上腺皮质激素以及胎盘分泌的激素也参与刺激乳腺的发育。

**2. 神经调节** 刺激乳房的感受器，可发出神经冲动到中枢神经系统，然后再通过下丘脑-垂体系统或直接支配乳腺的传出神经，显著地影响乳腺的发育。畜牧实践中，通过按摩初胎母牛或怀胎母猪的乳房，可增强乳腺的发育和产后泌乳量。

## 二、乳的分泌及其调节

### （一）乳的分泌

乳腺主要从雌性动物分娩后开始泌乳。乳腺腺泡和细小乳导管的分泌上皮细胞为具有泌乳功能的细胞。乳腺的分泌细胞从血液中摄取营养物质生成乳汁后，分泌入腺泡腔内的过程，称为乳的分泌。乳的分泌包括一系列新的物质合成及复杂的选择性吸收过程。

乳中的球蛋白、酶、激素、维生素、无机盐和某些药物，是乳腺的分泌上皮细胞对血浆选择性吸收后，加以浓缩而形成的结果。

### （二）乳的合成

乳中的蛋白质、脂肪和糖与血浆比较，不仅数量有明显差异，而且性质也不同，乳汁的上述营养成分是乳腺从血液中吸取原料经过复杂的生化过程合成的。生成1L乳汁，需要400～500L的血液流过乳房。乳腺中营养物质的合成过程，都是在ATP提供能量和酶的参与下完成的。

**1. 乳蛋白**　包括酪蛋白、β-乳球蛋白和α-乳清蛋白，其原料均来自血液中的游离氨基酸，这些氨基酸在上皮细胞内被核糖体聚合成短链肽，再在高尔基体内缩合，形成酪蛋白颗粒和β-乳球蛋白，再由高尔基体携带至上皮细胞表面，最后这些合成物进入腺泡腔成为乳的组成成分。不过，少量乳蛋白（占总乳蛋白5%～10%，如γ-酪蛋白、免疫球蛋白和血清白蛋白）可以从血液直接吸收。

**2. 乳糖**　合成乳糖的主要原料是血液中的葡萄糖。在乳糖合成酶的催化下，一部分葡萄糖先在乳腺内转变成半乳糖，然后再与葡萄糖结合生成乳糖。反刍动物瘤胃内发酵产生的丙酸，也是合成乳糖的原料，对乳的生成具有重要意义。

**3. 乳脂**　合成乳脂的原料多种多样，不同动物可以利用不同原料合成乳脂。但合成乳脂的主要原料为血浆中的中性脂肪和脂肪酸以及葡萄糖。反刍动物还可利用瘤胃发酵产生的乙酸和其他低分子脂肪酸合成乳脂，但反刍动物的乳腺不能利用葡萄糖合成脂肪酸。三酰甘油中的甘油主要由葡萄糖转变获得，也可来自血液三酰甘油中的甘油。乳脂几乎完全呈三酰甘油状态。组成三酰甘油的脂肪酸是$C_4$～$C_{18}$饱和脂肪酸以及不饱和脂肪酸油酸。

由上可知，泌乳动物的血液成分在很大程度上决定着乳的质量，而泌乳动物的日粮构成、消化系统的活动状况、循环系统活动状况等，都可直接影响血液的成分，从而间接影响乳的生成。因此，有关器官发生疾病时常常使产乳量降低。此外，乳的生成还受乳腺内压的影响，当乳腺的腺泡腔和导管系统充满乳汁时，可使乳腺内压迅速升高以致压迫乳腺内毛细血管，阻碍对乳腺的血液供应，使泌乳能力减弱。而哺乳或挤乳后，乳腺内压下降，泌乳能力增强，故及时挤乳能提高产乳量。

### （三）乳分泌的调节

泌乳期间乳的分泌包括引起泌乳和维持泌乳两个过程。乳汁的生成和分泌受神经因素和体液因素的调节。神经系统的影响既可直接通过传出神经通路来实现，也可借助于神经-体液途径来实现。催乳素、肾上腺皮质激素和催产素都是影响泌乳的重要激素。垂体前叶的催乳素在妊娠期间被胎盘和卵巢分泌的大量雌激素和孕激素所抑制，在分娩后，孕激素水平突然下降，结果催乳素迅速释放，并对乳的生成产生强烈的促进作用，于是引起泌乳。以后血液内含有一定水平的催乳素，才能维持泌乳。哺乳或挤乳对乳房产生的刺激，使乳腺感受器兴奋，冲动沿传入神经到达脑部，兴奋下丘脑的有关中枢，然后通过神经-体液途径解除中枢对垂体前叶的抑制作用，使催乳素释放增加，从而对乳的分泌活动产生调节性影响。因此，乳从乳腺有规律的几乎完全排空是维持泌乳的必要条件。

甲状腺和肾上腺皮质通过调节机体的代谢，也影响乳的生成过程。甲状腺素能提高机体的新陈代谢，因而对乳的生成有显著的促进作用。肾上腺皮质激素对机体的蛋白质、糖类、无机盐和水代谢都具有显著的调节作用，所以，对乳生成也有一定的影响。甲状腺和肾上腺皮质对乳生成的调节活动，分别受垂体前叶所分泌的促甲状腺激素和促肾上腺皮质激素的控制。雌激素主要促使初情期后的动物乳腺中导管系统生长发育。孕激素主要促使妊娠动物乳腺腺泡系统发育；在其他激素的参与下，促使乳腺小叶腺泡的充分发育。催乳素在其他激素的参与下，促进乳腺发育，启动和维持泌乳。催产素是排乳反射的重要体液因素，可使乳腺腺泡和细小乳导管肌上皮细胞收缩，使腺泡乳流向乳池。

乳的生成还受大脑皮质的影响，增强兴奋过程，可加强乳的分泌。突然改变泌乳动物的生活环境和饲养管理条件、给予不良刺激都能影响乳的生成。总之，由于神经和激素的作用，使雌性动物在一定阶段里保持泌乳功能。

### （四）初乳与常乳

**1. 初乳** 雌性动物分娩后 3～5d 内所分泌的乳叫初乳。初乳色黄而浓稠，稍有咸味和特殊的臭味，煮沸时可以凝固。初乳内各种成分的含量与常乳相差悬殊，干物质含量明显较高。初乳内含有非常丰富的球蛋白和白蛋白，而酪蛋白较少。摄食初乳后，蛋白质能通过初生动物肠壁而被直接吸收入血，有利于迅速增加初生动物的血浆蛋白。初乳中含有白细胞及大量免疫球蛋白、酶、维生素及溶菌酶等，特别是由于各种动物的胎盘不能转送抗体，新生动物主要依赖初乳内丰富的免疫球蛋白（γ-球蛋白）形成机体的被动免疫，以增强新生动物抵抗疫病的能力。初乳中的维生素 A 和维生素 C 的含量比常乳约多 10 倍，维生素 D 的含量约多 3 倍。初乳中含有较多的无机盐，尤其富含镁盐，镁盐有轻泻作用，能促进初生动物排出胎粪。所以，初乳几乎是初生动物不可替代的食物，对初生动物具有重要的生理意义。

**2. 常乳** 初乳期过后，乳腺所分泌的乳，称常乳。各种哺乳动物的乳都含有水、蛋白质、脂肪、糖、无机盐、酶和维生素等成分。常乳中含有幼畜生长发育所必需的一切营养成分，所以是哺乳期幼畜理想的营养物质。乳的化学成分受各种因素的影响，包括动物种类、品种、饲料、饲养管理条件、季节、气候、泌乳期、年龄、个体特性等。

### （五）排乳

哺乳或挤乳可引起乳腺容纳系统紧张性改变，使蓄积在腺泡和乳导管系统内的乳汁迅速流向乳池，这一过程称为排乳。

**1. 乳的蓄积** 乳在乳腺泡的上皮细胞内形成后，连续地分泌入腺泡腔，当乳充满腺泡腔和细小乳导管时，依靠腺泡周围的肌上皮和导管系统平滑肌的反射性收缩，将乳周期性地转移入乳导管和乳池内。乳腺的全部腺泡腔、导管、乳池构成蓄积乳的容纳系统。乳牛于挤乳后 5～8h 内，乳在乳腺容纳系统逐渐蓄积，刺激压力感受器，反射性使乳腺肌组织的紧张性下降，这时乳房内压并不明显升高。但当乳腺容纳系统被乳充满到一定程度后，乳汁继续积聚将使乳腺容纳系统被动地扩大，这时内压迅速升高，以致压迫乳腺中的毛细血管和淋巴管，阻碍乳腺的血液供应，结果使乳的生成迅速减弱。当哺乳或挤乳时，才开始排乳。排乳后，乳房内压下降，乳的生成增强，挤乳后 3～4h，乳的生成最为旺盛，以后逐渐减弱。因此，乳的生成过程与乳的排出过程之间存在着密切联系，有相互制约的关系。

**2. 排乳过程**　排乳是一种复杂的反射过程。哺乳或挤乳时刺激雌畜的乳头感受器使其兴奋，并沿传入神经传到腺泡及乳导管，一方面引起下丘脑视上核分泌催产素入垂体后叶并释放入血，催产素经血液循环运送到乳腺，引起腺泡和细小乳导管的肌上皮细胞收缩，腺泡乳受压迫后就流入导管系统和乳池；另一方面，通过传出神经引起腺泡和细小乳导管周围的肌上皮收缩，也使腺泡乳流入导管系统；接着大导管和乳池的平滑肌强烈收缩，乳池内压迅速升高，乳头括约肌开放，于是乳汁排出体外。在挤乳期间，乳池内压力保持较高水平，并有的规律性波动，从而保证腺泡乳不断地流入导管和乳池。哺乳或挤乳时，最先排出的乳是乳池乳，当乳头括约肌开放时，乳池乳只需借本身的重力作用就可以排出。乳牛的乳池乳一般占泌乳量的 1/3～1/2。而我国的黄牛、牦牛、水牛的乳池乳甚少，有的甚至完全没有。之后，由排乳反射从腺泡及乳导管流向乳池而排出的乳，称为反射乳（或腺泡乳），占总乳量的 1/2～2/3。哺乳或挤乳刺激乳房不到 1min，就可引起牛的排乳反射，但引起猪的排乳反射需要较长时间，仔猪用鼻吻突冲撞母猪乳房 2～5min 之后才产生排乳，反射逐步由前端乳头向后端乳头扩布，排乳持续 30～60s。每次哺乳或挤乳后总有少量的乳留在乳房内，这部分乳称为残留乳。残留乳将与新生成的乳汁混合，在下次哺乳或挤乳时排出。哺乳或挤乳开始时，乳腺泡的肌上皮细胞与各级乳导管平滑肌剧烈收缩。牛一般持续 3～5min，所以挤乳必须迅速进行，争取挤出更多的腺泡乳，尽量使乳房中的乳汁比较彻底地排出。这样，不但直接提高本次的挤乳量和乳脂率，而且，还提高下次乳的生成速度和乳脂率。

**3. 排乳的调节**　排乳过程是由条件反射和非条件反射组成的复杂反射。在排乳过程中，由于非条件刺激，如挤乳、按摩、吸吮等，兴奋了乳房感受器，冲动沿精索外神经至脊髓背根传至延髓，再进入下丘脑排乳反射中枢。通过传出神经直接支配乳腺肌上皮和乳导管平滑肌纤维的活动。另外，通过下丘脑调节垂体释放催产素进入血液，引起腺泡和细小乳导管周围的肌上皮收缩，使腺泡乳排出。

排乳反射与大脑皮质有密切关系，排乳反射过程中各个环节都能形成条件反射。挤乳的时间、地点、挤乳设备、挤乳员等出现，都能作为条件刺激形成乳牛的条件反射。这些条件反射对于排乳活动有明显的影响。如利用条件反射可使母猪给仔猪的哺乳次数比原来增加 1 倍，从而提高了母猪的产乳量。相反，异常刺激，如喧哗、闲人、新挤乳员、不正当操作、疼痛、惊恐等，都能抑制排乳反射，使产乳量下降。

（李佩国　张香斋）

# 第十四章 核酸化学

## 第一节 核酸概述

**【学习目标】**

了解核酸的种类、分布及化学组成。

**【常用术语】**

核苷（nucleoside），DNA 的一级结构（DNA primary structure），DNA 的二级结构（DNA secondary structure），RNA 的一级结构（RNA primary structure）。

**【概述】**

核酸是由许多核苷酸聚合成的生物大分子化合物，为生命的最基本物质之一，广泛存在于所有动植物细胞、微生物体内，不同的核酸，其化学组成、核苷酸排列顺序等不同。根据化学组成不同，核酸可分为核糖核酸（简称 RNA）和脱氧核糖核酸（简称 DNA）。

### 一、核酸的种类、分布与化学组成

#### （一）核酸的种类和分布

核酸存在于任何有机体中，它的基本构成单位是单核苷酸。核酸分脱氧核糖核酸（deoxyribonucleic acid，DNA）和核糖核酸（ribonucleic acid，RNA）两大类。

DNA 主要集中在细胞核内，线粒体、叶绿体也含有 DNA，DNA 是遗传物质，也是染色体的主要成分。原核生物无细胞核，染色体含有一条高度压缩的 DNA。真核细胞含不止一条染色体，每个染色体只含一个 DNA 分子。RNA 主要分布在细胞质中。

#### （二）核酸的化学组成

核酸的基本构成单位是核苷酸，核苷酸由核苷和磷酸组成，而核苷又由碱基和戊糖组成。核酸中的戊糖有 D-核糖和 D-2-脱氧核糖；碱基有嘧啶碱和嘌呤碱两类。

**1. 碱基**

嘧啶碱：是母体化合物嘧啶的衍生物。核酸中常见的嘧啶有三类：胞嘧啶、尿嘧啶和胸腺嘧啶。

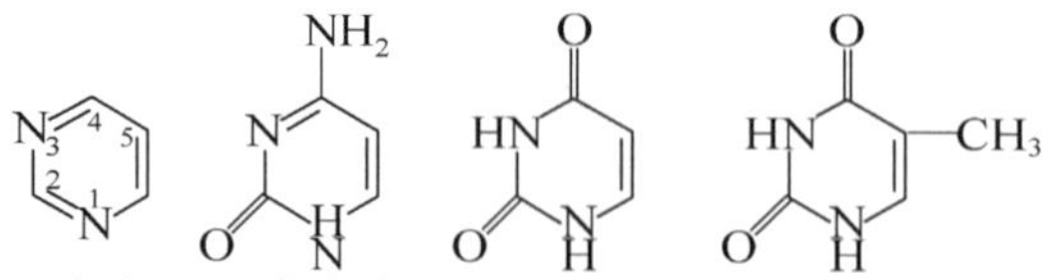


嘧啶　胞嘧啶　尿嘧啶　胸腺嘧啶

嘌呤碱：是母体化合物嘌呤的衍生物。核酸中常见的嘌呤有两类：腺嘌呤和鸟嘌呤。

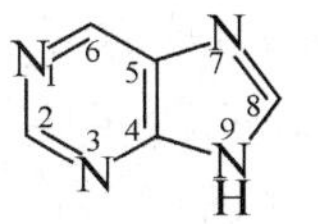

嘌呤

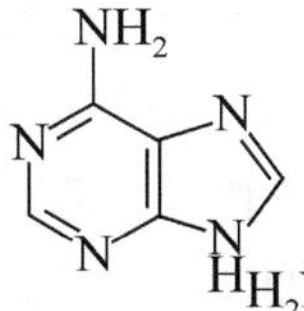

腺嘌呤

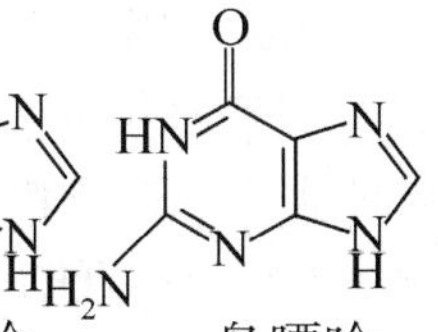

鸟嘌呤

稀有碱基：除以上五类基本的碱基外，核酸中还有一些含量极少的碱基称为稀有碱基。稀有碱基种类很多。大多数都是五类基本碱基衍生出的甲基化碱基。tRNA 中含有较多的稀有碱基。

**2. 核苷** 核苷由戊糖和碱基缩合而成，并以糖苷键相连接。糖环上的 C1 与嘧啶碱的 N1 和嘌呤碱的 N9 相连接。这种糖与碱基之间的连键是 N—C 键，称为 N- 糖苷键。

核苷可分为核糖核苷和脱氧核糖核苷两大类。腺嘌呤核苷、胞嘧啶脱氧核苷的结构如下图（为区别碱基环中的标号，糖环中的碳原子标号用 1′，2′，……表示）。

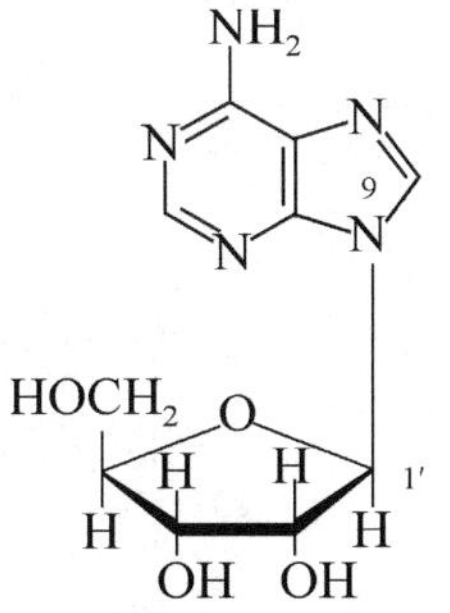

腺嘌呤核苷

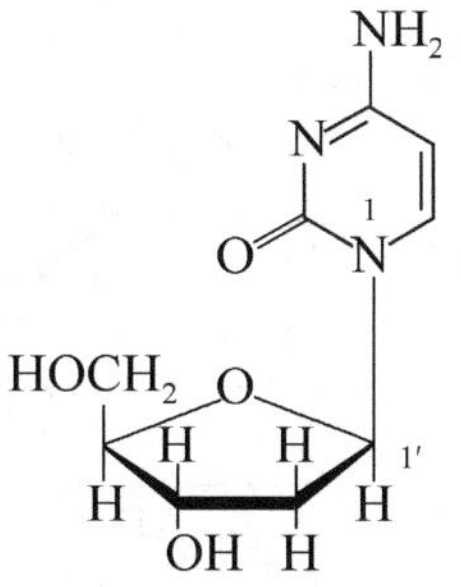

胞嘧啶脱氧核苷

**3. 核苷酸** 核苷酸是核苷的磷酸脂。核苷酸可分为核糖核苷酸与脱氧核糖核苷酸两大类。下面为两种核苷酸的结构式。

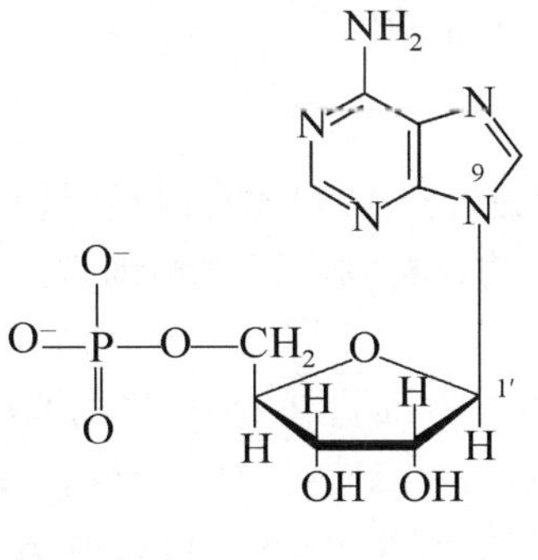

5′-腺嘌呤核苷酸

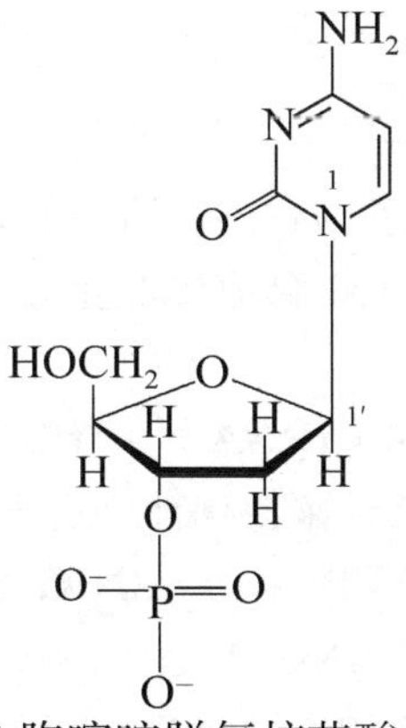

3′-胞嘧啶脱氧核苷酸

生物体内存在的游离核苷酸多是 5′- 核苷酸。用碱水解 RNA 时，可得到 2′- 核苷酸与 3′- 核苷酸的混合物。

## （三）细胞内的游离核苷酸及其衍生物

在生物体内以游离形式存在的单核苷酸为核苷-5′ - 磷酸酯。有一些单核苷酸的衍生物在生物体的能量代谢中起着重要作用。腺苷一磷酸（AMP 或腺苷酸）与 1 分子磷酸结合成腺苷二磷酸（ADP），腺苷二磷酸再与 1 分子磷酸结合成腺苷三磷酸（ATP）。磷酸与磷酸之间的连接键水解裂开时能产生较大能量，叫做高能磷酸键，习惯以～表示。物质代谢所产生的能量使 ADP 和磷酸合成 ATP，这是生物体内贮能的一种方式。ATP 是体内蕴藏可利用能的主要仓库，也是体内所需能量的主要来源。

其他单核苷酸可以和腺苷酸一样磷酸化，产生相应的高能磷酸化合物。各种核苷三磷酸化合物（可简写为 ATP、CTP、GTP、UTP），实际是体内 RNA 合成的直接原料。各种脱氧核苷三磷酸化合物（可简写为 dATP、dCTP、dGTP 和 dTTP）是 DNA 合成的直接原料。

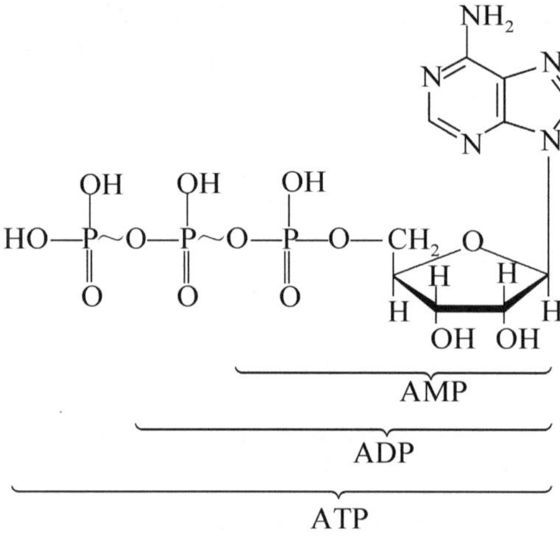


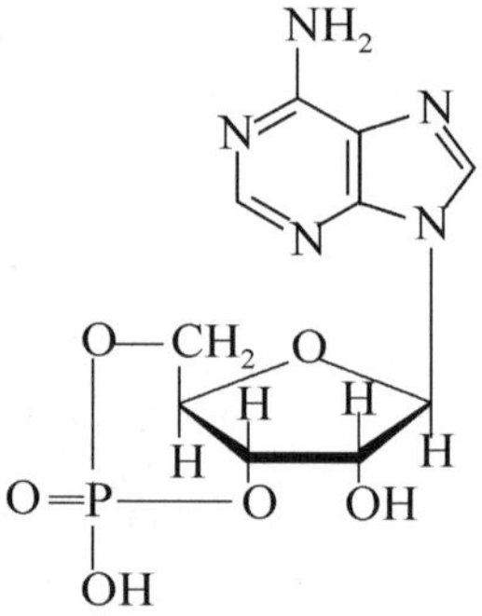

3′, 5′-环腺苷酸（cAMP）

近年来，对 3′,5′- 环腺苷酸（cAMP 或环腺一磷）的作用有了新的认识。cAMP 在体内由 ATP 转化而来，是与激素作用密切相关的代谢调节物，cAMP 具有如右结构式。类似的化合物还有环鸟一磷（cGMP）和环胞一磷（cCMP）。

### （四）核酸的生物学功能

DNA 是遗传信息的载体，遗传信息的传递是通过 DNA 的自我复制完成的。

RNA 在蛋白质生物合成中起重要作用。动物、植物和微生物细胞内都含有三种主要的 RNA。

**1. 核糖体 RNA（rRNA）** rRNA 含量大，占细胞 RNA 总量的 80% 左右，是构成核糖体的骨架。大肠杆菌核糖体中有三类 rRNA：5S rRNA，16S rRNA，23S rRNA。动物细胞核糖体 rRNA 有四类：5S rRNA，5.8S rRNA，18S rRNA，28S rRNA。

**2. 转运 RNA（tRNA）** tRNA 约占细胞 RNA 的 15%。tRNA 在蛋白质的生物合成中具有转运氨基酸的作用。tRNA 有许多种，每一种 tRNA 专门转运一种特定的氨基酸。tRNA 除转运氨基酸外，在蛋白质生物合成的起始、DNA 的反转录合成及其他代谢调节中都有重要作用。

**3. 信使 RNA（mRNA）** mRNA 约占细胞 RNA 含量的 5%。mRNA 生物学功能是转录 DNA 上的遗传信息并指导蛋白质的合成。每一种多肽都有一种特定的 mRNA 负责编码，因此，mRNA 的种类很多。

## 二、核酸的分子结构

### （一）脱氧核糖核酸（DNA）的分子结构

**1. DNA 的一级结构**　DNA 的一级结构是由数量极其庞大的四种脱氧核糖核苷酸通过 3′,5′-磷酸二酯键连接起来的直线形或环形多聚体。由于脱氧核糖中 $C_2$ 上不含羟基，$C_1$ 又与碱基相连接，所以唯一可以形成的键是 3′，5′-磷酸二酯键，故 DNA 没有侧链。图 14-1 表示 DNA 多核苷酸链的一个小片段。

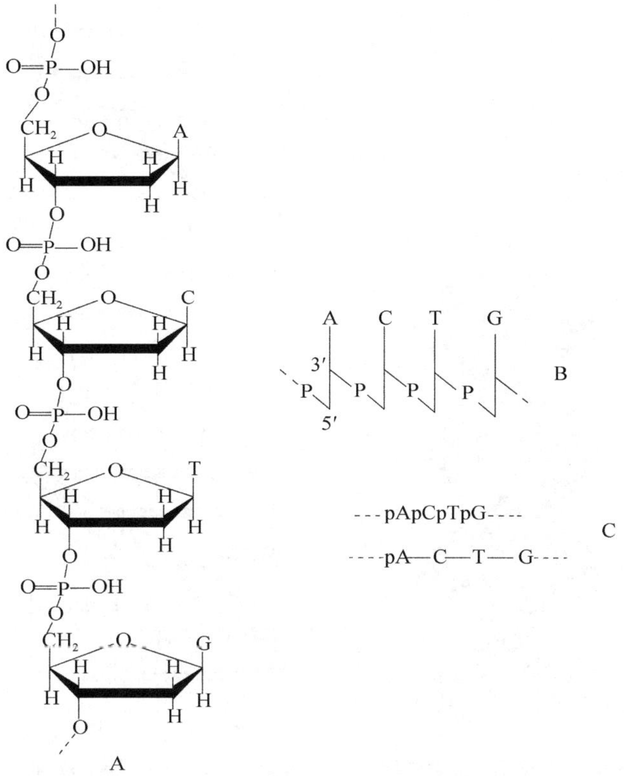


图 14-1　DNA 中多核苷酸链的一个小片段及缩写符号（杜金友和杨晓玲，2010）

A. DNA 中多核苷酸链的一个小片段；B. 为条线式缩写；C. 为文字式缩写

图 14-1 中的 B 和 C 是多核苷酸的几种缩写法。B 为线条式缩写，竖线表示核糖的碳链，A、C、T、G 表示不同的碱基，P 代表磷酸基，由 P 引出的斜线一端与 $C_{3'}$ 相连，另一端与 $C_{5'}$ 相连。C 为文字式缩写，P 在碱基之左侧，表示 P 在 $C_{5'}$ 位置上；P 在碱基之右侧，表示 P 与 $C_{3'}$ 相连接。有时，多核苷酸中磷酸二酯键上的 P 也可省略，而写成…$_{p}$A—C—T—G…。这两种写法对 DNA 和 RNA 分子都适用。

**2. DNA 的二级结构**　DNA 的双螺旋结构模型是 Watson 和 Crick 于 1953 年提出的，这种 DNA 称为 B 型 DNA（B-DNA）。此外还有 A-DNA 和 Z-DNA。

（1）B-DNA 双螺旋结构模型的要点　DNA 分子是由两条方向相反的平行多核

苷酸链构成的，两条链的糖 - 磷酸主链都是右手螺旋，有一共同的螺旋轴。一条链的方向是 5′→ 3′，另一条链则是 3′→ 5′。螺旋直径为 2nm。螺旋表面有一条大沟和一条小沟。

两条链的碱基在内侧，糖 - 磷酸主链在外侧，两条链由碱基间的氢键相连。碱基对的平面约与螺旋轴垂直，相邻碱基对平面间的距离是 0.34nm，双螺旋每转一圈有 10 对核苷酸。

碱基配对规律为 A—T、T—A、G—C 和 C—G。A 和 T 间构成两个氢键，G 和 C 间构成三个氢键（图 14-2）。

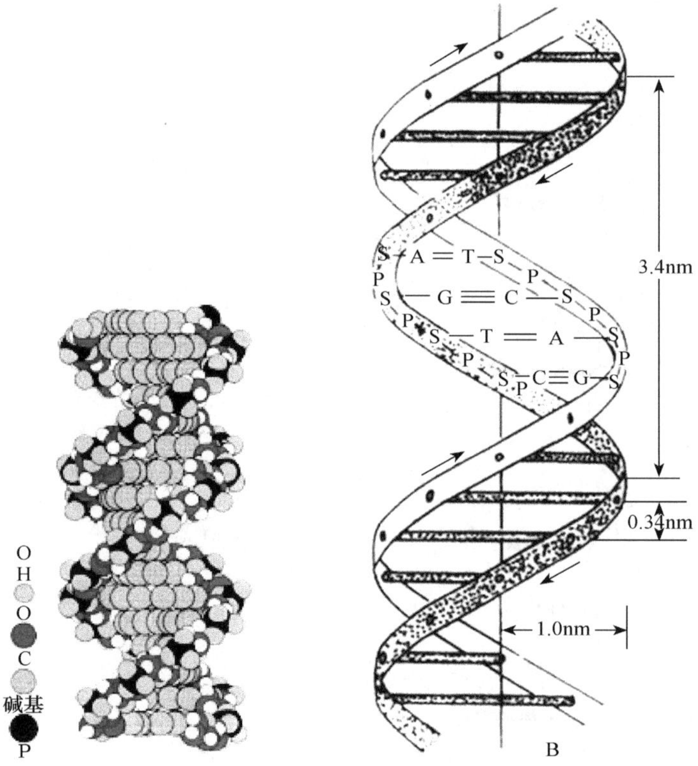


图 14-2　DNA 分子双螺旋结构模型（A）及其图解（B）（杜金友和杨晓玲，2010）

（2）双螺旋结构的稳定性　DNA 双螺旋结构在生理状态下是很稳定的。维持这种稳定性的主要因素是碱基堆积力。大量碱基层层堆积，分布于双螺旋结构内侧，使双螺旋结构内部形成一个强大的疏水区，另外，大量存在于 DNA 分子中的其他弱键在维持双螺旋结构的稳定上也起一定作用。这些弱键包括：互补碱基对间的氢键；磷酸基团上的负电荷与介质中的阳离子之间的离子键；范德华力。

（3）DNA 双螺旋的不同类型　除了 B-DNA 以外，自然界中还发现有 A-DNA 和 Z-DNA 结构。Z-DNA 分子的结构不是右手螺旋，而是左手螺旋。

**3. DNA 的三级结构**　双链 DNA 多数为线形，少数为环形。某些小病毒、线粒体、叶绿体以及某些细菌中的 DNA 为双链环形。在细胞内，这些环形 DNA 进一步扭曲成“超螺旋”的三级结构，如图 14-3 和图 14-4 所示。

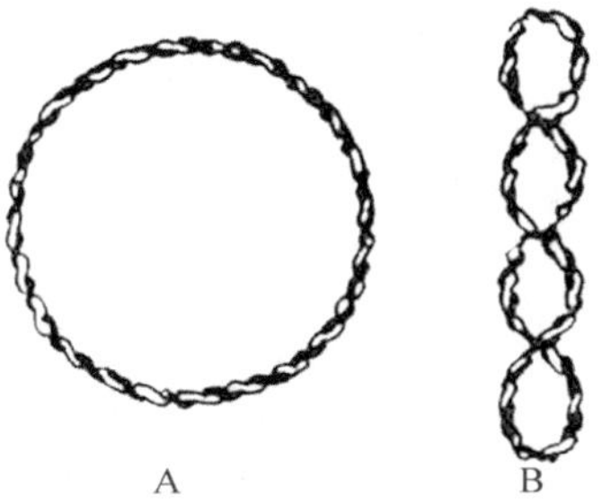


图 14-3 多瘤病毒的环状分子（A）和超螺旋结构（B）（杜金友和杨晓玲，2010）

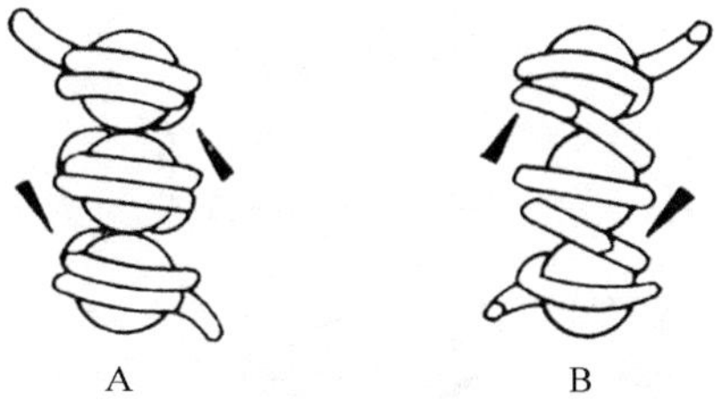


图 14-4 核粒结构示意图（杜金友和杨晓玲，2010）

A．前面；B．背面；圆球代表组蛋白，缠绕在组蛋白上的带子为 DNA 超螺旋

真核细胞染色质和一些病毒的 DNA 是双螺旋线形分子。染色质 DNA 的结构极其复杂。双螺旋 DNA 先盘绕组蛋白形成核粒（超螺旋），许多核粒（或称核小体）由 DNA 链连在一起构成念珠状结构，念珠状结构进一步盘绕成更复杂更高层次的结构。

## （二）核糖核酸（RNA）的分子结构

RNA 也是无分支的线形多聚核糖核苷酸，主要由四种核糖核苷酸组成。这些核苷酸中的戊糖不是脱氧核糖，而是核糖。RNA 分子中也还有某些稀有碱基。图 14-5 为 RNA 分子中的一小段以示 RNA 的结构。

组成 RNA 的核苷酸也是以 3′, 5′-磷酸二酯键彼此连接起来的。

天然 RNA 是单链线形分子，只有局部区域为双螺旋结构。这些双链结构是由于 RNA 单链分子通过自身回折使得互补的碱基对相遇形成氢键结合而成的，同时形成双螺旋结构。不能配对的区域形成突环，被排斥在双螺旋结构之外，如图 14-6 所示。

**1. RNA 的类型** 动物、植物和微生物细胞内都含有三种主要 RNA，即 rRNA、tRNA、mRNA。

**2. RNA 的结构**

（1）mRNA 的结构 极大多数真核细胞 mRNA 在 3′ 端有一段长约 200 个核苷酸的 polyA。原核生物的 mRNA 一般无 3′-polyA。真核细胞 mRNA 5′ 端还有一个特殊的帽子结构，而原核生物没有。

（2）tRNA 的二级结构和三级结构 tRNA 的二级结构都呈三叶草形，如图 14-7A 所示。三叶草形结构由氨基酸臂、二氢尿嘧啶环、反密码环、额外环和 TψC 环等五个部分组成。氨基酸臂（又称接受臂）末端为—CCA，接受活化的氨基酸。二氢尿嘧啶环（又称 D 环）具有两个二氢尿嘧啶。反密码环的中部为反密码子，由 3 个碱基组成，次黄嘌呤核苷酸常出现于反密码子中。额外环：不同的 tRNA 具有不同大小的额外环，是 tRNA 分类的重要指标。假尿嘧啶核苷-胸腺嘧啶核糖核苷环（TψC 环）与 tRNA 的其余部分相连。

tRNA 三叶草形的二级结构可折叠成 L 形的三维结构，如图 14-7B 所示，这一结构由两个螺旋以直角的方位构成，结合氨基酸的一端称接受臂，另一端则含有反密码子，被称作反密码子臂。tRNA 分子上与多肽合成有关的位点至少有 4 个，分别为 3′ 端 CCA 上

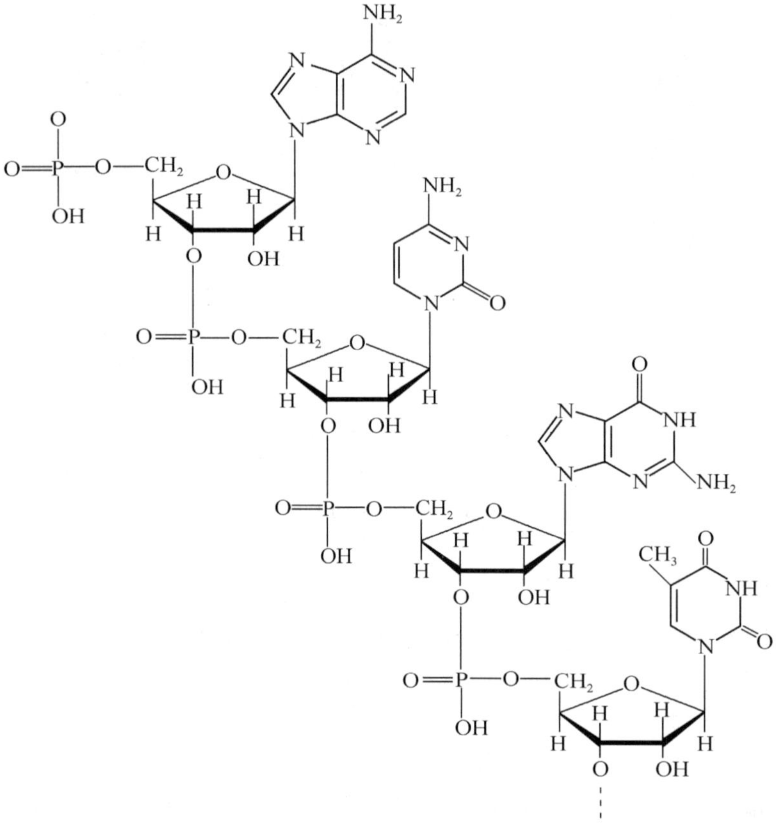

图 14-5 RNA 分子中一小段结构
（于自然和黄熙泰，2001）

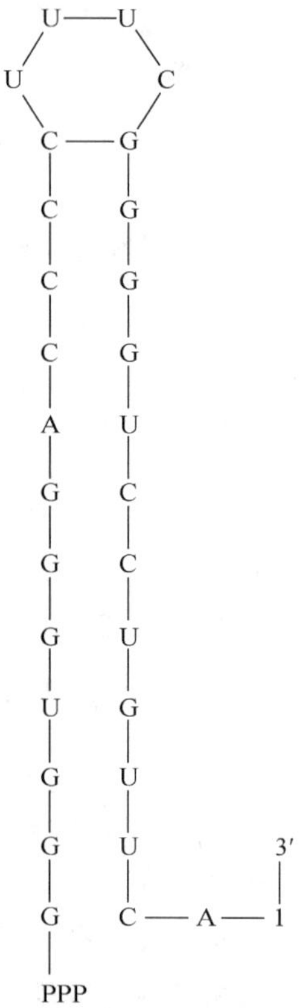

图14-6 RNA 分子自身回折形成双螺旋区（王镜岩等，2002）

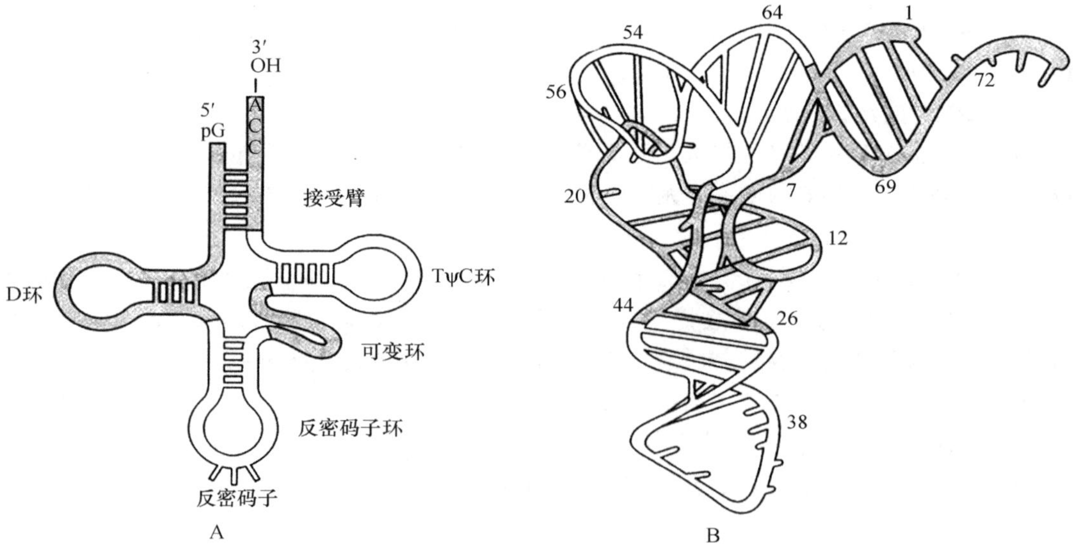


图 14-7 tRNA 的二级结构（A）和三级结构（B）
（杜金友和杨晓玲，2010）

的氨基酸接受位点、识别氨酰-tRNA 合成酶的位点、核糖体识别位点及反密码子位点。

（3）rRNA 的结构　rRNA 含量大，占细胞 RNA 总量的 80% 左右，是构成核糖体的骨架。大肠杆菌核糖体中有三类 rRNA：5S rRNA、16S rRNA、23S rRNA。动物细胞核糖体 rRNA 有四类：5S rRNA、5.8S rRNA、18S rRNA、28S rRNA。许多 rRNA 的一级结构及由一级结构推导出来的二级结构都已阐明，但是对许多 rRNA 的功能迄今仍不十分清楚。图 14-8 为大肠杆菌 5S rRNA 的结构。

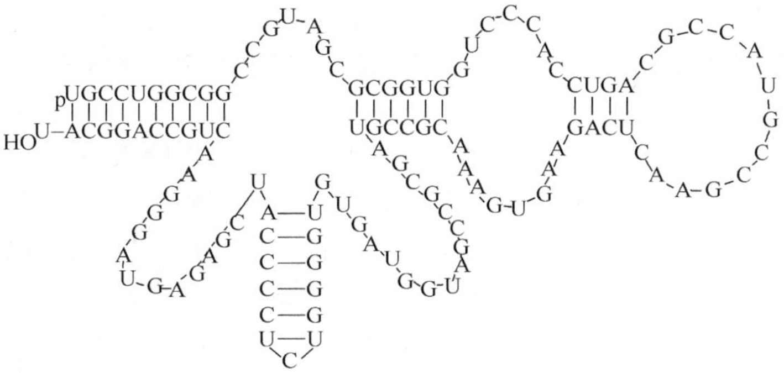


图 14-8　大肠杆菌 5S rRNA 的结构
（杜金友和杨晓玲，2010）

## 第二节　核酸的理化性质

**【学习目标】**

了解核酸的一般性质；掌握核酸的紫外吸收性质；掌握核酸的变性、复性及分子杂交。

**【常用术语】**

核酸的变性（denaturation）与复性（renaturation），$T_m$（melting temperature）。

**【概述】**

核酸的理化性质及研究方法内容十分庞杂，本节只对若干比较重要的核酸理化性质和研究方法作概要叙述。

### 一、核酸的一般性质

**1．溶解度**　DNA 和 RNA 均微溶于水，但不溶于乙醇、乙醚等有机溶剂。

**2．分子大小、形状和黏度**　大多数 DNA 为线形分子，分子极不对称，其长度可以达到几个厘米，而分子的直径只有 2nm。因此 DNA 溶液的黏度极高。RNA 溶液的黏度要小得多。

**3．沉降特性**　溶液中的核酸分子在引力场中可以下沉。所以可以用超离心法纯化核酸或将不同构象的核酸进行分离，也可以测定核酸的沉降常数与分子质量。

### 二、核酸的其他性质

**1．凝胶电泳**　常用的凝胶电泳有琼脂糖凝胶电泳和聚丙烯酰胺凝胶电泳。凝胶电泳可以在水平或垂直的电泳槽中进行。凝胶电泳兼有分子筛和电泳双重效果，所以分离效率很高。

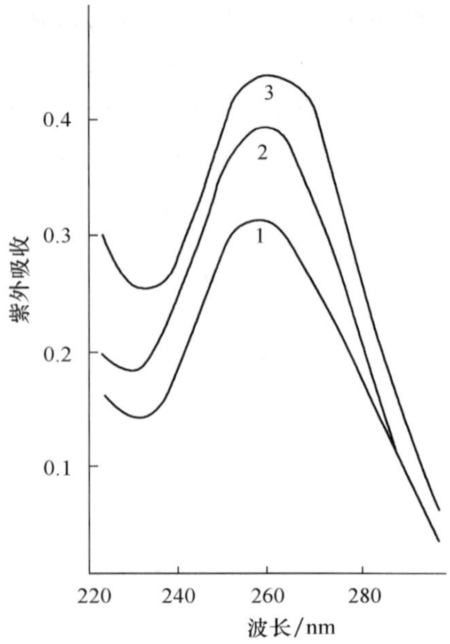


图 14-9　DNA 的紫外吸收光谱
（杜金友和杨晓玲，2010）
1. 天然 DNA；2. 变性 DNA；3. 核苷酸总吸收

**2. 核酸的紫外吸收**　嘌呤碱与嘧啶碱具有共轭双键，使碱基、核苷、核苷酸和核酸在 240～290nm 的紫外波段有一强烈的吸收峰，最大吸收值在 260nm 附近。不同核苷酸有不同的吸收特性。所以可以用紫外分光光度计加以定量及定性测定。

**3. 核酸的变性、复性和分子杂交**

（1）核酸的变性、复性　高温、酸、碱以及某些变性剂（如尿素）能破坏核酸中的氢键，使之断裂，核酸中的双螺旋区变成单链，并不涉及共价键的断裂，这一过程称为核酸的变性，变性伴随着紫外吸收的增加（图 14-9）。

当将 DNA 的稀盐溶液加热到 80～100℃时，双螺旋结构即发生解体，两条链分开，形成无规线团（图 14-10），一系列理化性质也随之发生改变：260nm 区紫外吸收值升高，黏度降低，浮力密度升高，同时改变二级结构，有时可以失去部分或全部生物活性。

通常把 DNA 的双螺旋结构失去一半时的温度称为该 DNA 的熔点或熔解温度，用 $T_m$ 表示。DNA 的 $T_m$ 值大小与下列因素有关：① DNA 的均一性。均一性越高的样品，熔解过程越是发生在一个很小的温度范围内。② G-C 含量。G-C 含量越高，$T_m$ 值越高，成正比关系（图 14-11 和图 14-12）。③一般说来，在离子强度较低的介质中，DNA 的熔解温度较低，熔解温度的范围也较窄。而在较高的离子强度的介质中，情况则相反。所以 DNA 制品应保存在较高浓度的缓冲液中或溶液中，故常在 1mol/L 的 NaCl 中保存。

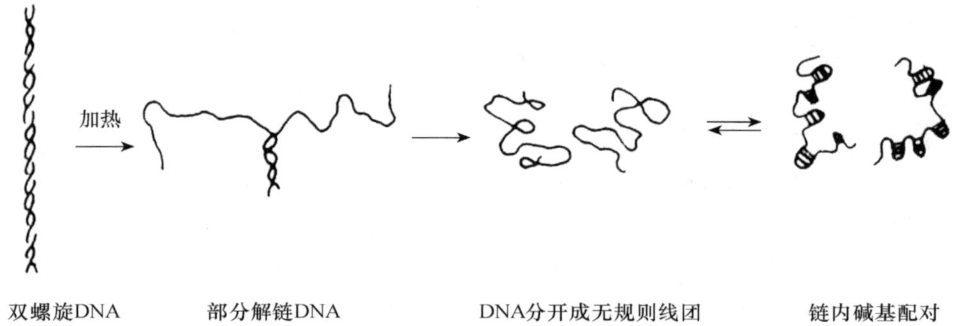


图 14-10　DNA 的变性过程（杜金友和杨晓玲，2010）

变性 DNA 在适当条件下，又可使两条彼此分开的链重新缔合成为双螺旋结构，这一过程称为复性。DNA 复性后，许多物理化学性质又得到恢复，生物活性也可以得到部分恢复。

（2）核酸的分子杂交　将不同来源的 DNA 放在试管里，经热变性后，慢慢冷却，让其复性，若这些异源 DNA 之间在某些区域有相同的序列，则复性时，会形成杂交 DNA 分子。DNA 与互补的 RNA 之间也可以发生杂交。核酸的杂交在分子生物学和分子遗传学的研究中应用极广，许多重大的分子遗传学问题都是用分子杂交来解决的。

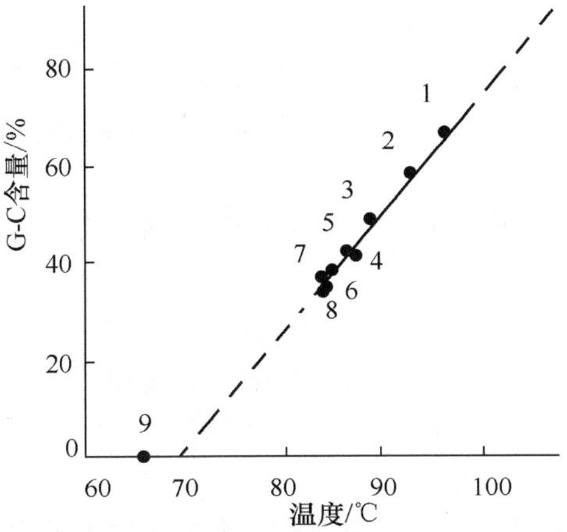


图 14-11　某些 DNA 的 $T_m$ 值
（杜金友和杨晓玲，2010）
DNA 来源：1. 草分枝杆菌；2. 沙门氏杆菌；
3. 大肠杆菌；4. 鲑鱼精子；5. 小牛胸腺；
6. 肺炎球菌；7. 酵母；8. 噬菌体 $T_6$；9. 多聚 d（A-T）

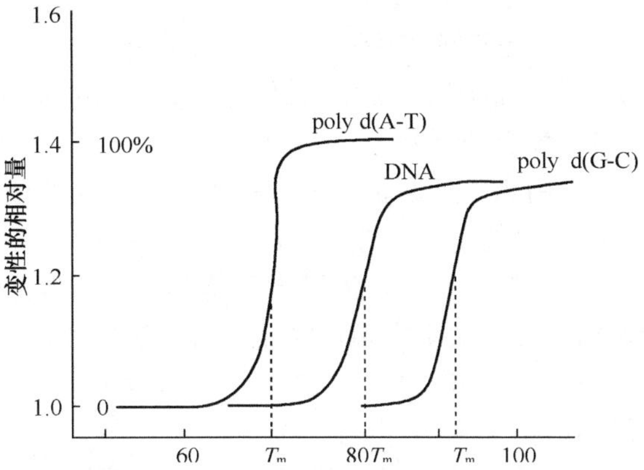


图 14-12　DNA 的热变性曲线和 $T_m$ 值
（王镜岩等，2002）

## 实训一　琼脂糖凝胶电泳分离 DNA

［**目的**］掌握琼脂糖凝胶电泳技术，了解其应用。

［**原理**］琼脂糖凝胶电泳是分离、纯化、鉴定 DNA 片段的常用方法，具有简便、快速的优点。DNA 分子在高于其等电点的溶液中带负电荷，在电场中向正极移动。除电荷效应外，凝胶介质还有分子筛效应，与分子大小及构象有关。对于线性 DNA 分子，其电场中的迁移率与其分子质量的对数值成反比。在凝胶中加入少量溴化乙锭，其分子可插入 DNA 的碱基之间，因此可在紫外灯下直接观察到 DNA 片段在凝胶上的位置，并可在紫外灯下或经凝胶成像系统观察或拍照。

线状 DNA 片段分离的有效范围与琼脂糖凝胶浓度关系见下表：

| 琼脂糖凝胶的百分浓度 /% | 线状 DNA 分子的有效范围 /kb |
|---|---|
| 0.3 | 60～5 |
| 0.6 | 20～1 |
| 0.7 | 10～0.8 |
| 0.9 | 7～0.5 |
| 1.2 | 6～0.4 |
| 1.5 | 4～0.2 |
| 2.0 | 3～0.1 |

［**实验对象**］DNA 提取液。

［**实验药品**］1% 琼脂糖；电泳缓冲液（1×TAE）：0.04mol/L Tris-乙酸，0.01mol/L EDTA，5mg/ml 溴化乙锭（EB）；电泳样品上样缓冲液：0.25% 溴酚蓝，0.25% 二甲苯腈 FF，40%（*m*/*V*）蔗糖水溶液 4℃保存，溴化乙锭溶液（EB）。

［**仪器与器械**］水平电泳槽，电泳仪，紫外灯或凝胶成像仪。

［实验方法与步骤］

**1. 制备琼脂糖凝胶** 按照被分离 DNA 的大小，决定凝胶中琼脂糖的百分含量。可参照实验原理部分线状 DNA 片段分离的有效范围与琼脂糖凝胶浓度关系表来制备琼脂糖凝胶。

**2. 胶板的制备**

1）用高压灭菌指示纸带将洗净、干燥的玻璃板的边缘封住，形成一个胶膜（将胶膜放在工作台的水平位置上，用水平仪校正）。

2）配制足够用于灌满电泳槽和制备凝胶所需的电泳缓冲液（1×TBE）。准确称量琼脂糖粉。缓冲液不宜超过锥瓶或玻璃瓶的 50% 容量。 在电泳槽和凝胶中务必使用同一批次的电泳缓冲液，离子强度或 pH 的微小差异会在凝胶中形成前沿，从而大大影响 DNA 片段的迁移率。

3）在锥瓶的瓶颈上松松地包上一层厚纸。如用玻璃瓶，瓶盖须拧松。在沸水浴或微波炉中悬浮加热至琼脂糖溶解。注意：琼脂糖溶液若在微波炉里加热过长时间，溶液将过热并暴沸。应核对溶液的体积在煮沸过程中是否由于蒸发而减少，必要时用缓冲液补充。

4）使溶液冷却至 60℃。加入溴化乙锭（用水配制成 10mg/ml 的贮存液）到终浓度为 0.5μg/ml，充分混匀。

5）用移液器吸取少量琼脂糖溶液封固胶模边缘，凝固后，在距离底板 0.5～10mm 的位置上放置梳子，以便加入琼脂糖后可以形成完好的加样孔。如果梳子距玻璃板太近，则拔出梳子时孔底将有破裂的可能，破裂后会使样品从玻璃板之间渗透。

6）将剩余的温热琼脂糖溶液倒入胶模中。凝胶的厚度为 3～5mm。检查一下梳子的齿下或齿间是否有气泡。

7）在凝胶完全凝固后（于室温放置 30～45min），小心移去梳子和高压灭菌纸带，将凝胶放入电泳槽中。

低熔点琼脂糖凝胶及浓度低于 0.5% 的琼脂糖凝胶应冷却至 4℃，并在冷库中电泳。

8）加入恰好没过胶面约 1mm 深的足量电泳缓冲液。

**3. 加样** DNA 样品与所需加样缓冲液混合后，用微量移液器，慢慢将混合物加至样品槽中。此时凝胶已浸没在缓冲液中。一个加样孔的最大加样量依据 DNA 的数量及大小而定，一般为 20～30μl 样品。

已知大小的 DNA 标准，应同时加在凝胶的左侧和右侧孔内，以确定未知 DNA 的大小。测量未知 DNA 的大小时，须所有样品都用相同的样品缓冲液。

**4. 电泳** 在低电压条件下，线形 DNA 片段的迁移速度与电压成比例关系，但是，在电场增加时，不同相对分子质量的 DNA 片段泳动度的增加是有差别的。因此，随着电压的增加，琼脂糖凝胶的有效分离范围随之减小。为了获得电泳分离 DNA 片段的最大分辨率，电场强度不应高于 5V/cm。当溴酚蓝指示剂移到距离胶板下沿 1～2cm 处时，停止电泳。

［**注意事项**］溴化乙锭是一种强烈的诱变剂并有中度毒性。使用含有该染料的溶液时必须戴手套。使用完后进行净化处理。

（杨　晴　耿立英）

# 第十五章　核酸的生物合成

## 第一节　DNA 的生物合成——复制

**【学习目标】**

了解 DNA 的复制过程。

**【常用术语】**

半保留复制（semiconservative replication），冈崎片段（Okazaki fragment），前导链（leading strand）和滞后链（lagging strand）。

**【概述】**

现代科学已经证明遗传的物质基础是核酸。核酸是贮存和传递遗传信息的生物大分子。生物体的遗传信息是以密码的形式编码在 DNA 分子上，表现为特定的核苷酸排列顺序。在细胞分裂过程中通过 DNA 的复制把遗传信息由亲代传递给子代。

### 一、DNA 的复制过程

DNA 的生物合成是指以亲代双链 DNA 为模板，按照碱基互补配对的原则合成子代 DNA 链，新合成的子代链一条是连续合成的，称为前导链；另一条是不连续合成的，称为滞后链。

遗传信息的传递和表达主要通过复制、转录和翻译进行。复制就是指以原来分子为模板，合成出相同分子的过程；转录（或反转录）就是在 DNA（或 RNA）分子上合成出与其核苷酸顺序相对应的 RNA（或 DNA）的过程；翻译就是在以 rRNA 和蛋白质组成的核糖核蛋白体（简称核糖体）上，以 mRNA 为模板，根据每三个相邻核苷酸决定一种氨基酸的三联体密码规则，由 tRNA 运送氨基酸，合成出具有特定氨基酸顺序的蛋白质肽链的过程（图 15-1）。

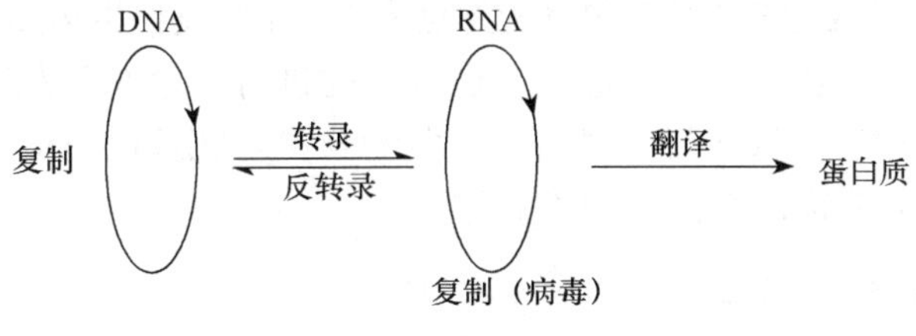


图 15-1　中心法则简图（杜金友和杨晓玲，2010）

#### （一）半保留复制

DNA 呈双股螺旋结构，这样的结构对于维持遗传物质的稳定性和复制的准确性都是极为重要的，在 DNA 复制时，亲代 DNA 的双螺旋先行解旋和分开，然后以每条链为模板，按照碱基配对原则，在这两条链上各形成一条互补链。这样，从亲代 DNA 的分子可以精确地复制成 2 个子代 DNA 分子。每个子代 DNA 分子中，有一条链是从亲代 DNA 来的，另一条则是新形成的，这叫做半保留复制（图 15-2）。

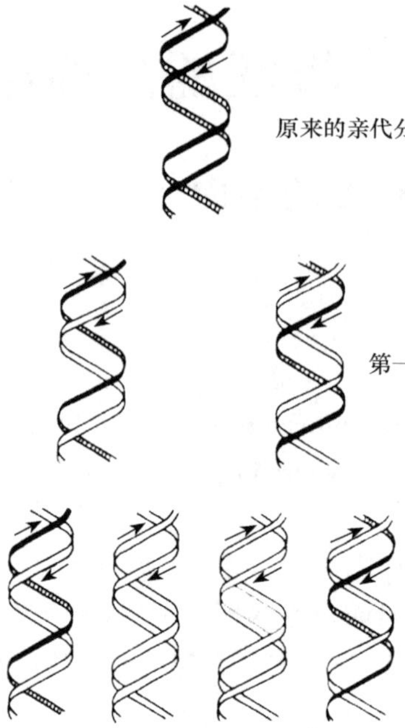


图 15-2 DNA 的半保留复制（杜金友和杨晓玲，2010）

DNA 的半保留复制可以使遗传信息的传递保持相对的稳定，这和它的遗传功能是相吻合的，说明半保留复制具有重要的生物学意义。

### （二）复制的起始点和方向

DNA 分子复制时，在亲代分子一个特定区域内双链打开，随之以两股链为模板复制生成两个子代 DNA 双链分子。开始时，复制起始点呈现一叉形（或 Y 形），称之为复制叉。

**1. 复制的起始点** DNA 复制要从 DNA 分子的特定部位开始，此特定部位称为复制起始点，可以用 ori 表示。在原核生物中复制起始点只有一个。真核生物具有多个复制起始点。

**2. 复制的方向** 复制可单向进行，也可双向进行。单向复制时，有一个复制叉从起点开始沿着 DNA 移动；双向复制时，两个复制叉沿着相反的方向移动远离起点。大多数生物体内 DNA 的复制都以双向等速方式进行。

### （三）与 DNA 复制有关的酶和蛋白质

**1. DNA 聚合酶** 大肠杆菌中发现有 3 种 DNA 聚合酶，分别称为 DNA 聚合酶Ⅰ、DNA 聚合酶Ⅱ、DNA 聚合酶Ⅲ。DNA 聚合酶Ⅰ是多功能酶，它具有 5′→ 3′聚合酶、5′→ 3′外切酶及 3′→ 5′外切酶的活性。它的主要功能是对 DNA 损伤的修复，以及在 DNA 复制时，填补 RNA 引物切除后留下的空隙。

DNA 聚合酶Ⅱ和 DNA 聚合酶Ⅲ与聚合酶Ⅰ的特性和功能有相同之处，也有区别，DNA 聚合酶Ⅱ的活力很低，其生理功能尚不清楚。可能在修复紫外线引起的 DNA 损伤中起某种作用。

DNA 聚合酶Ⅲ极为复杂，目前已知它的全酶含有 10 种共 22 个亚基组分和锌原子，现在一般认为，DNA 聚合酶Ⅲ是原核生物 DNA 复制的主要聚合酶。

图 15-3 所示为 DNA 聚合酶催化的 DNA 链延伸反应。

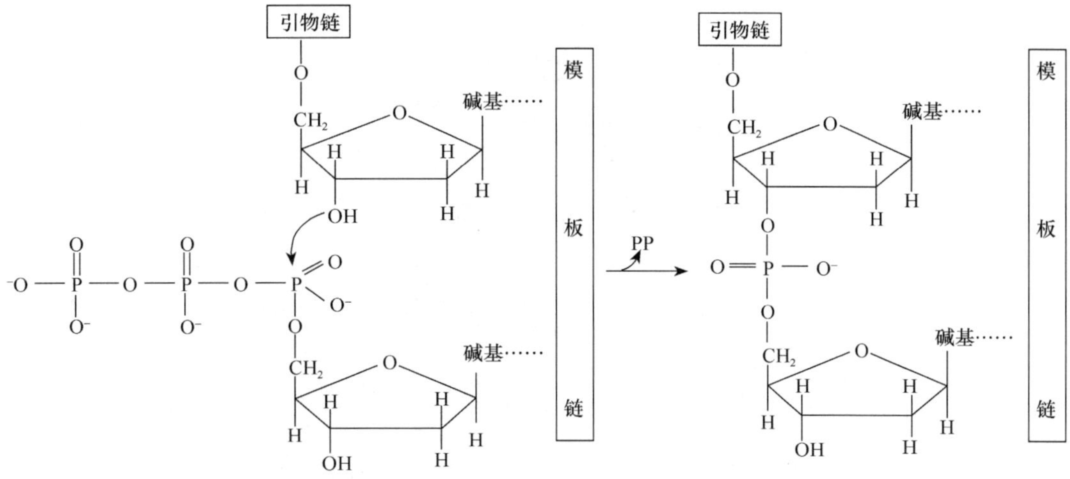


图 15-3　DNA 聚合酶催化的 DNA 链延伸反应（杜金友和杨晓玲，2010）

**2. 引物合成酶**　此酶以 DNA 为模板合成一段 RNA，这段 RNA 作为合成 DNA 的引物。大肠杆菌的引物酶为一条单链多肽，相对分子质量为 60 000。

**3. DNA 连接酶**　其作用是催化双链 DNA 中的切口处的相邻 5′- 磷酸基与 3′- 羟基之间形成磷酸二酯键。但是它不能将两条游离的 DNA 单链连接起来。

**4. 拓扑异构酶**　拓扑异构酶是催化 DNA 的拓扑连环数发生变化的酶，它可分为拓扑异构酶Ⅰ和拓扑异构酶Ⅱ。Ⅰ型酶可使双链 DNA 分子中的一条链发生断裂和再连接，反应不需要提供能量，它们主要集中在活性转录区，同转录有关。Ⅱ型酶能使 DNA 的两条链同时发生断裂和再连接，它们主要分布在染色质骨架蛋白和核基质部位，同复制有关。

**5. 解螺旋酶**　这类酶能通过水解 ATP 将 DNA 的两条链打开。ATP 水解活力要有单链 DNA 存在时才表现。大肠杆菌中的 rep 蛋白就是这样一种酶。每解开一对碱基需要水解 2 个 ATP 分子。

**6. 其他蛋白因子**

（1）单链结合蛋白（single-strand binding protein，SSB）　它的功能是稳定已被解开的 DNA 单链，阻止复性和保护单链不被核酸酶降解。

（2）引发前体　它是由 6 种蛋白质即 dnaB、dnaC、n、n′、n″和 i 组成。引发前体再与 RNA 引物合成酶（引发酶）结合，组装成引发体。引发体结合到滞后链的模板上，具有识别合成起始位点的功能，可以沿模板链 5′→ 3′方向移动，移动到一定位置上即可以引发 RNA 引物的合成。

### （四）DNA 的复制过程

DNA 的复制按一定的程序进行，双螺旋的 DNA 是边解开边合成新链的。复制从特定位点开始，可以单向或双向进行，但是以双向复制为主。由于 DNA 双链的合成延伸均为 5′ → 3′ 的方向，因此复制是以半不连续的方式进行的，即其中一条链相对地连续合成，称之为前导链，另一条链的合成则是不连续的，称为滞后链。在 DNA 复制叉上进行的基本活动包括双链的解开；RNA 引物的合成；DNA 链的延长；切除 RNA 引物，填补缺口，连接相邻的 DNA 片段，如图 15-4 所示。

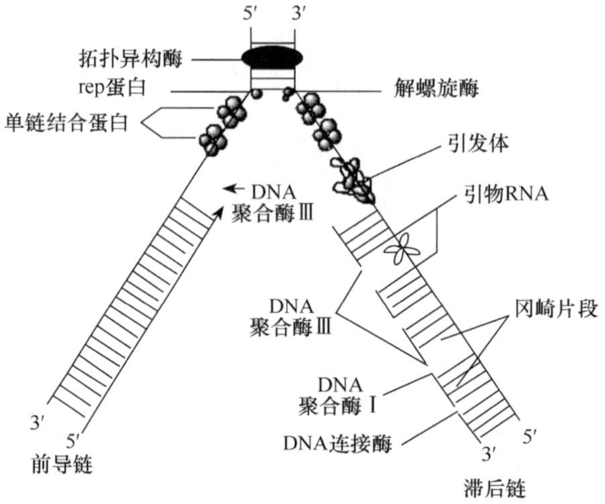


图 15-4　大肠杆菌的复制叉结构示意图（杜金友和杨晓玲，2010）

**1. 双链的解开**　复制是从 DNA 分子的特定位置开始的，这一位置叫复制原点，许多生物的复制原点都是富含 A、T 的区段。

在 DNA 的复制原点，双股螺旋解开，成单链状态，分别作为模板，各自合成其互补链。在起点处形成一个“眼”状结构。在“眼”的两端，则出现复制叉。在复制叉上结合着各种各样与复制有关的酶和辅助因子，如 DNA 解旋酶、引发体和 DNA 聚合酶，它们在 DNA 链上构成与核糖体相似大小的复合体称为复制体。

**2. RNA 引物的合成**　在 DNA 复制的起始处双链解开，前导链先引发开始合成，与其模板形成双链结构，而另一条亲代链则被置换出来。需要引发酶与引发前体结合形成引发体。引发体在复制叉上移动，识别合成的起始点，引发 RNA 引物的合成。移动和引发均需要由 ATP 提供能量。以 DNA 为模板，按 5′→3′ 的方向，合成一段引物 RNA 链。引物长度为几个至 10 个核苷酸。在引物的 5′ 端含 3 个磷酸残基，3′ 端为游离的羟基。

**3. DNA 链的延长**　当 RNA 引物合成之后，在 DNA 聚合酶Ⅲ的催化下，以四种脱氧核糖核苷 5′- 三磷酸为底物，在 RNA 引物的 3′ 端以磷酸二酯键连接上脱氧核糖核苷酸并释放出 PPi。DNA 链的合成是以两条亲代 DNA 链为模板，按碱基配对原则进行复制的，亲代 DNA 的双股链呈反向平行，一条链是 5′→3′ 方向，另一条链是 3′→5′ 方向。在一个复制叉内两条链的复制方向不同（图 15-5），所以新合成的两条子链极性也正好相反。子链中有一条链沿着亲代 DNA 单链的 3′→5′ 方向（亦即新合成的 DNA 沿 5′→3′ 方向）不断延长。这条新链称为前导链。而另一条链的合成方向与复制叉的前进方向相反，只能断续地合成 5′→3′ 的多个短片段。1968 年冈崎发现了这些片段故又称为冈崎片段。它们随后连接成大片段，这条新链称为滞后链。这种前导链是连续合成的，滞后链断续合成的方式称为半不连续复制。

**4. 切除引物，填补缺口，连接修复**　当新形成的冈崎片段延长至一定长度，其 3′ 端与前面一条片段的 5′ 端接近时，在 DNA 聚合酶Ⅰ将引物 RNA 与 DNA 片段的连

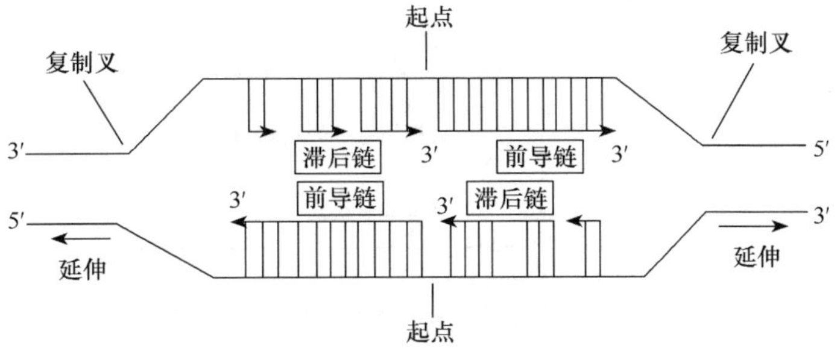


图 15-5 DNA 的双向复制（杜金友和杨晓玲，2010）

接切断；切去 RNA 引物后留下的空隙，由 DNA 聚合酶 Ⅰ 催化合成一段 DNA 填补上；DNA 连接酶连接相邻的 DNA 链；修复掺入 DNA 链的错配碱基。这样以两条亲代 DNA 链为模板，各自形成一条新的 DNA 互补链，结果是形成了两个 DNA 双股螺旋分子。每个分子中一条链来自亲代 DNA，另一条链则是新合成的。

## 二、DNA 的损伤修复

某些物理化学因子，如紫外线、电离辐射和化学诱变剂等，都可能作用于 DNA，造成其结构和功能的破坏，DNA 分子本身在复制过程中也会发生自发性改变。上述错误如未被改正，可能会影响细胞的正常功能。但是，在生物体内存在有效的修复体系，在一定条件下使 DNA 的损伤得到修复，从而保证 DNA 复制的高度精确性。

目前已知有四种修复途径：光复活、切除修复、重组修复和诱导修复。

**1. 光复活** 利用光能激活光复活酶（高等哺乳动物缺乏该系统），切除嘧啶二聚体之间的 C—C 键，而恢复原来的状态。光修复机制只作用于紫外线照射所形成的产物。

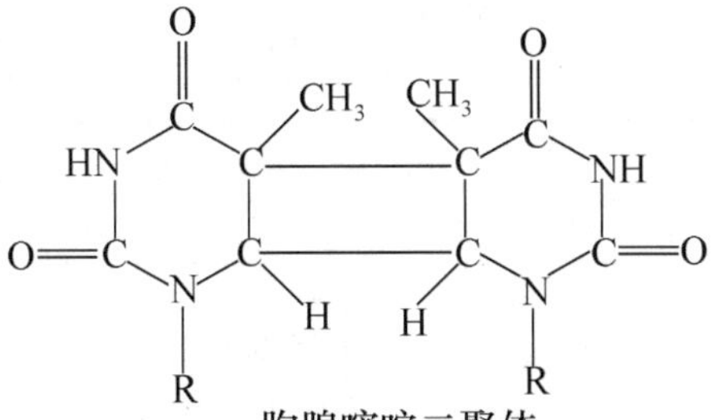

胸腺嘧啶二聚体

**2. 切除修复** 如果 DNA 损伤较为严重，则必须进行切除修复，即在一系列酶的作用下，将 DNA 分子中受损伤部分切除掉，并以完整的一股链为模板，合成出切去的部分，使 DNA 恢复正常。这是一种较普遍的修复机制（图 15-6）。

**3. 重组修复** 重组修复的关键酶是重组修复酶。含有损伤的 DNA 仍可进行复制，但在子代 DNA 链与损伤链相对应部位出现缺口。通过分子间重组，从完整的亲代或子代链上将相应的碱基顺序片段移至缺口处，然后用再合成的多核苷酸链补上提供缺口片断所造成的空缺（图 15-7）。

**4. 诱导修复** 许多能造成 DNA 损伤或抑制复制的处理均能引起一系列复杂的诱导效应，称为应急反应（SOS 反应）。它包括 DNA 修复和导致变异两个方面。SOS 反应包括诱导出现的 DNA 损伤修复效应、诱变效应、细胞分裂的抑制以及溶原性细菌释放噬

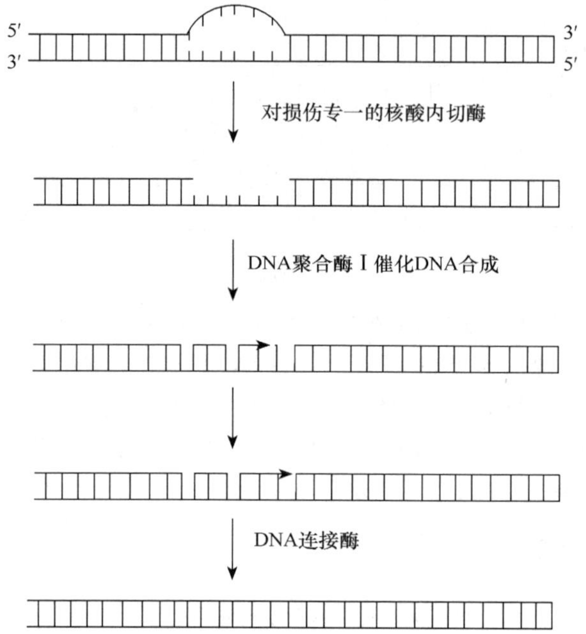


图 15-6 DNA 损伤的切除修复过程（王镜岩等，2002）

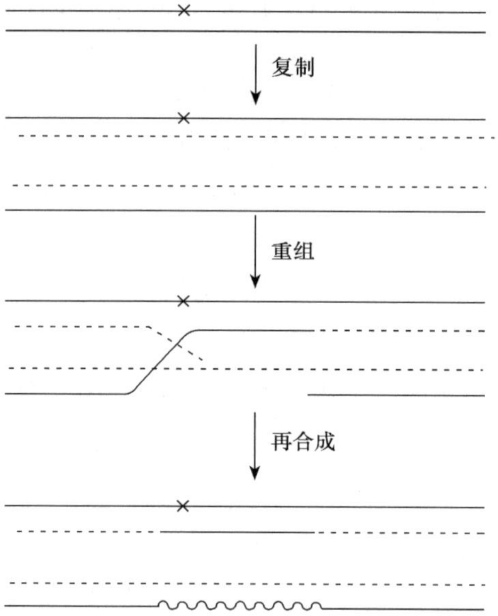


图 15-7 DNA 损伤的重组修复过程（王镜岩等，2002）

菌体等。细胞的癌变也可能与 SOS 反应有关。

## 第二节 RNA 的生物合成——转录

**【学习目标】**

了解 RNA 合成的条件；掌握 RNA 的转录过程；了解 RNA 转录后的加工修饰。

**【常用术语】**

转录（transcription）。

**【概述】**

在DNA指导下的RNA合成称为转录。转录是指以DNA的一条链为模板，在依赖DNA的RNA聚合酶的催化下，以四种NTP为原料，按照碱基配对原则，合成一条与DNA链的一定区段互补的RNA链的过程。在转录中新合成的RNA往往是较大的前体分子，需要经过进一步的加工修饰，才转变为具有生物学活性的、成熟的RNA分子，这一过程称为转录后加工，主要包括剪接、剪切和化学修饰。

## 一、RNA的生物合成过程

在DNA合成中，基因组中的所有碱基对都复制，但是仅有部分碱基对转录成RNA，这些转录的碱基序列被称为基因。

在体外，RNA聚合酶能使DNA的两条链同时进行转录，而在体内DNA的两条链中仅有一条链可用于转录，或者某些区域以这条链转录，另一些区域以另一条链转录，对应的链只能进行复制，而无转录功能，这称为不对称转录。用作模板的链称为反义链或模板链，另一条链称为有义链或编码链。

### （一）RNA聚合酶

大肠杆菌的RNA聚合酶全酶由五个亚基（$\alpha_2,\beta,\beta',\sigma$）组成。没有σ亚基的酶（$\alpha_2$，β，β′）叫核心酶。核心酶只能使已开始合成的RNA链延长，但不具有起始合成RNA的能力，必须加入σ亚基才表现出全部聚合酶的活性。

真核细胞的RNA聚合酶有许多种，利用α-鹅膏蕈碱的抑制作用可将它们分为三类：RNA聚合酶Ⅰ、RNA聚合酶Ⅱ和RNA聚合酶Ⅲ。它们可以分别对不同种类的RNA进行转录。

### （二）RNA的转录过程

RNA转录过程具体步骤为起始位点的识别、起始、延伸、终止。以大肠杆菌为例（图15-8）。

**1. 起始位点的识别** RNA的合成不需要引物。在转录起点上游大约−10处有6个碱基的TATATA保守序列，称为Pribnow框，是酶的紧密结合位点。约在−35处有TTGACA保守序列，提供RNA聚合酶全酶识别的信号。启动子的结构至少由三部分组成：−35序列、−10序列及转录起始点。开始时核心酶在σ亚基参与下与DNA分子接触，形成非专一性复合物，酶分子可在DNA链上滑动。在σ亚基作用下帮助全酶迅速找到启动子，并与之结合生成较松弛的封闭型启动子复合物。这时酶与DNA外部结合，识别部位大约在启动子的−35位点处。接着是DNA构象改变活化，得到开放型的启动子复合物，此时酶与启动子紧密结合，在−10位点处解开DNA双链，识别其中的模板链。由于该部位富含A-T碱基对，故有利于DNA解链。开放型复合物一旦形成，DNA就继续解链，酶移动到起始位点。

**2. 起始** 停留在起始位点的全酶结合第一个核苷三磷酸。加入的第一个核苷三磷酸常是GTP或ATP。所形成的启动子、全酶和核苷三磷酸复合物称为三元起始复合物，

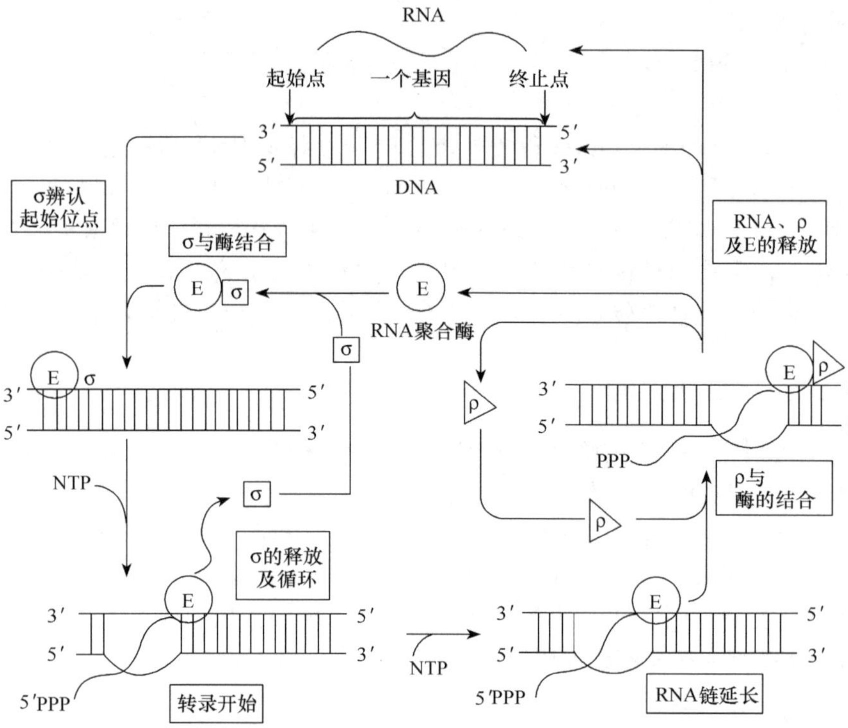


图 15-8 在大肠杆菌中由 RNA 聚合酶合成 RNA 的过程（王镜岩等，2002）

E. RNA 聚合酶；ρ. ρ 因子

第一个核苷酸掺入的位置称为转录起始点。这时 σ 亚基被释放脱离核心酶。

**3. 延伸** DNA 分子和酶分子发生构象的变化，核心酶与 DNA 的结合松弛，核心酶可沿模板移动，并按模板序列选择下一个核苷酸，将核苷三磷酸加到生长的 RNA 链的 3′-OH 端，催化形成磷酸二酯键。转录延伸方向是沿 DNA 模板链的 3′ → 5′ 方向按碱基配对原则生成 5′ → 3′ 的 RNA 产物。RNA 链延伸时，RNA 聚合酶继续解开一段 DNA 双链，长度约 17 个碱基对，使模板链暴露出来。新合成的 RNA 链与模板形成 RNA-DNA 的杂交区，当新生的 RNA 链离开模板 DNA 后，两条 DNA 链重新形成双股螺旋结构。

**4. 终止** 在 DNA 分子上有终止转录的特殊碱基顺序称为终止子，它具有使 RNA 聚合酶停止合成 RNA 和释放 RNA 链的作用。这些终止信号有的能被 RNA 聚合酶自身识别，而有的则需要有 ρ 因子的帮助。ρ 因子的作用是阻止 RNA 聚合酶向前移动，于是转录终止，并释放出已转录完成的 RNA 链。对于不依赖于 ρ 因子的终止子序列的分析，发现有两个明显的特征：即在 DNA 上有一个 15～20 个核苷酸的二重对称区，位于 RNA 链结束之前，形成富含 G-C 的发夹结构。接着有一串大约 6 个 A 的碱基序列，它们转录的 RNA 链的末端为一连串的 U。寡聚 U 可能提供信号使 RNA 聚合酶脱离模板。

## 二、RNA 转录后的加工

### （一）mRNA 前体的加工

在原核生物中 mRNA 生成后绝大部分直接作为模板去翻译各个基因所编码的蛋白质，不再需要加工。但真核生物里转录和翻译的时间和空间都不相同，而且许多真核生物的基因是不连续的。不连续基因中的插入序列，称为内含子；被内含子隔开的基因序列称为外显子。一个基因的外显子和内含子都转录在一条很大的原初转录本 RNA 分子中，而且很不均一，故称为核内不均一 RNA（hnRNA）。它们的寿命很短，只有几分钟。真核细胞 mRNA 的加工包括：① hnRNA 被剪接，除去由内含子转录来的序列，将外显子的转录序列连接起来。②在 3′ 端连接上一段有 20～200 个腺苷酸的多聚腺苷酸（poly A）的“尾巴”结构。不同 mRNA 的长度有很大差异。③在 5′ 端连接上一个“帽子”结构 $m^7$GpppmNp。④在内部少数腺苷酸的腺嘌呤 6 位氨基发生甲基化（$m^6$A）。

### （二）rRNA 前体的加工

在原核细胞内含有三种 rRNA，即 5S rRNA、16S rRNA、23S rRNA。在各类细菌细胞中，编码核糖体 RNA 的基因排列在一起，它们包含有 16S rRNA、23S rRNA、5S rRNA 以及一个或几个 tRNA 基因，成为一个转录单位。在核糖核酸酶Ⅲ和核糖核酸酶 E 的作用下，形成这三种成熟 rRNA 的前体，分别以 P16S、P23S 和 P5S 表示，它们经断裂和甲基化后即转变为成熟的 rRNA（图 15-9）。

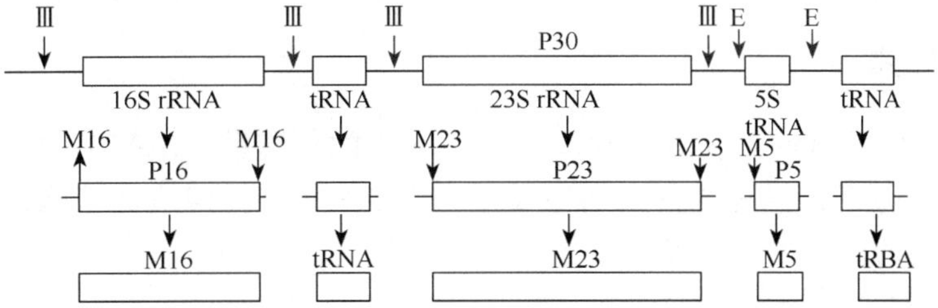


图 15-9 大肠杆菌 rRNA 前体的加工过程（杜金友和杨晓玲，2010）
P30 代表 30S rRNA 前体；Ⅲ代表 RNase Ⅲ；E 代表 Rnase；M5 代表 5S rRNA 成熟酶；
M16 代表 16S rRNA 成熟酶；M23 代表 23S rRNA 成熟酶；P5 代表 5SrRNA 的前体；
P16 代表 16SrRNA 的前体；P23 代表 23SrRNA 的前体

真核生物细胞的核仁是 rRNA 合成、加工和装配成核糖体的场所。哺乳类动物细胞的核糖体含有四种不同的 RNA，即 28S rRNA、18S rRNA、5.8S rRNA 和 5S rRNA。28S rRNA、18S rRNA 和 5.8S rRNA 在转录过程中先形成共同的 45S 大分子前体，然后再断裂成相应的 rRNA。

（耿立英　宋凤香）

# 第十六章 蛋白质的生物合成

## 第一节 遗 传 密 码

**【学习目标】**

了解蛋白质的遗传密码；掌握遗传密码的特点。

**【常用术语】**

密码子（codon），遗传密码（genetic code）。

**【概述】**

多肽上氨基酸的排列次序最终是由DNA上核苷酸的排列次序决定的，而直接决定多肽上氨基酸次序的却是mRNA。不论是DNA还是mRNA，基本上都由4种核苷酸构成，这4种核苷酸编制成遗传密码。

### 一、遗传密码表

遗传密码指的是DNA或由其转录的mRNA中的核苷酸（碱基）顺序与其所编码的蛋白质多肽链中氨基酸顺序之间的对应关系。由3个核苷酸组成的三联体来编码一个氨基酸，它们之间的对应关系见表16-1。

**表16-1 遗传密码字典**

| 5′端的碱基 | 中间的碱基 | | | | 3′端的碱基 |
|---|---|---|---|---|---|
| | U | C | A | G | |
| U | 苯丙氨酸 | 丝氨酸 | 酪氨酸 | 半胱氨酸 | U |
| | 苯丙氨酸 | 丝氨酸 | 酪氨酸 | 半胱氨酸 | C |
| | 亮氨酸 | 丝氨酸 | 终止信号 | 终止信号 | A |
| | 亮氨酸 | 丝氨酸 | 终止信号 | 色氨酸 | G |
| C | 亮氨酸 | 脯氨酸 | 组氨酸 | 精氨酸 | U |
| | 亮氨酸 | 脯氨酸 | 组氨酸 | 精氨酸 | C |
| | 亮氨酸 | 脯氨酸 | 谷酰胺 | 精氨酸 | A |
| | 亮氨酸 | 脯氨酸 | 谷酰胺 | 精氨酸 | G |
| A | 异亮氨酸 | 苏氨酸 | 天冬酰胺 | 丝氨酸 | U |
| | 异亮氨酸 | 苏氨酸 | 天冬酰胺 | 丝氨酸 | C |
| | 异亮氨酸 | 苏氨酸 | 赖氨酸 | 精氨酸 | A |
| | 甲硫氨酸和甲酰甲硫氨酸 | 苏氨酸 | 赖氨酸 | 精氨酸 | G |
| G | 缬氨酸 | 丙氨酸 | 天冬氨酸 | 甘氨酸 | U |
| | 缬氨酸 | 丙氨酸 | 天冬氨酸 | 甘氨酸 | C |
| | 缬氨酸 | 丙氨酸 | 谷氨酸 | 甘氨酸 | A |
| | 缬氨酸 | 丙氨酸 | 谷氨酸 | 甘氨酸 | G |

注：密码子的阅读方向为5′→3′，AUG为起始密码子

## 二、遗传密码的基本特性

**1. 连续性** 即两个密码子之间没有任何隔断，因此，要正确阅读密码必须按一定的读码框架从一个正确的起点开始，一个不漏地挨着读下去，直至碰到终止信号。

**2. 遗传密码不重叠** 每三个碱基编码一个氨基酸，碱基的使用不发生重复。

**3. 简并性** 几种密码子对应于同一种氨基酸，这些密码子为同义密码子。

**4. 摆动性** 密码子和 tRNA 的反密码子配对时，前面两对碱基严格按照碱基互补配对原则，而第三对碱基允许有一定的改变，这称为摆动配对（表 16-2）。

**表 16-2 密码子与反密码子之间的碱基对**

| 反密码子 | 密码子 |
| --- | --- |
| A | U |
| C | G |
| G | U<br>C |
| I | U<br>C<br>A |
| U | G<br>A |

**5. 起始密码子和终止密码子** 在所有密码子中，AUG 为蛋氨酸编码，同时又是翻译的起始信号，UAA、UAG 和 UGA 不为任何氨基酸编码，而是作为翻译的终止信号，统称为终止密码子。

**6. 通用性** 绝大多数密码子对各种生物都适用，但是也有例外，如线粒体 DNA。

# 第二节 蛋白质的生物合成过程

**【学习目标】**

了解蛋白质合成所需的物质基础；掌握蛋白质的翻译过程；了解蛋白质的加工修饰过程。

**【常用术语】**

信号肽（signal peptide）。

**【概述】**

氨基酸是在核糖体上加入到多肽链中的。在与 mRNA 作用之前，氨基酸先与 tRNA 形成氨酰-tRNA 结合到 mRNA 的特殊位点上。mRNA 含有遗传密码的信息，用于指导特定氨基酸序列多肽链的合成。阅读的方向是从 mRNA 的 5′ 到 3′，而合成出来的多肽则是从氨基端到羧基端。合成后的蛋白质经加工修饰后才能变成有活性的形式。

## 一、蛋白质合成的分子基础

### （一）mRNA 是蛋白质合成的模板

mRNA 作为中间物质传递 DNA 分子上的遗传信息，原核和真核生物 mRNA 的有一定区别：原核生物的一条 mRNA 链编码几种功能相关联的蛋白质；边转录边翻译；半寿期很短，一般为几分钟，最长只有数小时（RNA 噬菌体中的 RNA 除外）。真核生物中一种 mRNA 只编码一种蛋白质；转录的 mRNA 前体需加工为成熟的 mRNA 与蛋白质结合后才开始工作；半寿期较长，如胚胎中的 mRNA 可达数日。

## （二）tRNA 转运活化的氨基酸至 mRNA 模板上

tRNA 含有两个关键的部位：一个是氨基酸结合部位，另一个是与 mRNA 的结合部位。对于组成蛋白质的 20 种氨基酸来说，每一种至少有一种 tRNA 来负责转运。为了准确地翻译，每一种 tRNA 必须能被很好地识别。在书写时，将所运氨基酸写在 tRNA 的右上角，如 $tRNA^{Phe}$ 及 $tRNA^{Ser}$ 分别表示苯丙氨酸和丝氨酸转运的 tRNA。大多数氨基酸具有几种用来转运的 tRNA，一个细胞中，通常含有 50 或更多不同的 tRNA 分子。

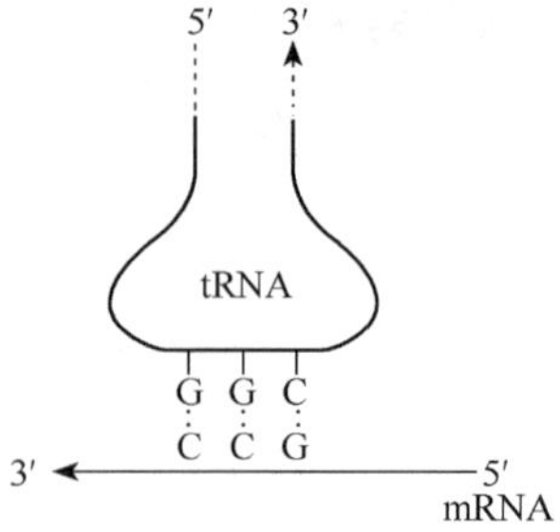

图 16-1　反密码子识别密码子（杜金友和杨晓玲，2010）

氨基酸一旦与 tRNA 形成氨酰-tRNA 后，进一步的去向就由 tRNA 来决定了。tRNA 凭借自身的反密码子与 mRNA 分子上的密码子相识别（图 16-1），而把所带的氨基酸送到肽链的一定位置上。

## （三）核糖体是蛋白质合成的工厂

核糖体亦称核蛋白体，由 rRNA 和蛋白质组成。单核糖体有两个亚基，分别称为大亚基和小亚基。原核细胞核糖体的 30S 亚基含有 21 种蛋白质，还含有一分子 16S rRNA。50S 亚基中含 34 种蛋白及 5S rRNA、23S rRNA 各一分子。真核细胞核糖体的 40S 亚基中有 30 多种蛋白质及一分子 18S rRNA。60S 亚基中有 50 多种蛋白质及 5S rRNA、28S rRNA 各一分子。哺乳类核糖体的 60S 大亚基中还有一分子 5.8S rRNA。在原核细胞中，它可以以游离形式存在，也可以与 mRNA 结合形成串状的多核糖体。真核细胞中的核糖体既可以以游离状态存在，也可以与细胞内质网相结合形成粗面内质网。线粒体、叶绿体及细胞核内也有自己的核糖体。

大肠杆菌 30S、50S 及 70S 核糖体的结构模型如图 16-2 所示。30S 亚基外形好像一个动物的胚胎，长轴上有一凹下去的颈部，将 30S 亚基分成头部与躯干两部分。50S 亚基外形很特别，好像一把特殊的椅子，三边带有突起，中间凹下去的部位有一个很大的空穴。当 30S 与 50S 亚基互相结合成 70S 核糖体时，30S 亚基水平地与 50S 亚基相结合，腹面与 50S 亚基之空穴相抱，它的头部与 50S 亚基中含蛋白质较多的一侧相结合。两亚基接合面上留有相当大的空隙。蛋白质生物合成可能就在这空隙中进行。

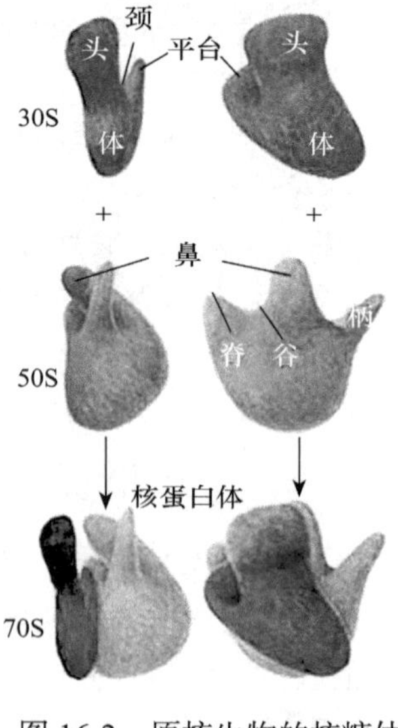

图 16-2　原核生物的核糖体（杜金友和杨晓玲，2010）

核糖体上有三个与 tRNA 结合的位点：A 位（又称受位或氨酰基位），可与新进入的氨酰-tRNA 结合；由大、小亚基成分构成。P 位（又称给位或肽酰基位），可与延伸中的肽酰-tRNA 结合；由大、小亚基成分构成。E 位（又称排出位），空载 tRNA 脱离核蛋白体前的结合位点；主要由大亚基成分构成。50S 亚基上还有一个在肽酰-tRNA 移位过程中使 GTP 水解的位点。在 50S 与 30S 亚基的接触面上有一个结合 mRNA 的位点。此外，核糖体上还有许多与起始因子、延伸因子、释放因子及与各种酶相结合的位点。至此，不难看出核糖体是一个多么复杂的结构，它真配得上称为蛋白质合成的工厂（图 16-3）。

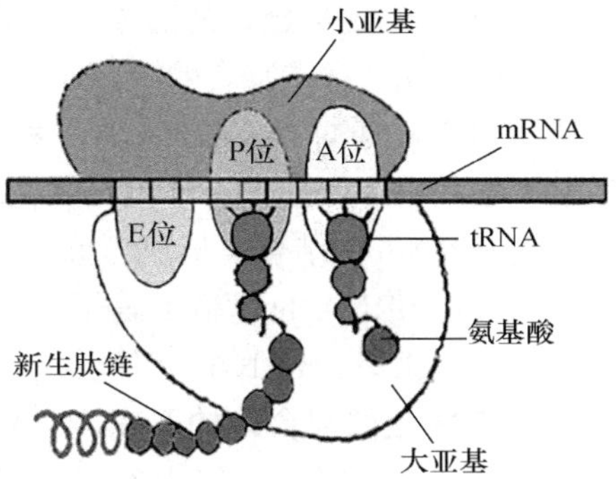


图 16-3　原核生物核糖体的功能位点
（杜金友和杨晓玲，2010）

## 二、翻译的过程

蛋白质生物合成的具体步骤包括：氨基酸活化；肽链的起始、延伸及终止；新合成多肽链的加工。蛋白质合成各阶段的成分见表 16-3。

**表 16-3　蛋白质合成各阶段的成分**

| 阶段 | 必要组分 |
|---|---|
| 氨基酸活化 | 20 种氨基酸，20 种氨酰 -tRNA 合成酶，20 种或更多的 tRNA，ATP，$Mg^{2+}$ |
| 肽链的起始 | mRNA，*N*- 甲酰甲硫氨酸 -tRNA，起始密码子（AUG），核糖体大小亚基，GTP，$Mg^{2+}$，起始因子（IF-1、IF-2、IF-3） |
| 肽链的延伸 | 功能核糖体（起始复合物），氨酰 -tRNA，伸长因子，肽基转移酶，GTP，$Mg^{2+}$ |
| 肽链的终止 | GTP，终止密码子，释放因子（RF-1、RF-2、RF-3） |
| 折叠和加工 | 参与起始氨基酸的切除、修饰等加工过程的酶 |

### （一）氨基酸的活化

氨酰-tRNA 合成酶参与的合成分两步进行。第一步是氨酰 -tRNA 合成酶识别它所催化的氨基酸以及另一底物 ATP，在氨酰 -tRNA 合成酶的催化下，氨基酸的羧基与 AMP 上的磷酸之间形成一个酯键，同时释放出一分子 PPi：

$$\text{氨基酸} + \text{ATP} \rightarrow \text{氨酰-AMP} + \text{PPi}$$

第二个氨酰-tRNA 合成酶催化的反应是通过形成酯键将氨基酸连接到 tRNA 3′ 端的核糖上：

$$\text{氨酰-AMP} + \text{tRNA} \rightarrow \text{氨酰-tRNA} + \text{AMP}$$

上面两个由氨酰-tRNA 合成酶催化的反应可总结如下式：

$$\text{氨基酸} + \text{ATP} + \text{tRNA} \rightarrow \text{氨酰-tRNA} + \text{AMP} + \text{PPi}$$

### （二）肽链的起始

蛋白质合成的起始是指：在模板 mRNA 编码区 5′ 端形成核糖体-mRNA-起始 tRNA 复合物，并将（甲酰）甲硫氨酸放入核糖体 P 位点上的过程。

所有蛋白质的翻译开始于甲硫氨酸的参与，大肠杆菌内有两种类型 $tRNA^{Met}$：一是 $tRNA_f^{Met}$，二是 $tRNA_m^{Met}$，只有 $tRNA_f^{Met}$ 上的甲硫氨酸可以作为起始氨基酸，只有 fMet-$tRNA_f^{Met}$ 能和起始因子及 30S 核糖体亚基结合，形成起始复合物，Met-$tRNA_m^{Met}$ 只能与延伸因子结合，将甲硫氨酸带入肽链内部。

起始阶段可分两步：先形成 30S 起始复合体，再形成 70S 起始复合体。

**1. 30S 起始复合体的形成** 原核生物 mRNA 的 5′端与起始信号之间，相距约 25 个核苷酸，此处存在富含嘌呤区（如 AGGA 或 GAGG），称为 Shine-Dalgarno(SD）序列。核糖体 30S 亚基的 16S rRNA 有一相应的富含嘧啶区可与 SD 序列互补。由此，30S 亚基在 IF3 与 IF1 的促进下，与 mRNA 的起始部位结合。IF2 在 GTP 参与下可特异与甲酰甲硫氨酰 tRNAimet 结合，形成三元复合物，并使此三元复合物中 tRNA 的反密码子与上述 30S 亚基上 mRNA 的起始密码子互补结合，形成 30S 起始复合体。所以，30S 起始复合体是由 30S 亚基、mRNA、甲酰甲硫氨酰 tRNAimet 及 IF1、IF2、IF3 与 GTP 共同构成。

**2. 70S 起始复合体的形成** 30S 起始复合体一旦形成，iF3 也就脱落，50S 亚基随即与其结合。此时复合体中的 GTP 水解释出 GDP 与无机磷酸，使 IF2 与 iF1 也都脱落，形成了 70S 起始复合体。70S 起始复合体的形成，表明蛋白质生物合成的起始阶段已经完成，已可进入肽链延长阶段。

### （三）肽链的延伸

肽链延伸阶段包括进位、成肽及移位三个阶段（图 16-4）。具体步骤如下。

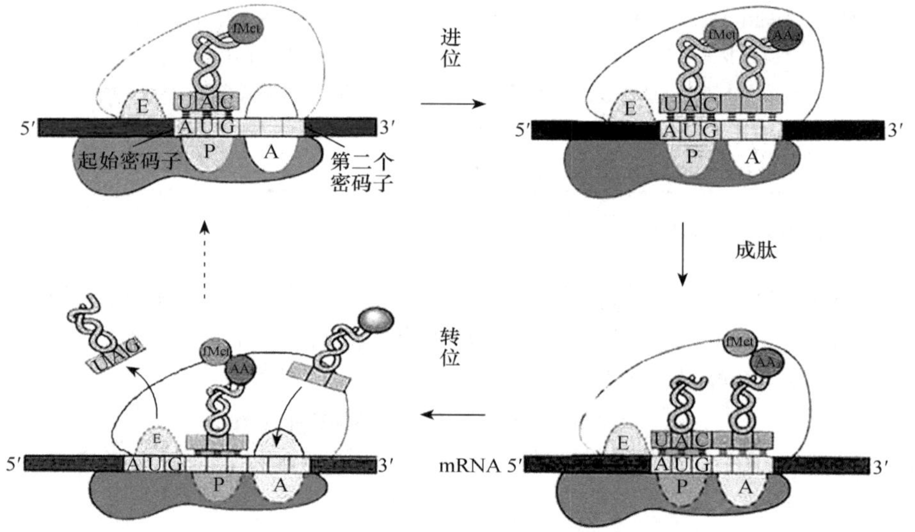


图 16-4 原核生物蛋白质合成中的移位（杜金友和杨晓玲，2010）

**1. 进位** 指根据 mRNA 下一组遗传密码指导，在 GTP、$Mg^{2+}$和 EF-T 的协助下，使相应氨酰-tRNA 进入核蛋白体 A 位。

**2. 成肽** 指在转肽酶催化下，将 P 位上的 tRNA 所携带的甲酰甲硫氨酰基或肽酰基转移到 A 位上的氨酰 -tRNA 上，与其 α-氨基缩合形成肽键。

**3. 转位（又称移位）** 核糖体通过 EF-G 介导的 GTP 水解所提供的能量向 mRNA 模板 3′端移动一个密码子，使两个 tRNA 完全进入 E 位和 P 位，mRNA 上的第三位密码子对应于 A 位准备开始新一轮肽链延伸。

蛋白质合成的肽链延长阶段，每经过进位、成肽和转位三步，使肽链延长一个氨基酸残基，此过程是在核蛋白体上进行的，称为核蛋白体循环。如此一遍一遍地重复，直到肽链增长到必要的长度。

在肽链延长阶段中，每生成一个肽键，都需要直接从 2 分子 GTP（移位时与进位时各 1 个）获得能量，即消耗 2 个高能磷酸键化合物；但考虑到氨基酸被活化生成氨酰-tRNA 时，已消耗了 2 个高能磷酸键，所以在蛋白质合成过程中，每生成一个肽键，实际上共需消耗 4 个高能磷酸键。

### （四）肽链合成的终止

翻译的最后一步涉及合成好的肽酰-tRNA 中连接 tRNA 和 C 端氨基酸的酯键的切开（图 16-5），这一过程除了需要终止密码子外，还需要释放因子（RF）的参加。细胞通常不含能够识别 3 个终止密码子的 tRNA。在大肠杆菌中，当终止密码子进入核糖体上的 A 位点后，它们就被释放因子识别。RF-1 识别 UAA 和 UAG，RF-2 识别 UAA 和 UGA，RF-3 不识别终止密码子，但能刺激另外两个因子的活性。当释放因子识别在 A 位点上的终止密码子后，将肽酰转移酶活性转变成酯酶活性。

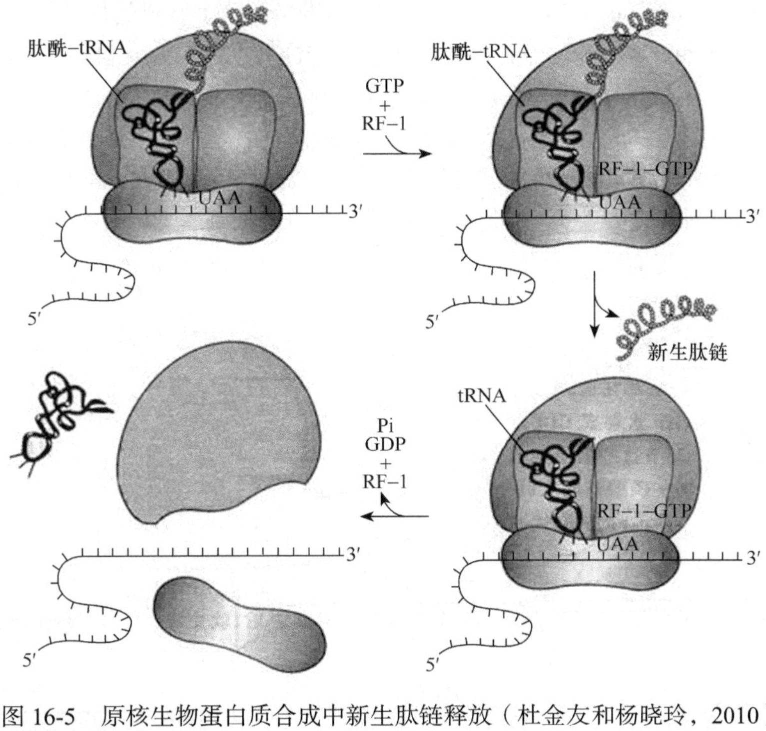


图 16-5 原核生物蛋白质合成中新生肽链释放（杜金友和杨晓玲，2010）

## 三、蛋白质翻译后的加工修饰及运输

### （一）肽链的合成后加工修饰

**1. 二硫键的形成** 二硫键由两个半胱氨酸残基形成，对维持蛋白质立体结构起重要作用，二硫键也可以在链间形成，使蛋白质分子的亚单位聚合。

**2. 个别氨基酸残基的化学修饰** 有些蛋白质前体需经一定的化学修饰才能成为成品而参与正常的生理活动，如蛋白质前体的磷酸化、乙酰化、甲基化、ADP-核糖化、羟化等。

**3. 蛋白质前体中不必要肽段的切除** 蛋白质前体中不必要肽段的切除是在细胞内进行的。

### （二）多肽链的折叠

单纯蛋白质由一条多肽链或数条多肽链构成；结合蛋白质则除多肽链外，还含有辅基。蛋白质的高级结构是由一级结构中各个氨基酸残基的侧链共同决定的。肽链通过正确的折叠形成特定的空间结构是发挥生物学功能的关键。肽链的折叠并不是在合成完成之后才进行的，而是边合成边折叠的。

### （三）蛋白质合成后的靶向运输

蛋白质合成后经过复杂机制，定向输送到最终发挥生物学功能的目标地点，这一过程称为蛋白质的靶向输送。所有靶向输送的蛋白质结构中存在分选信号，主要为N端特异氨基酸序列，可引导蛋白质转移到细胞的适当靶部位，这类序列称为信号序列。信号肽序列通常在被转运多肽链的N端，一旦新生肽链从核糖体出现并延伸时，信号肽即被信号识别颗粒（signal recognition particle，SRP）所识别。SRP与携带新生多肽链的核糖体相互作用使翻译暂时终止。SRP的功能就是将暂停翻译的新生肽链与内质网膜靠近。随后，SRP-核糖体与内质网上一个SRP受体（又称停泊蛋白，docking protein，DP）结合，通过一个GTP依赖过程，打开一个通道，促使新生多肽链进入转位通道，再逐渐转入内质网的内腔，又开始延长合成，而SRP可以释放入细胞质再用于新的肽链信号肽的识别和转运。信号肽在多肽链合成完成之前，即由位于内质网内的信号肽酶切除掉。分泌型蛋白的共翻译转位过程见图16-6。

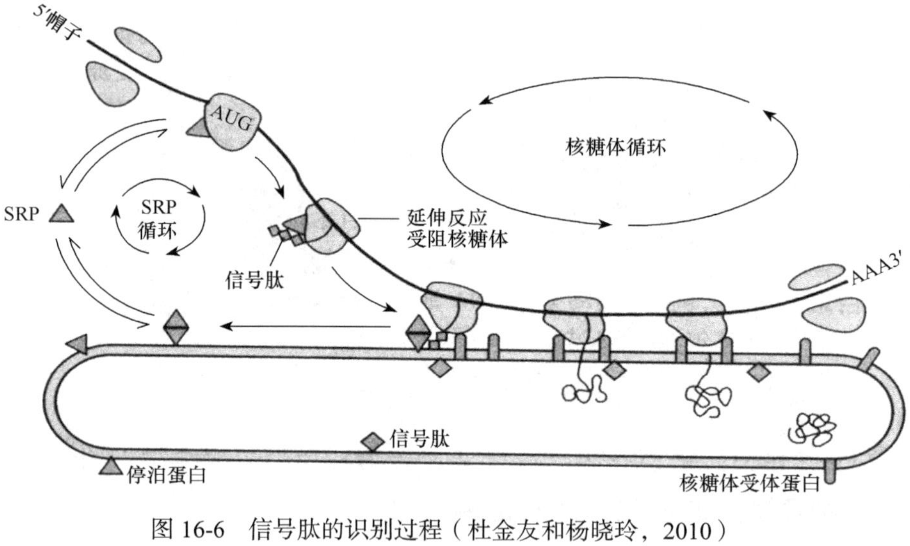


图16-6　信号肽的识别过程（杜金友和杨晓玲，2010）

进入内质网腔的蛋白质一部分滞留在内质网内，但大多数蛋白质则在内质网腔内被加工，主要包括折叠和糖基化修饰，然后转入高尔基体，最终转送到细胞其他位置，或是通过胞泌作用被排出。某些不具有正确空间构象的分泌蛋白不能通过内质网，而是被降解掉。

蛋白质进入高尔基体后，便被分别运送至不同的目的地，如溶酶体、质膜或分泌出细胞外。

（刘春英）

# 主要参考文献


陈杰. 2003. 家畜生理学. 4 版. 北京：中国农业出版社

陈守良. 2012. 动物生理学. 4 版. 北京：北京大学出版社

杜金友，杨晓玲. 2010. 基础生物化学. 北京：中国农业科学技术出版社

高明灿，田仁. 2011. 生理学. 2 版. 北京：高等教育出版社

李留安，袁学军. 2013. 动物生物化学. 北京：清华大学出版社

李佩国，张香斋. 2010. 动物生理学实践教程. 北京：中国农业科学技术出版社

刘维全. 2014. 动物生物化学实验指导. 4 版. 北京：中国农业出版社

刘先国. 2011. 生理学. 2 版. 北京：科学出版社

柳巨雄，杨焕民. 2011. 动物生理学. 北京：高等教育出版社

陆辉，左伟勇. 2015. 动物生物化学. 2 版. 北京：化学工业出版社

欧阳五庆. 2012. 动物生理学. 2 版. 北京：科学出版社

孙久荣，黄玉芝. 2005. 生理学实验. 北京：北京大学出版社

王玢，左明雪. 2009. 人体及动物生理学. 3 版. 北京：高等教育出版社

王镜岩，朱圣庚，徐长法. 2002. 生物化学（上册）. 北京：高等教育出版社

王镜岩，朱圣庚，徐长法. 2002. 生物化学（下册）. 北京：高等教育出版社

王庭槐. 2008. 生理学. 2 版. 北京：高等教育出版社

王希成. 2001. 生物化学. 北京：清华大学出版社

杨秀平，肖向红. 2009. 动物生理学. 2 版. 北京：高等教育出版社

杨秀平. 2002. 动物生理学. 北京：高等教育出版社

姚泰，乔健天. 2005. 生理学. 5 版. 北京：人民卫生出版社

姚泰. 2001. 生理学. 5 版. 北京：人民卫生出版社

尹秀玲，肖尚修. 2009. 动物生理. 北京：化学工业出版社

于自然，黄熙泰. 2001. 现代生物化学. 北京：化学工业出版社

张庆茹. 2007. 动物生理学. 北京：中国农业科学技术出版社

赵茹茜. 2011. 动物生理学. 5 版. 北京：中国农业出版社

周顺伍. 2006. 动物生物化学实验指导. 2 版. 北京：中国农业出版社

邹思湘. 2012. 动物生物化学. 北京：中国农业出版社

Matthews HR，Freedland RA，Miesfeld RL. 2001. 生物化学简明教程. 吴相钰译. 北京：北京大学出版社